Stephan Brinkmann
Bewegung erinnern

TanzScripte
hrsg. von Gabriele Brandstetter und Gabriele Klein | Band 26

Stephan Brinkmann (Prof. Dr. phil.) tanzte viele Jahre beim Tanztheater Wuppertal Pina Bausch und lehrt Zeitgenössischen Tanz an der Folkwang Universität der Künste in Essen.

STEPHAN BRINKMANN
Bewegung erinnern
Gedächtnisformen im Tanz

[transcript]

Das vorliegende Buch wurde als Dissertation im Fach Bewegungswissenschaft an der Fakultät für Erziehungswissenschaft, Psychologie und Bewegungswissenschaft der Universität Hamburg eingereicht.

Bibliografische Information der Deutschen Nationalbibliothek
Die Deutsche Nationalbibliothek verzeichnet diese Publikation in der Deutschen Nationalbibliografie; detaillierte bibliografische Daten sind im Internet über http://dnb.d-nb.de abrufbar.

© 2013 transcript Verlag, Bielefeld

Die Verwertung der Texte und Bilder ist ohne Zustimmung des Verlages urheberrechtswidrig und strafbar. Das gilt auch für Vervielfältigungen, Übersetzungen, Mikroverfilmungen und für die Verarbeitung mit elektronischen Systemen.

Umschlaggestaltung: Kordula Röckenhaus, Bielefeld
Umschlagabbildung: Le Sacre du printemps, Choreographie: Pina Bausch,
　　Tänzer: Tanztheater Wuppertal, Brüssel im Februar 2006,
　　© 2012, JD Woo, Seoul
Lektorat & Satz: Stephan Brinkmann
Druck: Majuskel Medienproduktion GmbH, Wetzlar
ISBN 978-3-8376-2214-0

Gedruckt auf alterungsbeständigem Papier mit chlorfrei gebleichtem Zellstoff.
Besuchen Sie uns im Internet: *http://www.transcript-verlag.de*
Bitte fordern Sie unser Gesamtverzeichnis und andere Broschüren an unter: *info@transcript-verlag.de*

Inhalt

Einleitung | 7
Natürliches und künstliches Gedächtnis im Tanz | 8
Ansatz, Aufbau und Fragestellung der Studie | 16
Material und methodisches Vorgehen | 22
Forschungsstand: Tanz und Gedächtnis | 30
Zusammenhänge: Gedächtnis – Bewusstsein – Wissen | 42

Tanz, Gedächtnis und Gehirn | 47
Gedächtnisformen | 52
Gedächtnis und Anatomie | 66
‚Muscle Memory', Körpergedächtnis oder Propriozeption? | 71
Gedächtnis und Zellbiologie | 75
Gedächtnis und Neurophysiologie | 78
   Der Mechanismus der ‚Spiegelneurone' | 80
Fazit | 94
Überleitung: Gehirn und Geist | 98

Tanz, Gedächtnis und Geist | 107
Henri Bergson | 108
Eine Sprache für das Sprachlose | 116
Dauer | 126
Bewegung | 139
Theorie des Gedächtnisses | 152
Gedächtnisformen | 157
   Das motorische Gedächtnis | 160
   Das vorstellende Gedächtnis | 167
Fazit | 177
Überleitung: Geist und Kultur | 182

Tanz, Gedächtnis und Kultur | 185
Das kollektive Gedächtnis | 187
   Lokalisierung, Ort und Raum von Erinnerungen | 192
Kulturelles und kommunikatives Gedächtnis | 201

Fazit | 216
Überleitung: Kultur und Technik | 220

Tanz, Gedächtnis und Technik | 227
Die Jooss-Leeder-Methode und ihre Geschichte | 229
Technik oder Methode? | 241
Quellen | 245
Das vorstellende Gedächtnis | 248
    Wertvorstellungen | 248
    Prinzipien | 253
    Eukinetik und Choreutik | 257
Das motorische Gedächtnis | 267
    Exercice an der Stange – Hans Züllig | 272
    Übungen auf dem Boden – Jean Cébron | 277
    Hohe und tiefe Hüfte – Eckard Brakel | 282
Auf den Spuren von Kurt Jooss und Sigurd Leeder | 286
Fazit | 291

Zusammenfassung und Ausblick | 295

Dank | 307

Anhang | 309
Literaturverzeichnis | 309
Internetveröffentlichungen | 324
Filme/Videos | 325

Einleitung

Bühneneinrichtung zu Le Sacre du printemps von Pina Bausch
15.3.2010, LG Arts Center Seoul, Korea

Der Umbau zu Sacre beginnt. Eine Schar von Bühnenarbeitern stürmt herein und beginnt, den Tanzteppich zu befestigen. Er ist 11,50 Meter breit und 15 Meter tief. Hammerschläge erfüllen das Auditorium des LG Arts Center's in Seoul, Korea. Auf der Seitenbühne stehen sechs große Container bereit, die bis an den Rand mit Torf gefüllt sind. Wir sagen auch Erde dazu. Auf ihr werden wir in einer halben Stunde tanzen. Zunächst aber wird der Teppich geglättet, indem die Arbeiter in einer Reihe darüber stampfen. Staub wirbelt durch die Luft. Fußtritte, Rufe und Kommandos in koreanischer Sprache sind zu hören. Einige Bühnentechniker aus Wuppertal sind mitgereist und geben den Arbeitern des Arts Center's Anweisungen. Ein Dolmetscher übersetzt. Die Container werden auf die Bühne geschoben und Matten werden ausgelegt. Mit einem dumpfen Geräusch fallen die Container darauf und die Erde ergießt sich über den Bühnenboden. Die Bühnenarbeiter beginnen, mit Schaufeln und Harken die Erde gleichmäßig über das Quadrat zu verteilen. Fast zwanzig Leute sind mit dieser Arbeit beschäftigt. Die Container werden umgedreht, damit sich auch der letzte Rest Erde auf den Boden entleert. Anschließend werden sie von der Bühne gerollt. Langsam wird aus der hügeligen Fläche eine gleichmäßige Ebene. Der Beleuchter geht herum und prüft die Positionen der Scheinwerfer. Einige der koreanischen Arbeiter tragen weiße Atemmasken, damit ihnen der aufgewirbelte Staub nicht in die Atemwege gelangt. Auf der bereits verteilten Erde verschwinden die Geräusche von Schritten. Der Torf hat den Bühnenboden in ein Feld aus Erde verwandelt, immer wieder ein ungewöhnli-

cher, ein ungewöhnlich schöner Anblick. Licht und Schatten bilden verschlungene Muster darauf. Möglichst gleichmäßig soll der Torf von den Arbeitern verteilt werden, damit wir Tänzer besser darauf tanzen können. Es wird trotzdem eine Herausforderung für uns bleiben. Die Ränder des Torfquadrats werden schließlich mit einem Besen zusammengefegt, so dass seine Grenzen klar zu erkennen sind. Es ist seltsam still geworden im Auditorium. Die Erde schluckt nicht nur die Geräusche, sondern scheint auch eine beruhigende Wirkung auf die Bühnenarbeiter zu haben. Zum Abschluss harken sie rückwärts in einer Reihe von vorne nach hinten durch den Torf. Es sieht nun so aus, als ob noch niemand diesen Ort betreten hätte. Keine Fußspur gibt Auskunft über den Tanz, der gleich hier stattfinden wird. Die Bühnenarbeiter verlassen die Bühne. Wir können beginnen.

NATÜRLICHES UND KÜNSTLICHES GEDÄCHTNIS IM TANZ

Mit der Etablierung der *ars memoriae* innerhalb antiker griechischer und lateinischer Kulturen wurde dem Versuch, sich sprechend zu erinnern vor allem visuell begegnet, indem Erinnerungen mit Orten assoziiert wurden. Cicero lässt in *De oratore* Antonius von dem griechischen Dichter Simonides von Keos erzählen, der bei Griechen und Römern in dem Ruf stand, die klassische Gedächtniskunst erfunden zu haben. Während eines Festmahls wurde Simonides hinausgerufen. In seiner Abwesenheit stürzte das Gebäude, in dem sich die Festgesellschaft befand, ein und begrub alle Anwesenden unter sich. Nur weil sich der Dichter erinnern konnte, wo jeder Gast am Tisch gesessen hatte, ließen sich die bis zur Unkenntlichkeit entstellten Opfer der Tragödie identifizieren.[1] Diese durch Cicero überlieferte Szene gilt seitdem als „Urszene"[2] einer sogenannten ‚Mnemotechnik', die der vierte Teil der klassisch-antiken Rhetorik war. Auf der Idee beruhend, dass sich

---

1 Cicero, Marcus Tullius: *De oratore. Über den Redner*, Stuttgart: Reclam 1976, S. 431 f.
2 Haverkamp, Anselm: „Auswendigkeit. Das Gedächtnis der Rhetorik", in: Anselm Haverkamp/Renate Lachmann (Hg.), *Gedächtniskunst. Raum – Bild – Schrift. Studien zur Mnemotechnik*, Frankfurt a.M.: Suhrkamp 1991, S. 25-52, hier S. 25.

der Vorgang des Erinnerns erleichtern ließe, wenn das Gedächtnis, einem Gebäude vergleichbar, begehbar sei, empfahl die Mnemotechnik, Erinnerungen an Zeichen und Bilder zu binden, die sich innerhalb eines imaginierten Gebäudes befinden. Mit der *ars memoriae* war somit ein erster Schritt zur Externalisierung von Erinnerung getan. Erinnerungen wurden an Orte, Bilder, Dinge, Zeichen oder Anordnungen geheftet, die sich in einem imaginären Raum befanden, welcher in Gedanken bewandert werden konnte. Ein derart geschultes Gedächtnis wurde in der klassischen Gedächtniskunst als ‚künstliches Gedächtnis' bezeichnet. Als das ‚natürliche Gedächtnis' wurde im Gegensatz dazu jenes angesehen, „welches unserem Verstand eingepflanzt und mit dem Denken angeboren ist"[3]. In einem zweiten, seit dem Untergang der antiken Welt anhaltenden Prozess der Veräußerung von Erinnerungen, wurden diese in externen Speichermedien aufgezeichnet und lösten die antike Mnemotechnik im Sinne eines Auswendiglernens schließlich ab.[4] Seitdem nehmen die Zahl und die Speicherkapazität externer Gedächtnisorte ständig zu.

Der Titel der vorliegenden Studie – *Bewegung erinnern* – wirft nun die Frage auf, ob Orte allein Erinnerungen binden können. Dagegen spricht das Phänomen menschlicher Bewegung. Diese geschieht zwischen zwei bestimmbaren Orten im Raum und entzieht sich damit einem fixierenden Zugriff. Allerdings wird auch sie mit dem Gedächtnis erinnert. Die Vermutung liegt demnach nahe, dass Erinnerung nicht nur als Verortung und damit als visuelle Festschreibung, sondern auch in und durch Bewegung geschieht. Diese ist weder als Bild noch in externen Medien vollends speicherbar. Sie wird vor allem durch den Körper gesichert, abgerufen und neu produziert, der damit gleichfalls als Medium angesehen werden kann. Geistige und biologische Prozesse sind darüber hinaus dafür verantwortlich, dass Bewegung als solche wahrgenommen wird. Dabei spielt nicht nur die zur Bewegung gehörige räumliche Vorstellung eine Rolle, sondern auch ihr

---

3 Yates, Frances Amelia: *Gedächtnis und Erinnern. Mnemonik von Aristoteles bis Shakespeare*, Berlin/Weinheim: Acta humaniora 1990, S. 14. Yates entnimmt die Begriffe ‚natürliches' und ‚künstliches' Gedächtnis dem anonymen Text *Ad C. Herenium libri IV*, der neben Ciceros *De oratore* und Quintilians *Institutio oratoria* als eine der drei lateinischen Quellen zur klassischen Gedächtniskunst gilt.

4 Vgl. ebd., S. 351.

zeitlich-dynamisches Erleben, welches sich ebenfalls nicht in Orten und Bildern memorieren lässt. Demnach kann besonders der Tanz als Untersuchungsgegenstand für die Frage nach einer anderen Art und Weise des Erinnerns dienen. Die Assoziation von Erinnerung mit Bewegung statt mit Orten und Ordnungen wirft auch die grundsätzliche Frage auf, in welchem Verhältnis Bewegung und Gedächtnis zueinander stehen. Der Tanz könnte der Behauptung entgegenstehen, die Gedächtniskunst sei eine „vergessene Kunst"[5], wie Anselm Haverkamp und Renate Lachmann zu Beginn ihres Sammelbandes zur Mnemotechnik konstatieren. Gleiches hatte bereits Frances Yates angemerkt, deren Studie über die Mnemonik die Diskussion um das Gedächtnis neu entfachte.[6] Yates beschrieb den modernen Menschen in ihrem ursprünglich 1966 unter dem Titel *The Art of memory* erschienenen Buch als einen Menschen, der im Vergleich zu den geübten Gedächtnissen der Antike überhaupt kein Gedächtnis habe.[7]

Die Aktivität des menschlichen Gedächtnisses ist jedoch an unzähligen Beispielen, z.B. im Tanz, beobachtbar. Sie weist im Tanz jedoch anders als die antike Mnemotechnik weit mehr als nur visuelle Erinnerungsstützen auf, weil es in ihr nicht um Sprache, sondern außer um Orte vor allem um Bewegung geht. Damit könnte der Tanz als eine Gedächtnistechnik gelten, die nicht ins Außen verlagert wird, sondern demonstriert, wie sich Erinnerung als Bewegung im menschlichen Gedächtnis erhält – eine Annahme, der in dieser Studie nachgegangen werden soll.

Auch der eingangs beschriebene Bühnenaufbau für das Tanzstück *Le Sacre du printemps* in der Choreographie von Pina Bausch ist vor dem Hintergrund dieser Überlegungen ein Ort, der dem Gedächtnis gegeben wird, um sich über ihn hinaus zu erinnern. Theater ist, Hans-Thies Lehmann folgend, ein „Gedächtnisraum"[8], der dem Körper des Zuschauers eine Gedächtnisarbeit abverlangt. Anders als die Zuschauer sind jedoch die Darsteller und in besonderem Maße die Tänzer dazu angehalten, mit ihren Körpern Erinnerungen wahrzunehmen und handelnd erneut durchzuspielen.

---

5   Haverkamp, Anselm/Lachmann, Renate: „Text als Mnemotechnik – Panorama einer Diskussion", in: Dies., *Gedächtniskunst* (1991), S. 7-15, hier S. 7.
6   Vgl. F.A. Yates: *Gedächtnis und Erinnern*, S. 351.
7   Ebd., S. 13.
8   Lehmann, Hans-Thies: *Postdramatisches Theater*, Frankfurt a.M.: Verlag der Autoren 1999, S. 346.

Pina Bauschs Version von *Sacre*, die 1975 uraufgeführt wurde und seitdem in Aufführungen des Wuppertaler Tanztheaters auf der ganzen Welt zu sehen ist, wird seit nunmehr über fünfunddreißig Jahren getanzt und damit von Tänzern erinnert. Eine einfache Beobachtung, die sich daraus ziehen lässt, ist die, dass Tänzer nicht nur tanzen. Sie erinnern sich, während sie tanzen. „Dass Rekonstruktionen mit Gedächtnisformen operieren, dürfte selbstverständlich sein", schreibt die Tanzwissenschaftlerin Claudia Jeschke[9]. Dass aber das Tanzen selbst bereits ein Akt des Gedächtnisses ist, ist eine Annahme, die in der Tanzforschung bislang wenig diskutiert wurde und der die vorliegende Arbeit nachgeht. Die Bewegungen, aus denen eine einstudierte Choreographie besteht, sind unzählige Male ausgeführt worden, bevor sie in dem einmaligen Moment der Aufführung für die Augen eines Publikums zu sehen sind. Trotzdem ist das Erlebnis der Erinnerung für Tänzer immer wieder ein einzigartiger Akt. Tanzen ist aus diesem Blickwinkel heraus eine Aktivität des menschlichen Gedächtnisses von Tänzern mit zwei unterschiedlichen Gesichtern, welche sich zunächst als Wiederholung einerseits und als Erfahrung andererseits umschreiben lassen. Die Choreographie *Le Sacre du printemps*, in der sich Tänzer an Bewegungen erinnern, wird in dieser Arbeit als ein Beispiel dienen, an dem sich die Aktivität des menschlichen Gedächtnisses von Tänzern beobachten lässt. Es ergeben sich daraus die Fragen, wie dieses Gedächtnis funktioniert, durch welche Erfahrung es bestimmt wird und wie es vermittelt und trainiert wird.

Das menschliche Gedächtnis ist nicht die einzige Form, die sich als Gedächtnisform benennen lässt. Bei aller Ausdifferenzierung unterschiedlicher Gedächtnisformen, die die Natur- und Geisteswissenschaften aufgezeigt haben, stellt die dargestellte Unterscheidung zwischen einem ‚natürlichen' und einem ‚künstlichen' Gedächtnis des Menschen eine der grundlegendsten Unterscheidungen dar. Sie wurde um 86-82 v. Chr. von einem anonym gebliebenen römischen Rhetoriklehrer in einem Lehrbuch zur Rhe-

---

9 Jeschke, Claudia: „Re-Konstruktionen: Denkfiguren und Tanzfiguren: Nijinskys Faune. Erfahrungen im Umgang mit tänzerischer Kompetenz", in: Sabine Gehm/Pirkko Husemann/Katharina von Wilcke (Hg.), *Wissen in Bewegung. Perspektiven der künstlerischen und wissenschaftlichen Forschung im Tanz*, Bielefeld: transcript 2007, S. 181-192, hier S. 182.

torik mit dem Titel *Ad C. Herennium libri IV* eingeführt.[10] Im Folgenden soll der Begriff des natürlichen Gedächtnisses aber nicht im Sinne der lateinischen Quelle zur klassischen Gedächtniskunst gebraucht werden, sondern in Anlehnung an Douwe Draaisma im Sinne des menschlichen Gedächtnisses.[11] Die im Verlauf der Kulturgeschichte der Menschheit angewachsene Veräußerung und die damit zusammenhängende Speicherung von Erinnerung in externen Medien lässt es für diese Studie sinnvoll erscheinen, unter dem künstlichen Gedächtnis nicht das geschulte Gedächtnis der antiken Rhetoriker zu verstehen, sondern externalisierte Gedächtnisträger, die zum überwiegenden Teil vom Menschen unabhängig und in Form von unterschiedlichsten Speichermedien bestehen. Der hier gebrauchte Medienbegriff, der sowohl den menschlichen Körper als auch nicht-organische Erinnerungsträger als Medien begreift, macht die Unterscheidung ‚natürlich/künstlich' zusätzlich sinnvoll, um Unterschiede zwischen diesen Gedächtnisträgern markieren zu können. Mit Nennung der Bezeichnung ‚natürliches Gedächtnis' ist in dieser Arbeit das menschliche Gedächtnis gemeint, das die Aufgabe der Erinnerung übernimmt, dessen Lebensdauer sich aber ausschließlich auf den Zeitraum zwischen Geburt und Tod erstreckt.

Um die erworbenen Informationen über das persönliche Befinden des Einzelnen hinaus zu bewahren, wurden künstliche Gedächtnisse entwickelt, externe Medien und Orte, die kommunizieren und reproduzieren, was Auge und Ohr aufgenommen haben. Diese künstlichen Gedächtnisse werden ebenfalls als ‚Gedächtnismedien' bezeichnet. Sie gelten als Hilfsmittel zur Unterstützung von Erinnerung und sollen das Abwesende vorstellen und für die Gegenwart nutzbar machen. Die Sprache begründet die orale Gedächtniskultur. Sie gehört noch zum Menschen, wirft sein Denken aber ins Außen. Dort angekommen, stellen Bild und Schrift visuelle, Musik akustische Gedächtnismedien dar. Im Altertum füllt die Schrift Schiefer und Wachstafeln, später Pergament, dann Papier und inzwischen Bildschirme. In der Mitte des 19. Jahrhunderts entsteht die Fotographie und in ihrer Folge zum Ende des gleichen Jahrhunderts der Film. Der von Edison erfundene Pho-

---

10 Vgl. F.A. Yates: *Gedächtnis und Erinnern*, S. 12-13.
11 Zur Unterscheidung von ‚natürlichem' und ‚künstlichem' Gedächtnis vgl. Draaisma, Douwe: *Die Metaphernmaschine. Eine Geschichte des Gedächtnisses*, Darmstadt: Primus 1999, S. 10 ff.

nograph führte zeitgleich zur Archivierung akustischer Eindrücke, zuerst auf der Schallplatte und der Kassette, dann auf der Compactdisk und inzwischen auf Speichermedien wie dem iPod.[12] Die künstlichen Gedächtnisse wurden im Laufe der Geschichte immer weiter perfektioniert, um ihre Kapazität, ihre Haltbarkeit und die Qualität des Reproduzierten zu steigern und um gleichzeitig ihre Störungsanfälligkeit zu verringern. Künstliche Gedächtnisse bewahren vor dem Hintergrund dieser Differenzierung ein Zeugnis davon auf, dass etwas existiert hat.

Auch für den Tanz wurden Initiativen zur Bewahrung von Informationen an externen Orten ergriffen und damit künstliche Gedächtnisarchive errichtet. Hier ließe sich z.b. die Tanzkultur am französischen Hof Ludwigs XIV. im 17. Jahrhundert anführen, die eine „spezifische Ordnung und Systematisierung der Schritte und ihrer Aufführungskunst"[13] in Angriff nahm. Als ein weiteres Beispiel für die Errichtung künstlicher Gedächtnisse für Bewegungsdarstellungen kann Aby Warburgs Unternehmen des Bilderatlasses *Mnemosyne* gelten. In den zwanziger Jahren des 20. Jahrhunderts unternahm Warburg den Versuch, einen Fundus von Gebärden anzulegen, ein Archiv, das Bilder von Bewegungsdarstellungen sammelte und das die Lektüre und Analyse des Körpers und seiner Bewegungen zum Ziel hatte.[14] Heute widmen sich weniger interpretierend als vielmehr dokumentierend Tanzarchive wie z.B. das *Archiv Darstellende Kunst der Akademie der Künste Berlin*, das *Deutsche Tanzfilminstitut Bremen*, das *Deutsche Tanzarchiv Köln*, das *Tanzarchiv Leipzig* und das *Mime Centrum Berlin* der Vermittlung, Restaurierung und Digitalisierung von Tanz und seiner Geschichte und leisten damit einen wertvollen Beitrag zum Erhalt von Wissen über den Tanz.

Jedoch bewahren oder ‚speichern' lässt sich Bewegungswissen auch dort nur begrenzt. Die in Tanzbewegungen enthaltenen Informationen zu

---

12 Zur Geschichte der Gedächtnismedien vgl. ebd., S. 9-15.
13 Böhme, Hartmut/Huschka, Sabine: „Prolog", in: Sabine Huschka (Hg.), *Wissenskultur Tanz. Historische und zeitgenössische Vermittlungsakte zwischen Praktiken und Diskursen*, Bielefeld: transcript 2009, S. 7-22, hier S. 15.
14 Warburg, Aby: *Der Bilderatlas Mnemosyne*, Herausgegeben von Martin Warnke unter Mitarbeit von Claudia Brink, Berlin: Akademie 2008. Vgl. dazu auch Brandstetter, Gabriele: *Tanz-Lektüren. Körperbilder und Raumfiguren der Avantgarde*, Frankfurt a.M.: Fischer 1995, S. 43 ff.

Zeit, Energie und Ort einer Bewegung sowie ihr räumlicher Verlauf sind zu komplex, als dass ein künstliches Gedächtnismedium sie angemessen wiedergeben könnte. Exakte Notationssysteme, wie z.B. die Kinetographie Labans, bilden hier zwar eine Ausnahme, aber nur Experten sind im Stande sie zu lesen. Darüber hinaus können sie zwar Anweisungen, aber keine Ausdrucksweisen vermitteln. Vor allem aber: das wichtigste Medium des Tanzes – der menschliche Körper – fehlt seinem künstlichen Gedächtnis. Tanzarchive behaupten damit, wie alle künstlichen Gedächtnismedien des Tanzes, einen Schwerpunkt, den sie nicht füllen können. In ihren Speichern klafft eine Lücke, durch die der Körper immer nur ahnbar, aber nie greifbar wird.

Deshalb stützt sich die Tanzpraxis zur Bewahrung und zur Ausübung ihres Wissens weniger auf externe Archive als vielmehr auf das natürliche Gedächtnis von Tänzern. Dieses natürliche Gedächtnis bewahrt zum einen motorische Mechanismen, zum anderen Phänomene wie Erinnerungen, Emotionen und Sachkenntnisse, die die Bewegungsabläufe durchdringen. Beides scheint ganz besonders im Tanz der persönlichen Vermittlung zu bedürfen, um sich ausbilden zu können. Gerade dort werden Informationen zur Bewegung über das natürliche Gedächtnis und damit über den Körper von Tänzern weitervermittelt. Dem folgend, sind es vor allem Tänzer selbst, die Erinnerungen an Tanz mit ihren natürlichen Gedächtnissen bewahren, rekonstruieren und an eine nächste Generation weitervermitteln.

Der Körper als Gedächtnismedium, der Informationen zu Bewegungen vermittelt, aber auch immer wieder transformiert und neu gestaltet, stellt den Tanz allerdings vor ein Problem. Im Vergleich zu den künstlichen Gedächtnismedien ist seine Kapazität weder unbegrenzt, noch ist er unbegrenzt haltbar. Der menschliche Körper ist für Störungen anfällig und auch verbessern oder perfektionieren lässt er sich nur in dem Maße, in dem dies die individuelle Anatomie erlaubt. Außerdem werden Bewegungen dadurch, dass sich deren Austragungsort in fortwährender Veränderung befindet, nie unverändert bleiben: Ein alter Tänzer tanzt ganz anders als ein junger.[15]

Wozu künstliche Gedächtnisse in der Lage sind – die unveränderte Bewahrung von Informationen und damit zusammenhängend ihr Schutz vor

---

15 Mit Nennung der männlichen Funktionsbezeichnung ist in diesem Buch immer auch die weibliche Form mitgemeint.

Entstellung – ist dem natürlichen Gedächtnis von Tänzern nicht möglich. Indem es vergänglich ist, verändert es sich ohne Unterlass. Die Qualität der Bewegungen bleibt dabei an den individuellen Körper gebunden und entzieht sich damit jeder Vereinheitlichung. Mit dem Sterben des Körpers geht sein jeweiliges Wissen verloren. In seiner letzten Konsequenz hinterlässt der Tanz damit keine künstlichen Spuren. Er ist die einzige Kunst, dessen Material nichts als der Körper und dessen Bewegungen ist und mit dem lebendigen Körper verschwindet auch die Bewegung, die er sichtbar werden ließ. Der Körper als Ort des Gedächtnisses lässt sich ebenso wenig erhalten, wie sich Bewegung in all ihrer Komplexität archivieren lässt. Dementsprechend schreibt Eva van Schaik: „Wenn auch die Bewegung und damit der Tanz als die älteste Gedächtniskunst von der menschlichen Art entwickelt und kultiviert wurde, es gelang dem Homo sapiens oder dem Homo ludens bis heute nicht, davon eine Archivierung aufzubauen."[16]

So lässt sich beim ersten Nachdenken über das Gedächtnis und seine Medien zunächst eine erste Zweiteilung zwischen einem Gedächtnis, das zur menschlichen Existenz gehört, und einem Gedächtnis, das von Menschen veräußert wurde, vornehmen. Unter dem natürlichen oder internen Gedächtnis werden im Folgenden motorische und geistige Phänomene verstanden. Das natürliche Gedächtnis weist damit seinerseits eine Dichotomie auf, die Gegenstand der vorliegenden Studie ist. Das künstliche oder externe Gedächtnis hingegen besteht aus einer Vielzahl unterschiedlicher Informationsträger, die für die Bewahrung, Vermittlung und Aktualisierung von Erinnerungen sorgen und die nicht in einem Verhältnis direkter Abhängigkeit vom Menschen stehen. In der Unterscheidung von natürlichem und künstlichem Gedächtnis kommt vor allem eine Differenzierung des Ortes zum Ausdruck, an dem Erinnerung aktualisiert wird. Während künstlich-externe Gedächtnisse beständig sind, ist es das natürliche Gedächtnis nicht. Für den Tanz scheint das natürliche Gedächtnis eine besondere und besonders wichtige Aufgabe zu erfüllen. Eine Annahme, der in dieser Untersuchung weiter nachgegangen wird.

---

16 Schaik, Eva van: „Das kinetische Gedächtnis", in: *Theaterschrift 8: Das Gedächtnis*, Brüssel: Colophon 1994, S. 170-194, hier S. 182.

Probennotiz 11.3.2010

Sacre hat nicht nur den einen Ort, an dem es entstand und an dem es seit 1975 am meisten getanzt wurde. Es gibt viele unterschiedliche Orte, an die es gebracht worden ist und die es danach wieder verließ. Nicht nur wir, die Tänzer, sind in dem Stück unentwegt in Bewegung, das Stück selbst reist durch die Welt und wird auf unterschiedlichen Bühnen der Welt und in verschiedenen Städten und Kulturen gezeigt. Wenn man uns sieht, in Zügen, in Flugzeugen, in Bussen oder Taxis, deutet nichts auf das hin, was wir mit uns bringen. Kein Instrument, kein Text, kein Gegenstand ist da, um anzudeuten, was wir zeigen werden. Wir bringen vor allem uns und unsere Körper mit, die im Moment der Aufführung das Stück entfalten und es nach 35 Minuten wieder verschwinden lassen. Es ist ein unsichtbares Gut, das wir bringen, und es lässt sich überall erinnern.

ANSATZ, AUFBAU UND FRAGESTELLUNG DER STUDIE

Erinnerung findet, laut Johannes Odenthal, auf vier verschiedenen Ebenen statt: als Körpergeschichte im Sinne einer Naturgeschichte des Menschen, als Sozialisierung in einer Kultur, als Tanzgeschichte selbst oder als individuelle Körpergeschichte.[17] Diese Untersuchung beschäftigt sich mit den unterschiedlichen Gedächtnisformen, wie sie innerhalb der Naturwissenschaft, der Philosophie und der Kulturwissenschaft definiert worden sind, und versucht, sie in der Tanzpraxis auszumachen. Sie wählt dazu als Ausgangspunkt nicht die Perspektive des Zuschauers, sondern die eines Tänzers, meiner Perspektive, die in kursiv gedruckten Texteinschüben geschildert wird und der in der eingangs beschriebenen Einrichtung der Bühne im wahrsten Sinne des Wortes ‚der Boden bereitet' wurde. Sie nimmt eine persönliche Sicht als Anlass, eine wissenschaftliche Auseinandersetzung mit dem Thema des Tänzergedächtnisses zu führen und geht dazu von der Erfahrung mit dem Stück *Le Sacre du printemps* aus, das ich zum ersten Mal im März 1993 getanzt habe und zum letzten Mal im Dezember 2010. In Form von praktischen Erfahrungsberichten, die aus der teilnehmenden Be-

---

17 Vgl. dazu Odenthal, Johannes: „Erinnern und Vergessen", in: *ballettanz* 08/9 (2005), S. 28-31, hier S. 30.

obachtung entstanden sind, werden in der folgenden Untersuchung zum Gedächtnis von Tänzern Beispiele aus meiner Tanzpraxis angeführt, um sie als Praktiken des Erinnerns zu lesen. Sie werden natur- und geisteswissenschaftlichen Untersuchungen zum Gedächtnis zur Seite gestellt, um diese beispielhaft zu stützen oder zu ergänzen. Die Untersuchung wählt damit einen „radikal subjektiven Ausgangspunkt"[18] und ist in dieser Hinsicht der Arbeit von Christiane Berger vergleichbar, die ihre individuellen Wahrnehmungen während der Aufführungen von William Forsythe und Saburo Teshigawara nutzte, um eine Auseinandersetzung mit der Wahrnehmung tänzerischen Sinns zu führen. Im Gegensatz zu Christiane Bergers Arbeit nähere ich mich dem Gegenstand meiner Untersuchung aber nicht von der Seite des Aufnehmenden her, sondern von der des Ausführenden, wie z.B. Friederike Lampert in ihrer Arbeit über Improvisation im Tanz oder Pirkko Husemann in ihrer Dissertation zu den Choreographien von Thomas Lehmen und Xavier le Roy.[19] In der vorliegenden Arbeit soll versucht werden, die körperliche Erfahrung während des Tanzens in einen theoretischen Diskurs um das Gedächtnis zu integrieren. Es soll auch beim Lesen der Untersuchung möglich sein, den Bezug zur Tanzpraxis im Blick zu behalten. Die praktische Annäherung an das Thema ‚Tanz und Gedächtnis' beschreibt das Gedächtnis in zwei unterschiedlichen Situationen: einerseits im ästhetischen Prozess, dem Moment, in dem *Sacre* vor einem Publikum erinnert und wahrgenommen wird, und andererseits in der Probensituation. Erneut ist also zu vermuten, dass es im Tanz um unterschiedliche Formen des Gedächtnisses geht: einem ersten Gedächtnis, das im Moment stattfindet und das wie das faszinierende Spiel des Lichts auf dem Torf von *Sacre* auch immer faszinierend und einmalig bleibt, und einem zweiten, das erworben wurde und das wiederholt, was es weiß.

Im ersten Kapitel werde ich mich zur Bearbeitung dieser Vermutung mit den Untersuchungen der Gehirnforschung auseinandersetzen und dabei

---

18 Berger, Christiane: *Körper denken in Bewegung. Zur Wahrnehmung tänzerischen Sinns bei William Forsythe und Saburo Teshigawara*, Bielefeld: transcript 2006, S. 13.

19 Lampert, Friederike: *Tanzimprovisation. Geschichte – Theorie – Verfahren – Vermittlung*, Bielefeld: transcript 2007; Husemann, Pirkko: *Choreographie als kritische Praxis. Arbeitsweisen bei Xavier Le Roy und Thomas Lehmen*, Bielefeld: transcript 2009.

insbesondere auf Untersuchungen mit Tänzern zum Thema Gedächtnis Bezug nehmen. Die Ebene der naturwissenschaftlichen Gedächtnisforschung ist eine nicht mehr auszublendende Ergänzung zum Denken und Sprechen über das Gedächtnis. Das Gedächtnis des Menschen korreliert mit einer physiologischen Grundlage. Diese lässt sich mit den Mitteln der Neurologie, der Biologie und der Kognitionswissenschaften untersuchen. Mit der Ausbildung des Gedächtnisses gehen z.b. neuronale Strukturveränderungen einher, die den Zusammenhang von Gedächtnis und Gehirn auf der physiologischen Ebene erhellen. Dieser Teil der Untersuchung beabsichtigt, einen Dialog zwischen neurowissenschaftlicher und introspektiver Sichtweise in Gang zu bringen und demonstriert, wie sich wissenschaftliche Erkenntnisse auf der tanzpraktischen Ebene wiederfinden lassen. Das Kapitel stellt darüber hinaus dar, wie das Gedächtnis aus der Sicht der Neurowissenschaften funktioniert, welche Gedächtnisformen an der Erinnerung beteiligt sind und legt einen besonderen Schwerpunkt auf die Bedeutung von Bewegung, der auch durch die Neurowissenschaften ein bedeutsamer Stellenwert eingeräumt wird.

Dass eine nur naturwissenschaftliche Auslegung des Gedächtnisses nicht ausreicht, um das Phänomen der Erinnerung zu klären, wird an der sogenannten „Erklärungslücke"[20] der Neurowissenschaften deutlich, die die subjektiven Eigenschaften der individuellen Erfahrung nicht mit physischen Konzepten erfassen kann und die von der Hirnforschung anerkannt wird. Hier können die Geisteswissenschaften – und innerhalb dieser insbesondere die Philosophie – zusätzliche Ansichten bereitstellen, da sie die Frage des Gedächtnisses aus der Innenperspektive reflektieren. Die Gegenüberstellung von Naturwissenschaft und Philosophie ist hierbei nicht als Ausspielen des naturwissenschaftlichen Bereiches gegenüber dem philosophischen zu verstehen, sondern beide Seiten sind, Manfred Frank, Professor für Philosophie in Tübingen, folgend, „eher wie zwei Seiten einer Münze"[21]. Diese beiden Seiten gehen jedoch von unterschiedlichen Grundannahmen zu der Funktion des Gehirns aus. Während für die Naturwissenschaften Bewusstsein und Gedächtnis Funktionen der Gehirnaktivität sind, findet sich in der

---

20 Vgl. dazu z.B. Pacherie, Élisabeth: „Mehr als Bewusstsein", in: *Spektrum der Wissenschaft Spezial: Bewusstsein* 1 (2004), S. 6-11, hier S. 11.
21 Frank, Manfred: „Der Mensch bleibt sich ein Rätsel", in: *DIE ZEIT* vom 27.8.2009, S. 52-53, hier S. 52.

Philosophie die Auffassung, dass das Gedächtnis unabhängig vom Gehirn zu denken ist. Besonders den auf den Tanz blickenden Wissenschaften stellt sich die Aufgabe, Tanz durch eine Synthese von Außen- und Innenperspektive zu beschreiben und damit beide Perspektiven zu berücksichtigen. Während die Naturwissenschaften einer Außenperspektive gerecht werden können, ist die Philosophie in der Lage, diese Sicht von innen her zu ergänzen.

Die philosophische Theorie, die ich für diese Perspektivierung heranziehen möchte, ist die Philosophie des französischen Denkers Henri Bergson, dessen Theorie des Gedächtnisses am Ende des 19. Jahrhunderts entstand. Da diese Untersuchung von einem subjektiven Ausgangspunkt bestimmt ist, habe ich Bergsons individualistische Konzeption des Gedächtnisses gewählt. Sie geht davon aus, dass Erinnerungen wesentlich subjektiv sind. Das Subjektive bzw. das Subjekt zeichnet sich laut Bergson vor allem dadurch aus, dass es durch eine zeitliche Dimension bestimmt wird, also durch eine vom Bewusstsein perzipierte unaufhaltsame Veränderung, wie sie im Tanz auf geistiger und körperlicher Ebene erfahren wird. Vom Subjekt aus zu denken, heißt bei Bergson, von dem Erleben der Zeit aus zu denken. Darin besteht die Gemeinsamkeit zwischen seiner Philosophie und dem Ansatz dieser Arbeit, denn auch sie geht von erlebter Körperzeit aus. In der Auseinandersetzung mit Bergsons Philosophie steht dabei nicht im Vordergrund, wie das Gedächtnis funktioniert, sondern welchen Stellenwert es für die Erfahrung besitzt. Bergsons sogenanntes ‚dualistisches' System von Materie und Geist, Gegenwart und Vergangenheit sowie vorstellendem und wiederholendem Gedächtnis bietet einer am Tanz interessierten Gedächtnisforschung Denkmöglichkeiten an, wie sich der Prozess des Gedächtnisses auf der körperlich-geistigen Ebene fassen lassen kann. Der von Bergson getroffene Unterschied zwischen einem Gedächtnis, das vorstellt, und einem Gedächtnis, das wiederholt, findet sich dabei sowohl in den Neurowissenschaften als Begriffspaar explizites bzw. implizites Gedächtnis wieder als auch im Tanz als Tanztechnik – verstanden als das körperlich memorierte Wissen von Tänzern – und als Tanzausdruck – verstanden als die Vorstellungen, die der körperlichen Bewegung zugrunde liegen oder die mit ihr einhergehen.

Während Bergson das Gedächtnis vom individuellen Bewusstsein aus denkt und für eine subjektivistische Gedächtniskonzeption steht, begreift die Kulturwissenschaft das Gedächtnis des Einzelnen als ein Gedächtnis, das Teil eines umfassenderen, kollektiven Gedächtnisses ist. Neben Aby Warburgs Konzeption eines Gedächtnisses, das sich in affektgeladenen Bildern niederschlägt, entwarf Maurice Halbwachs seine Theorie des ‚sozialen Gedächtnisses'[22] und bereitete damit den Begriff des ‚kulturellen Gedächtnisses' vor, der von der Literaturwissenschaftlerin und Anglistin Aleida Assman und dem Ägyptologen Jan Assmann Ende der 1980er Jahre geprägt wurde.[23] Mit Bergson lässt sich zwar das Gedächtnis als individuelle Erfahrung erklären, nicht aber sein sozialer Bezugsrahmen und damit seine Vermittlung. Da gerade im Tanz Informationen weniger durch Schrift als vielmehr durch den persönlichen Kontakt von Tanzlehrer und Tanzschüler, Choreograph und Tänzer sowie zwischen Tänzern untereinander ausgetauscht werden, ist es notwendig, einen Blick auf das ‚kollektive Gedächtnis' zu werfen. Es zeigt sich, laut Assmann, in kommunikativen und kulturellen Bezügen.[24] Während das ‚kommunikative Gedächtnis' unmittelbar mit der individuellen Biographie in Zusammenhang steht, wie z.B. das Generationen-Gedächtnis, steht das ‚kulturelle Gedächtnis' zur „wiederholten Einübung und Einweisung"[25] bereit und stellt eine vom Einzelnen unabhängige Form des Gedächtnisses dar. Tanz, so eine Vermutung, stellt sich aus dieser Perspektive als kulturell-künstlerische Praxis dar, in der kommunikatives und kulturelles Gedächtnis ineinander übergehen. Während mit Bergson in dieser Untersuchung gezeigt werden soll, inwieweit der Tanz für die Erfahrung des Gedächtnisses im Sinne einer körperlich-geistigen Aktivität stehen kann, soll mit den Begriffen ‚kommunikatives' bzw. ‚kulturelles Gedächtnis' ergänzend erläutert werden, wie sich das Gedächtnis von Tänzer zu Tänzer fortsetzt und erhalten bleibt. Am Phänomen Tanz, so lautet demnach eine Untersuchungshypothese, kann die Beziehung

---

22 Halbwachs, Maurice: *Das Gedächtnis und seine sozialen Bedingungen*, Berlin/Neuwied: Luchterhand 1966.
23 Vgl. Assmann, Jan/Hölscher, Tonio (Hg.): *Kultur und Gedächtnis*, Frankfurt a.M.: Suhrkamp 1988; Assmann, Aleida: *Erinnerungsräume. Formen und Wandlungen des Gedächtnisses*, München: Beck 1999.
24 Vgl. Assmann, Jan: *Das kulturelle Gedächtnis. Schrift, Erinnerung und politische Identität in frühen Hochkulturen*, München: Beck 1992, S. 20.
25 Assmann, Jan: „Kollektives Gedächtnis und kulturelle Identität", in: Assman/Hölscher, *Kultur und Gedächtnis* (1988), S. 9-19, hier S. 9.

zwischen einem kommunikativen und einem kulturellen Gedächtnis aufgezeigt werden.

Im vierten Teil der Untersuchung möchte ich die in den ersten drei Kapiteln behandelten Aspekte des Gedächtnisses in der Tanzpraxis wiederfinden. Das soll anhand der Jooss-Leeder-Methode geschehen, einer Bewegungsschule, die von dem Mitbegründer der *Folkwangschule* Kurt Jooss und seinem Partner Sigurd Leeder entwickelt wurde. Die Jooss-Leeder-Methode beruht auf der Theorie von Rudolf von Laban und setzt Labans Forschung zu Bewegung und Raum in Übungen und Bewegungsabfolgen um. Gleichzeitig geht sie über eine reine Körpertechnik hinaus, indem sie die Ausdrucksabsicht hinter der Körperbewegung thematisiert. Dem Bezug zwischen Bewegung und Erinnerung sowie dem Wirkungszusammenhang zwischen Motorik und Vorstellung begegnet man also besonders in dieser Methode der Tanzausbildung. Sie hat einen bedeutsamen Einfluss auf *Le Sacre du printemps* ausgeübt, jenem Stück also, das der Ausgangspunkt meiner Überlegungen ist und das die gesamte Arbeit beispielgebend durchzieht. Pina Bausch stand als Schülerin und später als Tänzerin und Mitarbeiterin von Kurt Jooss in direktem Kontakt zu dieser Bewegungsschule und integrierte das darin angesammelte Wissen in ihre eigene Bewegungssprache. Die erkenntnisleitende Frage des Kapitels lautet daher: Wenn es unterschiedliche Formen des Gedächtnisses gibt, wie finden sich diese auf der Ebene der Tanzpraxis wieder und was sind ihre Inhalte? Zur Behandlung dieser Fragestellung werden zum einen die motorischen Grundlagen der Jooss-Leeder-Methode dargestellt, zum anderen fragt das Kapitel nach den expliziten Gedächtnisinhalten der Jooss-Leeder-Methode, ihrer Geschichte, ihrer Vermittlung und ihren Prinzipien. Die Jooss-Leeder-Methode ist noch heute eine Grundlage der Tanzausbildung an der *Folkwang Universität der Künste* in Essen. Der vierte Teil versteht sich damit auch als die Darstellung eines Tanzwissens, das gelebt und praktiziert wird und weiterhin in Fortschreibung begriffen ist. Als Beitrag zu einem künstlichen Gedächtnis des Tanzes im Medium der Schrift kann auch der vierte Teil kein Bewegungswissen bewahren, wohl aber dazu beitragen, dass dieses in Bewegung bleibt und immer wieder neu erinnert wird.

Die Untersuchung soll zeigen, dass Tanzen als Gedächtnisbildung, Gedächtniserfahrung und Gedächtnisvermittlung begriffen werden kann. Sie stellt ein bisher noch nicht erprobtes Modell der Kombination von Praxis und Theorie dar, indem sie Erfahrungsberichte, wissenschaftlichen Diskurs und Darstellung einer Tanzmethode vereint.

MATERIAL UND METHODISCHES VORGEHEN

Vergleichbar mit Roland Barthes, dessen Wunsch es war zu wissen, was Photographie „an sich"[26] ist, ist diese Dissertation von dem Interesse geleitet zu erfahren, was ein Wesensmerkmal von Tanz in seinem Bezug zum Gedächtnis sein könnte.

Der erste Teil nimmt zur Bestimmung des Gedächtnisses im Tanz eine Auswertung der naturwissenschaftlichen Forschung vor. Hilfreich war dabei die Textsammlung des Seminars *Sozialwissenschaftliche und neurowissenschaftliche Perspektiven* unter der Leitung von Gabriele Klein und Hans Kolbe, das im Wintersemester 2008/2009 im *Fachbereich Bewegungswissenschaft der Universität Hamburg* stattfand. Da eine vollständige Darstellung der Untersuchungen zum Gedächtnis den Rahmen dieser Arbeit sprengen würde, habe ich denjenigen Untersuchungen besondere Aufmerksamkeit zukommen lassen, die sich ausdrücklich mit Tanz und Tänzern beschäftigen: den Arbeiten der Biologin Bettina Bläsing und des Sportpsychologen Thomas Schack von der *Universität Bielefeld*, der Kognitionswissenschaftlerin und Psychologin Corinne Jola, der englischen Neuropsychologin Beatriz Calvo-Merino, Emily Cross vom *Dartmouth College* in New Hampshire sowie der Untersuchung des Tänzers und Psychologen Guido Orgs von der *Universität Düsseldorf*. Die Auseinandersetzung mit dem Thema der Spiegelneurone erfolgte hauptsächlich in Bezug auf die Arbeiten des italienischen Professors für Physiologie Giacomo Rizzolatti, dessen Entdeckung der ‚Spiegelneurone' eine der großen wissenschaftlichen Leistungen der neunziger Jahre des 20. Jahrhunderts war.

Dem Zielvorhaben entsprechend, Wesensmerkmale des Gedächtnisses im Tanz ausfindig zu machen, ist eine Bezugnahme auf Bergsons Philosophie naheliegend, da das Aufzeigen von Wesensunterschieden bei Bergson ein maßgebliches methodisches Vorgehen ist. Irrtümlicher Weise wird Bergsons Philosophie oft als ‚Dualismus' interpretiert, obwohl es Bergson darum geht, Wirkungszusammenhänge aufzuzeigen. Indem die vorliegende

---

26 Barthes, Roland: *Die helle Kammer*, Frankfurt a.M.: Suhrkamp 1985, S. 11.

Untersuchung zwischen zwei grundlegenden Formen des Gedächtnisses unterscheidet und sie in der Praxis aufsucht, folgt auch sie einer Zweiteilung des Gedächtnisses, bei der es ebenfalls darum geht, die Beziehung zwischen den beiden Gedächtnisformen zu beschreiben und die nicht mit einem ‚Dualismus' zu verwechseln ist. Ziel der Auseinandersetzung mit Bergson ist es, Erinnerung und Gedächtnis im Tanz mit seiner Philosophie auszudeuten. Methodisch relevant ist hier die Konzentration auf eine Philosophie, in deren Zentrum der Begriff der Bewegung steht und die deshalb für den Tanz und die Tanzwissenschaft von Interesse sein muss. Da ein Denken am Leitfaden der Bergson'schen Philosophie in der Tanzwissenschaft bisher kaum erfolgt ist, will diese Untersuchung dazu beitragen, Bergsons Bedeutung als Bewegungsphilosoph zu stärken. Zweifellos wäre es möglich, das Phänomen Tanz mit anderen philosophischen Konzepten als denen Bergsons zu beleuchten. Ein Denken am Leitfaden anderer Philosophien entlang würde dann zu anderen Ergebnissen führen.[27]

Komplementäre Gedächtnisformen werden auch in der Auseinandersetzung mit soziokulturellen Gedächtnismodellen beschrieben. Da eine gesellschaftlich-kulturwissenschaftliche Lesart von Gedächtnis im Tanz häufig erfolgt, werden diese Überlegungen zum Überlieferungs- und Vermittlungsgeschehen im Tanz weniger allgemein, als vielmehr eng am praktischen Beispiel *Le Sacre du printemps* angestellt. Dabei werden nicht nur Maurice Halbwachs' und Jan Assmanns Theorien zum kollektiven bzw. kulturell-kommunikativen Gedächtnis auf Tanz angewendet, sondern es kommt darüber hinaus auch zu einer aufführungsgeschichtlichen Reflexion von Nijinskys Choreographie.

Das vierte Kapitel dieser Studie folgt dem Gedanken Bergsons von einander komplementären, aber doch zu unterscheidenden Gedächtnisformen weiter, eine Zweiteilung, die auch in der Tanzpraxis nicht trennscharf er-

---

27 Vgl. Fischer, Miriam: *Denken in Körpern. Grundlegung einer Philosophie des Tanzes*, Freiburg/München: Alber 2010, S. 8. Allerdings merkt Fischer in ihren Vorbemerkungen an, im Fokus der Untersuchung stehe nicht der Tanz, „sondern die Suche nach einer Philosophie, die dem Phänomen des Tanzes gerecht zu werden vermag." Fischer nähert sich dem Tanz vor allem vom Text her und untersucht unter anderem die Schriften von René Descartes, Edmund Husserl, Maurice Merleau-Ponty und Jean-Luc Nancy hinsichtlich ihrer Anwendbarkeit auf den Tanz.

folgen kann, die für diese Arbeit aber als methodisch begründete Reduktion aufgegriffen wurde. Das Thema ‚Gedächtnis im Tanz' wird in dem Kapitel exemplarisch an einer Tanztechnik dargestellt. Dieser näherte ich mich durch ein zweijähriges Aufbaustudium der Tanzpädagogik, das die Theorie und Praxis der Jooss-Leeder-Methode zum Gegenstand hatte. Meine seit 2007 ausgeübte Tätigkeit als Dozent für Zeitgenössischen Tanz, die auf den Prinzipien der Jooss-Leeder-Methode beruht, ermöglichte mir auch hier eine Innenperspektive. Eine umfangreiche Sammlung von DVDs aus dem Tanzarchiv der *Folkwang Universität der Künste*, die die Unterrichtsstunden von Hans Züllig, Jean Cébron und Lutz Förster zeigen, war für die Darstellung der Jooss-Leeder-Methode eine unerlässliche Ergänzung. Da ich an vielen Trainingsstunden dieser drei Pädagogen teilnahm, konnte ich auch auf meine persönlichen Erinnerungen an ihren Unterricht zurückgreifen. Zusätzlich ermöglichten mir Besuche bei dem ehemaligen Tänzer vom *Folkwang-Ballett*, Eckard Brakel, ein lebendiges Bild von dem Bewegungsmaterial Kurt Jooss' zu gewinnen. Der Schwerpunkt bei den Zusammenkünften mit Eckard Brakel lag auf der Arbeit im Tanzsaal, wo er mir Unterrichtsstunden gab, die sich an das Bewegungsvokabular von Kurt Jooss anlehnten. Seine Berichte über die Arbeit von Kurt Jooss und sein von ihm entwickeltes Ordnungsprinzip *Deutscher Moderner Tanz* dienten mir als zusätzliches Informationsmaterial zur Darstellung der Jooss-Leeder-Methode. Der Analyseleitfaden vom *Tanzplan Deutschland* zum Forschungsprojekt Tanztechnik war eine ergänzende Anregung.[28] Ich habe mich bei der Darstellung der Jooss-Leeder-Methode aber nicht an die vom *Tanzplan* ausgearbeiteten Forschungsfragen gehalten, sondern eine eigene Schwerpunktsetzung gefunden, die sich an die von Jooss gekennzeichneten Richtlinien eines modernen Tanzunterrichts anlehnt.[29]

---

28 Vgl. Diehl, Ingo/Lampert, Friederike: „Leitfaden für die Analyse und Moderation", in: Dies., *Tanztechniken 2010. Tanzplan Deutschland*, Leipzig: Henschel 2011, S. 24-27. Dort sind 84 Forschungsfragen aufgelistet, die in Bezug auf die jeweilige Tanztechnik von verschiedenen Forschungsteams bearbeitet wurden.
29 Jooss, Kurt: „Exposé. Über den Aufbau einer deutschen Tanzakademie", in: Markard, Anna und Hermann, *Jooss. Dokumentation von Anna und Hermann Markard*, Köln: Ballett-Bühnen-Verlag Rolf Garske 1985, S. 150-155, hier S. 152.

Ebenso wie Roland Barthes seine Bemerkungen zur Photographie nicht ausschließlich mit dem analytischen Blick der Wissenschaft, der auf Distanz geht, schrieb, sondern mit einem Blick, der sich an das bindet, was er sieht, so befragte ich immer wieder meine Erinnerung, was sie mir über das Gedächtnis im Tanz ins Bewusstsein zu rufen vermag. Das Ergebnis dieser Selbstbefragung sind Tagebucheinträge, die über den Zeitraum von drei Jahren entstanden sind. Darin werden zum einen die Proben im Tanzsaal beschrieben, zum anderen kommen persönliche Eindrücke während der Aufführungen von *Le Sacre du printemps* zur Darstellung. Ich habe darüber hinaus auch Gespräche zwischen Tänzern aufgeschrieben, wenn sie mir für den Zusammenhang von Erinnerung und Bewegung wichtig zu sein schienen. Einige kurze Notizen und Eindrücke von Tourneen sind ebenfalls zwischen die theoretischen Ausführungen eingefügt. Die Erfahrungsprotokolle wurden unmittelbar nach den Proben oder den Aufführungen verfasst, damit ein möglichst ‚frischer' Eindruck meiner Erfahrungen festgehalten werden konnte.

Es ist ein in den Wissenschaften gängiges Verfahren, Erfahrungen anderer Menschen zum Gegenstand des wissenschaftlichen Interesses zu machen. Auch die Tanzwissenschaft fußt nach wie vor maßgeblich darauf, dass Tanzwissenschaftler aus dem Bereich der Literatur, der Theater- und Medienwissenschaft oder der Soziologie auf die künstlerische Tanzpraxis und damit auf die Erfahrung von Tänzern blicken, um den „Sinn ihrer Erfahrungen zu rekonstruieren"[30]. Sprechen und Schreiben über Tanz sind etwas anderes als das Tanzen selbst. Tänzer ergreifen eher selten das Wort und noch weniger gehen sie dazu über, sich wissenschaftlich mit Tanz zu befassen. Die erfahrungsreiche Perspektive von Tänzern findet infolgedessen nur selten Eingang in eine theoretische Reflexion von Tanz. Die vorliegende Studie ist dem Feld einer ‚Qualitativen Forschung' zuzuordnen, die, Uwe Flick folgend, den Anspruch hat, „Lebenswelten ‚von innen heraus' aus der Sicht der handelnden Menschen zu beschreiben"[31]. Viele Menschen

---

30 Honer, Anne: „Lebensweltanalyse in der Ethnographie", in: Uwe Flick/Ernst von Kardorff/Ines Steinke (Hg.), *Qualitative Forschung. Ein Handbuch*, Reinbek bei Hamburg: Rowohlt 2000, S. 194-204, hier S. 195.

31 Flick, Uwe/Kardorff, Ernst von/Steinke, Ines: „Was ist qualitative Forschung? Einleitung und Überblick", in: Flick/Kardorff/Steinke, *Qualitative Forschung* (2000), S. 13-29, hier S. 14.

haben Aufführungen von Tänzern auf der Bühne gesehen, doch das Geschehen in den Proben, welche Informationen und Erinnerungen unter Tänzern dabei ausgetauscht werden, bleibt allein den Mitgliedern einer Tanzkompanie vorbehalten. Demgegenüber sind Tänzern die Deutungsmuster, die zum Verständnis der von ihnen produzierten und erlebten sozialen Wirklichkeit führen, wenig bekannt. Die qualitative Forschungsarbeit, als die sich diese Studie auch versteht, versucht Teilnahme und Beobachtung miteinander zu verbinden und will sowohl praktische als auch theoretische Erkenntnisgewinne zum Forschungsgegenstand des Gedächtnisses im Tanz erzielen. Die Studie nimmt die Herausforderung an, tanzpraktisches Wissen an ein wissenschaftliches Expertenwissen anschlussfähig zu machen. Ziel dieses Vorgehens ist es, das Denken, Sprechen und Schreiben über Tanz voranzubringen und eine Annäherung zu finden, die dem besonderen Gegenstand dieser sprachlosen Kunst angemessen ist. Weil die Studie über besondere ‚Daten' verfügt, kann sie einen „phänomenologischen Beitrag zur Erschließung und Rekonstruktion des Forschungsgegenstandes stellen"[32]. Die ‚besonderen Daten' sind meine Erfahrungen, die ich im Tanztheater Wuppertal und den Aufführungen und Proben von *Le Sacre du printemps* gesammelt habe. Dadurch stellten sich mir viele methodische Probleme der ‚Datenerhebung' nicht. Weder musste ich eine Rolle erlernen, noch Vertrauensbeziehungen aufbauen, noch Informanten gewinnen oder mich komplizierter technischer Geräte bedienen. Ich war Tänzer der Kompanie, tat, was ich ohnehin tat, und schrieb das Erlebte auf. Dabei folgte ich allerdings keinen standardisierten Protokollverfahren, Interviewleitfäden oder Transkriptionsregeln. Das durch die Teilnahme erworbene und in die Studie eingeflossene Wissen ist analog zu Daten und Ergebnissen einer qualitativen Sozialforschung ein Wissenstypus eigenen Charakters. Es ist – um Ernst von Kardorffs Formulierung aufzugreifen – „eher plural und spezifisch als normativ und universell, es ist eher fragmentarisch, vielfältig verzweigt und vernetzt als geschlossen, es ist eher offen für alternative Sichtweisen als resultathaft, und es ist eher reflexiv als dogmatisch"[33]. Die Ethnographien sind Protokolle meines persönlichen Erlebens und besitzen keine Allgemeingültigkeit für Tänzer, die *Sacre* tanzen und sich, grundsätzlicher ge-

---

32 Honer, Anne: „Lebensweltanalyse in der Ethnographie", in: Ebd., S. 200.
33 Kardorff, Ernst von: „Zur Verwendung qualitativer Forschung", in: Ebd., S. 615-622, hier S. 618-619.

sprochen, an Bewegungen erinnern. Sie erfüllen daher nicht das Kriterium der Objektivität, ein Begriff, der – wie die damit verbundenen Begriffe von Reliabilität und Validität auch – in den Sozialwissenschaften umstritten ist und sehr unterschiedlich verstanden und beurteilt wird.[34] Die Ethnographien sollen vielmehr dazu beitragen, Ergebnisse wissenschaftlicher Forschung und philosophischer ‚Spekulation'[35] in der Praxis zu veranschaulichen. Sie erscheinen in der Arbeit in einem kursiv abgesetzten Schrifttyp. Im günstigsten Falle werden sie für den Leser nachvollziehbar sein und das phänomenologische Wissen über das Gedächtnis im Tanz zu verfeinern helfen.

Das Schreiben aus der Praxis heraus führte zuweilen zu einem ‚Dilemma', das sich mit Roland Barthes auch als das ‚Hin-und-Hergerissen-Sein' zwischen zwei Sprachen beschreiben lässt: zwischen der Sprache des Ausdrucks und der Sprache der Kritik.[36] Die Sprache des Ausdrucks bringt, laut Barthes, das Subjekt zum Vorschein, die Sprache der Kritik benennt Kategorien und Prinzipien. Dieses in der Feldforschung bekannte ‚Dilemma'[37] habe ich durch das Verfassen der zwei unterschiedlich formatierten Textsorten zum Ausdruck gebracht. Dadurch ergeben sich auf der formalen Ebene des Textes ‚Leerstellen', Absätze also, die den Leser auffordern zu ‚springen'. Der Begriff der Leerstelle wurde von Wolfang Iser eingeführt,

---

34 Steinke, Ines: „Gütekriterien qualitativer Forschung", in: Ebd., S. 319-331, hier S. 319 f.

35 Der Begriff der ‚Spekulation' wird hier und im Folgenden im Sinne von Henri Bergson gebraucht. Diesem Verständnis des Begriffs folgend, bezeichnet die ‚philosophische Spekulation' eine Umstellung der Aufmerksamkeit, die nicht die quantifizierenden Größen, wie Zahlen und Messungen, sondern die qualitativen Zustände, wie die des Bewusstseins, in den Blick nimmt. Vgl. Bergson, Henri: *Denken und schöpferisches Werden*, Hamburg: Europäische Verlagsanstalt/Rotbuch Verlag 1993, S. 158 f.

36 R. Barthes, *Die helle Kammer*, S. 16.

37 Flick, Uwe: *Qualitative Forschung. Theorie, Methoden, Anwendung in Psychologie und Sozialwissenschaften*, Reinbek bei Hamburg: Rowohlt 1995, S. 163. Auch Pirkko Husemann bringt diesen Sachverhalt zu Beginn ihrer Dissertation zur Sprache und sieht sich zuweilen an der Grenze zur Wissenschaftlichkeit, dafür aber sich auch der „Ebene der künstlerischen Arbeit in Richtung Theorie" nähernd. Vgl. P. Husemann: *Choreographie als kritische Praxis*, S. 33-34.

um die Unbestimmtheit fiktionaler Texte zu markieren. Er wird von ihm als Kommunikationsbedingung für die Interaktion zwischen Text und Leser verstanden, weil Leerstellen den Leser dazu auffordern, unformulierte Beziehungen zwischen Textstellen herzustellen.[38] Das, was für die Kommunikation zwischen Text und Leser bei fiktionalen Texten Voraussetzung ist, ist auf der inhaltlichen Ebene von Sachtexten nicht angebracht. Auf der formalen Ebene jedoch kann dieser Sprung die Kommunikation von Theorie und Praxis bewirken. Der Sprung auf der formalen Ebene des Textes, der beim Lesen dieser Untersuchung immer wieder vollzogen werden muss, beabsichtigt eben dieses: Als besonderer methodischer Zugriff auf das Thema ‚Tanz und Gedächtnis' soll der Bezug zwischen Tanzpraxis und Tanzwissenschaft, also zwischen einer Innen- und einer Außenperspektive hergestellt werden.

Die nachfolgende Übersicht dient dazu, die ausgewählten Beispiele aus Proben und Aufführungen von *Le Sacre du printemps* in den Stückverlauf einzuordnen. Ich habe diese Übersicht aus Peter M. Boenischs Tabelle entwickelt, der sie seinerseits in einer Seminarübung gewonnen hat.[39] Die Bezeichnungen der einzelnen Sequenzen sind die Bezeichnungen, die die jeweiligen Sequenzen während der Proben des Stückes haben, hier aus der Perspektive der männlichen Tänzer heraus. Die Zeitangabe bezieht sich auf die Orchestereinspielung von Pierre Boulez, die das Wuppertaler Tanztheater zur Aufführung von *Le Sacre du printemps* benutzt. Ich gehe in der Verwendung der Beispiele im Verlauf der Arbeit nicht chronologisch vor, sondern füge sie dort ein, wo sie mir den Zusammenhang zwischen Tanz und Gedächtnis zu klären scheinen und wo sie als Beispiele für dargestellte Beobachtungen dienen können. Manche Sequenzen oder Situationen werden mehrfach und unter unterschiedlichen Gesichtspunkten beschrieben. Wiederholung und Differenz sind insofern Stilmittel der Probentagebücher. Die Tagebucheinträge lassen sich dabei nicht nur als Beispiel für den sie

---

38 Vgl. Iser, Wolfgang: *Der Akt des Lesens. Theorie ästhetischer Wirkung*, München: Fink 1976, S. 283-284.
39 Vgl. Boenisch, Peter M.: „Tanz als Körper-Zeichen: Zur Methodik der Theater-Tanz-Semiotik", in: Gabriele Brandstetter/Gabriele Klein (Hg.), *Methoden der Tanzwissenschaft. Modellanalysen zu Pina Bauschs „Le Sacre du Printemps"*, Bielefeld: transcript 2007, S. 29-45, hier S. 37-38.

umgebenden Kontext lesen, sondern fordern vielmehr zur Bezugnahme auf unterschiedliche Theoriekomplexe auf.

Tabelle 1: Le Sacre du printemps/Erster Teil: Die Anbetung der Erde

Sequenz	Zeit	Bezeichnung	Satz in der Partitur
1	0:00	Sylvia auf dem Tuch	„Introduktion"
2		Auftritt Frauen	
3	3:34	Frauentanz	„Die Vorboten des Frühlings – Tanz der jungen Mädchen"
4	4:52	Reinlaufen Männer	
5	5:17	Fünf Männer	
6	5:37	Auftritt alle Männer	
7	5:52	Große Stelle	
8		Solo Azusa	„Entführungsspiel"
9	6:17	Erste Männerdiagonale	
10	7:57	Bodenstelle	
11	8:43	Kreis	„Frühlingsreigen"
12	11:50	Männer um Sylvia	
13	12:09	Die Neun	„Spiele der rivalisierenden Stämme"
14	12:33	Die Sieben	
15	13:09	Zweite Männerdiagonale	
16	13:33	Jetédiagonale	
17	14:28	Köpfe	„Prozession des alten Weisen"
18	15:15	Chaos	„Tanz der Erde"

Tabelle 2: Le Sacre du printemps/Zweiter Teil: Das Opfer

19	16:34	Frauenteil	„Introduktion"
20		Stehen hinten	
21	20:01	Nach vorne gehen	„Mystischer Reigen der jungen Mädchen"
22	21:45	Stehen vorne	
23	23:50	Die Elf	
24	23:58	Erste Lifts	„Verherrlichung der Auserwählten"
25	24:33	Alle zusammen vor	
26	25:11	Zweite Lifts	
27	25:40	Fünf Männer	„Anrufung der Ahnen"
28	27:04	Poonastelle	„Rituelle Handlung der Ahnen"
29	27:53	Große Stelle 2	
30	28:33	Stampfen	
31	29:42	Opfertanz	„Opfertanz"

FORSCHUNGSSTAND: TANZ UND GEDÄCHTNIS

Das Thema ‚Tanz und Gedächtnis' wurde bereits auf dem ersten, neu ins Leben gerufenen *Tanzkongress 2006*, der unter dem Motto *Wissen in Bewegung* in Berlin stattfand, diskutiert.[40] Die Tanzforschung greift damit ein Thema auf, das in den Kulturwissenschaften seit Ende der 1980er Jahre einen enormen Aufschwung erfahren hat, nämlich das des Gedächtnisses. Hier sind vor allem Jan und Aleida Assmann als diejenigen Wissenschaftler zu nennen, die den Begriff des kollektiven Gedächtnisses erneut in den geisteswissenschaftlichen Diskurs eingebracht haben. Allerdings stehen nicht der Körper und seine Bewegungen, sondern Sprache und Schrift im Zentrum ihrer Forschung und gerade zu dem Verhältnis von Körper und

---

40 Der unter dem gleichen Titel erschienene Sammelband umfasst eine Auswahl der beim Tanzkongress gehaltenen Vorträge. Vgl. Gehm/Husemann/Wilcke, *Wissen in Bewegung* (2007).

Gedächtnis können von der Tanzforschung wichtige Anregungen eingebracht werden.

In fünf Veranstaltungen wurde auf dem *Tanzkongress 2006* gefragt, wie sich Tanz-Geschichten schreiben lassen (Gabriele Brandstetter), wie der Körper als Gedächtnisort erschlossen werden kann (Inge Baxmann) und wie Tänzer bei der Rekonstruktion von Choreographien vorgehen und sich Bewegungsmaterial aneignen (Susanne Linke und Martin Nachbar anhand von Dore Hoyers *Affectos Humanos*). Darüber hinaus stellte die Tanzwissenschaftlerin Claudia Jeschke am Beispiel der Rekonstruktion von Nijinskys *L'Apres-midi d'un Faune* dar, wie Bewegung und Körper zum Medium funktionalisiert werden und mit anderen Medien interagieren. Schließlich berichtete die Repetitorin vom *George Balanchine Trust*, Colleen Neary, über die Arbeit mit George Balanchine. In dem Tagungskontext konnten somit vier grundlegende Ansätze einer Gedächtnisforschung im Tanz benannt werden, die im Folgenden kurz skizziert werden sollen. Ergänzend dazu soll der Beitrag dieser Arbeit verdeutlichend vorgestellt werden.

Ein erster Ansatz beschäftigt sich mit dem Verhältnis von Tanz und Text. Dieses Verhältnis wurde seit Mitte der neunziger Jahre des 20. Jahrhunderts z.B. von Gabriele Brandstetter untersucht, indem sie Körperbilder und Raumfiguren des modernen Tanzes zu literarischen Ausdrucksmitteln in Beziehung setzte.[41] Gabriele Klein zeigte am Beispiel des Techno, dass Sprache und Text die Wirklichkeit nicht repräsentieren, „sondern diese im Medium der Sprache erst geschaffen wird"[42]. Seitdem beschäftigt sich die Tanzforschung intensiv mit der Frage, wie wir über Tanz denken, sprechen, schreiben, lesen oder ihn aufzeichnen können, in anderen Worten, wie Tanz auf gedanklicher, verbaler, schriftlicher und medialer Ebene erinnert werden kann. Zu dieser Frage haben Gabriele Brandstetter und Gabriele Klein einen aus einer Tagung hervorgegangenen Sammelband herausgebracht, der unterschiedliche methodische Herangehensweisen der Tanzforschung und anderer Disziplinen anhand von Pina Bauschs *Le Sacre du printemps* präsentiert.[43] Auch Sabine Huschkas Sammelband *Wissenskultur Tanz* un-

---

41 Vgl. G. Brandstetter: *Tanz-Lektüren*.
42 Klein, Gabriele: *Electronic Vibration. Pop Kultur Theorie*, Frankfurt a.M.: Rogner und Bernhard bei Zweitausendeins 1999, S. 11.
43 Brandstetter/Klein, *Methoden der Tanzwissenschaft* (2007).

tersucht Vermittlungswege und -akte von Tanzwissen und fasst unterschiedliche Perspektiven auf ein sogenanntes ‚Tanzwissen' zusammen.[44] Ebenso verfährt der Sammelband *Konzepte der Tanzkultur*, der anthropologische, bildungstheoretische, kultursoziologische, politische und ästhetische Zugänge zum Tanz skizziert und methodische Zugänge zur Tanzwissenschaft bündelt.[45] Der Theaterwissenschaftler Gerald Siegmund richtet seinen Fokus seit jeher auf den Zusammenhang von Gedächtnis und Theater. Bereits seine Dissertation erscheint 1996 unter dem Titel *Theater als Gedächtnis*. Siegmund stellt darin unter Bezugnahme auf die Kategorien der Psychoanalyse die These auf, dass Gedächtnis und Einbildungskraft Synonyme seien.[46] In seiner Habilitationsschrift *Abwesenheit* setzt Siegmund dann die Auseinandersetzung mit dem Themenkreis des Gedächtnisses unter dem Leitbegriff der Abwesenheit und anhand der Auseinandersetzung mit zeitgenössischen Choreographen fort.[47] Ein weiterer Beleg für Siegmunds Interesse an dem Zusammenhang zwischen Gedächtnis und Tanz ist ein Aufsatz in dem bereits erwähnten Sammelband *Konzepte der Tanzkultur* zum Körpergedächtnis im Tanz.[48] Zusammenfassend kann man diesen Forschungszweig als einen Zugang betrachten, der sich schreibend dem Phänomen des Tanzens nähert und die künstlerische Praxis beschreibend und analysierend ergänzt und kommuniziert. Zweifellos stellen Texte zum Tanz einen unverzichtbaren Beitrag zur Aufrechterhaltung eines künstlichen Tanz-Gedächtnisses dar, indem sie, wie Gabriele Klein formuliert, „die Wahrnehmung und die Erfahrung des Zuschauers ebenso wie die öf-

---

44 Huschka, *Wissenskultur Tanz* (2009).
45 Bischof, Margrit/Rosiny, Claudia (Hg.): *Konzepte der Tanzkultur. Wissen und Wege der Tanzforschung*, Bielefeld: transcript 2010.
46 Vgl. Siegmund, Gerald: *Theater als Gedächtnis. Semiotische und psychoanalytische Untersuchungen zur Funktion des Dramas*, Tübingen: Narr 1996, S. 311 f.
47 Siegmund, Gerald: *Abwesenheit. Eine performative Ästhetik des Tanzes. William Forsythe, Jérôme Bel, Xavier Le Roy, Meg Stuart*, Bielefeld: transcript 2006.
48 Siegmund, Gerald: „Archive der Erfahrung, Archive des Fremden. Zum Körpergedächtnis des Tanzes", in: Bischof/Rosiny, *Konzepte der Tanzkultur* (2010), S. 171-179.

fentliche Rezeption des Tanzes"[49] zu registrieren, auszuformulieren und zu bewahren helfen. Gemeinsam ist ihnen aber auch, dass sie oftmals zwar die Methodenvielfalt innerhalb der tanzwissenschaftlichen Forschung aufzeigen, die erfahrungsreiche Perspektive von Tänzern aber nur am Rande integrieren.

Hierin ist der Beitrag dieser Studie zu sehen, der die in der Tanzwissenschaft dominierende Perspektive des Zuschauers um die Perspektive der professionellen, tänzerischen Erfahrungswelt zu ergänzen sucht. Nicht ausschließlich im Interesse des Zuschauers, sondern auch im Interesse der Tanzpraxis soll hier ein Beitrag dazu geleistet werden, wie wir über Tanz denken und sprechen können. Ein zentraler Ansatz dieser Arbeit ist die Verbindung von Kunst und Wissenschaft sowie von Praxis und Theorie. In der Begegnung sprechen auch Tänzer, Choreographen und Tanzpädagogen bei ihrer täglichen Arbeit mit Kollegen, Angestellten, Schülern, Studenten, Journalisten oder Wissenschaftlern in Worten. Auch die Tanzpraxis braucht das Sprechen und Schreiben über Tanz, um sich nicht nur mit ihm, sondern auch in ihm und über ihn zu verständigen. Dem lässt sich hinzufügen, dass es z.B. eine wissenschaftliche Tanzforschung wie die von Rudolf von Laban ist, die ihre Relevanz für die Praxis bis in die heutige Zeit beweist. Deutlich wird dies z.B. durch William Forsythes CD-ROM *Improvisation Technologies*, die im Wesentlichen aus Labans System entwickelt wurde. Die Leistung der Begriffsbildung ist dabei eine der Leistungen, die eine Tanztheorie erbringen kann. Es ist ihre Aufgabe sich Begriffe zu erarbeiten und zu definieren, mit denen Tanz kommuniziert werden kann, wenn die Aufführungssituation vorüber ist. Alle Wissenschaft, so formuliert es Henri Bergson, trachtet danach, unseren Einfluss auf die Dinge zu erhöhen.[50] Tanzwissenschaft und Tanztheorie können in diesem Sinne dem Tanz nützlich sein, nicht um ihn zu beeinflussen, sondern um seinen Einfluss zu steigern. Dazu möchte diese Arbeit beitragen.

Ein zweiter Ansatz der Tanzforschung versteht vor allem den Körper selbst als einen Gedächtnisort und stellt, damit verbunden, die Frage nach dem Bewegungswissen von Tanz und Tänzern. Als Theoriehintergrund wäre hier zum einen eine kulturwissenschaftliche Perspektive zu nennen, die

---

49 Klein, Gabriele: „Tanz in der Wissensgesellschaft", in: Gehm/Husemann/Wilcke, *Wissen in Bewegung* (2007), S. 25-36, hier S. 29.
50 Vgl. Bergson, Henri: *Schöpferische Entwicklung*, Coron: Zürich 1927, S. 323.

die Sozialpsychologie einer Gesellschaft durch ihre Körpertechniken entschlüsselt,[51] zum anderen die sozialwissenschaftliche Perspektive, wie sie von Gabriele Klein vertreten wird, die ebenfalls den Körper als soziales Produkt sowie als treibende Kraft der Herstellung von Wirklichkeit in den Mittelpunkt rückt.[52] Der von Gabriele Klein mitgeleitete Studiengang *Performance Studies* der Universität Hamburg demonstriert, dass besonders innerhalb dieses Forschungszweiges theoretische Konzepte mit der Erlebensrealität des Körpers gekoppelt werden.

Naturwissenschaft und Tanzpraxis nehmen den tanzenden Körper direkt in den Fokus. So ist z.B. seit Mitte der 1990er Jahre den Untersuchungen der Neurowissenschaften zum Thema ‚Gedächtnis' viel Aufmerksamkeit zugekommen. Besonders die kognitive Neurowissenschaft, die sich als eine interdisziplinäre Forschungsrichtung versteht, interessiert sich für die neuronalen Veränderungen, die durch das Bewegungsgedächtnis entstehen. Die Kognitionswissenschaft versucht dabei, physiologische, psychologische und neurowissenschaftliche Beobachtungen in ihre Erkenntnisse einzubeziehen. Sie hat besonders den Zusammenhang von Tanz und Gedächtnis als Forschungsgebiet ausgemacht. Der *Tanzplan Essen* führte 2007 eine Werkwoche unter dem Motto *Intelligenz und Bewegung – Tanz im Fokus der Kognitionswissenschaft* durch. Organisiert wurde die Werkwoche von dem Tanzpädagogen Martin Puttke, der Biologin Bettina Bläsing und dem Sportwissenschaftler Thomas Schack. Die Ergebnisse ihrer Forschung wurden in dem 2010 erschienenen Sammelband *The Neurocognition of dance* zusammengefasst und vertieft. In drei Teilen wird dort beschrieben, wie Bewegungen aus der Sicht von Bewegungswissenschaftlern initiiert und erinnert werden und wie Tanz und Kognition in der künstlerischen Praxis zusammenhängen. Darüber hinaus werden internationale Studien aus der Spiegelneuronenforschung präsentiert.[53] Bereits 2005 veröffentlichte die Gesellschaft für Tanzforschung ihr Jahrbuch zum Thema *Tanz im Kopf* und präsentierte dort neben einer naturwissenschaftlichen Perspektive auch his-

---

51 Baxmann, Inge: *Körperwissen als Kulturgeschichte. Die Archives Internationales de la Danse (1931-1952)*, München: Kieser 2008.

52 Vgl. dazu Klein, Gabriele: *FrauenKörperTanz. Eine Zivilisationsgeschichte des Tanzes*, Weinheim/Berlin: Quadriga 1994.

53 Bläsing, Bettina/Puttke, Martin/Schack, Thomas: *The Neurocognition of Dance. Mind, Movement and Motor Skills*, East Sussex: Psychology Press 2010.

torische, literaturwissenschaftliche und ästhetische Texte zum Thema, deren gemeinsames Anliegen die Aufhebung einseitiger geistes- oder naturwissenschaftlicher Sichtweisen ist.[54] Tanz, so eine Leitthese des Bandes, löst Denken nicht nur aus, sondern bringt auch Denken hervor. „Der Tanz setzt sich im Kopf fort oder entwickelt sich dort gar autonom."[55] Besonders die Trennung zwischen Geist und Körper möchte der Sammelband helfen zu überwinden und betont, dass kognitive und physische Komponenten einander bedingen. Ivar Hagendoorn, der in dem Band mit einem Beitrag vertreten ist, organisierte bereits 2004 in Frankfurt ein Symposium zum Thema ‚Tanz und Gehirn', auf dem Marc Jeannerod, Julie Grèzes, Tania Singer, Andrea Heberlein und Petr Janata ihre Perspektiven auf diesen Themenkomplex darboten.[56] Seit der Entdeckung des sogenannten ‚Spiegelneuronensystems' wurde mehr und mehr deutlich, dass das Bewegungsgedächtnis entscheidenden Einfluss auf die Wahrnehmung von Bewegung und Handlung hat. Untersuchungen der *Abteilung Sportwissenschaft der Universität Bielefeld*, vom *Institut für experimentelle Psychologie* der *Heinrich Heine Universität Düsseldorf* oder vom *Institute of Cognitive Neuroscience* in London belegen das enorme Interesse der naturwissenschaftlichen Gedächtnisforschung am Tanz.

Es ist ein besonderer Ansatz dieser Studie, die Ergebnisse der Gehirnforschung auf die Tanzpraxis zu übertragen und sie an Beispielen aus Tanzaufführungen und Tanzproben zu veranschaulichen. So bleiben Ergebnisse der Hirnforschung nicht nur auf einem wissenschaftlich-abstrakten Niveau, sondern werden in der Erlebensrealität des Körpers nachvollziehbar.

Mit der Frage nach dem Gedächtnis von tanzenden Körpern beschäftigte sich seit 2008 auch ein vom *Tanzplan Deutschland* initiiertes Forschungsprojekt zum Thema *Tanztechnik*, welches die Arbeitsweise unterschiedlicher Tanztechniken erforscht. Die Ergebnisse dieses Projektes wur-

---

54 Vgl. Fenger, Josephine: „Vorwort", in: Johannes Birringer/Josephine Fenger (Hg.), *Tanz im Kopf. Dance and Cognition*, Jahrbuch Tanzforschung, Band 15, Münster: Lit 2005, S. 3-14, hier S. 5 ff.
55 Ebd., S. 4.
56 Das Symposium fand unter dem Titel *Dance and the Brain. An international symposium hosted by the Ballett Frankfurt* in Frankfurt a.M. am 17. Januar 2004 statt.

den im Februar 2011 veröffentlicht.[57] Dieses Projekt bietet einen Einblick in einige moderne Tanztechniken unserer Zeit, die das Bewegungsgedächtnis der Studierenden, die später als Tänzer und Choreographen die Tanzkultur prägen werden, mitbestimmen. Denn Tänzer, so Arnd Wesemann, geben ihre Geschichte nicht in Dokumenten weiter, „sondern als Lehrer in Schulen"[58], also mit ihren Körpern. Das Projekt setzt sich zum Ziel, Grundlagenwissen zu bündeln, indem sieben Tanztechniken zur Darstellung kommen. Für jede Tanztechnik werden historischer Kontext, Didaktik und Methodik, Konzept und Ideologie sowie das Verständnis von Körper und Bewegung erläutert. Das Projekt leistet damit einen Beitrag zur Explikation von Tanzwissen und ist als Beitrag zu einem künstlichen Gedächtnis der Tanzpraxis zu verstehen. An die Buchpublikation ist die Veröffentlichung zweier DVDs gekoppelt, auf denen beispielhafte Basistrainings der Tanztechniken zu sehen sind.

Der an der Tanzpraxis orientierte vierte Teil dieser Studie soll ebenfalls einen Beitrag zum Erhalt und zur Fortschreibung praktischen Tanzwissens beisteuern. Die Fortschreibung der Jooss-Leeder-Tradition scheint gerade seitdem eine ihrer wichtigsten Vertreterinnen – Pina Bausch – nicht weiter persönlich zur Entwicklung dieser Tanz- und Tanztheaterkultur beitragen kann, eine wichtige Aufgabe der an der Praxis interessierten Tanzwissenschaft zu sein. Darüber hinaus wird Gedächtnis im Tanz durch die Beschreibung der Jooss-Leeder-Methode ganz konkret an einer Tanzmethode und -technik exemplifiziert. Die Studie leistet damit einen Beitrag zur Bestandsaufnahme von Tanzwissen und bezieht bisher noch nicht berücksichtigte Quellen in ihre Erkenntnisgewinnung ein.

Zusammenfassend wird deutlich, dass Geisteswissenschaften, Naturwissenschaften und praktische Tanzforschung bestrebt sind, den enormen Wissensbestand von Tänzern und deren Körpern zu bilanzieren und einer Öffentlichkeit zu erschließen. Zum einen präzisieren ihre Forschungsergebnisse, wie erworbene motorische Fähigkeiten Bewegung sowie deren Wahrnehmung beeinflussen. Zum anderen präzisieren sie die jeweiligen motorischen Fähigkeiten selbst und tragen dazu bei, neue Zugänge zu diesem Praxiswissen zu schaffen. Sie erklären demnach entweder die Funktion

---

57 Diehl/Lampert, *Tanztechniken 2010* (2011).
58 Wesemann, Arnd: „Es ist gar nicht so traurig, dass der Tanz so vergänglich ist. Die deutschen Tanzarchive", in: *ballettanz* 08/09 (2005), S. 52-55, hier S. 54.

des Bewegungsgedächtnisses während der Wahrnehmung oder versuchen, dessen Inhalte zu beschreiben. Deshalb sind sie als ein Beitrag zur Theorie des Gedächtnisses oder als Inhaltsbeschreibung des Bewegungsgedächtnisses selbst zu betrachten.

Als einen dritten Forschungszweig, der das Verhältnis von Tanz und Gedächtnis bestimmt, lässt sich der Komplex der Rekonstruktion anführen. Darunter fallen auch diejenigen Gedächtnismedien, die helfen, den Tanz in unterschiedlichster Form zu bewahren. Die Erinnerung an vergangene Tanzaufführungen wird unter anderem durch die Zuhilfenahme von Filmen, Fotos, Partituren oder Kritiken möglich. Das *Tanzarchiv Köln*, das *Tanzarchiv Leipzig*, das *Archiv Darstellende Kunst der Akademie der Künste* und das *Deutsche Tanzfilminstitut Bremen* sind die vier „Pfeiler des Tanzgedächtnisses"[59] in Deutschland. Dort wird gesichtet, geordnet, erschlossen und aufbewahrt. Vor allem aber werden die dort aufbewahrten Erinnerungsstücke der Öffentlichkeit zugänglich gemacht und damit auch wieder neu in Bewegung versetzt. Die Tatsache, dass ich auf zahlreiche Filmaufnahmen der Unterrichtsstunden von Hans Züllig und Jean Cébron zurückgreifen konnte, um mich der Jooss-Leeder-Methode immer wieder neu zu nähern, macht auch für diese Studie deutlich, dass Bewegungen im Tanz nicht ausschließlich interpersonell vermittelt werden, sondern dass Texte, Filmaufzeichnungen und Partituren eine wertvolle und unverzichtbare Ergänzung zur Rekonstruktion von Tanzwissen liefern. Auch das Gedächtnis im Tanz stützt sich auf Medien, wie z.B. Tanzschrift, Partituren, Filme oder Literatur, die zur kontinuierlichen Rückbesinnung und Entwicklung von Tanzkultur beitragen. Dem Einsatz sowie der Auswertung dieser künstlichen Gedächtnismedien verdankt die Untersuchung einen Teil ihrer Ergebnisse.

Die mit der Rekonstruktion verbundene Mediatisierung von Erinnerung durch materielle Aufschreibesysteme einerseits und korporale Erinnerungen andererseits sind das Spannungsfeld, in dem die Forschung der Tanzwissenschaftlerin Claudia Jeschke steht. Ihr Forschungsansatz verfolgt zum einen Konzepte der Bewegungsnotation, wie z.B. das von ihr entwickelte Konzept der *Inventarisierung von Bewegung (IVB)*, zum anderen Modelle der Rekonstruktion. Sie versteht ihre Arbeit dabei nicht als eine Art klassischer Rekonstruktion, sondern vielmehr als generative Herangehensweise

---

59 Ebd., S. 52.

an historisches Material, die ihren Fokus auf die Auseinandersetzung mit dem Akt des Tanzens und die Arbeit mit den Tänzern legen will.[60] Claudia Jeschke nennt ihren Blick auf den Tanz daher auch ‚intratheatral', in Abgrenzung zu einem ‚extratheatralen', dem von außen an den Tanz angelegten Blick.[61]

Ebenfalls wie Claudia Jeschke legt die Medienwissenschaftlerin Petra Maria Meyer den Schwerpunkt ihrer Forschung auf die Medialisierung des Körpers und hat mehrere Arbeiten vorgelegt, die eine Auseinandersetzung mit dem Themenkreis des Gedächtnisses implizieren. Dabei steht sie für einen interdisziplinären Forschungsansatz ein, der sich keiner expliziten Tanzforschung verschreibt, sondern Theaterwissenschaft, Kunst- und Medientheorie mit einer philosophischen Perspektive kombiniert.[62] Besonders die Berücksichtigung der Philosophie im Hinblick auf die Rezeption von Film, Theater, Tanz, vor allem aber der Stimme kennzeichnet ihren Ansatz.[63] In Petra Maria Meyers Habilitationsschrift *Intermedialität des Theaters* findet sich u.a. ein Kapitel über den amerikanischen Tänzer und Choreographen Merce Cunningham, das auch Ausführungen zum Körpergedächtnis von Tänzern enthält. Darin macht Meyer deutlich, wie sehr das Gedächtnis, das sich die Tänzer Cunninghams im Training aneignen, einerseits Dispositionen schafft, andererseits Spielräume eröffnet.[64] Gedächtnis im Tanz zeichnet sich vor dem Hintergrund ihrer Überlegung vor allem dadurch aus, dass es auf einem Training beruht, welches nicht eigentlich die

---

60 Vgl. Huschka, Sabine: „Claudia Jeschke und Rainer Krenstetter im Gespräch mit Sabine Huschka: Tanzen als Museum auf Zeit", in: Huschka, *Wissenskultur Tanz* (2009), S. 159-172.

61 Vgl. Jeschke, Claudia: „Der bewegliche Blick. Aspekte der Tanzforschung", in: Renate Möhrmann (Hg.), *Theaterwissenschaft heute*, Berlin: Reimer 1990, S. 149-164.

62 Vgl. Meyer, Petra Maria: „Körpergedächtnis als Gegengedächtnis. Unter Berücksichtigung der Dauer im Tanz", http://mbody.metaspace.de/#/referenten_meyer vom 6.12.2008.

63 Meyer, Petra Maria: *Gedächtniskultur des Hörens. Medientransformation von Beckett über Cage bis Mayröcker*, Düsseldorf: Parerga 1997.

64 Meyer, Petra Maria: *Intermedialität des Theaters. Entwurf einer Semiotik der Überraschung*, Düsseldorf: Parerga 2001.

Wiederholung von Bewegungen, sondern die „Selbsterneuerung"[65] der Tänzer zum Ziel hat. Das Körpergedächtnis von Tänzern ist Petra Maria Meyer folgend niemals abgeschlossen, sondern es wird in der choreographischen Einstudierung weitergeführt. Damit wird der Körper selbst als ein Gedächtnismedium der besonderen Art bedacht, ein Ansatz, der in dieser Studie weiterverfolgt wird. Die Studie soll in der theoretischen Auseinandersetzung mit der Philosophie Henri Bergsons deutlich werden lassen, dass auch im Tanzkörper ein Gedächtnismedium zu sehen ist, das Erinnerungen immer wieder aufs Neue an sich zieht. Sie zielt darauf ab, die Philosophie Bergsons für eine Verständnisgewinnung individueller Erfahrung von Gedächtnis im Tanz zu nutzen.

In gewisser Weise lässt sich aber auch die Studie selbst als Rekonstruktion lesen, verstanden als Dokumentation von Körperbewegungen, die stattgefunden haben. Alle Ethnographien wurden retrospektiv geschrieben und nicht im Moment der Aufführung festgehalten, was nicht möglich ist. Indem sie das Gedächtnis in der Praxis beschreiben, werden sie selbst Teil eines beständig anwachsenden medial vermittelten ‚Tanzgedächtnisses', welches in der Form des Gedächtnismediums Schrift Erinnerungen erhält und kommuniziert. Die Untersuchung ist auch als ein Beitrag zu einer Gedächtniskultur des Tanzes zu verstehen, indem sie den Gegenstand der Untersuchung – das Gedächtnis im Tanz – anhand eigener Tanzerfahrung schreibend rekonstruiert.

In dem Vortrag von Colleen Neary auf dem *Tanzkongress 2006* ist die Bedeutung persönlicher Begegnungen unterstrichen worden, die, obgleich sie nicht vollends in wissenschaftlichen Kategorien zu fassen sind, entscheidend dazu beitragen, Erinnerungen an Tanz und Bewegung zu generieren und aufrechtzuerhalten. Die interpersonelle Vermittlung bei der Überlieferung von Tanz ist demnach die vierte Komponente, die den Komplex ‚Tanz und Gedächtnis' bestimmt. Tanz wird immer auch durch die Geschichte und die Persönlichkeit der Personen geprägt, die ihn künstlerisch vorantreiben und sich im Austausch mit Tänzern befinden. Mehr als jede andere Kunstform setzt sich der Tanz dadurch fort, dass Tänzer und Choreographen einander begegnen und Einfluss aufeinander ausüben. Zum einen wird dies in der Gedächtnistechnik des Zeigens deutlich: „Wir zeigen uns gegenseitig etwas", beschreibt William Forsythe die wichtigste Gedächtnis-

---

65 Ebd., S. 190.

technik im Tanz. „Auf diese Weise wird unsere Sprache vermittelt."[66] Zum anderen geht es im Tanz nicht nur um Tanztechniken und Bewegungsformen, sondern es findet eine zwischenmenschliche Begegnung statt, deren Wirkung die Tanzpraxis in allen Bereichen durchdringt. So beschreibt die Tänzerin Jo Ann Endicott ihre erste Begegnung mit Pina Bausch mit folgenden Worten: „Ich drehte mich um und stand face to face mit Pina. Sie fragte mich, ob ich einen Job suche. Ich suchte damals keinen Job, aber ich sagte ja. Die Frau gefiel mir so gut."[67] Das sagt nichts über das Werk der Choreographin aus, wohl aber über die Wirkung, die sie auf Menschen ausübte, die Anteil an ihrer Kunst nahmen und mit denen sie ihre Kunst schuf. In ähnlicher Weise äußert sich Antony Rizzi über sein Verhältnis zu William Forsythe: „Seine Gegenwart hatte eine große Wirkung auf mich, selbst wenn wir gerade nicht zusammen arbeiteten."[68] Die auratische Wirkung von Choreographen trägt entscheidend dazu bei, dass Tänzer mit diesen Künstlern arbeiten wollen und außer für sich selbst auch für sie tanzen. Darüber hinaus prägen Choreographen durch ihren ganz persönlichen Bewegungsstil das Bewegungsvokabular der mit ihnen arbeitenden Tänzer. „Unser Tanz beim Ballett Frankfurt hat sich sehr stark aus meinem Körper entwickelt", sagt William Forsythe[69] und auch Pina Bausch merkt an, dass *Sacre* und *Iphigenie auf Tauris* mit ihrem Körper geschrieben seien.[70] In diesem Sinne setzen Tänzer das Werk von Choreographen mit ihren Körpern fort. Sie erinnern in sich den anderen, indem sie dessen Bewegungen

---

66 Forsythe, William/Haffner, Nik: „Bewegung beobachten. Ein Interview mit William Forsythe", in: William Forsythe, *Improvisation Technologies. A Tool for the Analytical Dance Eye*, CD-Rom und Beiheft, Ostfildern: Cantz 1999, S. 16-27, hier S. 25.

67 Endicott, Jo Ann: *Ich bin eine anständige Frau*, Frankfurt a.M.: Suhrkamp 1999, S. 36.

68 Rizzi, Antony: „Die Bühne als der Ort, an dem ich mit mir im Reinen bin", in: Gerald Siegmund (Hg.), *William Forsythe. Denken in Bewegung*, Berlin: Henschel 2004, S. 89-94, hier S. 90.

69 Forsythe, William/Haffner, Nik: „Bewegung beobachten", in: Forsythe, *Improvisation Technologies* (1999), S. 25.

70 Bausch, Pina: „Etwas finden, was keiner Frage bedarf", http://www.inamori-f.or.jp/laureates/k23_c_pina/img/wks_g.pdf/ vom 12.11.2007, S. 1-18, hier S. 11.

lernen und ihr Bewegungsgedächtnis auf der so erworbenen Basis ausbilden. Darüber hinaus beeinflussen auch die Persönlichkeit und die Bewegungsqualität der Choreographen die Erinnerungspraxis der Tänzer, indem sie die individuelle Bewegungsausführung als Vorstellung führen. Das macht aus den Tänzern keine willenlose Instrumente, sondern formt sie als ein Medium, das die Bewegungen der Choreographen aktiv imaginiert und immer wieder aufs Neue produziert. Um die ‚Sprache' von Choreographen fortzusetzen, scheint ein persönliches Verhältnis zueinander unerlässlich zu sein, wie es auch von Colleen Neary berichtet wurde, als sie auf dem *Tanzkongress 2006* über ihre Arbeit mit George Balanchine sprach.[71] Wo immer man auch danach fragt, wer die Arbeit von Choreographen fortführt, stößt man auf ehemalige Tänzer oder Mitstreiter, die diese Aufgabe übernehmen. So war es z.B. Anna Markard, die die Choreographie *Der Grüne Tisch* ihres Vaters Kurt Jooss einstudierte, Dominique Mercy, der als Tänzer der ersten Generation des Tanztheaters von Pina Bausch die künstlerische Leitung des Ensembles übernommen hat, oder Carla Maxwell, die die Arbeit der *Limón Dance Company* seit 1978 fortsetzt.

Auch für diese Studie gilt, dass der Ausgangspunkt ihrer Überlegungen praktische Erfahrungen im Tanzsaal, in den Probenräumen und auf der Bühne sind. Erfahrungen also, die im Tanz immer einen Austausch mit anderen Tänzern bedeuten. Diese Arbeit hätte nicht geschrieben werden können, wenn ich nicht mit vielen Tänzern zusammen im Tanzsaal oder auf der Bühne gestanden hätte, während wir uns gemeinsam erinnerten. Die Untersuchung schöpft aus den Beziehungen, die ich im Tanzsaal einging, und macht diese Beziehungen für die wissenschaftliche Analyse fruchtbar und darüber hinaus einem lesenden Publikum zugänglich. Mehr als jede andere Kunstform setzt sich der Tanz dadurch fort, dass Tänzer und Choreographen einander begegnen und Einfluss aufeinander ausüben. Die Gedächtnisforschung im Tanz muss der wichtigen Einsicht Bedeutung einräumen, dass relevante Gedächtnisinhalte im Tanz nicht schriftlich fixiert sind, sondern dass sie mündlich und körperlich weitergegeben werden. Dem kommunikativen Gedächtnis kommt im Tanz daher eine besonders gewichtige Bedeutung zu. Die Studie kann auf der Tatsache aufbauen, dass sie direkt

---

71 Vgl. Kadel, Nadja: „Die Musik sehen, den Tanz hören", http://www.tanznetz.de/ tanzszene.phtml?page=showthread&aid=123&tid=7490/ vom 23.4.2006.

auf ein in der Tanzpraxis erworbenes kommunikatives Gedächtnis zurückgreifen kann.

Ein Gedanke, der mich während des Schreibens dieser Untersuchung leitete, stammt von William Forsythe, der bemerkt hat: „Wenn ich nicht tanze, kann ich über Tanz nachdenken, was ein sehr informatives Feld ist. Es hilft mir, viele andere Dinge zu verstehen."[72]

ZUSAMMENHÄNGE:
GEDÄCHTNIS – BEWUSSTSEIN – WISSEN

Die Begriffe ‚Gedächtnis', ‚Bewusstsein' und ‚Wissen' hängen eng miteinander zusammen. Sucht man nach der Erklärung des einen Begriffs, so begegnet man sofort dem anderen, der, wie im Falle des Gedächtnisses, unbestimmt und mehrdeutig ist und psychologisch und physiologisch aber auch sozial verstanden werden kann. Die im weiteren Verlauf angeführten Definitionen aus der Hirnforschung, der Philosophie und der Kulturwissenschaft zum Begriff ‚Gedächtnis' sollen zu einer ersten Begriffsbestimmung beitragen und Gemeinsamkeiten zwischen den unterschiedlichen Definitionen erkennen lassen. Der Hirnforscher Ewald Hering beschrieb das Gedächtnis wie folgt:

„Das Gedächtnis verbindet die zahllosen Einzelphänomene unseres Bewußtseins zu einem Ganzen, und wie unser Leib in unzählige Atome zerstieben müßte, wenn nicht die Attraktion der Materie ihn zusammenhielte, so zerfiele ohne die bindende Macht des Gedächtnisses unser Bewußtsein in so viele Splitter, als es Augenblicke zählt."[73]

---

72 Forsythe, William/Odenthal, Johannes: „Ein Gespräch mit William Forsythe, geführt anläßlich der Premiere ‚As a garden in this Setting' Dezember 1993", in: *ballett international/tanz aktuell* 2 (1994), S. 33-37, hier S. 37.

73 Hering, Ewald: *Über das Gedächtnis als eine allgemeine Funktion der organisierten Materie*, Leipzig: Akademische Verlagsgesellschaft 1921, S. 12.

Henri Bergson verstand das Gedächtnis ebenfalls als „Hauptbestandteil des individuellen Bewußtseins"[74], welches die Aufgabe erfüllt, die Wirklichkeit zu ‚kontrahieren'. Jan Assmann sieht Gedächtnis als Sammelbegriff an, „für alles Wissen, das im spezifischen Interaktionsrahmen einer Gesellschaft Handeln und Erleben steuert"[75].

Den Definitionen folgend, verfügt das Gedächtnis über eine bindende Kraft, es erfüllt eine steuernde Funktion und es kann als ein Sammelbegriff verstanden werden, der in enger Beziehung zu den Begriffen ‚Bewusstsein' und ‚Wissen' steht. Auch wenn das Gedächtnis vor allem mit Vergangenheitsformen in Verbindung gebracht wird, so ist den Definitionen zu entnehmen, dass es einen maßgeblichen Einfluss auf die Gegenwart ausübt, indem es vergangene Erlebnisse oder Erfahrungen für die Gegenwart nutzbar macht. Besonders mit Bergson ist zu verstehen, dass es sich bei dem Gedächtnis um eine überaus dynamische Fähigkeit handelt, die nicht ausschließlich eine Rückwärtswendung des Geistes impliziert, sondern auch das unaufhaltsame Fortschreiten der Zeit einschließt.

Die zitierten Definitionen unterscheiden sich allerdings auch in einem zentralen Punkt: Hering und Bergson beschreiben das individuelle Gedächtnis, Jan Assmann hingegen beschreibt das kulturelle Gedächtnis einer Gesellschaft. ‚Gedächtnis' ist also ein Begriff, der nicht nur für individuelle, sondern auch für kollektive Prozesse greifen kann. Bei der Begriffsbestimmung bleibt darüber hinaus zu beachten, dass ‚Gedächtnis', wie ‚Bewusstsein' auch, philosophiegeschichtlich geprägte Begriffe sind. Anatomisch zu fassen, wie dies die Hirnforschung versucht, sind sie nur begrenzt. Die Neurowissenschaft versucht dennoch, Korrelationen auf der Ebene von Nervenzellen und Zellverbänden zum Gedächtnis und zum Bewusstsein herzustellen und kann durch ihre Ergebnisse zur Ausdifferenzierung der Begriffe beitragen und Zusammenhänge herstellen.

So lässt sich z.B. der Zusammenhang zwischen Gedächtnis und Bewusstsein unter Zuhilfenahme einer Beobachtung aus der Hirnforschung erklären. Das Bewusstsein wird dort als die Fähigkeit des Zentralnervensys-

---

74 Bergson, Henri: *Materie und Gedächtnis. Eine Abhandlung über die Beziehung zwischen Körper und Geist*, Hamburg: Meiner 1991, S. 19.

75 Assmann, Jan: „Kollektives Gedächtnis und kulturelle Identität", in: Assmann/ Hölscher, *Kultur und Gedächtnis* (1988), S. 9.

tems verstanden, „sich permanent mit der Realität auseinander zu setzen"[76]. Damit ist eine wesentliche Funktion des Bewusstseins benannt: Es ist dafür zuständig, dass wir einen Eindruck gegenwärtig ablaufender Prozesse erhalten. Auf der neurowissenschaftlichen Ebene schließen sich Nervenzellen zu einem Verband zusammen und ‚feuern'. Noch bevor uns aber ein Eindruck bewusst wird, findet eine unbewusste Verarbeitung von Informationen statt, die sehr schnell erfolgt und auch ‚analoger Modus' der Informationsverarbeitung genannt wird. Sein Pendant, der ‚kognitive Verarbeitungsmodus', braucht hingegen Zeit. Beim ‚kognitiven Verarbeitungsmodus' werden Informationen analysiert und gespeichert. Das heißt: Während kognitiver Verarbeitungsprozesse verstreicht Zeit und die Gegenwart wird zur Vergangenheit. Bei jeder Bewusstwerdung von Eindrücken wird eine Form des Gedächtnisses benötigt, die in der Hirnforschung als Arbeitsgedächtnis bezeichnet wird, welches die einlaufenden Eindrücke analysiert und zwischenspeichert. Man argumentiert also im Sinne der Neurowissenschaft, wenn man behauptet, dass jede Bewusstwerdung bereits eine Leistung des Gedächtnisses beinhaltet.

Der Zusammenhang zwischen Gedächtnis und Bewusstsein lässt sich aber auch mit der Philosophie Henri Bergsons erklären. Auch dort wird das Bewusstsein vor allem als charakteristisches Merkmal der Gegenwart und des Tätigen definiert. Sein grundlegendster Wesenszug besteht darin, zu unterscheiden. Erst das Gedächtnis bewirkt eine Synthese aus Vergangenheit und Gegenwart im Hinblick auf die Zukunft und bildet den Hauptbestandteil eines Bewusstseins, das einzelne Momente ineinanderdehnt, um sie in einer Gesamtanschauung zu erfassen.[77] Wenn im Folgenden also Gedächtnis und Bewusstsein nicht trennscharf voneinander abgesetzt werden, so liegt dies in dem Sachverhalt begründet, dass sich das Gedächtnis im Bewusstsein ankündigt und auswirkt. Diese Annahme wird sowohl durch die Hirnforschung als auch durch Bergsons Philosophie gestützt. Bewusstsein und Gedächtnis sind auch vor dem Hintergrund dieser Ansätze keine wesensverschiedenen Phänomene, sondern Fähigkeiten, die ineinander übergehen und sich gegenseitig bedingen. Zusammenfassend sei vereinfachend gesagt, dass sich das Bewusstsein vor allem auf eine in Bewegung

---

76 Tassin, Jean-Pol: „Moleküle des Bewusstseins", in: *Spektrum der Wissenschaft Spezial: Bewusstsein* 1 (2004), S. 76-81, hier S. 76.
77 Vgl. dazu H. Bergson: *Materie und Gedächtnis*, S. 220.

befindende Gegenwart richtet, während das Gedächtnis die Vergangenheit organisiert und bei Bedarf aktualisiert. Damit unterscheiden sich Bewusstsein und Gedächtnis in ihrem Verhältnis zur Zeit. Während das Bewusstsein vor allem als ein dynamischer Vorgang der Gegenwart zu verstehen ist, so ist es die Aufgabe des Gedächtnisses, bei Bedarf Erinnerungen an sich zu ziehen. Der Radius der Vergangenheit, der das Gedächtnis umgibt, ist damit ungleich größer, als der des Bewusstseins.

Sowohl mit dem Begriff des Bewusstseins als auch mit dem des Gedächtnisses ist der des Wissens verbunden. Der Brockhaus von 1862 beschreibt ‚Bewusstsein' sehr allgemein als „das Wissen oder deutliche Erkennen, daß Etwas sei"[78]. Auch Christian Wolff, der den deutschen Ausdruck ‚Bewusstsein' Anfang des 18. Jahrhunderts durch seine philosophischen Schriften prägte, verstand unter ‚Bewusstsein' „ein Wissen um das, was wir denken, und wir sind uns der Dinge bewußt, wenn wir sie voneinander unterscheiden."[79] Die wichtigste Differenzierung zwischen Wissen und Bewusstsein besteht in dem „Gewißheitsgrad"[80], den jedes Wissen beanspruchen muss, um als solches gelten zu können. Diesen Grad kann das Bewusstsein nicht für sich beanspruchen, weil es Unterscheidungen trifft und selektiert. Eine zentrale Eigenschaft des Bewusstseins besteht also in seiner Subjektivität. Das heißt, dass es vor allem eine rein innerlich erfahrbare Wirklichkeit registriert, die des Subjekts, die laut Bergson entweder reflektiert werden kann, und somit zu Wissen wird, oder im Unaussprechlichen bleibt. Das Bewusstsein verfügt somit über unterschiedliche Tiefengrade. Für Bergson wird das Bewusstsein vor allem durch seine Eigenschaft bestimmt, ein qualitatives Fortschreiten von sich ständig verändernden Zuständen zu registrieren, z.B. durch das Empfinden von Intensitäten wie Wärme, Licht oder auch Bewegung. Seinem Verständnis nach ist das Bewusstsein vor allem ein dynamischer Vorgang, der Veränderung und damit Beweglichkeit zu entdecken vermag.

---

78 Hier zitiert nach Breuer, Reinhard: „Was ich von ‚ich' weiß", in: *Spektrum der Wissenschaft Spezial: Bewusstsein* 1 (2004), S. 3.
79 Wolff, Christian zitiert nach: Klaus, Georg/Buhr, Manfred (Hg.), *Philosophisches Wörterbuch*, Leipzig: VEB Bibliographisches Institut 1969, S. 197.
80 Sandkühler, Hans Jörg (Hg.): *Europäische Enzyklopädie zu Philosophie und Wissenschaften*, Band 4, Hamburg: Meiner 1990, S. 903.

Jedes Wissen hingegen zielt statt auf die Veränderung auf die Anwendung ab und ist das Resultat einer Feststellung. Es muss über das Individuum hinausreichen, um als ‚Wissen' gelten zu können. Insofern ist ‚Wissen' ein quantifizierender Vorgang, der versucht, qualitative Vorgänge des Bewusstseins beschreibbar zu machen, nach außen zu entfalten – z.B. in Form von Sprache – und damit zu fixieren und zu objektivieren. Dem ‚Wissen' fehlt die Vorstellung der Zukunft und damit die Unendlichkeit von Möglichkeiten, indem es, wie das Gedächtnis auch, auf Vergangenheitsvorstellungen beruht. Dadurch werden Vorgänge aber nicht nur ‚entdynamisiert', sondern kommunizierbar, anschlussfähig und reproduzierbar.

Hier zeigt sich deutlich die doppelseitige Relation des Begriffs des Gedächtnisses. Zum einen weist das Gedächtnis die Dynamik des Bewusstseins auf, indem es Vergangenheit, Gegenwart und Zukunft in einer Gesamtanschauung organisiert und in Bewegung versetzt, zum anderen beruht es gleich dem Wissen auf Wiederholung und Vorstellung der Vergangenheit. Im Gedächtnis ist also eine Fähigkeit zu sehen, die einerseits die Dynamik des Fortschreitens und der Beweglichkeit enthält und die andererseits das ‚Haben' der Vergangenheit bezeichnet. Diese Fähigkeit unterliegt dabei, ebenso wie das Bewusstsein, einem subjektiven „Selektionsprinzip"[81], indem das Gedächtnis erinnert und vergisst. Anders als beim Gedächtnis wird die Fähigkeit des Vergessens in dem Begriff des Wissens nicht mitgedacht. Die Aufgabe des Gedächtnisses besteht dennoch darin, den Zugang zu erworbenem Wissen immer wieder neu zu ermöglichen.

---

81 Sandkühler, Hans Jörg (Hg.): *Europäische Enzyklopädie zu Philosophie und Wissenschaften*, Band 2, Hamburg: Meiner 1990, S. 234.

Tanz, Gedächtnis und Gehirn

Generalprobe von Le Sacre du printemps am 9.9.2009 in Wuppertal

Warm-up für Sacre. Wir machen das Aufwärmtraining immer dann, wenn Café Müller läuft, das Stück, das seit vielen Jahren zusammen mit Sacre an einem Abend gezeigt wird. Nach dem Warm-up im Ballettsaal herrscht konzentrierte Stille. Alle Tänzer probieren Bewegungen aus dem Stück. Es wird wenig geredet. Man hört vor allem den Atem der Tänzer und die Geräusche, die die Bewegungen verursachen. Obwohl wir Tänzer die Bewegungen in den Proben schon viele Male geübt haben, üben wir sie auch direkt vor der Aufführung noch einmal, jeder für sich. Nach und nach gehen alle Tänzer in die Garderoben und wechseln in die Kostüme. Auf der Bühne läuft währenddessen der Umbau. Große Container mit Torf werden auf die Bühne gekippt. Anschließend wird der Torf gleichmäßig auf dem Tanzteppich verteilt. Feiner Staub liegt in der Luft und ein leichter Geruch von Erde. Schließlich beginnt das Stück. Die Frauen stehen alle konzentriert vor den Eingängen zur Bühne. Ihre dünnen Kleider leuchten im Dunkeln. Wir Männer wärmen uns weiter an den Seiten auf, denn unser Eintritt kommt erst ein wenig nach dem der Frauen. Schließlich ist es soweit: Alle Tänzer sind auf der Bühne. Ich nehme wahr, dass der Zuschauerraum mit Menschen gefüllt ist. Die große Stelle gelingt mir ganz gut. Vor mir ist eine Lücke, die nicht dort sein sollte. Ich versuche aufzuschließen. Nach der großen Stelle rennen wir blitzschnell in die Formation für die erste Männerdiagonale. Ein Mann vor mir kann während der Männerdiagonale seinen Platz nicht halten und verschiebt sich während der Bewegungen. Ich versuche, mich nicht irritieren zu lassen und an meinem Platz zu bleiben. Besonders schwierig ist die schnelle Drehung auf der Sieben. „Hoch, hoch,

hoch", *denke ich. Nach der Männerdiagonale habe ich Zeit, meinen Atem zu beruhigen. Ich gehe wie die anderen Männer von Frau zu Frau. An einem bestimmten Punkt in der Musik gehe ich an meinen Platz für die Bodenstelle. Danach renne ich schnell in den Kreis. Ich kann die Bewegungen kontrollieren und gleichzeitig genießen. In dem nun folgenden, schnellen Männerteil nach dem Kreis ist das Tanzen in der Gruppe sehr eng. Jede Stelle folgt so dicht auf die andere, dass keine Zeit bleibt, sich mit Problemen oder kleineren Fehlern aufzuhalten. Es gibt nur ein „Weiter, weiter, weiter". Dann kommen wir zum Chaos. Ich denke: „Drehen, Ellbogen, nach unten, um nach oben zu springen, Gewicht loslassen, Bounce und Akzent nach innen." Dann: Laufen, überall Tänzer, Erde, Aufpassen, Wege finden, Richtungen ändern. Ich werfe mich auf den Boden, bin dabei aber vorsichtig, um niemandem in den Weg zu kommen. Es gab im Chaos schon schlimme Zusammenstöße. An einem bestimmten Moment beginnen die Frauen zu zittern. Ich laufe wie alle Männer von Frau zu Frau, über die Erschöpfung hinweg, und nehme die Frauen bei den Schultern. Während des Laufens achte ich auf die Musik, um den Punkt zu hören, an dem wir in der Ecke sein müssen. Dort gibt es eine Pause für die Männer, während die Frauen einen eigenen Teil haben. Wenn alle Männer zusammenstehen, höre ich von ganz nah ihren rasenden Atem, der sich nach einer Weile beruhigt. Ein paar Minuten später, als ich mich umdrehe: mit Erde und Schweiß bedeckte Rücken vor mir. Dahinter stehen über die Bühne verteilt die Frauen. Ihre Körper sind mit Erde bedeckt, die Kleider vom Schweiß dunkel eingefärbt. Dann gehen alle Männer nach vorne und warten. Das Opfer wird nun ausgewählt. Meine Aufregung steigt wieder an, denn nun kommt die Liftstelle. Mein Herzschlag beschleunigt sich. Schweiß läuft ununterbrochen an mir herab. Die Liftstelle: Aida springt von weit weg auf meine Hüfte, ein weiter Sprung, aber beim zweiten Mal springt sie zu früh und ich muss unsere Position korrigieren. Der letzte Teil des Stückes ist immer ein Kampf. Ein Kampf mit der Erde, ein Kampf mit der Erschöpfung, ein Kampf um seinen Platz in der Gruppe. Wenn das Opfer dann das Solo tanzt, bilden wir ganz langsam einen Kreis um sie, bis sie fällt.*

Die naturwissenschaftliche Gedächtnisforschung geht davon aus, dass das Wesen des Individuums zu einem entscheidenden Teil darin liegt, woran es sich erinnern kann. Dass es keine Wahrnehmung ohne Gedächtnis gibt, ist auch für die Gehirnforschung eine der grundlegenden Annahmen zur menschlichen Wahrnehmung.[1] Eine große Anzahl der Gehirnforscher stimmt darin überein, dass Geist, Bewusstsein, Gefühle, Willensakte und Handlungsfreiheit auf biologischen Prozessen beruhen.[2] Folglich ist auch das Gedächtnis für die Gehirnforschung ein Korrelat von Gehirnaktivität. Sie macht auf der Ebene der Zellen neuronale Prozesse und auf der Ebene der Anatomie bestimmte Gehirnregionen für das Funktionieren des Gedächtnisses verantwortlich. Die sogenannte ‚Identitätstheorie' geht sogar davon aus, dass mentale Prozesse mit neuronalen Prozessen identisch sind. Allerdings ist der Begriff des Gedächtnisses kein anatomischer Begriff und die Lücke zwischen Gehirn und Gedächtnis kann daher auch in der Gehirnforschung nicht vollends überbrückt werden.

Grundsätzlich unterscheidet die neurobiologische Gehirnforschung bei der Untersuchung des Gehirns drei Ebenen: Erstens untersucht sie die Funktion größerer Gehirnareale, deren Aktivität durch bildgebende Verfahren wie die *Elektroenzephalographie (EEG)*, die *Magnetoenzephalographie (MEG)* oder die *funktionelle Magnetresonanztomographie (fMRT)* bzw. *Kernspintomographie* erkennbar gemacht werden. Die *Kernspintomographie* – bzw. die *funktionelle Magnetresonanztomographie* – kann die Hirnaktivität von Versuchspersonen räumlich sehr präzise verfolgen, hinkt der rasch wechselnden Gehirnaktivität zeitlich gesehen aber hinterher. Die *Elektroenzephalographie* oder die *Magnetoenzephalographie* hingegen geben die Hirnaktivität in Echtzeit wieder, können jedoch Anzahl und Lage der aktiven Stellen im Gehirn nicht genau bestimmen. Die genannten Verfahren geben aber besonders in Kombination über die Zentren von Aktivität im Gehirn Auskunft und vermögen darzustellen, welche Bereiche des Ge-

---

1 Vgl. Singer, Wolf: „Keine Wahrnehmung ohne Gedächtnis", in: *Theaterschrift 8: Das Gedächtnis* (1994), S. 20-42, hier S. 20.

2 Vgl. Elger, Christian E. et al. „Das Manifest. Gegenwart und Zukunft der Gehirnforschung", in: Carsten Könneker (Hg.), *Wer erklärt den Menschen? Hirnforscher, Psychologen und Philosophen im Dialog*, Frankfurt a.M.: Fischer 2006, S. 77-84.

hirns durch kognitive, motorische oder sensorische Aufgaben beansprucht werden.

Die nächste Ebene der Untersuchung betrifft die Ebene der Zellverbände. Die Forschung untersucht dabei, auf welche Art und Weise Nervenzellen miteinander kommunizieren. Auf dieser Ebene besteht derzeit noch am meisten Erklärungsbedarf. Je mehr Zellen an der Kommunikation beteiligt sind, desto größer wird die Unsicherheit darüber, wie diese Verständigung vor sich geht.

Drittens schließlich werden Vorgänge auf dem Niveau von Zellen untersucht. Hierbei werden Erkenntnisse über die Fortleitung neuronaler Bewegung sowie Vorgänge innerhalb einer Nervenzelle gewonnen und sollen zum Aufschluss über die Arbeitsweise von Sinnesorganen und Nervensystemen führen. Ausstattung und Arbeitsweise der Nervenzellen lassen sich inzwischen mit hoher zeitlicher und räumlicher Auflösung analysieren.[3] Während dabei über das ‚Wo' und das ‚Wie' von neuronaler Aktivität detaillierte Aussagen getroffen werden können, werden sowohl der Ort des Gedächtnisses als auch seine genaue Funktionsweise kontrovers diskutiert. Das Gedächtnis beruht nach Meinung der Gehirnforschung auf der Kooperation von größeren Gehirnarealen.

Inzwischen haben Gehirnforscher den Tanz als interessantes Forschungsgebiet ausgemacht, wie Untersuchungen des sportwissenschaftlichen Instituts der *Universität Bielefeld*, des Instituts für experimentelle Psychologie an der *Heinrich-Heine-Universität Düsseldorf* und vom *Institute of Cognitive Neuroscience* in London zeigen, auf die ich im Folgenden eingehen werde. Die Wissenschaft, die sich am meisten mit dem Themenbereich des Gedächtnisses von Tänzern beschäftigt, ist die Kognitionswissenschaft. Sie stellt einen interdisziplinären Zusammenschluss unterschiedlicher Wissenschaften wie Biologie, Philosophie, Sport- oder Neurowissenschaft dar. Tänzer verfügen, wie Sportler auch, über ein im Laufe ihres Berufslebens erworbenes Bewegungsgedächtnis. Sie stellen für die Kognitionswissenschaft damit eine interessante Untersuchungsgruppe dar. Bewegungen im Tanz zeichnen sich dadurch aus, dass sie eine große Bandbreite menschenmöglicher Bewegungen ausschöpfen und nicht allein in zweckrationalen Zusammenhängen stehen. Das Kernproblem, das z.B. die Neurowissenschaft beschäftigt, besteht dabei in der Frage, ob Gedächtnis und

---

3   Ebd., S. 77-78.

Wahrnehmung überhaupt getrennt gedacht werden können. Der britische Neurobiologe Semir Zeki hat in vielen Arbeiten wahrscheinlich gemacht, dass Wahrnehmungszentren im Gehirn nicht getrennt von Verarbeitungszentren arbeiten.[4] Darüber hinaus beschäftigt die Kognitionswissenschaft die Frage, auf welche Art und Weise das Bewegungsgedächtnis von Tänzern entsteht, welche Inhalte es bewahrt und inwieweit diese Inhalte sich den unterschiedlichen Gedächtnisformen zuordnen lassen. Bettina Bläsing vom Arbeitsbereich *Neurokognition und Bewegung* der *Universität Bielefeld* nennt vier grundlegende Aspekte, die dazu führen, dass Untersuchungen mit Tänzern für die Kognitionswissenschaft interessant sind:

- Das Bewegungslernen: Tänzer lernen ihr Leben lang Bewegungen und erweitern kontinuierlich ihr Bewegungsgedächtnis.
- Die Bewegungskontrolle: Tänzer automatisieren Bewegungen und rufen sie ab. Sie benutzen ihr Bewegungsgedächtnis täglich zur Regulierung und Kontrolle.
- Die Bedeutung von Bewegung für die Kommunikation: Tänzer sprechen während der Ausführung ihrer Tätigkeit nicht miteinander, sondern sie tanzen zusammen. Sie nutzen ihr Bewegungsgedächtnis, um miteinander zu kommunizieren.
- Die Bedeutung von Bewegung für die Gestaltung: Tänzer benutzen ihr Bewegungsgedächtnis, um mit Musik oder anderen Tänzern gestaltend zu interagieren.[5]

Dass Tanzen mit Gedächtnis zu tun hat, wird also auch durch die vier Aspekte der Kognitionswissenschaft deutlich. Daraus geht die Frage hervor, inwieweit das Gedächtnis an Bewegungen die Bewegungswahrnehmung und die Bewegungsausführung beeinflusst. Zunächst soll an dieser Stelle aber erläutert werden, welche Gedächtnisformen auf der Ebene des natürlichen Gedächtnisses wirksam sind.

---

4 Moutoussis, Konstantinos/Zeki, Semir: „The relationship between cortical activation and perception investigated with invisible stimuli", in: *Proceedings of the National Academic Sciences of the United States of America* 99 (2002), S. 9527-9532.

5 Bettina Bläsing zitiert nach Lenzen, Manuela: „Tanzen ist Denken", in: *Psychologie Heute* 12 (2010), S. 40-44, hier S. 40.

GEDÄCHTNISFORMEN

Eine der näheren Bestimmungen, die dem Gedächtnis in der Gehirnforschung widerfährt, besteht darin, ob es Informationen über einen kurzen oder einen langen Zeitraum behält.[6] Diese beiden Formen wurden bereits in den Anfängen der Gedächtnisforschung von Hermann Ebbinghaus (1850-1909) und William James (1842-1910) unterschieden. Die Trennung zwischen einem Kurzzeit- und einem Langzeitgedächtnis ist eine Unterscheidung, die auch in den neueren Darstellungen der Neurowissenschaft aufrechterhalten wird.[7]

Das Kurzzeitgedächtnis, bei dem Aufmerksamkeit und Wiederholung zur Bewahrung der Information nötig sind, wird zum Beispiel im Erinnern einer Zahlenfolge beansprucht und verfügt über eine Verweildauer von etwa einer halben Stunde. Der Musikphysiologe Eckart Altenmüller geht davon aus, dass sieben bis acht Gedächtnis-Items im Kurzzeitgedächtnis gespeichert werden können und beruft sich dabei auf Hermann Ebbinghaus' Untersuchungen zur Kapazität des Kurzzeitgedächtnisses.[8] Diese Beobachtung ist z.B. für die Tanzpädagogik von Belang, insofern sie eine Orientierungshilfe darüber bieten kann, aus wie vielen Bewegungseinheiten eine Übung im Tanzunterricht bestehen sollte, damit sie von den Lernenden behalten werden kann. Das Kurzzeitgedächtnis kann weiter in sensorisches Gedächtnis und primäres Gedächtnis unterteilt werden. Das sensorische Gedächtnis verfügt über eine Speicherdauer von wenigen Sekunden und verarbeitet unbewusst wahrgenommene Informationen. Es wird auch *Ultrakurzzeitgedächtnis* genannt.[9] Die wahrgenommenen Informationen werden

---

6 Vgl. Greenfield, Susan: „Das Ich und seine Geschichte", in: Andreas Sentker/ Frank Wigger (Hg.), *Rätsel Ich. Gehirn, Gefühl, Bewusstsein,* Berlin/Heidelberg: Spektrum 2007, S. 65-88.

7 Vgl. Gazzaniga, Michael S./Ivry, Richard/Mangun, George R.: *Cognitive Neuroscience. The Biology of the Mind,* New York/London: Norton 2009, S. 312-363.

8 Altenmüller, Eckart: „Musik hören – Musik entsteht im Kopf", in: Andreas Sentker/Frank Wigger (Hg.), *Schaltstelle Gehirn. Denken, Erkennen, Handeln,* Heidelberg: Spektrum 2009, S. 83-106, hier S. 86.

9 Zum primären Gedächtnis vgl. die Abbildung bei Greenfield, Susan: „Das Ich und seine Geschichte", in: Sentker/Wigger, *Rätsel Ich* (2007), S. 68; zum Ultra-

dann in ein primäres Gedächtnis überführt, welches für die Bewusstwerdung der Information, das Erkennen von Mustern und das Filtern von Merkmalen zuständig ist. Im Zusammenhang mit dem Kurzzeitgedächtnis taucht in der Gehirnforschung auch die Bezeichnung *Arbeitsgedächtnis* auf. Damit ist gemeint, dass die passiven Informationen des Kurzzeitgedächtnisses in bewusste Verarbeitungsprozesse umgewandelt und für eine aktive Reaktion oder Handlung genutzt werden können. Dem Frontallappen des Gehirns wird dabei eine zentrale Rolle zugeschrieben, indem dort die zeitliche Planung von Handlungen organisiert wird. Im Arbeitsgedächtnis lässt sich auch eine Schnittstelle zwischen Kurzzeit- und Langzeitgedächtnis sehen, an der entschieden wird, ob die eingegangenen Informationen erhalten oder vergessen werden. Das Arbeitsgedächtnis stellt eine Erweiterung des Konzepts des Kurzzeitgedächtnisses dar und steht im Zentrum der Gedächtnisprozesse. Ein Resultat seiner Aktivität ist dabei nicht nur die Performanz, sondern auch das Vergessen.[10] Seine Aufgabe besteht nicht nur im Einkodieren, Konsolidieren und Abrufen von Informationen, sondern auch darin, Informationen zu vergessen und damit neue Möglichkeiten zum Beobachten und Ausführen von Bewegung zu schaffen. Das Vergessen gehört also ebenso zum Gedächtnis dazu wie das Erinnern. Die kognitiven Neurowissenschaften und die Neuropsychologen vertreten für das Arbeitsgedächtnis unterschiedliche Modelle, verwenden aber oft die gleichen Begrifflichkeiten. Das sogenannte *Atkinson-Shiffrin-Modell* zum Beispiel beschreibt den linearen Ablauf von *sensory input* (Ultrakurzzeitgedächtnis), *sensory register* (sensorisches Gedächtnis), *short-term storage* (Kurzzeitgedächtnis) und *long-term storage* (Langzeitgedächtnis), wird aber durchaus kontrovers diskutiert.[11]

Das Langzeitgedächtnis besteht aus dem sekundären und dem tertiären Gedächtnis, die sich dadurch unterscheiden, dass ersteres über eine langsame Wiedergabe und letzteres über eine schnelle Wiedergabe verfügt. Informationen des tertiären Gedächtnisses bezeichnet Susan Greenfield, Phar-

---

kurzzeitgedächtnis vgl. Altenmüller, Eckard: „Musik hören – Musik entsteht im Kopf", in: Sentker/Wigger, *Schaltstelle Gehirn* (2009), S. 85.

10 Vgl. Purves, Dale et al.: *Neuroscience*, Sunderland: Sinauer 2008.

11 Vgl. Atkinson, Richard C./Shiffrin, Richard M.: „The control of short-term memory", in: *Scientific American* 225 (1971), S. 82-90.

makologin mit einem Lehrstuhl in Oxford, als „unvergesslich"[12]. Das Langzeitgedächtnis muss nicht wie das Kurzzeitgedächtnis durch ständiges Proben oder Wiederholen geschult werden. Beide Gedächtnisformen arbeiten nicht unabhängig voneinander, sondern sowohl hintereinander als auch gleichzeitig. Es wird angenommen, dass das Kurzzeitgedächtnis ins Langzeitgedächtnis überführt werden kann und ihm somit zuarbeitet, indem die Wiederholungen der im Kurzzeitgedächtnis gespeicherten Informationen schließlich im Langzeitgedächtnis bewahrt werden. Inhalte des Langzeitgedächtnisses sind dabei sowohl motorisch erlernte Fähigkeiten als auch Ereignisse und Fakten.[13]

Die Übertragung von Bewegungen vom Kurzzeit- ins Langzeitgedächtnis ist eine der grundlegenden Leistungen, die Tänzer im Laufe ihres Berufslebens erbringen. Jede einstudierte Choreographie besteht aus einer Fülle von Bewegungsmaterial, welches sich die Tänzer während des Probenprozesses erarbeiten und schließlich merken. Künstliche Hilfsmittel zur Erinnerung des Bewegungswissens, wie Schrift, Video oder Computer werden dabei nur am Rande genutzt. Noch vor dem Probenprozess findet eine jahrelange Tanzausbildung statt, in der Tänzer motorische Informationen unter der Anleitung einer Lehrperson verinnerlichen und auf die sie später zurückgreifen können. Der Wesenszuschreibung des Flüchtigen, die dem Tanz seitens kulturwissenschaftlicher Diskurse widerfährt,[14] steht also die Tatsache gegenüber, dass Tänzer sowohl in ihrer Ausbildung als auch im Probenprozess ständig daran arbeiten, Bewegungen zu erinnern, statt sie in der Flüchtigkeit der Ausführung nur vorübergehend zu generieren. Ist für den Tanzzuschauer besonders der Eindruck der Flüchtigkeit wahrgenommener Bewegung relevant,[15] so sind Tänzer dagegen mit der ständigen Rekonstruktion von Bewegung beschäftigt, indem sie erlernte oder einstudierte Bewegungen abrufbar halten. Ist die Bewegung selbst auch flüchtig in dem Sinne, dass sie ein uns entgleitender Ablauf in der Zeit ist, so ist sie

---

12 Greenfield, Susan: „Das Ich und seine Geschichte", in: Sentker/Wigger, *Rätsel Ich* (2007), S. 68.
13 Vgl. Olivier, Norbert/Rockmann, Ulrike: *Grundlagen der Bewegungswissenschaft und -lehre*, Schorndorf: Hofmann 2003, S. 147 ff.
14 Vgl. Klein, Gabriele: „Das Flüchtige. Politische Aspekte einer tanztheoretischen Figur", in: Huschka, *Wissenskultur Tanz* (2009), S. 199-209.
15 Vgl. hierzu C. Berger: *Körper denken in Bewegung*.

doch für Tänzer selbst ein Akt des Wissens, der vom Gedächtnis organisiert und mit dem Körper rekonstruiert wird. Der Theaterwissenschaftler Gerald Siegmund sieht im Körpergedächtnis von Tänzern sogar das „Phänomen, das den Tanz nun ganz und gar nicht als flüchtige, sondern gerade als besonders dauerhafte Kunstform ausweist"[16].

Der Prozess der Aneignung von Bewegungswissen erfolgt dabei schrittweise, in der Ausbildung über Jahre, in der künstlerischen Arbeit über viele Proben hinweg. In der Arbeit an einer Choreographie werden z.B. anfangs einzelne Bewegungen probiert und wiederholt. Nach und nach fügen sich dann Bewegungen zu Bewegungsphrasen und im weiteren Verlauf Bewegungsphrasen zu längeren Bewegungsabläufen zusammen, bis schließlich einzelne Abläufe zu der Choreographie zusammengesetzt werden. Während das tägliche Tanztraining aus wechselnden Übungen besteht, die für eine kurze Zeit präsent gehalten werden und grundlegende Fähigkeiten zur Ausübung von Bewegungsabläufen schulen statt eines spezifischen Schrittmaterials, so bestehen die Proben an einer festgelegten Choreographie im Wesentlichen darin, das gegebene Schrittmaterial zu erinnern und die Bewegungen im Langzeitgedächtnis zu erhalten. Vor allem durch das Wiederholen der Bewegungen wird diese Übertragung vom Kurzzeit- ins Langzeitgedächtnis erreicht, welches allerdings immer mit dem Korrigieren der wiederholten Bewegungen verbunden ist. Tänzer wissen am Ende des Tages vielleicht nicht mehr, welche Schrittkombination sie im Training ausgeführt haben, die geprobten Schritte der Choreographie jedoch bleiben durch ihre Gedächtnisse erreichbar und durch ihre Körper abrufbar.

Sacreprobe am 17.8.2009 in Essen

Die Probe findet mit Kenji Takagi und Barbara Kaufmann als Probenleitung an der Folkwang Universität in Essen statt. Beide haben das Stück jahrelang selber getanzt und nach ihrem Ausscheiden aus der Stückbesetzung die Probenleitung übernommen. Anwesend sind die Tänzer vom Folkwang Tanzstudio und einige Studierende der Folkwang Universität, die das Stück lernen sollen. Die Probe beginnt mit dem Kreis. In den sechzehn Jahren, die ich das Stück tanze, haben wir die erste Probe immer mit dem

---

16 Siegmund, Gerald: „William Forsythe: Räume eröffnen, in denen das Denken sich ereignen kann", in: Ders., *William Forsythe* (2004), S. 9-72, hier S. 52.

Kreis begonnen. Hans Pop – einer von Pinas engen Mitarbeitern und Tänzern der ersten Generation, der die Proben bis 2006 geleitet hat – hat wiederholt gesagt, dass der Kreis der schwierigste Moment des Stückes sei. Er kam in die erste Probe und begann, indem er sagte: „Den Kreis bitte!" Wir stellten uns dann in einen Kreis und begannen. Das war jedes Mal ein Ritual. Ein Ritual im Ritual. Der Kreis ist der langsamste Teil des Stückes, weswegen sich dieser Teil als Einstieg anbietet. Außerdem wird im Kreis sehr stark vom Zentrum des Körpers aus gearbeitet. Wir proben erst den ersten Teil des Kreises bis zum Fallen auf den Boden und dann den zweiten Teil bis zum Beginn des Duos von Fernando und Sylvia. Die beiden Probenleiter lassen uns jeden Teil mehrmals wiederholen. Sie erinnern uns nochmal genau daran, wie die einzelnen Abschnitte gezählt werden.
Nach dem Kreis probieren wir die große Stelle. Das ist der Moment, in dem alle Tänzer, Männer und Frauen bis auf zwei Tänzerinnen, die gleiche Bewegungsphrase tanzen, der erste Moment eines Unisonos aller Tänzer. Die Bewegungsphrase, die hier getanzt wird, ist eines der Leitmotive des Stückes, das in unterschiedlicher Form immer wieder in der Choreographie verarbeitet wird. Sie beinhaltet mehr Arbeit mit den Armen als der Kreis und ist sehr viel schneller im Bewegungstempo. Die Schnelligkeit der Bewegungen ist eine der größten Herausforderungen für alle Tänzer und wir probieren die Stelle immer wieder, bis wir dann nach mehreren Versuchen so schnell sind, wie es die Musik verlangt. Wir tragen auch gemeinsam zusammen, was jeder von uns noch an Informationen von Pina Bausch oder Hans Pop weiß: ein bisschen mehr Hüfte, der rechte Ellbogen zur linken Hüfte und nicht zur rechten, kein Akzent, sondern mehr legato... Die Probenleiter teilen die Tänzer dann in zwei kleine Gruppen auf, damit sie gezieltere Korrekturen geben können. Auch dann wiederholen wir die Phrase mehrmals. Anschließend verbringen Barbara und Kenji viel Zeit mit Korrekturen an der Form und der Dynamik der Bewegungen. Es ist der erste Probentag, also lassen wir es bei dem Kreis und der großen Stelle bewenden.

Das Langzeitgedächtnis kann weiter unterteilt werden. Es besteht aus dem impliziten und dem expliziten Gedächtnis. Das implizite Gedächtnis bewahrt Fähigkeiten, die nicht vollständig bewusst erinnert werden können, z.B. motorische Fertigkeiten wie Radfahren, Klavierspielen oder auch das Tanzen. Es weist keinen Zusammenhang mit einem bestimmten Ort oder einem bestimmten Zeitpunkt auf und wird als eine Ansammlung von Prozeduren angesehen. Es ist ein Gedächtnis ohne einen raumzeitlichen Kontext, dessen Leistung sich stetig steigern kann.

Das explizite Gedächtnis hingegen ist für die Bewahrung von orts- und zeitgebundenen Ereignissen verantwortlich.[17] Es bezeichnet das bewusste Erinnern an vergangene Erfahrungen wie z.B. unser autobiographisches Gedächtnis. Der Neurowissenschaftler Wolf Singer beschreibt das explizite Gedächtnis als Gedächtnis, das „mit dem Einordnen von Ereignissen in den Fluss der Zeit"[18] zu tun hat. Diese beiden Formen des Gedächtnisses werden auch in der Tanzwissenschaft als die zwei grundlegenden Kategorien von Wissen gebraucht. In Anlehnung an die Ausführungen von Aristoteles in der *Analytica Posteriora* unterscheiden Sabine Huschka und Hartmut Böhme zwischen implizitem und explizitem Wissen, wobei das implizite Wissen das in der Praxis gelebte Körperwissen und das explizite Wissen ein in weitem Sinne theoretisches Wissen darstellen. Implizites Wissen ist eng mit unserem ‚Körpergedächtnis' verflochten, während explizites Wissen als „Wissen des eigenen Wissens und dessen Strukturen"[19] verstanden werden kann, das allerdings sowohl intern als auch extern memoriert wird.

Für das implizite Gedächtnis gilt: Es braucht Zeit. Ein wichtiger Unterschied zwischen explizitem und implizitem Wissen besteht darin, dass sich das implizite Wissen langsam und stetig entwickelt, während das explizite Wissen plötzlich einsetzen kann. Organisch ineinandergreifende Bewegungsabläufe, wie im Tanz, müssen vor ihrer Ausführung gesehen, vorbereitet, gelernt und verinnerlicht werden.

Die Unterscheidung von zwei unterschiedlichen Formen des Wissens taucht in der Gehirnforschung als Unterscheidung zweier unterschiedlicher Gedächtnisformen auf. Dort wird zwischen explizitem und implizitem oder deklarativem und prozeduralem Gedächtnis differenziert. Eine zusätzliche Ausdifferenzierung innerhalb des Begriffs des expliziten Gedächtnisses unterscheidet darüber hinaus zwischen der semantischen und der episodischen

---

17 Vgl. Greenfield, Susan: „Das Ich und seine Geschichte", in: Sentker/Wigger, *Rätsel Ich* (2007), S. 73.

18 Singer, Wolf: „Keine Wahrnehmung ohne Gedächtnis", in: *Theaterschrift 8* (1994), S. 26.

19 Böhme, Hartmut/Huschka, Sabine: „Prolog", in: Huschka, *Wissenskultur Tanz* (2009), S. 10.

Komponente des Gedächtnisses. Diese Unterscheidung basiert auf Untersuchungen mit bildgebenden Verfahren, die dem semantischen bzw. dem episodischen Wissen unterschiedliche Regionen im Gehirn zuordnen konnten.[20] Während das semantische Gedächtnis für kontextunabhängige Inhalte ohne autobiographischen Bezug zuständig ist, speichert das episodische Gedächtnis kontextabhängige Begebenheiten unserer Autobiographie.[21]

Ein fünfteiliges Gedächtnismodell wurde von Hans Joachim Markowitsch vorgestellt. Er sieht das Langzeitgedächtnis durch das prozedurale Gedächtnis, das *Priming*[22] (ein unbewusstes Registrieren von Reizen des Gehirns), das perzeptuelle Gedächtnis (das Erkennen von Reizen), das semantische Gedächtnis (unser Weltwissen oder Wissenssystem) und das episodische Gedächtnis repräsentiert.[23] Laut dieser Einteilung fallen das prozedurale Gedächtnis dem impliziten und das semantische sowie das episodische Gedächtnis dem expliziten Gedächtnis zu.

Im Folgenden soll die etwas allgemeinere Differenzierung zwischen dem impliziten und dem expliziten Gedächtnis beibehalten werden, um den Anschluss an die Diskussion um implizites und explizites Wissen innerhalb der Tanzwissenschaft zu gewährleisten und um den Übergang zur Philosophie zu ermöglichen. Dem impliziten bzw. expliziten Gedächtnis wird sowohl in der Tanzwissenschaft als auch in der Neurowissenschaft eine gewisse Unabhängigkeit zugestanden, wenngleich beide Gedächtnisformen auch einander begleiten können.

Im Hinblick auf diese beiden Formen des Erinnerns haben es Tänzer auf den ersten Blick vor allem mit dem impliziten Gedächtnis zu tun, das

---

20 Tulving, Endel/Markowitsch, Hans-Joachim: „Episodic and declarative memory. Role of the hippocampus", in: *Hippocampus* 8 (1998), S. 198-204.

21 Tulving, Endel: „Episodic and semantic memory", in: Endel Tulving/Wayne Donaldson (Hg.), *Organization of memory*, New York: Academic Press 1972, S. 381-403.

22 Daniel L. Schacter beschreibt das *Priming* ausführlich in seinem Kapitel „Die verborgene Welt des impliziten Gedächtnisses". Vgl. Schacter, Daniel L.: *Wir sind Erinnerung. Gedächtnis und Persönlichkeit*, Hamburg: Rowohlt 2001, S. 263 ff.

23 Markowitsch, Hans-Joachim: „Autobiographisches Gedächtnis aus neurowissenschaftlicher Sicht", in: *BIOS. Zeitschrift für Biographieforschung, Oral History und Lebensverlaufsanalysen* 15 (2002), S. 187-201.

für das Behalten von Bewegung verantwortlich ist. Nicht das Erinnern von Ereignissen wird von Tänzern verlangt, sondern das Ereignis der Erinnerung. Auf den zweiten Blick ist es jedoch gerade die Möglichkeit der miteinander kooperierenden Gedächtnisformen des impliziten und des expliziten Gedächtnisses, die sich im Tanz aufzeigen lässt.

Bettina Bläsing vom Arbeitsbereich *Neurokognition und Bewegung* der *Universität Bielefeld* spricht über diese Kooperation als ‚mentale Repräsentation von Bewegung', die im Langzeitgedächtnis niedergelegt ist. Sie konnte an einer Studie mit professionellen Tänzern aus Essen, Dortmund und Bielefeld zeigen, dass Tanzprofis über ein klar strukturiertes Bewegungsgedächtnis verfügen, auf dem dann schließlich die Bewegungsausführung beruht. Die Bestandteile einer Bewegung – z.B. einer *pirouette* – waren bei den Tänzern in klare Phasen unterteilt, die die Bewegungsausführung deutlich zu verbessern halfen. Je besser eine Bewegung mit dem Verstand erfasst wird, desto besser ist auch ihre Ausführung, so das Ergebnis der Studie. In ihr kann ein Beleg für die Relevanz bewussten Wissens bei der Ausführung körperlich gelernter Gedächtnisinhalte gesehen werden.[24]

Das System, nach dem Bettina Bläsing ihre Untersuchungen mit Tänzern durchführte, wurde von Thomas Schack – Professor für Sportwissenschaft an der *Universität Bielefeld* und ebenfalls Mitglied des Arbeitsbereiches *Neurokognition und Bewegung* – entwickelt. Es legt sogenannte ‚Knotenpunkte' innerhalb eines Bewegungsablaufs fest und hilft deren Anordnung mithilfe einer computergesteuerten Clusteranalyse im Gedächtnis von Sportlern zu bestimmen und zu sortieren. Ist die Reihenfolge von einzelnen Bestandteilen eines Bewegungsablaufs nicht optimal aufeinander abgestimmt, so kann der Trainer den Sportler verbal darauf hinweisen und die Trainingspraxis darauf abstimmen. Die mentale Repräsentation von Bewegungen im Langzeitgedächtnis bildet laut Schack die Grundlage für Wissenserwerb und Bewegungsausführung.[25] Mit mentaler Repräsentation ist dabei die Repräsentation der Bewegungsziele gemeint, welche ortsbezogen, abstandsbezogen oder trajektoriell, also die mechanische Belastung betref-

---

24 Bläsing, Bettina: „Pirouetten im Gedächtnis des Tänzers", in: *Zeitschrift für Tanzmedizin* 1 (2009), S. 5-8.

25 Schack, Thomas/Hackfort, Dieter: „Action-Theory Approach to Applied Sport Psychology", in: Gershon Tenenbaum/Robert C. Ecklund (Hg.), *Handbook of Sport Psychology*, New Jersey: Wiley 2007, S. 332-351.

fend, sein kann. So können höchstflexible Bewegungspläne zusammengestellt und an den Bewegungsapparat weitergegeben werden.

Die Praxis eines mentalen Trainings, welches zur Optimierung von Bewegungsabläufen beitragen soll, ist im Sport schon lange üblich. Sie geht von der einfachen Idee aus, dass die Vorstellung einer Bewegung die tatsächliche Bewegungsausführung zu verbessern hilft. Der ehemalige Direktor vom *Aalto Ballett Theater Essen*, Martin Puttke, hat die Ergebnisse der Kognitionswissenschaft und der Sportwissenschaft auf seine Arbeit als Tanzpädagoge übertragen und erprobte mit Erfolg den Einsatz von Vorstellungen von Bewegungen und deren Verbalisierung vor der eigentlichen Ausführung von Tanzbewegungen.[26] Aufgrund dieser Forschungen lassen sich Rückschlüsse über den Zusammenhang von kognitiven Gedächtnisinhalten und Bewegungen ziehen. Die kognitive Durchdringung einer Bewegungsstruktur, so lautet eine Schlussfolgerung dieser Untersuchungen, führt zu deren Optimierung. Dies ist eine zentrale Erkenntnis der Bewegungsforschung innerhalb der Kognitionswissenschaften, die auch für die Tanzforschung von großem Interesse sein muss. Allerdings – so muss einschränkend hinzugefügt werden – wird das subjektive Empfinden einer Bewegung dabei nicht miterfasst.

Es ist davon auszugehen, dass sich im Tanz implizites und explizites Gedächtnis in der Bewegung miteinander verschränken, nämlich dann, wenn die Bewegung aktiv und mit einem aufmerksamen Bewusstsein ausgeführt wird. Die bewusste Erinnerung an das Gelernte begleitet die automatisierten Bewegungsabläufe als Korrektiv, das die Reproduktion impliziter Gedächtnisinhalte prüft. Die Aktualisierung expliziter Gedächtnisinhalte geschieht während des Tanzens z.B. als Benennung der Bewegung nach den Merkmalen Zeit, Energie und Ursprung der Bewegung und in Bezug auf ihre Form. Das betrifft sowohl die Form des Körpers (statisch) als auch den Weg, den er im Raum beschreibt (dynamisch) sowie die Beziehung, die der Körper zu anderen Körpern oder Punkten im Raum einnimmt. Zu widersprechen ist der Annahme, dass Tänzer nicht erklären könnten, wie sie eine Bewegung ausführen und sie nur unbewusst reproduzierten, während

---

26 Vgl. Lenzen, Manuela: „Tanzen ist Denken". Ausführlich werden die Forschungsergebnisse des Arbeitskreises *Neurokognition und Bewegung* in dem bereits erwähnten Sammelband *The Neurocognition of Dance* präsentiert.

das implizite Gedächtnis dabei die Führung der Bewegung übernähme.[27] Hier wird vielmehr die These vertreten, dass implizites und explizites Wissen im Tanz unlösbar miteinander verwoben sind und vom Gedächtnis immer wieder in Beziehung zueinander gebracht werden.

Probennotiz zu Sacre

Wenn ich bei Sacre die erste Phrase tanze, denke ich während der Bewegungen: „Bounce, bounce, bounce, Akzent." Es handelt sich dabei um eine Bewegungsphrase, die mit vier regelmäßigen Schlägen gezählt wird. Die erste Bewegung wird dreimal, die vierte Bewegung nur einmal ausgeführt. Der Begriff ‚Bounce' bezeichnet ein leichtes Beugen und Strecken der Knie, die dabei locker sind. Bounces oder Federungen fallen unter die Bewegungen, deren Betonung in der Mitte des Bewegungsablaufes liegen. Das Körpergewicht wird entspannt nach unten fallen gelassen und federt danach zurück. Liegt der Akzent am Ende der Bewegung, geht es darum, die Körperspannung zu sammeln und sie am Ende der Bewegung zu einem Höhepunkt zu bringen. Jean Cébron definiert Bewegungen mit dem Akzent am Ende der Bewegung als Bewegungen mit terminalem Akzent, die von zielbewusster Natur sind.[28] Das Gewicht des Körpers wird während meiner ersten Phrase entweder passiv als ‚Loslassen' wie beim Bounce oder aktiv als ‚Spannung' nach unten und zur Körpermitte gelenkt. Das führt im Falle eines Bounce zu dem Eindruck von Schwere oder im Falle eines terminalen Akzents zu einem Eindruck von Kraft. Der Rücken ist während der Phrase rund. Nur vor dem Akzent strecken sich Beine und Rücken kurz, während die Arme weit über oben nach vorne ausholen. Ein runder Rücken – anders gesagt die Verkürzung des Torso auf einer vertikalen Linie – geschieht dadurch, dass man die unteren Rippen und den oberen Teil des Beckens zu ei-

---

27 Bei Christiane Berger heißt es z.B.: „Der Tänzer kann auf Nachfrage kaum erklären, wie er die Bewegung ausführt – aber sein Leib weiß es und versteht entsprechend zu agieren. Man spricht in diesem Fall von implizitem Wissen." C. Berger: *Körper Denken in Bewegung*, S. 103.

28 Cébron, Jean: „Das Wesen der Bewegung. Studienmaterial nach der Theorie von Rudolf von Laban", in: Urs Dietrich (Hg.), *Eine Choreographie entsteht. Das kalte Gloria. Mit einem Beitrag von Jean Cébron*, Essen: Die Blaue Eule 1990, S. 73-98, hier S. 79.

nem Punkt zusammenzieht. Die Schultern und die Hüften bleiben dabei übereinander.[29] *So entstehen ein konkaves Gefühl auf der Vorderseite und ein konvexes Gefühl auf der Rückseite des Körpers. Diese Form der Bewegung – die sogenannte Körperkurve – ist eine der grundlegenden Körperformen des modernen Tanzunterrichts, die im Laufe der Zeit von Tänzern als impliziter Gedächtnisinhalt verinnerlicht wird. Die Körperkurve ist für Sacre sehr wichtig, weil sie immer wieder vorkommt und sehr schnell hergestellt werden muss.*

Ich habe für meine erste Bewegungsphrase einen festgelegten Weg im Raum. Er beginnt außerhalb der Bühne und endet etwas links neben der Bühnenmitte. Ich wiederhole meine Phrase während dieses Weges dreimal und muss dabei die Wege mehrerer anderer Tänzer kreuzen, die alle einen anderen Weg haben als ich: Ich lasse Morena vorbei, bewege mich zwischen Jorge und Clementine hindurch auf meinen Platz für die große Stelle, bei der ich zwischen Julie und Aida stehe. In den Proben wiederholen wir diesen Moment viele Male, denn es ist sehr kompliziert, wenn 32 Tänzer mit unterschiedlichen Wegen während einer Bewegung in eine geordnete Formation kommen sollen.

Einerseits werden Bewegungsabläufe vom impliziten Gedächtnis gebildet, um sie bei Bedarf anwenden zu können. Bei dem geschilderten Beispiel wird dies an dem Bounce, an dem Akzent und an dem eingerundeten Rücken deutlich. Alle Bewegungen werden im modernen Tanztraining vermittelt und trainiert und sind damit Bestandteil des impliziten Wissens von ausgebildeten Tänzern. Ihre genaue Verwendung in der Choreographie wird in den Proben zu einem Tanzstück festgelegt und durch Wiederholung eingeübt.

Andererseits besteht ein wesentlicher Teil der Probenarbeit aber in der kognitiven Durchdringung der Tanzbewegungen, ein Vorgang der konstant beibehalten und z.B. von den Probenleitern immer wieder neu angeregt wird. Tänzer sind so durchaus in der Lage zu benennen, was sie während der Bewegungsausführung tun und wie die Bewegung herzustellen ist. Explizites und implizites Wissen befinden sich in einem fortwährenden Verhältnis der Durchdringung zueinander.

---

29 Vgl. ebd., S. 93.

Um das Argument der Verschränkung von implizitem und explizitem Gedächtnis im Tanz weiter zu stützen, ist der Begriff der Choreographie hilfreich, der von Sabine Huschka und Hartmut Böhme als „das Wissen vom Raum" verstanden wird, „insofern er durch die Bewegung allererst generiert oder performiert wird"[30]. Dem lässt sich hinzufügen, dass Tänzer den Raum nicht nur durch die Bewegung generieren, sondern dass er in ihrer Vorstellung bereits vorhanden ist, denn der Raum und seine Konstruktion sind unter anderem auch eine Konzeption, eine Leistung des Intellekts, die gelernt und erinnert wird. Tänzer müssen eine sehr genaue Kenntnis über den Ort und damit den Raum haben, an dem sich ihr implizites Gedächtnis entfaltet. Durch die Definition des Raumes, der räumlichen Bestimmung der eigenen Bewegung und darüber hinaus der Lokalisierung des eigenen Körpers, z.B. innerhalb einer Gruppe von Tänzern, wird ein changierendes Verhältnis von implizitem und explizitem Gedächtnis hergestellt. Nicht nur über das ‚Was' einer Bewegung, sondern auch über das ‚Wo' sind sich Tänzer während des Tanzens bewusst. Das gilt sowohl für die Orte, die die eigene Körpersphäre betreffen, als auch für die, die außerhalb ihrer liegen. In einer Choreographie suchen und finden Tänzer bestimmbare Punkte dadurch, dass sie sich fortwährend zu anderen Punkten im Raum in Beziehung setzen und ihn sich somit gewissermaßen vorstellen, bevor sie ihn einnehmen. Sie sind darüber hinaus viele Male an den Orten gewesen, die sie im Moment des Tanzens besetzen. Zahlreiche Proben haben dafür gesorgt, dass Tänzer wissen, wo sie auf der Bühne stehen sollen. Gleich dem expliziten Gedächtnis, das kontinuierlich mit der Findung von Orten, Ordnungen und Abläufen beschäftigt ist, besetzen Tänzer Orte im Raum, um an ihnen ihr implizites Wissen zu praktizieren. Tänzer verbinden damit Raum und Bewegung, Vorstellung und Ausführung, explizites und implizites Wissen. Sie sind ‚innen' und ‚außen' gleichzeitig. ‚Innen' verstanden als die bis zu einem gewissen Grad automatisierte Ausführung motorischer Prozesse und ‚außen' verstanden als das Aufsuchen des Ortes im Raum, der zur Ausführung der Bewegung bestimmt ist, als das Herstellen einer räumlichen Ordnung. Die Bestimmung des Raumes ist eine Leistung, in der die Aktivität des expliziten Gedächtnisses zutage tritt, denn sie besteht in der

---

30 Böhme, Hartmut/Huschka, Sabine: „Prolog", in: Huschka, *Wissenskultur Tanz* (2009), S. 11.

Unterscheidung von Punkten, in der Einteilung des Raumes in Dimensionen und in der Definition von Formen und Wegen.

Darüber hinaus wird dieses Wissen in eine Reihenfolge gebracht, die eine zeitliche Abfolge darstellt. Erst in der Abfolge vieler unterschiedlicher Bewegungen besteht die eigentliche Choreographie. Jeder Tänzer kann die Frage beantworten, wann und wo welche Bewegungen in einer Choreographie vorkommen. Seine Antworten darauf sind ein Bestandteil seines expliziten Gedächtnisses. Auch wenn das Explizitmachen einer Bewegung durch Vorstellung, Benennung oder räumliche Bestimmung nur einen begrenzten Beitrag zur Bewegungsausführung liefert, so gehört das explizite Gedächtnis zu jeder Bewegungsausführung dazu.

Sacreprobe am 29.8.2009 in Wuppertal

Wir bleiben nach dem Training heute in der Lichtburg. Der Raum ist größer als der Ballettsaal und so haben wir mehr Platz, alle Formationen richtig aufzustellen und auch die Bewegungen größer auszutanzen. Dominique Mercy und Kenji Takagi leiten gemeinsam die Probe. Dominique Mercy war von Anfang an beim Wuppertaler Tanztheater engagiert und hat Sacre viele Jahre selbst getanzt. Wir beginnen mit der ersten Männerdiagonale und stellen uns erst alle an den Platz, an dem wir den Schritt hinterher auch ausführen. Dann probieren wir erst ohne, dann mehrmals mit Musik. Obwohl wir es schon so oft probiert haben, die Korrekturen bleiben immer die gleichen: mehr Hüfte, mehr Hochziehen im Körper, durch die Wirbelsäule hochrollen... Wir beginnen nun die einzelnen Stellen, die wir die Tage zuvor getrennt probiert haben, in längeren Blöcken zu tanzen. Das heißt für den Moment: Auftritt Männer, Solo Rainer, fünf Männer, drei Männer, neun Männer, Auftritt alle, große Stelle, erste Männerdiagonale. Der ganze Block nimmt zwei Minuten Zeit in Anspruch. Jede Stelle ist dabei einzeln probiert worden und in den Tagen zuvor wurden die Bewegungen immer wieder auf ihre Form und ihre Dynamik hin analysiert und korrigiert. Wir versuchen jetzt verstärkt darauf zu achten, wie wir in die Formation kommen, welche Wege sich kreuzen und welchen Weg jeder nehmen muss, um an seinen Platz zu kommen. In Sacre ist eine gute Wahrnehmung des Raums wichtig, denn wir sind insgesamt 32 Tänzer auf der Bühne und jeder muss darauf achten, niemanden zu behindern, zu schlagen oder umzurennen. Wir gehen dann im Stück chronologisch weiter: Bodenstelle, Kreis, die

Neun, die Sieben, zweite Männerdiagonale, Jetédiagonale. Jede Stelle wird mehrmals in Gruppen von sechs bis acht Leuten probiert. Nach jedem Durchlauf einer Stelle geben die Probenleiter Korrekturen zu den Bewegungen. Wenn die Probenleiter mit einem bestimmten Tänzer beschäftigt sind, probieren die anderen Tänzer die Bewegungen für sich. Manche Tänzer sind auch von der ersten Woche erschöpft und nutzen die kurzen Pausen, die entstehen, um sich auszuruhen. Ich habe alle diese Korrekturen schon viele Male gehört und trotzdem ist es immer wieder wichtig, sich darüber klar zu werden, wie wir was tanzen sollen. Während wir in den Proben vorher jedes Mal mehr auf die Bewegungen geachtet haben, geht es heute besonders darum, an den richtigen Platz zu rennen, denn zwischen all diesen Stellen wechseln wir die Formation im Raum und damit auch unseren Platz ständig. Wir sind in Sacre vor allem eine Gruppe von Tänzern. Auch wenn es vereinzelte Soli, Duette oder kleinere Gruppenaktionen gibt, die meisten Stellen werden in der Gruppe getanzt und es geht vor allem darum, die Bewegungen mit und in der Gruppe auszuführen. Ich stehe manchmal in der Mitte der Gruppe und bevor die Bewegung beginnt, weiß ich eigentlich nicht, wie das auf so einem engen Platz gehen soll. Es geht dann doch irgendwie.

Zusammenfassend lassen sich zwei Punkte ausmachen, an denen deutlich wird, dass das explizite Gedächtnis ‚mittanzt': zum einen die Bewegungsausführung, die im Tanz immer mit der Aufmerksamkeit des Bewusstseins und damit einer auch kognitiven Leistung einhergeht, und zum anderen die Raumvorstellung, die in der Konzeption von Raum (wo) und Choreographie (wo und wann) zu Tage tritt.

Es bleibt dennoch anzumerken, dass die bewusste Aufmerksamkeit für die meisten Tanzbewegungen zu langsam ist. Zwar wird Bewegung im Gehirn antizipatorisch geplant (Stimulus – Intention – Handlung) und erfolgt über eine ständige Anpassung eines Bewegungsplans an die Außenweltbedingungen, aber die neuronalen Vorgänge, die mit der Aktivität des Bewusstseins korrelieren, beanspruchen Zeit, die bei einer schnellen Bewegungsausführung nicht zur Verfügung steht. Besonders im Tanz müssen viele Bewegungen schnell erfolgen und schränken deshalb die immer zu langsame Kontrolle durch das Bewusstsein ein. Es gibt klare Hinweise, dass vor allem das Kleinhirn bei der Bewegungsausführung tätig wird. So kann zwar von einer Begleitung von Bewegung durch das explizite Gedächtnis, nicht aber von einer Kontrolle bei der Bewegungsausführung gesprochen werden. In der Bewegung sind demnach Informationen eingelagert, die sich der steuernden Funktion des Bewusstseins entziehen. Bewegung im Tanz kann dennoch als ein ständiger, vom expliziten Gedächtnis begleiteter und vom impliziten Gedächtnis ausgeführter Lernvorgang betrachtet werden, der durch die Auseinandersetzung mit der Außenwelt erfolgt.

GEDÄCHTNIS UND ANATOMIE

Eines der Hauptanliegen der Gehirnforschung besteht darin, festzustellen, wo sich Gedächtnisvorgänge im Gehirn lokalisieren lassen. Dass an der Repräsentation des Gedächtnisses viele Teile des Gehirns beteiligt sind, gehört inzwischen zum Konsens der Gehirnforschung. Der gesamte Kortex des menschlichen Gehirns spielt eine wichtige Rolle beim Rückruf von Gedächtnisgehalten. Dennoch werden bestimmten Regionen spezifische Funktionen zugesprochen. Susan Greenfield geht davon aus, dass implizite Gedächtnisinhalte nicht am gleichen Ort im Gehirn verarbeitet werden wie Gedächtnisinhalte des expliziten Gedächtnisses.[31] Sie stützt diese Annahme auf die Beobachtung von gehirngeschädigten Patienten, deren implizites Gedächtnis funktionierte, während ihr Erinnerungsvermögen an Ereignisse große Einschränkungen aufwies. Der Hippocampus – eine innere Struktur des Großhirns, die im Temporallappen des Gehirns liegt – und der mediale Thalamus – eine Integrationszentrale für Sensorik und Motorik im Zwischenhirn, die nur sekundär in motorische Abläufe integriert ist – werden z.B. von Greenfield als die Bestandteile des menschlichen Gehirns genannt, die wesentlich mit dem expliziten Gedächtnis assoziiert sind. Der Hippocampus wird darüber hinaus als Organisator des Gedächtnisses verstanden, da sein Ausfall zu einer Störung des Kurzzeitgedächtnisses führt,

---

31 Greenfield, Susan: „Das Ich und seine Geschichte", in: Sentker/Wigger, *Rätsel Ich* (2007), S. 65 ff. Greenfield ist allerdings weder Entdeckerin noch Erstautorin dieses Befundes. Bereits Scoville und Milner publizierten ihn 1957. Vgl. Scoville, William B./Milner, Brenda: „Loss of recent memory after bilateral hippocampal lesions", in: *Journal of Neurology, Neurosurgery & Psychiatry* 20 (1957), S. 11-21.

wie z.B. bei der Alzheimer-Erkrankung zu beobachten ist.[32] Er ist Teil des sogenannten ‚Limbischen Systems', dem in der Neuroanatomie für Lernen, Emotionen und Gedächtnis entscheidende Bedeutung beigemessen wird. Ebenso wie Greenfield sehen auch die Gedächtnisforscher Eric R. Kandel und Larry Squire den ‚Sitz' des deklarativen Gedächtnisses im Temporallappen des Gehirns.[33] Allerdings muss das Betrachten einer bestimmten Region des Gehirns als eine materielle Basis einer Funktion immer mit Vorsicht gesehen werden.

Für das Funktionieren des impliziten Gedächtnisses macht Greenfield die Basalganglien – eine funktionelle Einheit von Hirnstrukturen des Vorderhirns, die der Bewegungskoordination dienen und auch ‚Basalkerne' genannt werden – verantwortlich. Der Hirnforscher Gerhard Roth teilt diese Einschätzung. „Die Basalganglien bilden unter Mitwirkung des Kleinhirns eine Art Handlungsgedächtnis aus, denn in ihnen sind alle Handlungssequenzen gespeichert, die wir flüssig, genau und ohne Nachdenken ausführen können."[34] Statt von einer ‚Speicherung von Handlungssequenzen' müsste allerdings von einem immer erneut erfolgenden Zusammensetzen von Handlungseinheiten die Rede sein. Eine komplexe Bewegungsfolge wie etwa die Ausübung eines Tanzschrittes wird von den Basalkernen gesteuert, vom Kleinhirn (*Zerebellum*) unterstützt und als impliziter Gedächtnisinhalt bewahrt. Eric Kandel und Larry Squire vermuten darüber hinaus, dass die Amygdala – der Mandelkern, von dem man annimmt, dass er für das Verarbeiten von Gefühlen verantwortlich ist – ebenfalls zum Funktionieren des impliziten Gedächtnisses beiträgt.[35]

Wie lässt sich eine Bewegungsfolge auf impliziter Ebene genauer beschreiben? Das Programmier- und Kontrollschema einer Bewegung besteht darin, dass Nervenzellen damit beschäftigt sind, in zielgerichteter Zeitfolge Muskelfasern zu erregen und zu hemmen. Die Erregung wird zu den Nach-

---

32 Vgl. Schünke, Michael et al.: *Prometheus. Kopf und Neuroanatomie*, Stuttgart/New York: Thieme 2006, S. 206.
33 Vgl. Kandel, Eric R./Squire, Larry R.: „Vom Geist zum Molekül", in: Sentker/Wigger, *Rätsel Ich* (2007), S. 181- 205, hier S. 198.
34 Roth, Gerhard: „Nachwort: Denken und Handeln", in: Sentker/Wigger, *Schaltstelle Gehirn* (2009) S. 262-272, hier S. 264.
35 Kandel, Eric R./Squire, Larry R.: „Vom Geist zum Molekül", in: Sentker/Wigger, *Rätsel Ich* (2007), S. 198.

hirnzentren geführt, die die Mustergeneratoren – ein lokales Netzwerk von Nerven im Rückenmark – für Gelenkmuskeln steuern und schließlich zu einer Bewegung des Gelenks führen.[36] Das Kleinhirn wird von Gerhard Neuweiler dabei als „Begleiter komplexer Zeitprogramme von Bewegungen"[37] bezeichnet. Beim Ausführen z.B. einer Tanzbewegung wird das Kleinhirn „als lernende Zeitmaschine in Schleifen zugeschaltet"[38]. Es vergleicht die Bewegungen, die tatsächlich ausgeführt werden, mit deren Programm und gibt sie nicht nur vor, sondern überprüft auch deren Ausführung.

Generalprobe von Sacre am 21.10.2009 in Wuppertal

Die Bewegungen der ersten Männerdiagonale werden acht Mal wiederholt. Jedes Mal ist ein neuer Versuch und ich bin immer wieder erstaunt, wie wenig sich vorhersagen lässt, ob mir die Bewegung glückt. Da ist es ganz egal, wie viele Male es schon geprobt und getanzt worden ist. Ich weiß jedes Mal sofort, ob mir die Bewegungen gelungen sind oder nicht, weil ich weiß, wie sie sich richtig anfühlen.

Neuweiler gibt an, dass die Synapsen der Nervenzellen im Kleinhirn sich so lange ändern, bis die mentalen Absichten dem tatsächlichen Bewegungsablauf entsprechen.[39] Er räumt aber gleichzeitig ein, dass dieser Mechanismus des arbeitenden Kleinhirns in der Wissenschaft noch nicht ganz verstanden ist. Grundlegend dabei ist, dass die Informationen, die die Sinne angeben, mit den Informationen, die das Kleinhirn bereithält, verglichen und so lange korrigiert werden, bis sie synchron sind. An diesem Mechanismus ist das extrapyramidal-motorische System beteiligt, ein System, das durch das Kleinhirn, die Basalkerne und Kerngebiete des Hirnstamms repräsentiert wird und für erlernte, automatisierte und motorische Prozesse, zu denen

---

36 Neuweiler, Gerhard: „Was unterscheidet Menschen von Primaten? Die motorische Intelligenz", in: Györgi Ligeti/Gerhard Neuweiler/Reinhard Meyer-Kalkus (Hg.), *Motorische Intelligenz. Zwischen Musik und Naturwissenschaft*, Berlin: Wagenbach 2007, S. 9-37, hier S. 11 f.
37 Ebd., S. 16.
38 Ebd., S. 15.
39 Ebd., S. 17.

auch das Tanzen zählt, erforderlich ist. Die sogenannte ‚Pyramidenbahn' bezeichnet in Abgrenzung zum extrapyramidalen System die direkte Verbindung zwischen dem primären motorischen Kortex und den Motoneuronen des Rückenmarks. Sie ist die wichtigste Bahn für die bewusste Motorik des Menschen und bedient die Motoneurone der Handmuskulatur. Sie stellt die absteigenden motorischen Bahnen aus dem motorischen Kortex dar, die einem bestimmten Bewegungsprogramm folgen und dabei keiner Bewegungsvermittlung über das Nachhirn bedürfen. Als Konsequenz aus dem direkten Zugriff des Kortex auf die Motoneurone, wie er sich in der Pyramidenbahn zeigt, steigt die motorische Geschicklichkeit der Handmuskulatur bei allen Primaten. Während die Pyramidenbahn die Willkürmotorik steuert, ist das extrapyramidal motorische System für automatisierte Bewegungen verantwortlich. Beide Systeme sind in ihren funktionellen und anatomischen Komponenten derart eng miteinander verbunden, dass ihre Trennung nicht zwingend erscheint, sich in der Klinik aber bewährt hat.[40] Sie haben eine zentrale Bedeutung für die Motorik des Menschen und lassen sich als Teilbereiche des impliziten Gedächtnisses verstehen. Zusammenfassend ist festzustellen, dass die Neuroanatomie zwischen den Gehirnregionen, die am impliziten bzw. expliziten Gedächtnis beteiligt sind, differenziert. In begrenztem Ausmaß trennt das Gehirn seine Fähigkeit zu erinnern.

Das gilt auch für die Speicherorte von Kurzzeit- und Langzeitgedächtnis. 1957 fand die Psychologin Brenda Milner anhand eines Patienten, dem die Innenfläche des Temporallappens einschließlich des Hippocampus aufgrund einer Epilepsie entfernt worden war, heraus, dass die medialen Temporallappen des Gehirns für das Kurzzeitgedächtnis nicht erforderlich sind. Dieser Teil des Gehirns konnte auch nicht für das Langzeitgedächtnis verantwortlich gemacht werden, da der Patient nach der Operation über Erinnerungen an seine Kindheit verfügte. Allerdings zeigte die Beobachtung des Patienten nach der Operation, dass der mediale Temporallappen einschließlich des Hippocampus eine Rolle für die Verbindung zwischen Kurzzeit- und Langzeitgedächtnis spielen muss, denn der Patient war nach der Operation nicht mehr in der Lage, neue Erinnerungen zu bilden. Die Beobachtungen von Brenda Milner konnten den ersten Hinweis auf die biologische Komponente des Gedächtnisses liefern und sie bestätigten Vermu-

---

40 Vgl. M. Schünke: *Prometheus. Kopf und Neuroanatomie*, S. 282 und S. 342.

tungen, die schon lange vorher in der Philosophie angestellt wurden: die Existenz zweier unterschiedlicher Gedächtnisformen.[41]

Inzwischen wird in den Untersuchungen zu den Funktionen von Gehirnstrukturen davon ausgegangen, dass der Frontallappen für das Kurzzeitgedächtnis eine wichtige Rolle spielt. Die Position und die Arbeitsweise des Frontallappens sprechen dafür, „dass die wesentliche Funktion dieses Teils des Gehirns die Auswahl und Anpassung von Verhaltensmustern und Strategien an die Bedingungen der gegebenen Situation und den motivationalen und emotionalen Zustand des Handelnden ist, eine Leistung, die man mit Begriffen wie ‚kognitive' Kontrolle oder auch ‚exekutive Funktionen' zu fassen versucht"[42]. Der Frontallappen erhält allerdings zahlreiche Eingänge aus Okzipital-, Parietal- und Temporallappen, jenen Regionen also, wo sich erstens das Sehen, zweitens die Empfindungen der Körperoberfläche und räumliche Wahrnehmung und drittens das Hören, visuelle Wahrnehmung sowie Gedächtnisprozesse befinden sollen.

Zusammenfassend lassen sich die Basalganglien, die Schaltkreise des Kleinhirns, Pyramidenbahn und extrapyramidal-motorisches System mit dem impliziten Gedächtnis assoziieren. Während das Kleinhirn für die zeitliche Planung verantwortlich ist, sorgen die Basalganglien für die Steuerung eines Bewegungsprogramms. Das explizite Gedächtnis korreliert vor allem mit dem Thalamus sowie dem medialen Temporallappen und seiner Hippocampusformation. Dem Hippocampus fällt darüber hinaus eine steuernde Funktion als Organisator für das explizite Gedächtnis zu. Auf der Ebene Langzeit-/Kurzzeitgedächtnis wird vor allem der Frontallappen für das Kurzzeitgedächtnis genannt. Das Langzeitgedächtnis hingegen lässt sich eher durch die Differenzierung von implizitem und explizitem Gedächtnis fassen. Die Gehirnforschung ist aber längst dabei, sich von der Auffassung zu lösen, dass Erinnerungsprozesse isoliert voneinander ablaufen und versteht Gedächtnis inzwischen als einen Vorgang, an dem das gesamte Gehirn beteiligt ist. Jegliche komplexe mentale Aktivität wie die des

---

41 Eine ausführliche Darstellung der Untersuchungen von Brenda Milner findet sich bei Kandel, Eric/Squire, Larry: „Vom Geist zum Molekül", in: Sentker/Wigger, *Rätsel Ich* (2007), S. 193 ff.
42 Thier, Peter: „Die funktionelle Architektur des präfrontalen Kortex", in: Hans-Otto Karnath/Peter Thier (Hg.), *Neuropsychologie*, Heidelberg: Springer 2006, S. 471-478, hier S. 478.

Gedächtnisses setzt sich aus einer Vielzahl von Komponenten zusammen, wobei jede Komponente mit einer mehr oder weniger spezifischen Region des Gehirns in Zusammenhang gebracht werden kann. Die jeweiligen Regionen funktionieren dabei nicht unabhängig voneinander, sondern sind Teil eines komplexeren Netzwerks.

‚MUSCLE MEMORY', KÖRPERGEDÄCHTNIS ODER PROPRIOZEPTION?

Das implizite Gedächtnis wird besonders unter Tänzern oft als ‚Körpergedächtnis' oder als Gedächtnis der Muskeln, der Gelenke oder der Haut beschrieben. Der japanische Choreograph Saburo Teshigawara beschreibt seinen Körper als Körper, der ein Gedächtnis hat: „Besonders die Gelenke. Haut und Muskeln haben schon ein Gedächtnis, selbst wenn wir uns dessen nicht bewusst sind. Meinem Verständnis nach hat jedes Gelenk, jeder Knochen ein starkes Gedächtnis [...]."[43]

Das Konzept einer ‚Muskelerinnerung' ist für die Tänzerin, Schriftstellerin und Produzentin Deborah Bull jedoch ein Mythos.[44] Sie setzt diesem Konzept den Begriff der Propriozeption entgegen, den sie als *sense of self*, also als Selbstwahrnehmung bezeichnet. Genauer gefasst, ist die Propriozeption die durch Propriozeptoren vermittelte Wahrnehmung der Stellung und Bewegung des eigenen Körpers im Raum. Bei der Propriozeption werden die eigenen Muskelbewegungen gefühlt, indem Rezeptoren, die sich in Gelenken, Muskeln, Sehnen, der Haut oder den Augen befinden, Informationen an das Gehirn senden. Die Informationen laufen über afferente Nervenbahnen von den Muskeln des Körpers zum Gehirn. So wird zu jedem Zeitpunkt die Stellung des Körpers im Raum an das zentrale Nervensystem gemeldet. Die Propriozeption wird auch als ‚Tiefensensibilität' bezeichnet, da die Reize aus der Tiefe der Muskeln, Sehnen oder Gelenke kommen.[45]

---

43 Teshigawara, Saburo/Siegmund, Gerald: „Der unsichtbare Moment: Ein Gespräch mit Saburo Teshigawara", in: *Theaterschrift 8: Das Gedächtnis* (1994), S. 196-212, hier S. 198-199.

44 Bull, Deborah: „Muscle Memory is a Myth", in: *ballettanz 08/09* (2005), S. 40-43.

45 Vgl. M. Schünke: *Prometheus. Kopf und Neuroanatomie*, S. 179.

Die von Bull in Opposition zur *muscle memory* angeführte Propriozeption zählt zu den kinästhetisch verarbeiteten Informationen, genauso wie Emotionen und taktile Empfindungen. Außer auf propriozeptiv-kinästhetischem Weg kann die Verarbeitung von Informationen auch visuell, auditiv, olfaktorisch oder gustatorisch erfolgen. Diese sensorischen Kanäle dienen darüber hinaus nicht nur als informationsverarbeitende Kanäle der Wahrnehmung, sondern können die Art und Weise bezeichnen, wie sich Personen Bedeutungen erschließen und Vorstellungen bilden. Mit anderen Worten bezeichnen sie also auch die Art und Weise, wie sich Personen erinnern können. Man kann sich eine Bewegung zum Beispiel visuell vorstellen. Ebenso kann man aber auch versuchen, sie durch die Musik, die mit ihr im Zusammenhang steht, zu erinnern oder indem man vergleicht, ob die körperliche Empfindung mit der Erinnerung an sie übereinstimmt. Die von John Grinder und Richard Bandler entwickelte *Neurolinguistische Programmierung (NLP)* liest an der Augenbewegung einer Person ab, welche Art des Verarbeitungsprozesses vorliegt.[46] Jeder Mensch hat demnach eine unterschiedliche Präferenz, Vorstellungen zu bilden, die auf einer dieser fünf Verarbeitungsarten verläuft. Dass Tänzer vor allem ihrem kinästhetischen Verarbeitungssystem Aufmerksamkeit zukommen lassen, das ihnen hilft, eine Bewegung zu erinnern, ist anzunehmen.

Sacreprobe am 2.12.2010 in Wuppertal

Die Männer proben allein im Ballettsaal. Unser Probenleiter hat ein eigenes System entwickelt, die Bewegungen zu zählen – auf eine Art und Weise, wie ich es noch nie gemacht habe. Als ich versuche, ihm auf diese Weise zu folgen, ist es auf einmal unmöglich für mich, die Bewegungen zu wiederholen. Mir fehlt ein Verbindungsstück zwischen zwei Bewegungen, weil ich durch sein neues System irritiert bin. Ich muss es vergessen, um den Bewegungsablauf wieder flüssig und ohne Unterbrechung ausführen zu können. Dabei hilft mir die Musik, indem ich sie als Erinnerungsstütze gebrauche. Ich zähle dabei aber nicht, sondern singe innerlich mit. Außerdem versuche

---

46 Grinder und Bandler bezeichnen dieses Verfahren als ‚Eye Accessing Cues'. Vgl. Grinder, John/Bandler, Richard: *Therapie in Trance. Neurolinguistisches Programmieren (NLP) und die Struktur hypnotischer Kommunikation*, Stuttgart: Klett-Cotta 1984, S. 313 ff.

ich, meinen Körper sich selbst zu überlassen und ihn nicht durch neue Vorstellungen zu irritieren, die den verinnerlichten Bewegungsablauf stören könnten.

Auch Corinne Jola, Kognitionswissenschaftlerin am *Institute of Cognitive Neuroscience* in London und außerdem Choreographin von Tanzstücken, bezweifelt, dass eine *muscle memory* oder ein sogenanntes ‚Körpergedächtnis' existiert. Für Jola ist diese besonders von Tänzern selbst formulierte Behauptung das Resultat einer phänomenologischen Ausdeutung von Eindrücken, deren Ursache aber nicht im Körper bzw. den Muskeln, sondern im Gehirn zu suchen ist. Aus der Tatsache heraus, dass Bewegungen ohne nachzudenken automatisiert ausgeführt werden können, so Jola, entstehe der Eindruck, Tanz sei nicht vom Kopf, sondern vom Körper gelenkt.[47] Sie führt dagegen an, dass Bewegungen allein vom Gehirn aus gesteuert werden. Lediglich Reflexe stellen in diesem Zusammenhang eine Ausnahme dar. Auch Jola sieht die Möglichkeit, dass die Propriozeption für das subjektive Empfinden eines Körpergedächtnisses verantwortlich ist. Ihrer Auffassung nach wird die Tiefensensibilität der Propriozeption bei der Bewegungsausführung aber überschätzt, weil sie auch bei Tänzern selten korrekt ist. Vor allem wird die Propriozeption durch visuelle Wahrnehmungen und damit verbundene kognitive Vorstellungen ergänzt. Jola kommt daher zu der Überlegung der Existenz einer mentalen Ebene der Propriozeption, die von Tänzern simuliert wird, bevor sie eine beabsichtigte Position einnehmen.

Es ist dennoch gewiss, dass Tänzer fortwährend erspüren, wo sich ihr Körper befindet und wie sich seine Bewegungen anfühlen. Durch jahrelanges Training und zahlreiche Proben bilden Tänzer einen hohen Grad an Tiefensensibilität aus, der sie über die Position von Körperteilen zueinander informiert und darüber hinaus die Positionierung des Körpers im Raum helfend unterstützt. Auch wenn sie den eigenen Körper oder den Körper anderer Tänzer nicht sehen können, drängt ihr Sinn für die Position des Körpers im Raum fortwährend in ihr Bewusstsein.

---

47 Vgl. Jola, Corinne: „Begriffskonfusion. Körperkonzepte im Tanz und in der kognitiven Neurowissenschaft", in: *tanzjournal* 5 (2006), S. 31-35.

Hauptprobe von Sacre am 16.12.2010 in Monaco

Bevor das Chaos beginnt, stehen sich Männer und Frauen atemlos einander gegenüber. Es gibt nun eine ganz kurze Pause in der Musik, in der nur noch unser Atem zu hören ist. Wir alle wissen jetzt, dass das Chaos kommt, bei dem jeder aufpassen muss, denn hier sind die Wege nicht festgelegt. Nur die Bewegungen, die wir während des Chaos tanzen, sind von Pina Bausch vorgegeben worden, ihre Reihenfolge hingegen ist frei. Natürlich muss jeder ganz besonders gut gucken, wo er hinrennt, sich aber allein auf das Sehen zu verlassen, reicht nicht aus. Fast ist es so, als ob man erahnen müsste, wo die vielen Tänzer, die einen umgeben, überall hinrennen könnten, um in dem Wirrwarr, dass einen umgibt einen freien Ort zum Tanzen zu finden. Irgendwann bleiben die Frauen stehen und zittern. Wir Männer rennen nun so schnell wie möglich von Frau zu Frau und nehmen sie an den Schultern, um ihnen ins Gesicht zu schauen. Pina hat sich hier immer ein schnelles Rennen gewünscht. Während des Rennens muss ich gucken und spüren, wo die anderen Männer sind, ob sich ihre Wege mit meinen kreuzen und wie man einander ausweichen kann. Zuletzt beginnen wir alle durcheinander zu laufen und einander in die Arme zu fallen. In dem Moment, in dem mich ein anderer Tänzer berührt, muss ich sofort spüren, wie sich sein Körper meinem gegenüber verhält, wie wir einander umarmen und wieder loslassen können, um einander nicht weh zu tun. Dann renne ich sofort zum Nächsten. Währenddessen steigt meine Erschöpfung immer mehr. Manchmal höre ich in diesem Moment auch ein Schreien. An einem bestimmten Punkt in der Musik rennen alle Männer in die hintere Ecke der Bühne und kommen in einer engen Gruppe völlig außer Atem zum Stehen.

Deborah Bull bezeichnet den Vorgang, den Tänzer als ‚Körpergedächtnis' oder als *muscle memory* beschreiben, als einen „process of movement monitoring"[48]. Wenn sich ein Gelenk oder ein Muskel bewegt, wird ein Signal an das Gehirn gesendet, um es über die ausgeführte Bewegung zu informieren. Jede Bewegung erhält während dieses Prozesses Zugang zu ihrer mentalen Repräsentation, die Bull in der linken Hemisphäre des Parietallappens verortet. Sowohl Bull als auch Jola sehen den eigentlichen Vorgang des körperlichen Erinnerns an Bewegungen als eine Aktivität des Ge-

---

48 Bull, Deborah: „Muscle Memory is a Myth", S. 40.

hirns an. Der Parietallappen überträgt die empfangenen Signale an die Basalganglien, welche die Bewegungsaktion steuern. Die Bewegungsabsicht wird an den motorischen Kortex des Frontallappens gesendet, wo alle willentlich ausgeführten Bewegungen initiiert werden. Über die Ausgangsleitung der Nervenzellen des motorischen Kortex – die Axone – wird der Bewegungsimpuls über die Pyramidenbahn dann an die Muskeln geleitet. Wie bereits beschrieben, erfüllt das Kleinhirn dabei die Funktion sicherzustellen, dass der Körper tut, was das Gehirn beabsichtigt. Das Resümee, das Bull aus ihren Untersuchungen zieht, lautet: „The only place memory exists is in the brain."[49]

Allerdings ist es keineswegs unwichtig, ob bewegungsrelevante Erregungsmuster auf eine trainierte oder eine untrainierte Muskulatur, z.B. die von Tänzern, treffen. Man könnte sehr wohl von einem ‚muskulären Gedächtnis' sprechen, weil der Begriff hervorhebt, dass Gedächtnisbildung auf jeder Ebene, auch auf der muskulären erfolgt. Der Begriff des Körpergedächtnisses bleibt dagegen allgemeiner als der eines muskulären Gedächtnisses. Da auch das Gehirn ein Teil des Körpers ist, lässt der Begriff ‚Körpergedächtnis' nicht deutlich werden, ob das Gehirn zu diesem Gedächtnis hinzuzuzählen ist oder nicht.

GEDÄCHTNIS UND ZELLBIOLOGIE

Die zelluläre Aktivität des Gedächtnisses ist in den letzten vierzig Jahren verstärkt untersucht worden und eine weitere Ebene, mit der sich die Gedächtnisforschung beschäftigt.[50] Während die Neuroanatomie spezifische Hirnregionen mit kognitiven Funktionen zu assoziieren versucht, indem sie z.B. das subjektive Erleben bestimmten Hirnarealen zuordnet,[51] untersucht die Zellbiologie das Verhalten von Zellen und ihre Kommunikation unter-

---

49 Ebd., S. 40.
50 Kandel, Eric R.: „The Biology of Memory: A Forty-Year Perspective", in: *The Journal of Neuroscience* 29 (2009), S. 12748-12756.
51 Vgl. Urgesi, Cosimo et al.: „The Spiritual Brain: Selective Cortical Lesions Modulate Human Self-Transcendence", in: *Neuron* 65 (2010), S. 309-319. In dieser Untersuchung wird die Gehirnregion des hinteren Parietallappens mit dem Erleben von Transzendenz assoziiert.

einander, indem sie die Art und Weise der Signalübertragung zwischen Nervenzellen bestimmt. Dies ist kein einfaches Unternehmen, umfasst das Gehirn doch einhundert Milliarden Nervenzellen, die noch zahlreichere Verbindungen miteinander eingehen. Aufgrund von Untersuchungen an Tieren mit weniger Nervenzellen konnte man dennoch auf einige Erkenntnisse stoßen und spezifische Moleküle identifizieren, die für das Kurzzeit- bzw. das Langzeitgedächtnis entscheidend sind. Diese Kenntnisse, so hofft man, lassen sich auch auf den Menschen übertragen. Eric R. Kandels Beobachtungen bei der Signalübertragung im Nervensystem der Meeresschnecke *Aplysia californica* wurde im Jahr 2000 mit dem Nobelpreis für Medizin ausgezeichnet. Er konnte an der wirbellosen Schnecke zeigen, wie die Nervenzellen miteinander verbunden sind und was mit den einzelnen Nervenzellen bei dem Gedächtnisvorgang geschieht, indem er diejenigen Moleküle identifizierte, die für Kurz- und Langzeitgedächtnis verantwortlich sind.[52]

Die sogenannte ‚LTP' (*long-term depression*) spielt eine Rolle bei den zellulären Vorgängen, die sich während der Gedächtnisbildung abspielen. Der dabei erfolgende Einstrom von Calciumionen in die Neuronen des Hippocampus wird für Gedächtnisprozesse verantwortlich gemacht und löst eine Kaskade von zellulären Ereignissen aus. Es erfolgt eine Verstärkung der Synapsen – den Kontaktstellen zwischen den einzelnen Neuronen – und der Gedächtnisvorgang wird in Gang gesetzt.[53] Das Langzeitgedächtnis geht schließlich mit der Erhöhung solcher synaptischer Verbindungen einher. Dass bei der Gedächtnisbildung der Signalfluss an Synapsen zwischen zwei Neuronen infolge ihrer Interaktion stärker wird, wurde bereits von dem kanadischen Psychologen Donald Olding Hebb 1949 postuliert.[54] Seine Vermutung konnte aber erst in den achtziger Jahren des 20. Jahrhunderts nachgewiesen werden. Die Verstärkung der Neuronenverbindungen könnte allerdings statt auf direkte Verstärkung zwischen zwei Zellen auch auf die

---

52 Kandel, Eric R./Pittenger, Christopher: „The past, the future and the biology of memory storage", in: *Philosophical Transaction of the Royal Society B: Biological Sciences* 354 (1999), S. 2027-2052, hier S. 2032.

53 Viele Forscher haben an diesem LTP-Modell gearbeitet. Unter anderen wird er auch von Susan Greenfield beschrieben. Vgl. dazu Greenfield, Susan: „Das Ich und seine Geschichte", in: Sentker/Wigger, *Rätsel Ich* (2007), S. 83 ff.

54 Vgl. Hebb, Donald O.: *The organization of behavior*, New York: Wiley 1949.

Aktivität einer dritten Zelle zurückzuführen sein, die eine Neuronenzelle X aktiviert, bevor sie mit der Neuronenzelle Y eine Verbindung eingeht. Auf diesen Vorgang macht Susan Greenfield aufmerksam. Er wurde bei den nur circa 20.000 Nervenzellen umfassenden Organismus der *Aplysia californica* beobachtet. Die Untersuchungen an der Meeresschnecke führten Eric Kandel zu weiteren grundlegenden Annahmen zum impliziten bzw. expliziten sowie zum Kurzzeit- bzw. Langzeitgedächtnis.

Laut Kandel unterscheiden sich implizites und explizites Gedächtnis in wenigstens drei Punkten. Sie bedienen sich entweder unbewusster oder bewusster Strategien (*unconscious recall* vs. *conscious awareness*), sie bewahren unterschiedliche Arten von Informationen auf und sie benutzen unterschiedliche neuronale Systeme. Trotz dieser Unterschiede benutzen explizites und implizites Gedächtnis überlappende Mechanismen auf zellulärer und molekularer Ebene. Sowohl das implizite als auch das explizite Gedächtnis verfügen dabei über eine Kurzzeit- bzw. eine Langzeitphase. Für beide Formen führt die Wiederholung von Informationen dazu, dass diese vom Kurzzeit- ins Langzeitgedächtnis überführt werden. Eine weitere interessante Schlussfolgerung aus Kandels Forschungsergebnissen lautet, dass das Kurzzeitgedächtnis lediglich eine Folge von funktionalen Veränderungen innerhalb existierender Synapsen darstellt, während sich erst mit der Erhöhung der Synapsenanzahl das Langzeitgedächtnis herausbildet. Im Kurzzeitgedächtnis werden existierende Proteine modifiziert, im Langzeitgedächtnis verändern sich die Anatomie, die Anzahl und die Größe von synaptischen Verbindungen.[55] Durch die Synapsenbildung des Langzeitgedächtnisses, so könnte man vereinfacht sagen, entsteht eine neue Gehirnstruktur. Gedächtnis wird in der zellbiologischen Gedächtnisforschung also als Bildung von Synapsen in Bezug auf das Langzeit- und als Aktivierung der Neuronen in Bezug auf das Kurzzeitgedächtnis verstanden. Man kann demnach im Sinne der zellbiologischen Gehirnforschung davon sprechen, dass das Wissen des Gedächtnisses durch Zellverbindungen verkörpert wird. Der Begriff der neuronalen, synaptischen oder kortikalen ‚Plastizität' bezeichnet dabei die Eigenschaft der Nervenzellen, der Synapsen und des gesamten Kortex, sich anzupassen und fortwährend umzubilden. Es ist dieser Gedanke, den die Tanzwissenschaft den Untersuchungen der Zellbiolo-

---

55 Kandel, Eric R./Pittenger, Christopher: „The past, the future and the biology of memory storage", S. 2043.

gie entnehmen kann. Besser als die Metapher des Archivs, die in der Tanzwissenschaft häufig herangezogen wird, um die Bewahrung von Körperwissen zu beschreiben, macht er deutlich, dass das Körperwissen als synaptische Spur im Gehirn erhalten bleibt, sich aber in stetiger Umbildung befindet und Einflüssen gegenüber offen bleibt. Dieser Sachverhalt wird inzwischen auch in den Geistes- und Kulturwissenschaften häufig herangezogen, um zu betonen, dass das Gedächtnis von allen Disziplinen als eine veränderliche Struktur zu begreifen ist. Aleida Assmann z.b. sieht ein Grundaxiom der neurowissenschaftlichen Gedächtnistheorie darin, dass die Vergangenheit in der Erinnerung nicht einfach zugänglich ist, sondern stets in Übereinstimmung mit den Gegenwartsbedürfnissen rekonstruiert wird.[56] In gleichem Sinne spricht auch der Medienwissenschaftler Peter Matussek von der buchstäblichen ‚Re-Produktion' der Erinnerung.[57] Die Neurowissenschaft hat von der Ansicht, Gedächtnis könne Vergangenes präzise wiedergeben, Abschied genommen und betont, dass Erinnerung ein aktiver und vor allem konstruktiver Prozess ist.

GEDÄCHTNIS UND NEUROPHYSIOLOGIE

Im Unterschied zur Zellbiologie hat es die Neurophysiologie mit der Funktion von Zellverbänden zu tun, wobei die Übergänge zur Zellbiologie naturgemäß fließend sind. Sie misst vor allem die Erregung von Nervenzellen und weist Vermittlungsprozesse im Gehirn durch moderne Untersuchungsverfahren wie z.B. die funktionelle Kernspintomographie nach. Unterschiedliche Aktivitätsmuster der Neuronenverbände generieren verschiedene dazu gehörige Bewegungen. Jede bewusste Bewegung hat ihren Ursprung dabei im motorischen Kortex des Frontallappens. Die Bewegungsgenerierung beginnt aber im prämotorischen Kortex, der sich ebenfalls im Frontallappen befindet. Die prämotorischen Areale sammeln Informationen

---

56 Assmann, Aleida: „Drei Formen von Gedächtnis", in: Peter Rautmann/Nicolas Schalz (Hg.), *Zukunft und Erinnerung. Perspektiven von Kunst und Musik an der Jahrtausendwende*, Bremen: Hausschild 2002, S. 15-26, hier S. 17.

57 Matussek, Peter: „Erinnerung und Gedächtnis", in: Hartmut Böhme/Peter Matussek/Lothar Müller, *Orientierung Kulturwissenschaft. Was sie kann, was sie will*, Reinbek bei Hamburg: Rowohlt 2000, S. 147-164, hier S. 147 ff.

aus den Sinnesorganen, aus dem Bewegungsapparat und aus den frontalen Assoziationszentren und generieren die mentalen Absichten und die zeitlich-räumlichen Bewegungsprogramme für Handlungen. Die Art der Neurone, die in diesem Areal angesiedelt sind, nennt man folglich ‚Handlungsneurone' und man schreibt ihnen die Aufgabe zu, den Ablaufplan einer Handlung ‚gespeichert' zu haben. Das Areal wird in der Gehirnforschung mit der Bezeichnung ‚F5' angegeben und wurde an Affen erforscht. Obwohl es selbstverständlich sein dürfte, ist es wichtig darauf hinzuweisen, dass ein großer Teil der zellulären und neurophysiologischen Erkenntnisse der Gedächtnisforschung durch tierexperimentelle Studien gewonnen wurde. Eine Übertragungsmöglichkeit auf den Menschen wird angenommen, ist aber nicht zu gewährleisten. Im menschlichen Gehirn entspricht dem F5-Areal von Affen ein Teil der Broca-Area. Dort werden sowohl das Sprechen als auch die Steuerung komplexer Finger- und Handbewegungen lokalisiert. Die Metaphern, die in der Gehirnforschung für das Areal des prämotorischen Kortex verwendet werden, deuten darauf hin, dass man in diesem einen Ort sieht, an dem Informationen zu motorischen Handlungen vorhanden sind. Giacomo Rizzolatti beschreibt es als „Wörterbuch motorischer Akte"[58] und als „Tank von Handlungen"[59], auf die das motorische System zurückgreifen kann. Auch Gerhard Neuweiler spricht über dieses Areal als eine „Art Handlungslexikon". Das Wissen über das, was wir und wie wir es zu tun haben, wird demnach in den prämotorischen Arealen des Gehirns bereitgestellt. Sie zeichnen darüber hinaus dafür verantwortlich, dass wir die Dinge bewegend simulieren, noch bevor unser Bewusstsein Zugriff darauf hat. Um diesen Gedanken einer motorischen Simulation von Wahrnehmungen nachzuvollziehen, ist es notwendig, auf das Phänomen der ‚Spiegelneurone' einzugehen, mit dem sich die Neuronenforschung in den letzten Jahrzehnten verstärkt befasst hat und das auch in der Psychologie, in den Geisteswissenschaften und in der Ergo- und Psychotherapie ein großes Echo hervorgerufen hat.

---

58 Rizzolatti, Giacomo/Sinigaglia, Corrado: *Empathie und Spiegelneurone. Die biologische Basis des Mitgefühls*, Frankfurt a.M.: Suhrkamp 2008, S. 57.
59 Ebd., S. 57.

Der Mechanismus der ‚Spiegelneurone'

Unter der Bezeichnung ‚Spiegelneurone' oder ‚Spiegelneuronensystem' wird ein Spiegelmechanismus bei Handlungsneuronen verstanden. Dieser wurde 1996 von Giacomo Rizzolatti und Vittorio Gallese an der Universität von Parma entdeckt.[60] Die Forscher machten in der Beobachtung von Affen einen Typ von handlungssteuernder Nervenzelle aus, der sowohl während einer Handlung als auch während der reinen Beobachtung aktiv wurde. Rizzolatti dehnte seine Forschung Ende der neunziger Jahre auch auf den Menschen aus und die Gehirnforschung macht inzwischen die sogenannten ‚Spiegelneurone' dafür verantwortlich, dass wir eine Beziehung zwischen den eigenen Bewegungen und den wahrgenommenen Bewegungen herstellen und die Bedeutung wahrgenommener Bewegung erkennen können. Das neurobiologische Programm – so die Konsequenz aus der Entdeckung der Spiegelneurone – ist für eine Handlung und ihre Beobachtung dasselbe. Nachahmendes Lernen, verbale und gestische Kommunikation, Emotionen und Handlungen: Sie alle werden durch das Spiegelneuronensystem ermöglicht, so die Vermutung. Ein Beweis für ein solches System beim Menschen steht allerdings weiter aus. fMRT Studien können allenfalls Aktivitätsgipfel in Hirnregionen mit Aktionen korrelieren. Rizzolati selbst zieht es vor, statt von einem System oder einer Spiegelneuronenzelle von einem Mechanismus zu sprechen, der nicht bedeutet, dass es einen spezifischen Zelltyp von Spiegelneuronen gibt, sondern dass jede Zelle diese Eigenschaft aufweist. Zentral ist dabei die Konnektivität der entsprechenden Zelle. Der Spiegelmechanismus erfüllt dabei nicht eine, sondern mehrere Rollen. Resultat der Tätigkeit ist nicht ein motorischer Akt, sondern eine potentiell-motorische Aktivität, deren Ausgestaltung den Folgeneuronen oder den Netzwerken obliegt.[61] Die Hypothese eines Spiegelmechanismus bleibt vorerst eine interessante Hypothese, die vieles erklären könnte, sie kann aber bei aller Wahrscheinlichkeit nicht als Faktum angenommen werden,

---

60 Rizzolatti, Giacomo et al.: „Premotor cortex and the recognition of motor actions", in: *Cognitive Brain Research* 3 (1996), S. 131-141.
61 Giacomo Rizzolatti hielt am 24.6.2010 an der Universität Bielefeld im Rahmen der ZiF-Arbeitsgemeinschaft *Perception and Action* einen Vortrag unter dem Titel: „The Mirror Mechanism: a mechanism to understand others", in dem er betonte, dass es nicht um Zelltypen, sondern um Eigenschaften gehe.

auf dem sich ganze Gedankengänge aufbauen lassen. Zu beobachten ist ein inflationärer Gebrauch des Begriffs ‚Spiegelneuronensystem' oder ‚Spiegelneurone'. Problematisch daran ist, dass damit eine Zelle zu einer materiellen Basis einer Funktion gemacht wird, die nicht allein neurophysiologisch beschreibbar ist. Die Einzelzellableitung an F5-Zellen, wie sie Rizzolatti an Affen durchführte, ist außerdem nicht gleichbedeutend mit dem Spiegelmechanismus beim Menschen. Die Bedeutung einer Spiegel-Hypothese wird dadurch aber nicht gemindert. Es gibt inzwischen so viele Hinweise auf die Existenz eines solchen Mechanismus, dass er als bedeutsam zu akzeptieren ist.

Die Beobachtung eines Spiegelmechanismus bei Nervenzellen führte bisher zu folgenden Annahmen: Erstens muss es sich bei der beobachteten Handlung um die Handlung eines Lebewesens handeln. Zweitens müssen die beobachteten Handlungen im biomechanischen Sinne ausführbar sein und drittens wird angenommen, dass das individuelle Bewegungsrepertoire einer Person mit der Aktivität des Spiegelmechanismus im Zusammenhang steht und auf es abgestimmt ist. Auf den letzten Punkt werde ich im Folgenden besonders eingehen und dazu auf Untersuchungen Bezug nehmen, die mit Tänzern durchgeführt wurden. Gerhard Neuweiler fügt der Diskussion um die Aktivität der Spiegelneurone noch hinzu, dass der beobachtete Vorgang ein zielgerichtetes Handlungskonzept sein muss, also eine Handlung, die vom Beobachter in seiner Intention verstanden werden kann.[62]

Die Aktivität eines Spiegelmechanismus wurde auch an Tänzern untersucht, so z.B. von Beatriz Calvo-Merino vom *Institute of Cognitive Neuroscience* in London in Zusammenarbeit mit Tänzern vom *Royal Ballet* aus London und professionellen Capoeira-Tänzern.[63] Im Zentrum von Calvo-Merinos Interesse stand dabei, wie erworbene motorische Fähigkeiten die Wahrnehmung der Bewegung anderer Individuen beeinflusst. Als Bewegungsexperten für eine bestimmte Bewegungsart lassen Tänzer Rückschlüsse darauf zu, ob ihr Expertenwissen – anders gesagt: ihr implizites

---

62 Neuweiler, Gerhard: „Was unterscheidet Menschen von Primaten? Die motorische Intelligenz", in: Ligeti/Neuweiler/Meyer-Kalkus, *Motorische Intelligenz* (2007), S. 27.
63 Vgl. Calvo-Merino, Beatriz et al.: „Action observation and acquired motor skills. An fMRI study with expert dancers", in: *Cerebral Cortex* 15 (2005), S. 1243-1249.

Gedächtnis – die Gehirnaktivität bei der Beobachtung einer Tanzbewegung beeinflusst. Bei Tänzern, so die Annahme der Untersuchung, läge keine Fokussierung auf ein externes Objekt vor und Orientierungspunkte im Raum seien nicht unbedingt notwendig. Letztere Behauptung steht eher im Widerspruch zu den bisher angestellten Überlegungen über das Wissen von Tänzern zum Raum. In Calvo-Merinos Untersuchung heißt es dazu: „Dance movements need not involve either external objects or spatial target locations."[64] Anzumerken ist dazu, dass der Raum im Tanz nicht einige wenige, sondern unzählig viele Orientierungspunkte benutzt und somit von Tänzern als ein dynamischer Raum wahrgenommen werden kann, in dem sich die Bezugspunkte ständig ändern. In Calvo-Merinos Untersuchung sollte nun ausgeschlossen werden, dass die Aktivierung von bestimmten Gehirnregionen auf die Repräsentation eines Objektes oder ein zielgerichtetes Handlungskonzept zurückgeht. Die Vereinfachung macht Sinn, wenn man berücksichtigt, dass damit nicht ein dynamischer, sondern ein statischer Raum gemeint ist. Bereits durchgeführte Untersuchungen in der Spiegelneuronenforschung, z.B. von Giacomo Rizzolatti, bezogen sich auf sehr einfache Aktionen des Ergreifens oder anderer Handbewegungen, die auf ein Objekt bezogen waren, wie z.B. das Ergreifen eines Gegenstandes.

Calvo-Merino und ihre Kollegen wollten feststellen, ob das implizite Gedächtnis die Beobachtung von Bewegung beeinflusst. Als datenaufzeichnendes Verfahren wurde dabei die funktionelle Kernspintomographie verwendet, welche die Aktivität von Nervenzellnetzen durch ein bildgebendes Verfahren beobachtbar macht. Die Untersuchungsgruppen bestanden aus einer Gruppe von Balletttänzern, einer Gruppe von Capoeiratänzern und einer Kontrollgruppe ohne Kenntnisse dieser beiden Tanztechniken. Ihnen wurden Ballett- und Capoeira-Videos gezeigt. Der Vergleich der Gehirnaktivität der Tänzer, die ihren eigenen Stil sahen, mit dem, der nicht ihr eigener war, zeigte, dass die Gehirnaktivität bei der Kenntnis einer Bewegungspraktik höher war. Verstärkte Aktivität wurde im prämotorischen Kortex, in einer Hirnfurche des Parietallappens (*Sulcus intraparietalis*), im rechten oberen Parietallappen und in der linken oberen Hirnfurche des Temporallappens festgestellt (*Sulcus temporalis superior* oder *STS*). Der prämotorische Kortex im Frontallappen des Gehirns ‚speichert' ziel- und zweckgerichtete Handlungen und gibt diese Information im Falle einer be-

---

64 Ebd., S. 1244.

absichtigten Handlung an den primären motorischen Kortex weiter. Im Parietallappen wird die bewusste Wahrnehmung der Körpersensibilität lokalisiert. Die Schläfenhirnfurche (*STS*) schließlich ist innerhalb des Temporallappens ein optisches Aufbereitungs- und Interpretationssystem.[65] Die Aktivität dieser Areale des Gehirns – so die Untersuchung – wird bei der Beobachtung von Bewegungsabläufen davon beeinflusst, ob der Beobachter den jeweiligen Bewegungsablauf ausführen kann oder nicht. Spiegelmechanismen werden in allen genannten Arealen vermutet. Dabei wird angenommen, dass die Spiegelneurone komplette Bewegungsabläufe kodieren und nicht einzelne Bewegungen. Das Gehirn simuliert die Aktion, die es beobachtet, allerdings nur auf der motorischen Ebene. Eine semantische Ebene der Ergebnisse wird von den Forschern nicht nahegelegt. „Any semantic categorization process would be parallel to and independent of the motor stimulation conducted by the mirror system."[66] Das Spiegelneuronensystem reagiert auf einen visuellen Reiz, indem es ihn in neuronale Aktivität transformiert und zeigt die stärkste Aktivität, wenn der Beobachter eine Bewegung sieht, die er selbst ausführen kann, so das Ergebnis dieser Studie. Der Aktivierung von Bewegungsrepräsentation durch bloße Beobachtung wird besonders in Lern- und Rehabilitationsprozessen Bedeutung beigemessen und lässt vermuten, dass das menschliche Gehirn Bewegung durch Simulation ‚versteht'. Bedeutsam an der Beobachtung, die u.a. von Calvo-Merino gemacht wurde, ist jedoch, dass sie nahelegt, dass Wahrnehmung und Ausführung einer Aktion in einem System zusammenfallen und man in diesem Falle nicht mehr von einer Simulation sprechen kann.

Die Frage, ob die Bewegungssimulation auf kortikaler Ebene von physikalischer Bewegungserfahrung abhängt, wurde auch von Emily S. Cross in ihrer Untersuchung *Observation of dance by dancers* gestellt.[67] Auch in dieser Untersuchung waren professionelle Tänzer die untersuchten Proban-

---

65 Vgl. M. Schünke et al.: *Prometheus. Kopf und Neuroanatomie*, S. 184 und S. 336.

66 Calvo-Merino, Beatriz et al.: „Action observation and acquired motor skills", S. 1246.

67 Cross, Emily S./Hamilton, Antonia F./Grafton, Scott T.: „Building a motor simulation de novo: Observation of dance by dancers", in: *Neuroimage* 31 (2006), S. 1257-1267.

den. Während allerdings in der Untersuchung von Beatriz Calvo-Merino Unterschiede zwischen den untersuchten Gruppen durch ein sogenanntes *Cross-population design* vorhanden waren – Ballett und Capoeira unterscheiden sich durch physische, visuelle und semantische Merkmale – versuchte diese Untersuchung, die Unterschiede der auslösenden Stimuli gering zu halten, indem nicht zwischen zwei unterschiedlichen Stilen, sondern innerhalb desselben Stils vergleichende Messungen durchgeführt und verglichen wurden (*Within-Subject Design*). Außerdem sollte in dieser Untersuchung ausgeschlossen werden, dass Messergebnisse mit sprachlichen Verarbeitungsprozessen im Gehirn zusammenhängen. Während Capoeira und Ballett über ein etabliertes und allgemein verbreitetes sprachliches Vokabular für Bewegungen verfügen, ist ein solches ‚Wörterbuch' für Bewegungen im modernen Tanz weniger entwickelt. Gemessen werden sollte der Effekt körperlich erlernter Bewegung auf ihre Simulation im Gehirn, ausgelöst durch deren Beobachtung. Die Untersuchung wollte vor allem zeigen, dass die Simulation von Bewegung auf neuronaler Ebene neu aufgebaut werden kann. Dazu lernte eine Gruppe von professionellen, modernen Tänzern eine komplexe Bewegungssequenz eines ihnen bekannten Stils (Modern) an fünf Stunden in der Woche, über einen Zeitraum von insgesamt fünf Wochen. Die Gehirnaktivität der Tänzer wurde mit funktionaler Kernspintomographie einmal wöchentlich gemessen, während die Tänzer unterschiedliche Bewegungen der erlernten Sequenzen auf Video beobachteten und sich deren Ausübung dazu vorstellten. Die ausdrückliche Aufforderung der Forscher an die Probanden, sich die Ausführung der gesehenen Tanzbewegungen auch vorzustellen, stellt einen weiteren Unterschied zu der Untersuchung von Calvo-Merino dar. Diese Vorgehensweise sollte gewährleisten, dass der visuelle Stimulus die motorische Simulation lenkt und eingrenzt. Zum Vergleich wurde die Gehirnaktivität während nicht gelernter Bewegungssequenzen gemessen, die den gelernten Bewegungen allerdings ähnlich waren (im Gegensatz zu der Untersuchung von Calvo-Merino), da sie dem gleichen Stil entstammten. Die Probanden wurden im Anschluss an die Untersuchung gebeten, ihre Fähigkeit, die beobachteten Bewegungen ausführen zu können, selbst einzuschätzen. Die Arbeitshypothesen der Forschergruppe besagten erstens eine höhere Aktivität von Gehirnarealen bei der Simulation von Bewegungen, wenn diese auch praktiziert werden konnten. Zweitens vermuteten sie, dass der Faktor Probenzeit einen Einfluss auf die Gehirnaktivität bei der Beobachtung darstellen würde. Drittens schließlich machten sie die erhöhte Gehirnaktivität davon abhängig, ob die Probanden ihre Fähigkeit, die beobachteten Bewegungen auch ausführen zu können, positiv beurteilten. Die Forschergruppe definierte darauf zunächst die Gehirnareale, die generell bei der Beobachtung von Tanzbewegungen und ihrer Simulation eine Rolle spielen. Genannt wurden hierbei ebenfalls der prämotorische Kortex des Vorderhirns, der untere Parietallappen, STS und der primäre motorische Kortex. Der untere Parietallappen und der ventrale prämotorische Kortex sind die beiden Regionen des Gehirns, die auf physische Kompetenz verstärkt reagieren. Außer dem primär motorischen Kortex wurde während der Beobachtung einer Bewegung bei allen genannten Arealen eine erhöhte Gehirnaktivität gemessen, wenn die Bewegungen selbst ausprobiert waren. Ein ansteigender linearer Effekt, bezogen auf die in Wochen angewendete Probenzeit, konnte nicht nachgewiesen werden. Ein Zusammenhang zwischen positiver Selbstbeurteilung, die Ausübung einer Bewegung betreffend, und erhöhter kortikaler Aktivität hingegen konnte gemessen werden. Zusammenfassend kommt die Untersuchung zu dem Ergebnis, dass die Aktivität in den Bereichen, die mit einem Spiegelmechanismus in Zusammenhang gebracht werden können, am stärksten ist, wenn sich die Probanden eine Bewegungssequenz vorstellen, die sie physisch beherrschen und deren Ausführung sie positiv beurteilen. Die Aktivität des Spiegelneuronensystems korreliert mit dem individuellen Bewegungsrepertoire jedes Einzelnen und es ist die Fähigkeit, eine Bewegung auch wirklich ausführen zu können, die den größten Einfluss auf einen Spiegelmechanismus ausübt. Die Studie kommt damit zu den gleichen grundlegenden Ergebnissen wie Calvo-Merinos Untersuchung, konnte aber Faktoren, die zur Abweichung von Untersuchungsergebnissen führen könnten, ausschließen.

Beide Studien zeigen deutlich, dass das motorische Wissen für die Wahrnehmung von Bewegung entscheidend ist und dass die Position von Beobachtendem und Ausführendem sich einander annähern, wenn deren motorische Fähigkeiten sich gleichen. Unser implizites Gedächtnis – so die Erkenntnisse aus der Spiegelneuronenforschung – beeinflusst die Aktivität unserer Wahrnehmung. Führt man diese Beobachtung gedanklich weiter fort, so lässt sie die These zu, dass Wahrnehmungsprozesse überhaupt nicht vom Gedächtnis abzusetzen sind.

Eine vom *Institut für experimentelle Psychologie* an der *Universität Düsseldorf* durchgeführte Untersuchung mit Tanzstudenten der *Folkwang*

Universität der Künste zeigte ebenfalls einen Zusammenhang zwischen der Aktivität motorischer Gehirnareale und vorhandenem Bewegungsrepertoire von Tänzern.[68] Die mit dem *Elektroenzephalogramm* (*EEG*) gemessenen Ergebnisse kamen wie die zuvor beschriebenen Untersuchungen zu dem Schluss, dass die Hirnaktivität deutlich zunimmt, wenn dem Betrachter die Bewegungen bekannt sind. Wie bereits dargestellt, bietet das Elektroenzephalogramm die Möglichkeit, die Gehirnaktivität in Echtzeit wiederzugeben. In einem zusätzlichen Untersuchungsschritt konnte die Untersuchung daher einen weiteren Befund erstellen: Aufgefordert, sich eine zuvor beobachtete Bewegung im direkten Anschluss vorzustellen, war die Untersuchungsgruppe der Tänzer um etwa eine Sekunde genauer als die Vergleichsgruppe der Laien. Da die Bewegungsvorstellung dem expliziten Gedächtnis zugeordnet werden muss, lässt sich in diesem Ergebnis ein Zusammenhang zwischen implizitem und explizitem Gedächtnis sehen. Motorische Fähigkeiten tragen demnach dazu bei, eine Bewegungsvorstellung zu präzisieren.

Die Tatsache, dass es bei der Wahrnehmung von Bewegung in dafür relevanten Regionen des Gehirns auf neuronaler Ebene zu einer erhöhten Aktivität kommt, wenn dem Beobachter die Bewegungen bekannt sind, lässt die Schlussfolgerung zu, dass es eine motorische Dimension menschlicher Wahrnehmung gibt, die sich nicht auf kognitive Prozesse stützt. Rizzolatti spricht in diesem Zusammenhang vom „visuomotorischen"[69] Verstehen einer Handlung, welches deutlich von einem visuell geleiteten Verstehen unterschieden werden muss. Dieses visuomotorische Verstehen ist vom jeweiligen Bewegungswissen des Beobachters abhängig. Die zunächst visuelle Information ist auf der Ebene des Gehirns an einen motorischen Vorgang – eine Aktivität von Neuronengruppen – gekoppelt und ermöglicht „ein unmittelbares Verstehen der Bedeutung der beobachteten Handlung in erster Person"[70]. Für das neurophysiologische Verständnis von Wahrnehmung bedeutet das, dass Wahrnehmung nicht von Bewegung getrennt werden kann. Wahrnehmung ist keine ikonische Repräsentation von Objekten,

---

68 Orgs, Guido: „Der Zuschauer tanzt mit – Hirnprozesse bei der Beobachtung menschlicher Bewegung", in: *tamed. Zeitschrift für Tanzmedizin* 1 (2010), S. 4-7.
69 G. Rizzolatti/C. Sinigaglia: *Empathie und Spiegelneurone*, S. 141 ff.
70 Ebd., S. 141.

nicht ihr reines Abbild, sondern stellt einen potentiellen Akt dar, in dem Bewegung bereits enthalten ist. So erklärt sich, dass z.B. das Sehen in der Spiegelneuronenforschung als Form des Handelns betrachtet wird, da, wie die genannten Beispiele demonstrieren, auf die Darbietung eines Objektes dieselben Neurone reagieren wie bei einem tatsächlichen Akt. Sehen führt in diesem Fall der Verarbeitung dann zwar nicht zu einer aktiven Teilnahme, wohl aber zu einer Teilhaberschaft am beobachteten Geschehen, die vorbewusst abläuft und eng mit bewussten Prozessen korreliert.

Aufführungsnotiz zu Sacre

Auf die Bühne laufen, stehen bleiben und eine Frau angucken, noch bevor irgendeine Bewegungsphrase beginnt, ist eine der Rollen, die ich im Laufe der Jahre in Sacre getanzt habe. Die Frauen haben dann schon einen anstrengenden Bewegungsteil hinter sich und sind außer Atem. Ich stehe einer Frau gegenüber und sehe, wie sie sehr schnell atmet, spüre ihre Erschöpfung. Einander sehen und einander spüren ist in Sacre ebenso wichtig wie miteinander zu tanzen. Ich gehe dann diagonal nach vorne auf meine erste Position und die erste Bewegungsphrase beginnt. Nach jeder längeren Bewegungsphrase kommt ein Moment des Umherguckens und des einander Anschauens. Nach der Männerdiagonale gibt es den Moment des Umhergehens, wo die Männer wieder die Frauen anschauen. Pina Bausch wollte immer, dass wir dabei auch auf die Frau gucken, die währenddessen ein Solo hat. Während des Kreises blicken wir mehrmals alle gemeinsam in den Kreismittelpunkt, dorthin, wo auch das rote Tuch liegt. Nach dem Kreis sammeln wir uns um Sylvia und gucken sie an, bevor die Männerstelle beginnt und wir von ihr weglaufen. Nach der Männerstelle stehen sich Männer und Frauen erschöpft gegenüber, bevor das wilde Umherlaufen des Chaos' beginnt. Nach dem Frauenteil drehen wir uns um und gehen langsam nach vorne, die Frauen dabei beobachtend. Jeder Bewegungsteil wird durch Blicke eingeleitet oder motiviert. Wenn wir für die Köpfe nach vorne laufen, um uns in eine Formation aufzustellen, dann gucken wir während des Laufens auf die Frauen, damit auch deutlich wird, dass die folgenden Bewegungen etwas mit den Frauen zu tun haben. Schließlich dann der Blick auf die Tänzerin, die das Opfer tanzt: Nach den Lifts tanzen wir alle auf sie zu und am Ende des Stückes ist sie unseren Blicken ausgesetzt, wenn sie tanzt und wir langsam einen Kreis um sie bilden. Nur einmal erwidert sie unseren Blick, wenn sie den Kreis, den wir um sie gebildet haben, innen entlangläuft und einen Mann wegstößt. Es gibt sonst keine Gegenseitigkeit der Blicke mehr. In ihrem letzten Tanz ist sie allein. Die Tatsache, dass so vieles, was in dem Stück auf der Bühne geschieht, durch Blicke motiviert ist, sei es nun durch den bewussten Einsatz oder den bewussten Verzicht darauf, und es sich nicht nur als zum Publikum hinpräsentierte Bewegung darstellt, ist ein ganz wichtiger Grund, warum ein starkes Gefühl von Gemeinschaft entstehen kann. Bevor das Opfer mit seinem Tanz beginnt, stehen wir in einer engen Gruppe und starren die Tänzerin an. Die Musik ebbt für einen Moment ab und wird ruhig und bedrohlich. Der Mann, der das Opfer bestimmt hat, sinkt langsam in die Knie und legt sich auf den Boden. Es gibt in diesem Moment nur schweres Atmen, Schweiß, Erschöpfung und Erde um mich herum. Mein eigener Atem fliegt, Schweiß rinnt an mir herab und ich bin körperlich vollkommen erschöpft. Ich schmecke die Erde auf der Zunge, spüre sie auf der Haut und kann sie riechen. Um mich herum nehme ich die Hitze der Körper wahr, höre das Atmen der anderen Tänzer, manchmal ein Weinen. Im Halbdunkel des Zuschauerraums erahne ich das Publikum. Gleichzeitig ist da eine gewisse Erleichterung, dass ich das Stück bis zu diesem Punkt geschafft habe. Pina Bausch hat immer sehr viel Wert darauf gelegt, dass wir uns jetzt nicht entspannen. „Manchmal seht ihr aus, als ob jetzt alles vorbei ist. Im Gegenteil: Jetzt fängt es erst richtig an!", erinnere ich eine Korrektur, die sie uns einmal gab und ich denke in der Aufführung oft daran. Dann ist da der Blick auf das Mädchen, in ihre weitaufgerissenen Augen, während der Mann sie festhält und sie auf uns zuschiebt. Wenn sie uns schließlich den Rücken zukehrt, taumelt sie von uns weg und fällt zu Boden. Dann beginnt ihr Tanz. Ihre Bewegungen sind den Bewegungen, die wir während des Stückes über getanzt haben, sehr ähnlich. Viele sind sogar die gleichen. Manchmal kommt mir der Tanz des Opfers wie eine Erinnerung an das vor, was wir zuvor alle gemeinsam erlebt haben. Ich kenne viele Bewegungen des Opfers genau, mit dem eigenen Körper, weil ich sie selbst während des Stückes getanzt habe. Ich weiß, wie sie sich anfühlen und tanze innerlich mit.

Unsere visuelle Wahrnehmung ist dabei nicht das einzige, Neuronen aktivierende System. Giacomo Rizzolatti weist in seiner Untersuchung zu dem uns umgebenden Raum darauf hin, dass es nicht nur eine einzige kortikale Ebene im Gehirn gibt, die für die Konstituierung des Raumes verantwortlich zeichnet.[71] Seiner Ansicht nach wird der Raum nicht nur in visuellen, sondern auch in somatischen Koordinaten kodiert. Das heißt vereinfacht, dass der Raum nicht nur gesehen, sondern auch gespürt wird. Rizzolatti führt dies auf die Existenz von bimodalen Neuronen zurück, also von Neuronen, die sowohl von somatosensorischen als auch von visuellen Reizen stimuliert werden. Rizzolatti vermutet, dass der visuelle Raum auch von körperlichen Bezugssystemen kodiert wird und vertritt die Auffassung, dass das Sehen, das die Hand leitet, „ein Sehen mit der Hand ist"[72]. Unser Konzept vom Raum ließe sich dann nicht rein visuell verstehen. Vielmehr wird der Raum, der sich in Armreichweite befindet und der auch ‚peripersonaler Raum' genannt wird, durch Bewegungen konstituiert, die wir ausüben könnten, also durch potentielle motorische Akte, auch Handlungsziele genannt. Über ihn konstruieren wir dann den extrapersonalen oder auch fernen Raum. Rizzolatti spricht in diesem Zusammenhang von der „motorischen Repräsentation des Raumes"[73], die die optische Situation ergänzt. Der Raum wird also auch durch potentielle Bewegungen konstituiert, nicht allein durch unsere visuelle Wahrnehmung. Was man tun könnte, ist genauso wichtig wie eine Bewegung, die tatsächlich ausgeführt wird. Rizzolatti begreift ein beliebiges Objekt dabei als ein Ensemble von Handlungshypothesen. Anders gesagt: Ein Objekt erinnert uns daran, was wir mit ihm tun können. James Jerome Gibson führte den Begriff des ‚Angebotscharakters' (*affordance*) ein, der bedeutet, dass die visuelle Wahrnehmung eines Objekts mit der Auswahl jener intrinsischen Eigenschaften (Form, Größe und Orientierung) verbunden ist, die es möglich machen, mit ihm in Interaktion zu treten.[74] Das Objekt bietet also nicht nur seine physikalischen Eigenschaften an, sondern auch jene Handlungen, die mit ihm oder an ihm auszuführen sind. Es fungiert somit als „Pol des virtuellen Aktes"[75], ein Akt, der ein motorisches Muster definiert, von dem er aber zugleich auch definiert wird. Die Wahrnehmung ist, so verstanden, eine Vorbereitung des Orga-

---

71 Ebd., S. 72 ff.
72 Ebd., S. 61.
73 Ebd., S. 82.
74 Gibson, Jerome James: *The ecological approach to visual perception*, Boston: Houghton Mifflin 1979. Vgl. dazu auch G. Rizzolatti/C. Sinigaglia: *Empathie und Spiegelneurone*, S. 47.
75 Ebd., S. 60.

nismus auf das Reagieren und auf das Handeln. Dass nur bestimmte Handlungen ausgeführt werden, liegt an einem in der Kindheit eingeleiteten Lernmechanismus, der sich am Erfolg einer Handlung orientiert und die Neurone auswählt, die bei der Wahrnehmung die wirksamsten Handlungen kodieren. Dieser Mechanismus wird auch ‚motorische Verstärkung' genannt.

Wichtig für den Zusammenhang von Bewegung und Gedächtnis ist die Feststellung Rizzolattis, dass der Raum durch ein System koordinierter Handlungen konstituiert wird, also durch Bewegungen und nicht ausschließlich durch die visuelle Wahrnehmung. Raumwissen entsteht demnach außer durch explizites Wissen auch durch Bewegungswissen. In Bezug auf Tanz ist anzumerken, dass ein Objekt, das Handlungen anbietet, fehlt. Bewegung bezieht sich im Tanz nicht auf ein Objekt, sondern auf den eigenen Tanzkörper. Gerade deshalb ist das Interesse der Spiegelneuronenforschung an Tänzern und ihrem Bewegungssystem hoch. Folgt man dem Gedanken, dass der Raum auch durch potentielle Bewegungen konstituiert wird, ist es statt eines Objekts das Erscheinen der unterschiedlichen Teile des Körpers in verschiedenen räumlichen Positionen, das dazu führt, den Raum auf diese zweite, nicht auf visueller Wahrnehmung beruhenden Art zu konstituieren, und zwar gleichgültig, ob dies der eigene oder der Körper eines anderen ist. Dies wäre dann der zweite, sogenannte ‚körperliche Raum', der „durch Bewegung allererst generiert oder performiert wird"[76]. Der Gedanke eines somatischen Raumes spiegelt sich somit im Tänzer, der sich vom Objekt löst und an dessen Stelle den eigenen Tanzkörper setzt und bewegend den Raum erspürt.

Sacreprobe am 25.8.2009 in Wuppertal

Heute achten wir auf die Platzierungen und erinnern uns, wo jeder Mann in der Gruppe steht, wie die Formation ist und in welcher Beziehung zum Nachbarn jeder in der Formation steht. Von vorn aus gesehen steht jeder Mann ‚auf Lücke', also immer zwischen dem linken und dem rechten Vordermann. Die Körperfront ist dabei nicht unbedingt nach vorn, sondern oft diagonal ausgerichtet. Das bedeutet, dass man seinen Platz erspüren muss,

---

76 Böhme, Hartmut/Huschka, Sabine: „Prolog", in: Huschka, *Wissenskultur Tanz* (2009), S. 11.

da man nicht direkt in seine Lücke nach vorn schaut, sondern in die rechte oder die linke Diagonale. Wie das Erspüren des eigenen Platzes, muss man auch die Körperbewegungen der anderen Tänzer in gewisser Weise erspüren. Wir stehen so eng beieinander, dass jede Abweichung vom Platz zu heftigen Zusammenstößen führen würde. Es geht in Sacre nicht nur um die präzise Ausführung der Bewegungen, sondern auch darum, seinen Platz in der Gruppe zu halten und die eigenen Bewegungen der Bewegung der Gruppe anzupassen. Deshalb ist gerade das Probieren in der richtigen Formation wichtig und erfordert viel Zeit und Gespür.

Die Untersuchungen des Spiegelneuronensystems bestätigen, dass Bewegungswissen eine Form des Gedächtnisses ist, das für das Verständnis von Bewegung und Handlung bedeutsam ist. Handlung wird außer durch kognitive Verarbeitungsprozesse durch das Repertoire an Bewegungen vorbereitet, über das jeder Einzelne verfügt. Darüber hinaus dient es dazu, den Raum über potentielle Bewegungen zu konstruieren.

Bewegung, so eine wichtige Konsequenz aus den Ergebnissen der Spiegelneuronenforschung, ist nicht allein als Resultat der Wahrnehmung oder der Kognition zu begreifen, sondern vielmehr deren Bedingung. In der neueren Neurowissenschaft, wie sie z.B. durch Giacomo Rizzolatti vertreten wird, werden Schemata, die in den motorischen Bereichen des Gehirns allein Areale zur Ausführung von Bewegung sehen, abgelehnt.

Die starre Abgrenzung zwischen perzeptiven, kognitiven und motorischen Prozessen stellt sich auch vor dem Hintergrund der Spiegelneuronenforschung als künstliche Abgrenzung dar, da an einem einzigen Bewegungsakt viele unterschiedliche Bereiche des Gehirns beteiligt sind. Die motorischen Areale des Gehirns sind laut Neurowissenschaft an Wahrnehmung und Kognition beteiligt und nicht lediglich deren Endpunkt. Sie produzieren nicht nur Bewegungen, sondern ermöglichen, dass wir sowohl wahrnehmen als auch die Handlung anderer verstehen können, indem sie an der Transformation von sensorischen Informationen beteiligt sind. Die Auffassung einer linearen Verarbeitung von Informationen ist der Einsicht gewichen, dass eine koordinierte Aktivität großer Nervenzellpopulationen für das Phänomen der Wahrnehmung verantwortlich ist. Für die Gehirnforschung steht fest, dass das agierende Gehirn vor allem ein verstehendes Gehirn ist. ‚Verstehen' wird dabei als ein pragmatisches, vorbegriffliches und vorsprachliches Verstehen interpretiert, das sich in der Aktivität der

Neurone äußert, insbesondere vieler Hirnbereiche, denen ein Spiegelmechanismus zugeschrieben werden kann. Das bedeutet, dass das Gehirn nicht in Bewegung ist, weil es versteht, sondern versteht, weil es sich bewegt. Gerhard Neuweiler, Neurobiologe und Mitverfasser des Buches *Motorische Intelligenz*, führt folglich statt der kognitiven die motorische Intelligenz des Menschen als die grundlegendste Unterscheidung zu seinem nächsten Verwandten, dem Affen, an. Sie ist dafür verantwortlich, dass wir sprechen und Klavier spielen, aber auch tanzen können.[77]

In jüngster Zeit ist aber auch Kritik an den zuweilen vereinfachenden Schlussfolgerungen der Spiegelneuronenforschung laut geworden. Ein endgültiger Beweis für die Existenz der Spiegelneurone beim Menschen konnte bisher nicht erfolgen, auch wenn zahlreiche Forschungen der Neurowissenschaft diese nahelegen. Kritische Bewertungen nehmen jedoch zu. So weist eine Studie von Gioia Negri und Raffaella Rumiati vom neurowissenschaftlichen Forschungszentrum in Triest, die mit Patienten durchgeführt wurde, die einen Schlaganfall erlitten hatten, darauf hin, dass die Fähigkeit, Handlungen und Objekte zu erkennen, sich von der Fähigkeit, Handlung auszuführen oder Objekte zu benutzen, unterscheidet.[78] Die Ergebnisse dieser Studie lassen die Idee problematisch erscheinen, dass motorische Prozesse konstitutiv für das Verstehen einer Handlung sind.

Auch Angelika Lingnau von der Universität Trient kommt zu dem Ergebnis, dass das ‚Verstehen' einer beobachteten Handlung und ihre Verarbeitung im Gehirn auf unterschiedlichen Prozessen beruht. Entsprechend heisst es bei Lingnau: „Recently it has been demonstrated that action understanding of novel situations in humans does not rely on the mirror neuron system, but on brain areas involved in context-sensitive inferential processes."[79] Lingnau stellte Untersuchungen an, in denen einfache motorische

---

77 Vgl. Neuweiler, Gerhard: „Was unterscheidet Menschen von Primaten? Die motorische Intelligenz", in: Ligeti/Neuweiler/Meyer-Kalkus, *Motorische Intelligenz* (2007), S. 9-37.

78 Negri, Gioia et al. „What is the role of motor simulation in action and object recognition? Evidence from apraxia", in: *Cognitive Neuropsychology* 24 (2007), S. 795-816.

79 Lingnau, Angelika/Gesierich, Benno/Caramazza, Alfonso: „Asymmetric fMRI adaptation reveals no evidence for mirror neurons in humans", in: *Proceedings*

Aktivitäten, die erst ausgeführt und dann beobachtet wurden, zu keiner Aktivität von Spiegelneuronenzellen führten. Sie führt als zusätzliches Argument gegen die Behauptung der Spiegelneuronenforschung, dass das Bewegungsverstehen auf motorischer Simulation im Gehirn beruhen würde, Untersuchungen mit Kindern an, die zwischen bestimmten motorischen Aktivitäten unterscheiden können, obwohl sie sie selbst noch nicht ausführen können. „Developmental studies indicate that infants can distinguish between different types of actions (e.g. walking) that they are too young to perform themselves."[80] Das Begreifen eines Bewegungsablaufs ist demnach nicht notwendig an seine Beherrschung gebunden.

Die Ergebnisse dieser die Spiegelneuronenforschung kritisch beurteilenden Studien legen nahe, dass das ‚Verstehen' an anderen Orten des Gehirns erfolgt als in den Bereichen, in denen sich eine Aktivität von Spiegelneuronen messen lassen könnte.[81] Der Begriff des ‚Verstehens' ist es denn auch eigentlich, der die Kontroverse innerhalb der Neurowissenschaft hervorgerufen hat, weil mit ihm auf der Seite der Kritiker kognitive Verarbeitungsprozesse gemeint sind, bei Rizzolatti und Gallese aber vielmehr einen analogen Verarbeitungsprozess beschreiben, der vorbewusst und noch vor dem kognitiven Erfassen der jeweiligen Information erfolgt. Rizzolattis Ansicht nach existieren zwei grundlegend verschiedene Arten des Verstehens: eines, das auf motorischer Übung beruht, und eines, das sich auf kognitive Prozesse stützt.[82] Den komplexen Vorgang des Verstehens, der analoge, kognitive und auch subjektive Verarbeitungsprozesse beinhaltet, kann und will die Spiegelneuronenforschung allein sicher nicht erklären. Ihre Relevanz liegt daher auch nicht in der Erklärung des ‚Verstehens' schlechthin, sondern vielmehr darin, dass sie eine dichotomische Deutung der Funktionsweisen des Gehirns zurückweist, die besagt, dass das motorische System des Gehirns ausführt, während das kognitive System steuert. Die Ergebnisse aus der Spiegelneuronenforschung tragen zu der Erkenntnis bei, dass sich eine Hierarchie zwischen implizitem und explizitem Wissen nicht

---

of the National Academic Sciences of the United States of America 106 (2009), S. 9925-30.
80 Ebd., S. 9928.
81 Vgl. Siefer, Werner: „Die Zellen des Anstoßes", in: *DIE ZEIT* vom 16.12.2010, S. 37-38.
82 Vgl. G. Rizzolatti/C. Sinigaglia: *Empathie und Spiegelneurone*, S. 142.

aufrechterhalten lässt. Nicht länger lässt sich von Funktionen ‚höherer' und ‚niedriger' Ordnung sprechen. Statt von einer hierarchischen Struktur der Informationsverarbeitung muss vielmehr von einer parallel arbeitenden Organisation des Gehirns ausgegangen werden, bei dem die motorischen Bereiche des Gehirns ebenso an der Transformation von Information beteiligt sind wie die sogenannten kognitiven Systeme. Die Aktivität der Neurone wird von Rizzolatti mit Rekurs auf den mit dem Nobelpreis ausgezeichneten Neurobiologen Roger Sperry als „implizite Vorbereitung des Organismus auf das Reagieren und Handeln"[83] verstanden und in Anlehnung an den französischen Philosophen Maurice Merleau-Ponty als „motorische Dimension der Erfahrung"[84]. Den Begriff der Wahrnehmung wiederum, der für Merleau-Ponty bedeutet, dass wir vorgreifend bei den Dingen sind, hat Merleau-Ponty von einem seiner Lehrer – Henri Bergson – übernommen, für den die Wahrnehmung nicht in uns, sondern in den Dingen selbst liegt. Das Gehirn ist offensichtlich zumeist ‚außer sich', ‚in den Dingen'. Im Arbeitsgedächtnis werden die Informationen der Umwelt dann mit den Informationen aus dem Langzeitgedächtnis aktiv zusammengesetzt. Die Beobachtungen der Spiegelneuronenforschung lassen sich aus philosophischer Perspektive also auch so verstehen, dass wir unter Mitwirkung der Neurone den Dingen ihre Beweglichkeit lassen. Durch das Zusammenspiel von Wahrnehmung und Gedächtnis gelingt es uns schließlich, an den Dingen Anteil zu nehmen und dadurch eine Verbindung zwischen uns und dem zu schaffen, was wir Welt nennen.

FAZIT

Welche Aussagen lassen sich über den Zusammenhang von Tanz und Gedächtnis aufgrund der Erkenntnisse der Gehirnforschung treffen?

Die Neuroanatomie bestätigt, dass die Unterscheidung zweier unterschiedlicher Gedächtnisformen eine anatomische Grundlage hat. Es gelingt ihr, diejenigen Gehirnregionen zu definieren, die zur Funktion des impliziten bzw. expliziten Gedächtnisses beitragen. Die Zellforschung kann zelluläre und molekulare Mechanismen des Gedächtnisses näher bestimmen,

---

83 Ebd., S. 63.
84 Ebd.

durch die sich explizites/implizites sowie Kurzzeit-
unterscheiden. Gedächtnisprozesse haben eine mol
hen auf der Aktivität von Zellverbänden. Besonders
zites und implizites Gedächtnis miteinander verwo
tritt in der Bewegungsausführung zu Tage und es v
Praxis erworben. Explizites Wissen hingegen wird
Bewegungsanalyse und zum anderen durch die visu
Raumes und durch die Abfolge von Bewegungen i. ... Choreographie
deutlich.

Die Überführung von Bewegung vom Kurzzeit- ins Langzeitgedächtnis ist eine der grundlegenden Leistungen, die im Tanz mittels der Wiederholung stattfinden. Damit verfügen Tänzer über ein überdurchschnittlich großes Bewegungsrepertoire. Als informationsvermittelnde Zellstruktur sind die Synapsen notwendige biologische Voraussetzung für Bewegung und Wissen. Der Begriff der ‚Plastizität' bringt zum Ausdruck, dass das Gehirn sich in anhaltender Umbildung befindet. Die Vergangenheit wird also nicht archiviert, sondern kontextbezogen konstituiert und das immer wieder von neuem. Gedächtnis und Erinnerung bedeuten aus der Perspektive der Gehirnforschung, dass Erinnerung immer wieder formend zurückgeholt und damit neu erzeugt wird. Allerdings bilden sich im Gehirn dabei dauerhafte Strukturen aus. Tanz – so lässt sich eine Schlussfolgerung aus der Zellforschung formulieren – verändert die Gehirnstruktur. Es gibt kein externes Medium, dass dieses Bewegungswissen auch nur annähernd auf die gleiche Weise bewahren könnte wie Tänzer selbst, weil es eben nicht im eigentlichen Sinne gespeichert, sondern in den Zellen verkörpert ist. Es ist dieser Gedanke, den die Tanzwissenschaft den Erkenntnissen der Gehirnforschung entnehmen kann.

Aufgrund der Forschungsergebnisse der Neurophysiologie lässt sich feststellen, dass das Bewegungswissen die Aktivität der Wahrnehmung ermöglicht. Ein Erleben des Beobachtenden in der Ich-Perspektive wird durch die Spiegelneuronenforschung nahegelegt. Zentrale Vermutung des von Rizzolatti entdeckten Spiegelmechanismus ist dabei das Zusammenfallen von Wahrnehmung und Handeln in einem System, einem Netzwerk oder sogar einer Zelle. Tanz sehen kann zu einer neuronalen Tanzsimulation werden, wenn der Beobachter selbst über Erfahrungen im Tanz verfügt. Dann vollzieht sich eine motorische Dimension der Erfahrung, die sich nicht auf bewusste Prozesse stützt. Dennoch lässt sich in dieser der Boden

...en, auf dem die bewusste Erfahrung fußt. Dies bedeutet nicht, dass diese Teilhabe am Tanz nur für Tänzer möglich ist. Vielmehr lässt sich in ihr der hohe Stellenwert von Bewegungserfahrung ermessen, der unsere Wahrnehmung beeinflusst. Mit Pina Bausch lässt sich auch hier die berechtigte Frage stellen, wo denn das Tanzen anfängt. „Wenn man mit Tanz immer nur bestimmte Techniken meint, dann ist das natürlich ganz verkehrt."[85] Jeder verfügt über Erfahrungen mit Bewegungen, die als Tanz gelten können und sowohl seine Ausübung als auch seine Betrachtung öffnen neben einer rein visuell-kognitiven Ebene die Ebene des visuomotorischen Nachvollziehens. Jede Bewegung, die am eigenen Körper als Tanz erfahren wird, lässt sich als Beitrag zu dieser unmittelbaren Teilhabe verstehen. Sie wird das ‚Wörterbuch' um ein weiteres ‚Wort' ergänzen und dazu beitragen, dass außer der kognitiven Verarbeitungsmöglichkeit von Information auch eine Art und Weise des Verstehens zur Verfügung steht, die auf der motorischen Übung, d.h. dem impliziten Gedächtnis, beruht.

Bewegungen haben eine mentale Repräsentation im Gehirn. Diese sind als Erregungsmuster neuronaler Netze zu verstehen und werden in den Neurowissenschaften auch ‚maps' genannt.[86] Sie sind nicht statisch und werden unter dem Einfluss des Gedächtnisses und der Außenwelt fortlaufend neu konstruiert. Das Konzept eines sogenannten ‚Körpergedächtnisses' wird hingegen kontrovers diskutiert. Manche Forscher ersetzen diesen Begriff durch den der Propriozeption, von der angenommen wird, dass sie auch auf einer mentalen Ebene existiert. Die Gehirnforschung und mit ihr die Kognitionswissenschaften scheinen vor allem die kognitiven Aspekte des Bewusstseins mit ihren neuronalen Mustern in Verbindung bringen zu können. Wie die Sportwissenschaft und neuerdings auch Methoden der Tanzpädagogik zeigen, scheint es von großem Vorteil für die Ausführung von Bewegung zu sein, wenn eine kognitive Durchdringung von Bewegungsabläufen stattfindet.

Bewegungserfahrung liefert neben der Voraussetzung für das Verstehen von Handlungen auch die Grundlage für Bewegungsvorstellungen. Dies

---

85 Bausch, Pina in: BILDER AUS STÜCKEN DER PINA BAUSCH (D 1990, R: Kay Kirchmann).

86 Zum Begriff der ‚maps' vgl. Damasio, Antonio: *Self Comes to Mind: Constructing the Conscious Brain*, London: Heinemann 2010, S. 64.

wird besonders durch die Düsseldorfer Untersuchung deutlich.[87] Unser implizites Gedächtnis unterstützt unser explizites. Wie auch die Untersuchung der *Universität Bielefeld* zeigt, greifen Tänzer bei der Vorstellung von Bewegung auf ihr implizites Gedächtnis zurück und es hilft ihnen, Bewegung im Hinblick auf ihre Dauer richtig einzuschätzen.[88] Der enge Zusammenhang zwischen Bewegungserfahrung und Bewegungsvorstellung ist ein wichtiger Punkt für den Zusammenhang von Gedächtnis und Tanz. Bewegung ist nicht nur als Beitrag zur Teilhabe, sondern darüber hinaus als Voraussetzung für unsere Vorstellung zu verstehen. Diese Einschätzung wird zwar an Tänzern, die sich berufsmäßig mit Bewegung beschäftigen, besonders deutlich, muss aber auch darüber hinaus für nicht professionelle Tänzer gelten. Für die Lernforschung bedeutet das, dass nicht allein die verbale Darlegung von Wissen eine grundlegende Voraussetzung für unser Verständnis von Welt liefern kann, sondern auch manuelle oder somatische Informationskanäle.

Laut Rizzolatti konstituieren wir den Raum nicht nur über das, was wir sehen, sondern auch durch Bewegungen, die wir ausüben können. Der Raum wird nicht nur gesehen, bestimmt und erinnert – in anderen Worten: expliziert – sondern auch gespürt. Wir bestimmen den Unterschied zwischen nah und fern auch durch die motorischen Eigenschaften der Neurone. Sie kodieren die Menge der Orte, die wir erreichen können. Implizites Bewegungswissen dient also nicht nur zum Verständnis von Bewegung und Handlung, sondern auch zur Bestimmung des Raumes, der im Tanz nicht als statisch, sondern als dynamisch begriffen werden muss, indem er unzählige Bezugspunkte integriert. Für Tänzer scheint diese Feststellung nahezu selbstverständlich, weil sich in der tänzerischen Bewegung die räumliche Position des Bezugspunktes einer Bewegung ständig ändert. ‚Spürt den Raum' ist eine im Tanzunterricht und in den Proben zu einem Stück oft verwendete Redewendung, die darauf abzielt, nicht nur die visuelle, sondern auch die somatische Wahrnehmung aktiv zu halten. Im Tanz wird die

---

87 Orgs, Guido: „Der Zuschauer tanzt mit – Hirnprozesse bei der Beobachtung menschlicher Bewegung".
88 Vgl. hierzu die Untersuchung der *Universität Bielefeld* mit Tänzern aus Essen, Dortmund und Bielefeld von Bettina Bläsing: „Pirouetten im Gedächtnis des Tänzers".

Vorstellung eines dynamischen Raumes besonders sinnfällig, da Tänzer den Raum nicht nur in Punkten fixieren, sondern mit dem Körper erspüren.

Die Gehirnforschung unterstützt mit ihren Forschungsergebnissen also durchaus auch Reflexionen aus der Philosophie über den Zusammenhang von Bewegung und Wahrnehmung. Auch in ihrem Sinne gibt es keine Wahrnehmung ohne Bewegung und keine Bewegung ohne Wahrnehmung. Über eine inhaltliche Verarbeitung kann allein dadurch zwar noch nichts ausgesagt werden, allerdings rückt die Bedeutung von Bewegung in ein neues Licht, wenn auch die Gehirnforschung Bewegung als Grundlage der Wahrnehmung ausmacht und statt einer hierarchischen vielmehr eine parallel arbeitende Struktur des Gehirns anerkennt. Perzeption, Kognition und Motorik werden nicht zentral gesteuert, sondern bilden ein miteinander kooperierendes System, welches auch für das Phänomen des Gedächtnisses verantwortlich gemacht werden kann. Grundlegende Annahme dabei ist, dass Erinnerung und Gedächtnis nicht von einzelnen Zellen, sondern von Zellpopulationen oder auch neuronalen Cliquen repräsentiert werden. Eine Hierarchie zwischen den unterschiedlichen Gedächtnisformen ist unter diesem Gesichtspunkt nicht aufrechtzuerhalten, sondern es muss von der Gleichzeitigkeit und Gleichwertigkeit der Gehirnfunktionen ausgegangen werden.

ÜBERLEITUNG: GEHIRN UND GEIST

Die Gehirnforschung kann Zusammenhänge zwischen Vorgängen auf der neuronalen und der bewussten Ebene herstellen und in begrenztem Maße Voraussagen darüber machen. Sie kann darstellen, was das Gehirn leistet und an welchen Orten im Gehirn Aktivität stattfindet, eine Entschlüsselung aller Gehirnvorgänge ist aber von ihr nicht zu erwarten. So wenig sich die vollständige Funktionsweise des Gehirns erläutern lässt, so unwahrscheinlich ist die Vorhersage menschlichen Verhaltens allein auf der Grundlage naturwissenschaftlicher Erkenntnisse. Schließlich organisieren sich Gehirne selbst und auch wenn bildgebende Verfahren inzwischen zeigen, wo neuronale Vorgänge bei psychischen Prozessen geschehen, herrscht über das ‚Wie' kognitiver Verarbeitungsprozesse noch weitgehend Unklarheit. Auch wenn in der einschlägigen Literatur der Wunsch durchscheint, ein dualistisches Erklärungsmodell des Menschen möge verschwinden, so scheint es doch gelegentlich so, als ob damit nicht die Berücksichtigung zweier unterschiedlicher Aspekte menschlichen Daseins gemeint ist, sondern die Tilgung des geistigen Aspektes zu Gunsten des materiellen. Es kann sicherlich nicht darum gehen, eine unüberwindbare Dualität zwischen dem Geistigen und dem Physischen aufrechtzuerhalten. Es ist aber dennoch auffällig, dass die Neurologie, die Biologie und auch die Kognitionswissenschaften die naturwissenschaftlich beobachtbaren Phänomene als Grundlage setzen und die geistigen Phänomene daraus hervorgehen sehen. So ist z.B. bei der Kognitionsforscherin Élisabeth Pacherie zu lesen: „Aus der heutigen Sicht stellen die mentalen Phänomene lediglich einen Sonderfall der Naturvorgänge dar."[89] Kai Vogeley und Albert Newen vertreten ebenfalls die Position einer Kognitionswissenschaft, die den Dualismus aufgeben will: „Dann können mentale Phänomene als Hirnprozesse aufgefasst werden, und sie werden unter bestimmten Bedingungen physikalisch untersuchbar."[90]

Damit wird ein Kausalgesetz zur Anwendung gebracht, dass davon ausgeht, dass das Gehirn Ursache und der Geist Wirkung ist. Ein simpler Dualismus zwischen Körper und Geist ist sicherlich nicht wünschenswert, wohl aber sollten Wesensunterschiede festgestellt und markiert werden. Die Eigenständigkeit des geistigen Lebens bleibt trotz eines sich verändernden Menschenbildes, zu dem die Naturwissenschaften ihren Beitrag liefern, erhalten. Sie müssen daher nach einem Verfahren suchen, das beide Aspekte registriert.

Die Gehirnforschung kann vor allem über den naturwissenschaftlichen Aspekt des Gedächtnisses Aufschluss geben. Zu den philosophischen, ästhetischen, soziologischen, psychologischen oder anthropologischen Fragen müssen andere Disziplinen ihre Perspektive auf das Phänomen des Gedächtnisses geben. Besonders in Bezug auf das Sprechen und Denken über das Gedächtnis zählt es zu deren Aufgaben, Strukturen des Denkens und der Wahrnehmung zu erläutern.[91] Ivar Hagendoorn hat darauf hingewiesen, dass es insbesondere die Philosophie ist, die Begriffe prägt, anwendet und Zusammenhänge herstellt. Ihr kommt also eine wichtige Aufgabe zu, indem

---

89 Pacherie, Élisabeth: „Mehr als ein Bewusstsein", S. 10.
90 Vogeley, Kai/Newen, Albert: „Ich denke was, was du nicht denkst", in: Könneker, *Wer erklärt den Menschen?* (2006), S. 59-74, hier S. 62.
91 Hagendoorn, Ivar: „Einige methodologische Bemerkungen zu einer künftigen Neurokritik des Tanzes", in: Fenger/Birringer, *Tanz im Kopf* (2005), S. 233-240.

sie für das Klima des Denkens verantwortlich ist. Ein kurzer Blick auf die Sprache der Gehirnforschung kann den Blick dafür schärfen, dass auch die Gehirnforschung vor Rätseln und Fragestellungen steht, die sie nur indirekt zu lösen im Stande ist. Schließlich weiß auch sie das Geheimnis des Gedächtnisses nicht anders als in Metaphern zu beschreiben.[92]

Die häufigste Formulierung im Zusammenhang mit Gedächtnisinhalten ist die Metapher des ‚Speicherns', ohne dass dabei transparent wird, dass es sich um eine Metapher handelt. Allerdings ist es keineswegs gewiss, dass das Gehirn Inhalte wirklich speichert. Eine solche Formulierung legt zum einen nahe, dass die betreffenden Inhalte detailgenau behalten werden. Dabei sortiert auch das Gedächtnis Fakten aus, andere behält es. „Das menschliche Gedächtnis ist ein Instrument, das, wenn es ihm passt, lügt und betrügt."[93] Die Idee des Speicherns weist dem Gedächtnis einen Ort zu, wohingegen die Neurophysiologie eher zeigt, dass das Gedächtnis über das gesamte Gehirn verteilt ist und sich nur schwer lokalisieren lässt. Auch die Metapher des ‚Schreibens', als „Information, die sich ins Gedächtnis schreibt", wird in neurowissenschaftlichen Forschungen benutzt, um Gedächtnisprozesse darzustellen, so etwa bei Joe Z. Tsien und seiner Untersuchung zum Gedächtniskode anhand von Versuchen an Mäusen und deren Erinnerungsvermögen.[94] In der gleichen Untersuchung ist auch vom ‚Ablegen' von Erlebnissen im Gedächtnis die Rede. Wolf Singer spricht davon, dass motorische Programme und kognitive Funktionen gelernt und im Gehirn „installiert"[95] werden. In dieser Ausdrucksweise wird vollends deutlich, dass es vor allem die Schrift und insbesondere der Computer sind, die in Teilen der Gehirnforschung für das semantische Feld des Gedächtnisses herangezogen werden. Problematisch daran ist, dass – ob nun speichern, schreiben oder installieren – diese Vorgänge vor allem linear gedacht werden und somit nahelegen, dass auch die Verarbeitungsprozesse des Ge-

---

92 Zur Geschichte des Gedächtnisses und seinen Metaphern vgl. D. Draaisma: *Die Metaphernmaschine*; zur Sprache der Gehirnforschung vgl. Janich, Peter: *Kein neues Menschenbild. Zur Sprache der Hirnforschung*, Frankfurt a.M.: Suhrkamp 2009.
93 D. Draaisma: *Die Metaphernmaschine*, S. 166.
94 Tsien, Joe Z.: „Der Gedächtniskode", in: *Spektrum der Wissenschaft* 10 (2007), S. 46-53, hier S. 49.
95 Singer, Wolf: „Keine Wahrnehmung ohne Gedächtnis", S. 22.

dächtnisses linear verlaufen. Dabei hört das menschliche Gedächtnis weder auf Kommandos noch steht es unter einer zentralen Steuerung. Auch erfolgen Gedächtnisprozesse gleichzeitig und auf vielen Ebenen nicht ausschließlich nacheinander. So unmöglich ein Sprechen über das Gedächtnis ohne Metaphern auch ist, „in Metaphern wird unbeabsichtigt ein Geistesklima eingefangen"[96] und die Sprache der Gehirnforschung trägt mit ihren Metaphern dazu bei, dass das Gedächtnis als Ort und darüber hinaus als eine Art physikalische Maschine gedacht wird. Die Metaphorisierung von Hypothesen von Hirnforschern zeigt sich umgekehrt aber auch in den Geisteswissenschaften, wie z.b. das dort besonders häufig zitierte Phänomen der ‚Spiegelneurone' deutlich macht.

Ein differenzierterer Umgang mit Metaphorisierungen scheint dennoch möglich. Susan Greenfield unterscheidet zwischen der physischen und der phänomenologischen Ebene des menschlichen Gehirns und will keinesfalls eine Kausalbeziehung zwischen diesen beiden Ebenen herstellen. Vielmehr spricht sie von einer „Korrelation zwischen diesen beiden Ebenen" und will das Gedächtnis nicht allein als Funktion des Gehirns verstanden wissen, sondern als „Pfeiler des Geistes"[97]. Dass das Gedächtnis eine geistige Fähigkeit bezeichnet, wird von der Gehirnforschung, die den Begriffen von Geist und Bewusstsein skeptisch gegenübersteht, nicht bestritten. So spricht Eric R. Kandel im Zusammenhang mit dem Gedächtnis davon, dass in ihm eine Fähigkeit vorliegt, in der „eine Brücke vom Molekül zum Geist"[98] geschlagen werden kann. Das Bewusstsein und mit ihm der Geist wurden lange von den Naturwissenschaften als subjektive Kategorien betrachtet. Sie zogen es vor, sich mit den physikalischen Prozessen im Gehirn zu beschäftigen, nicht aber mit deren Hervorbringung, dem subjektiven Erleben. Der australische Philosoph David J. Chalmers bezeichnet das Bewusstsein als „das subjektive Innenleben des Geistes"[99]. Man findet bei ihm die Konzepte von Subjektivität, innerem Leben und Geist, die auch von Henri Bergson

---

96 D. Draaisma: *Die Metaphernmaschine*, S. 12.

97 Grennfield, Susan: „Das Ich und seine Geschichte" in: Sentker/Wigger, *Rätsel Ich* (2007), S. 88.

98 Kandel, Eric R.: „Vom Geist zum Molekül", in: Sentker/Wigger, *Rätsel Ich* (2007), S. 183.

99 Chalmers, David J.: „Das Rätsel des bewußten Erlebens", in: *Spektrum der Wissenschaft Digest: Rätsel Gehirn* 2 (2001), S. 12-19, hier S. 12.

zur Bezeichnung des Bewusstseins herangezogen werden. Von David Chalmers werden z.B. Farben, Musik oder Gefühle angeführt, die als Beispiele für das subjektive Erleben von Bewusstsein dienen können. Man bezeichnet diese Wahrnehmungen auch als *Qualia* und auch Henri Bergson würde sie unter dem Begriff der Qualitäten fassen. Bergson sieht Qualitäten allerdings grundsätzlicher als Schwingungen. Sie sind für ihn vor allem Veränderungen, die nur der menschliche Geist registrieren kann.[100] Unter den Qualia versteht man „die aus der Innenperspektive zugänglichen (phänomenologischen) Merkmale des bewussten Erlebens"[101]. Der Begriff leitet sich vom lateinischen *qualis* ab, das mit ‚wie beschaffen' übersetzt werden kann. Diese subjektiven Qualitäten sind nicht allein durch physiologische Abläufe zu beschreiben. Deshalb ist es ein berechtigter Hinweis von David Chalmers, „daß es Tatsachen über bewußtes Erleben gibt, die sich nicht aus physiologischen Fakten über die Arbeitsweise des Gehirns herleiten lassen"[102]. Man kann hier mit Bergson denken und vorgreifend sagen, dass diese Tatsachen jene sind, die sich in der ‚Dauer' abspielen, jenem Begriff von Zeit, der die erlebte Zeit und damit eine Aktivität des Gedächtnisses beschreibt. Dennoch stimmt Chalmers mit der Grundposition der Gehirnforschung überein. Diese besagt, dass das Bewusstsein aus der Tätigkeit des Gehirns entsteht. Darin besteht die grundsätzliche Differenz von heutiger Gehirnforschung und Bergsons Metaphysik, die den Geist nicht als Resultat von Gehirnaktivität versteht. Während Chalmers aber vorschlägt, das Bewusstsein als „fundamentalen, irreduziblen Wesenszug"[103] anzuerkennen und sowohl für einen physikalischen als auch einen erlebnishaften Aspekt des Bewusstseins eintritt, begreift ein Teil der Gehirnforschung Geist und Bewusstsein als Resultate biologischer Prozesse.[104] Der Neurologe Antonio Damasio etwa versteht den bewussten Geist als einen Prozess, der eindeutig

---

100 H. Bergson: *Schöpferische Entwicklung*, S. 299 ff.
101 Koch, Christof: „Das Rätsel des Bewusstseins", in: Sentker/Wigger, *Rätsel Ich* (2007), S. 35-55, hier S. 36. Vgl. dazu auch Levine, Joseph: „Materialism and qualia: the explanatory gap", in: *Pacific Philosophical Quarterly* 64 (1983), S. 354-361.
102 Chalmers, David J.: „Das Rätsel des bewußten Erlebens", S. 14.
103 Ebd., S. 16.
104 Vgl. Elger, Christian E. et al.: „Das Manifest. Gegenwart und Zukunft der Gehirnforschung", in: Könneker, *Wer erklärt den Menschen?* (2006).

aus oder im Gehirn entsteht. Vorstellungen sind für ihn biologisch und materiell zu verstehen und entstehen durch die Kooperationen von Gehirnregionen. „Erforderlich ist die Einsicht, dass der Geist aus oder in einem Gehirn entsteht, welches sich im ‚eigentlichen' Körper befindet und mit diesem interagiert."[105] Es stellt sich aber dann die Frage, wie diese Interaktion vor sich geht und ob der Begriff der Interaktion, den Damasio hier verwendet, nicht vielmehr bedeuten würde, dass der Geist mehr als eine Wirkung objektiver Hirnvorgänge ist, indem er nicht nur Resultat von neuronaler Aktivität ist, sondern Aktivität hervorruft. Erst dann ließe sich von Interaktion und somit von einem ‚Dialog' zwischen Gehirn und Geist sprechen. Eine Anerkennung des Bewusstseins als eigene Komponente wie sie Chalmers vorschlägt, liefe auf eine Entsprechung von Hirnprozessen und Erfahrungskomponenten hinaus, anstatt das Bewusstsein und den Geist ausschließlich zu einer Funktion des Gehirns zu machen. Man müsste dann davon ausgehen, dass alle geistigen Phänomene eine physiologische und eine psychische Komponente haben, die einander entsprechen, ohne ausschließlich im Verhältnis von Ursache und Wirkung zu stehen.

Aufschlussreich in dieser Frage ist die Differenzierung zwischen dem kognitiven und dem phänomenalen Aspekt des Bewusstseins, der z.B. von Élisabeth Pacherie getroffen wird und in der aktuellen Debatte um das Bewusstsein allgemein anerkannt ist. Die Differenzierung lässt sich auch auf die Phänomene des Gedächtnisses weiterdenken. Der kognitive Aspekt des Bewusstseins bezeichnet seinen intentionalen Charakter, das Bewusstsein ‚von etwas'. Bei der Ausübung einer *pirouette* z.B. sind sich Tänzer bewusst, dass es sich dabei um eine Drehung um die eigene Achse handelt und wie diese Drehung herzustellen ist. ‚Wie' sich etwas anfühlt, ist dagegen Gegenstand des phänomenalen Bewusstseins, welches die subjektiven und qualitativen Aspekte der Erfahrung registriert, also die *Qualia*, von denen bereits die Rede war. Während die kognitiven Aspekte des Bewusstseins mit neurobiologischen oder kognitiven Verfahren korrelieren, entziehen sich die phänomenalen Aspekte des Bewusstseins einer funktionellen Charakterisierung und Aufzeichnung. Zum Beispiel betrifft die Definition von Knotenpunkten – wie sie der Sportwissenschaftler Thomas Schack von der *Universität Bielefeld* entwickelt hat und die die wichtigsten Bestandteile einer Bewegung markiert – den kognitiven Bereich der Gedächtnisstruk-

---

105 Damasio, Antonio: *Der Spinoza-Effekt*, München: List 2003, S. 222.

tur,[106] sagt aber nichts darüber aus, wie sich dieselben Bewegungen von innen anfühlen oder welche Emotionen oder Erinnerungen damit verbunden sind. Chalmers spricht in Bezug auf das Fehlen jeglicher biologischer oder funktioneller Grundlagen für das phänomenale Bewusstsein von einer ‚Erklärungslücke‘, die sich nicht schließen lasse, eben weil das phänomenale Bewusstsein keine physische Erscheinung sei.[107] Die Erklärungslücke wird auch in den Neuro- und Kognitionswissenschaften ernst genommen und es ist den Geisteswissenschaften zuzuschreiben, dass eine Unerklärbarkeit bewusster mentaler Prozesse in den Naturwissenschaften durchaus registriert wird. Die von Chalmers bezeichnete sogenannte „harte Frage"[108], also die Frage danach, wie sich physiologische Ereignisse in ein persönliches Erleben umsetzen, wird in den meisten neurowissenschaftlichen Untersuchungen folglich auch ausgeklammert.

Interessant sind in diesem Zusammenhang die Untersuchungen mit Synästhetikern, wie sie z.B. von dem britischen Psychologen und Psychiater Jeffrey Alan Gray durchgeführt wurden.[109] Der Begriff der Synästhesie stammt aus dem Griechischen und bedeutet ein gleichzeitiges Empfinden von Eindrücken. Synästhetiker verarbeiten eine eingehende Information nicht nur auf einem Sinneskanal, sondern immer auch auf einem zweiten. So hören sie z.B. ein Wort und sehen gleichzeitig eine Farbe dazu. Das bedeutet, dass eine Information zwei qualitativ verschiedene Eindrücke hervorruft, bei einem Synästhetiker z.B. das Hören eines Wortes und das Sehen einer Farbe gleichzeitig. Was für viele Menschen nur schwer vorstellbar ist, erscheint dem Synästhetiker wie folgt: „Was mich an einem Menschen am allermeisten in den Bann schlägt ist die Farbe seiner Stimme. V. hat eine gelbe, bröckelige Stimme wie eine Flamme, aus der winzige Feuerfäden herausfasern. Manchmal bin ich davon so gefesselt, dass ich den Inhalt der Worte nicht erfasse."[110] Wäre die Wahrnehmung einer Stimme aus-

---

106 Vgl. Lenzen, Manuela: „Tanzen ist Denken", S. 42 ff.
107 Chalmers, David J.: *The conscious mind. In Search of a Fundamental Theory*, New York: Oxford University 1997.
108 Koch, Christof/Greenfield, Susan: „Wie geschieht Bewusstsein?", in: *Spektrum der Wissenschaft* 1 (2008), S. 42-49, hier S. 48.
109 Gray, Jeffrey Alan: „Mit den Ohren sehen", in: *Spektrum der Wissenschaft Spezial: Bewusstsein* 1 (2004), S. 62-69.
110 Ohne Verfasser: „Was Synästhetiker erleben", in: Ebd., S. 64.

schließlich eine Begleiterscheinung der Aktivität von Nervenzellen der Hörbahn, so müsste sie vollständig durch diese Funktion definiert sein. Beim Synästhetiker löst die auditive Information aber sowohl eine Hör- als auch eine Sehempfindung aus. Das subjektive Empfinden lässt sich also nicht allein als Epiphänomen neurophysiologischer Informationsverarbeitung beschreiben. Es hat eine gewisse Eigenständigkeit. Auch wenn das Phänomen der Synästhesie unterschiedliche Interpretationen zulässt, kann in ihm ein weiterer Hinweis für die Eigenständigkeit unseres Bewusstseins gesehen werden.

Dieser Punkt bleibt aber umstritten. Er kann auch hier nicht gelöst werden, aber ich möchte an diesem Punkt weiter in die Philosophie vordringen. Sie kann weiteren Aufschluss darüber geben, wie sich Gedächtnis unter seinem phänomenalen Aspekt darstellt. Nicht das physische Korrelat des Gedächtnisses soll nun weiterhin im Zentrum der Betrachtung stehen, sondern sein phänomenologisches Erleben. Im Folgenden wird sowohl die Beschreibungsweise als auch die Erkenntnisweise des Phänomens des Gedächtnisses gewechselt. Die vorangehende Darstellung von Positionen und Erkenntnissen der Gehirnforschung und der Kognitionswissenschaft hat gezeigt, dass dort vieles, aber nicht alles auf eine physiologische Grundlage zurückgeführt werden kann. Ein Bedarf an anderen Denkmodellen dürfte also auch dort von Interesse sein. Von dem nun Folgenden sind keine weiteren physiologischen Erklärungen zum Gedächtnis zu erwarten, sondern wir begeben uns in den Bereich der ‚Spekulation'. Dieser Bereich ist laut Bergson der der Philosophie. „Ihre Stellung zum Lebendigen kann nicht jene der Wissenschaft sein."[111] Gegenstand der Philosophie, so Bergson, ist die ‚Spekulation', was in seinem Sinne das Schauen bedeutet. Im Gegensatz zu den quantifizierenden Naturwissenschaften, deren Anliegen es ist, Größen zu bestimmen und Werte zu messen, richtet sich die Aufmerksamkeit seiner Philosophie auf die innere Erfahrung. Sie stellt daher eine Ausrichtung der Aufmerksamkeit auf die beweglichen und bewegten Prozesse des Bewusstseins dar. Entgegen den Annahmen einiger Hirnforscher vertritt die Philosophie Bergsons die Position, dass es nicht einen, sondern zwei sehr verschiedene Bereiche von Phänomenen gibt: den physischen und den mentalen Bereich. Die Auseinandersetzung mit seiner Philosophie kann ein Angebot dazu machen, wie das Gedächtnis als eine Leistung des Geistes und

---

111 Vgl. H. Bergson: *Schöpferische Entwicklung*, S. 212.

nicht des Gehirns zu denken sei. Was David Chalmers über das Bewusstsein schreibt, trifft auf das Gedächtnis gleichermaßen zu und beschreibt darüber hinaus den weiteren Vorgang dieser Untersuchung:

„Da Bewußtsein etwas Subjektives ist, gibt es keine direkte Möglichkeit, es in anderen zu beobachten. Aber das ist nur ein Hindernis, keine Sackgasse. Zunächst hat jeder von uns Zugang zu seinen eigenen Erlebnissen, und aus diesem reichen Erfahrungsschatz lassen sich Theorien formulieren. [...] Auch philosophische Argumente und Gedankenexperimente werden eine Rolle spielen. Solche Methoden haben ihre Grenzen, aber sie leisten für den Anfang mehr als genug."[112]

---

112 Chalmers, David J.: „Das Rätsel des bewußten Erlebens", S. 17.

Tanz, Gedächtnis und Geist

Das folgende Kapitel behandelt die Beziehung zwischen Gedächtnis und Tanz in Anlehnung an den französischen Philosophen Henri Bergson. Bergson stellt im Hinblick auf die Erkenntnisse der naturwissenschaftlichen Gedächtnisforschung einen Gegenpol dar. Für ihn ist das Gedächtnis in keiner Weise ein Resultat der Gehirnaktivität. Es geht in seiner Philosophie nicht aus der Aktivität des Gehirns hervor, sondern über den Gehirnzustand hinaus.

Es gilt also mit Bergson eine Ausgangsposition einzunehmen, die das Gedächtnis so sieht, wie es uns erscheinen kann: als geistige Aktivität. Bergson betrachtet das Gedächtnis als den „Geist in seiner greifbarsten Form"[1] und gleichzeitig als den Schnittpunkt, an dem sich Materie und Geist berühren. Seine Theorie des Gedächtnisses, die er vor allem in seiner Studie *Materie und Gedächtnis* entwickelt, hat zum Ziel, den Geist als eine von der Materie unabhängige Realität zu zeigen. Die Bewegungen des Geistes sind für Bergson eine ebenso wirkliche Kraft wie die physikalischen Gesetze. Nur dem menschlichen Geist ist die Fähigkeit gegeben, sich in die Bewegung selbst zu begeben, um so die reine Veränderlichkeit der Zeit zu erfahren, die Bergson *durée* (Dauer) nennt. Er begreift die innere Dauer als „das kontinuierliche Leben eines Gedächtnisses"[2] und denkt man noch einmal im Vokabular der Gehirnforschung, so ist es das Gedächtnis, dem das Erleben der *Qualia* zuzuschreiben ist.

In Bergsons Verweigerung, Erinnerungen als gespeicherte Informationen des Gehirns zu begreifen, ist er den aktuellen Diskussionen um das Ge-

---

1 H. Bergson: *Materie und Gedächtnis*, S. 62.
2 H. Bergson: *Denken und schöpferisches Werden*, S. 201.

dächtnis näher, als es zunächst den Anschein haben mag. Für Bergson ist das Gehirn kein Archiv von Erinnerungen, welches in Form von Gehirnzellen Erinnerungen erhält, sondern ein Organ der Wahrnehmung, das durch die Absicht der Erinnerung beeinflusst wird. Bergsons Gedächtnismodell steht für eine Theorie des Gedächtnisses, die statt einer repräsentationalistischen Aufspeicherungstheorie für eine Theorie des virtuellen Gedächtnisses eintritt. Der Zustand des Köpers wird laut Bergson von zwei Seiten her in Gang gesetzt: von der Seite der Sinnesorgane und von der Seite des Gedächtnisses her.

Zu Beginn der Auseinandersetzung mit Bergson soll dargestellt werden, wo die Parallelen seiner Philosophie zur Tanzpraxis liegen und inwieweit Bergsons Gedächtnistheorie zur Verständnisgewinnung von Erinnerungsprozessen im Tanz beitragen kann. Daran anschließend wird Bergsons Begriff der *durée* erläutert, der im Zentrum von Bergsons Philosophie steht. Weitere Ausführungen widmen sich Bergsons Überlegungen zur Bewegung, bevor eine Darstellung von Bergsons Gedächtnistheorie erfolgt. Parallelen zwischen Bergsons Philosophie und der Tanzpraxis werden kontinuierlich hergestellt, indem auf das Beispiel *Le Sacre du printemps* Bezug genommen wird. Zusätzlich werden auch andere Äußerungen von Tanzschaffenden den philosophischen Zugriff auf die Gedächtnisthematik illustrieren. Im Anschluss daran soll Bergsons Theorie des Gedächtnisses auf den Tanz angewendet werden, indem die am Gedächtnisprozess beteiligten Vorgänge – Wahrnehmung, Empfindung und Erinnerung – beschrieben werden. Schließlich wird auf die Unterscheidung von wiederholendem und vorstellendem Gedächtnis eingegangen, welche sich auch als die zwischen implizitem und explizitem Gedächtnis denken lässt. Zunächst sei das Werk des französischen Philosophen jedoch kurz skizziert.

HENRI BERGSON

Henri Bergson (1859-1941) und seine Philosophie stehen für ein Denken, das an der Schwelle zum 20. Jahrhundert entsteht und sich gegen eine ausschließlich technisch-wissenschaftliche Rationalisierung des Lebens wendet.³ Der Fortschritt auf dem Gebiet von Wissenschaft und Technik wird vor allem durch die Erkenntnisse in der modernen Physik ausgelöst. Mit der kopernikanischen Theorie, den *Discorsi* von Galileo Galilei von 1642 und Newtons *Principia mathematica* von 1687 nimmt die wissenschaftliche Erklärung des Universums ihren Lauf und führt den französischen Astronomen Marquis de Laplace (1749-1827) zu Beginn des 19. Jahrhunderts dazu zu erklären, dass das Universum vollständig determiniert sei. Im Zuge dieses Gedankens wächst im 19. Jahrhundert die Bewunderung für den Geist der Wissenschaft und gipfelt z.B. im Positivismus von Auguste Comte (1789-1857), der jegliche menschliche Erfahrung wissenschaftlich fundieren will. Bis in das 20. Jahrhundert hinein wird die Wissenschaft von dem Gedanken bestimmt, dass das Universum und seine Gesetze determiniert seien, bis der deutsche Physiker Werner Heisenberg (1901-1976) 1927 seine Unschärferelation der Quantenmechanik formuliert, die besagt, dass die Position eines Elektrons nie mit vollständiger Gewissheit bestimmt werden kann. Der Gedanke der Determination des Lebens ist zu Bergsons Zeiten sowohl in den Naturwissenschaften als auch in den Geisteswissenschaften gegenwärtig, dort als Prinzip der Kausalität, wo jedes Phänomen Folge eines vorhergehenden und Ursache eines nachfolgenden ist. Auch die Philosophie Immanuel Kants des bloßen ‚Außen-Seins', die jegliche wahre Erkenntnis der Dinge verwehrt, ist zu Beginn des 20. Jahrhunderts als Ergebnis philosophischer Spekulation allgemein anerkannt und provoziert Bergsons entschiedenen Widerspruch. Es ist für Bergson bezeichnend, dass sein Werk neben einem Entwurf zu einem anderen philosophischen Denken auch eine Auseinandersetzung mit vorangehenden und aktuellen Natur- und Geisteswissenschaften darstellt. Bergson reflektiert Platons Ideenlehre, Descartes Realismus, Berkeleys Idealismus und die kantische Philosophie ebenso wie Freuds Psychoanalyse. Das Besondere an Bergsons Philosophie ist die Behandlung philosophischer Fragestellungen in Berücksichtigung von naturwissenschaftlichen Theorien wie etwa Einsteins Relativitätstheorie und Darwins Evolutionstheorie. Seine Philosophie entwickelt sich in wesentlichen Zügen in der Auseinandersetzung und Abgrenzung zu naturwissenschaftlichen Positionen. Vor allem wendet sich Bergson gegen eine rein funktionelle Auffassung des Lebens. Er glaubt nicht an den physika-

---

3   Zu Bergsons Denken vgl. Pflug, Günther: *Henri Bergson. Quellen und Konsequenzen einer induktiven Metaphysik*, Berlin: Gruyter 1959.

lisch-chemischen Charakter der Lebensprozesse, die von der Wissenschaft allenfalls nach- aber keinesfalls abgebildet werden können. Die eigentlichen Lebensvorgänge sieht Bergson in der Philosophie – und nur dort – behandelt und es ist sein Gebrauch der Begriffe des ‚Lebens' und des ‚Lebendigen'[4], durch den er mit dem Begriff der ‚Lebensphilosophie' in Verbindung gebracht wird, ein Ausdruck, der nur im deutschen Sprachraum als Fachterminus gebraucht wird und der die Tragweite von Bergsons Überlegungen auf einen zwar wesentlichen, aber eben nur einen Gedanken verkürzt.

Bergsons erstes Werk *Zeit und Freiheit* (1889), welches zusammen mit einer Aristoteles-Monographie seine Dissertation ist, trägt in der Originalausgabe den Titel *Essai sur les données immédiates de la conscience* (Eine Abhandlung über die unmittelbaren Bewusstseinstatsachen) und entfächert in drei Kapiteln seine Auffassung zum menschlichen Bewusstsein, zum Begriff der Dauer und schließlich zu der Möglichkeit freien Handelns. In diesem Werk wendet sich Bergson gegen die Assoziationspsychologie seiner Zeit und wirft ihr vor, sie sondere die koexistierenden psychischen Tatsachen durch ihre Kausalbetrachtung voneinander ab, anstatt ihnen ihre gegenseitige Durchdringung zu lassen, in der Bergson ihr Wesenhaftes erblickt. Diese Trennung gehe von einem falschen Begriff von Zeit aus und führe die Assoziationspsychologie zu falschen Schlussfolgerungen über die menschliche Psyche. Der Assoziationismus, so Bergson, substituiere den Phänomenen ihre künstliche Rekonstruktion und vermenge auf diese Weise die Erklärung der Tatsachen mit den Tatsachen selbst. Bergson hingegen versucht, das Bewusstsein, das wir von der Außenwelt haben, so zu fassen, wie es sich uns darbietet: als ein ununterbrochener Umbildung begriffenes psychisches Phänomen der inneren Durchdringung, und er gelangt über die Analyse des Bewusstseins zu seinem Begriff der Dauer: der beweglichen Zeit, die durch das Bewusstsein registriert wird und die die Möglichkeit freien Handelns in sich trägt.

Bergsons folgendes Werk *Matière et Mémoire* (Materie und Gedächtnis, 1896) ist eine Auseinandersetzung mit der Physiologie, in der Bergson einen Parallelismus von Gehirn und Gedächtnis bestreitet. Anhand von

---

4   Vgl. dazu Franke, Elk: „Form der Bewegung – Bewegung als Form. Zum Wissen von Bewegungswissen", in: Huschka, *Wissenskultur Tanz* (2009), S. 117-131, hier S. 126.

physiologischen Fehlfunktionen wie Aphasie oder Amnesie legt Bergson dar, dass das menschliche Gedächtnis keine Funktion des Gehirns ist, sondern eine von der Materie unabhängige Kraft. Er liefert mit *Materie und Gedächtnis* einen Beitrag zur Diskussion um das Phänomen des Gedächtnisses, der von zeitlosem Wert ist, weil er die Beziehung zwischen dem Geistigen und dem Materiellen durch das Gedächtnis hergestellt sieht. Darüber hinaus nimmt Bergson auch Erkenntnisse der Naturwissenschaft vorweg. Schon 1896 bezeichnet er die Teilung der Materie in unabhängige Körper mit absolut bestimmten Umrissen als künstlich,[5] aber erst 1927 wird Heisenberg seine Unschärferelation formulieren und Bergsons philosophische Betrachtungen damit auf einen naturwissenschaftlichen Boden stellen. Heisenberg war der Ansicht, dass jede Untersuchung eine Veränderung am Untersuchungsgegenstand vornimmt. Seine Auffassung stimmt mit der Bergsons überein, für den die Analyse der Wissenschaft die bewegten Prozesse des Lebens zum Erliegen bringt, und daher nur für unbewegte Phänomene greift.

1907 folgt Bergsons berühmtestes Werk *L'évolution créatrice* (Schöpferische Entwicklung), für das er 1927 den Nobelpreis für Literatur erhält. Es ist Bergsons Beitrag zur Entwicklungslehre, in dem er sich mit Charles Robert Darwins Evolutionstheorie und der Biologie beschäftigt, um zu seiner philosophischen Deutung der Evolution zu kommen. In *Schöpferische Entwicklung* entfaltet Bergson seine Auffassung des *Elan vital*, des Lebensdrangs, den er als inneres Prinzip der Evolution begreift, und darüber hinaus seine Intuitionsphilosophie, die die wissenschaftliche Erkenntnis der Dinge um ein Erkennen von innen her ergänzen möchte.

In die Zeit vor der Erstveröffentlichung dieses Werkes fällt die Entdeckung eines gänzlich neuen Mediums: 1895 erfolgen die ersten Vorführungen von Bewegtbildern des Films und Bergson wird das neue Medium heranziehen, um mit ihm in *Schöpferische Entwicklung* den „kinematographischen Mechanismus des Denkens"[6] zu kritisieren. So wie der Film Bewegung aus unbewegten Bildern konstruiert, so verfährt das menschliche Denken: Es stellt sich zusammengesetzte Bewegungen vor, anstatt sich mit dem Bewusstsein in die Beweglichkeit der Zustände zu versetzen. Bergsons Vergleich zwischen Film und Denken greift zwar auf der technischen Ebe-

---

5   H. Bergson: *Materie und Gedächtnis*, S. 195.
6   H. Bergson: *Schöpferische Entwicklung*, S. 275 ff.

ne des Films, nicht aber, wie Gilles Deleuze gezeigt hat, auf der Ebene der subjektiven Wahrnehmung, in der dem Zuschauer ein bewegtes Durchschnittsbild gegeben wird.[7] Zweierlei wird jedoch an Bergsons Bezugnahme auf den Film deutlich: zum einen Bergsons Aufmerksamkeit gegenüber den Strömungen und Errungenschaften seiner Zeit, zum anderen seine Auswirkung auf die zukünftige Kunst- und Medientheorie. Auch wenn Bergson alles andere im Sinn hat, als dem neuen Medium eine Theorie zu liefern, so ist es doch gerade seine Philosophie, die Gilles Deleuze sechsundsiebzig Jahre später, 1983, einen entscheidenden Bezugspunkt zu seiner Klassifizierung der Filmbilder liefert.

Es folgen noch drei weitere wichtige Werke von Bergson. 1919 erscheint *L'énergie spirituelle* (Die seelische Energie), 1932 *Les deux sources de la morale et de la religion* (Die beiden Quellen der Moral und der Religion) – Bergsons Beschäftigung mit sozialen Fragen – und schließlich 1933 *La pensée et le mouvant* (Denken und schöpferisches Werden), eine Sammlung von Aufsätzen und Vorträgen, die Grundzüge seines Denkens erklärt und in dem auch eine Stellungnahme zu Einsteins Relativitätstheorie zu finden ist. Einsteins Theorie aus dem Jahre 1905 beruht auf dem Postulat, dass Naturgesetze für alle bewegten Beobachter unabhängig von ihrer Geschwindigkeit gleich sind. Bergson nimmt auf Einsteins Theorie Bezug und legt dar, dass mit Einsteins Erkenntnissen weder etwas für noch gegen seine Auffassung der Zeit zu sagen ist, da sich seine Philosophie auf die innere Erfahrung bezieht – die gelebte Zeit, die in der Physik nicht vorkommt – während Einsteins Theorie nach einer mathematischen Darstellung der Realität sucht.[8] Einstein ließ die Idee einer vom Raum unabhängigen Zeit zu Gunsten der Lichtgeschwindigkeit fallen. Dennoch gibt es, wie schon bei den Gesetzen Heisenbergs, Berührungspunkte zwischen der naturwissenschaftlichen Analyse Einsteins und der philosophischen Anschauung Bergsons. Aus Einsteins Gleichung $E = mc^2$ folgt, dass die Materie aus Energie besteht und dass das Universum ein unteilbares, dynamisches Ganzes ist. In gewisser Weise berührt sich diese Beobachtung mit Bergsons Auffassung, dass die Gegenstände der materiellen Welt in Solidarität miteinander ver-

---

7 Vgl. Deleuze, Gilles: *Das Bewegungs-Bild*, Frankfurt a.M.: Suhrkamp 1983, S. 14.

8 Vgl. H. Bergson: *Denken und schöpferisches Werden*, S. 52 ff.

bunden sind.⁹ Seine Auseinandersetzung mit Albert Einstein setzt Bergson darüber hinaus in *Durée et simultanéité* fort, einer Arbeit, die 1922 erscheint und vor allem Bergsons Begriff der Zeit verteidigt. Dieses Verständnis schreibt der Zeit besonders eine schöpferische Kraft zu, die unabhängig vom Raum existiert. Es wirkt sich wegweisend auf die Zeittheorien des 20. Jahrhunderts aus, die in der Philosophie aber auch in der Physik aufgestellt werden. Bergsons philosophisch ausgeführten Annahmen zur Zeit werden Mitte der achtziger Jahre des 20. Jahrhunderts z.B. durch den mit dem Nobelpreis ausgezeichneten Physiker Ilya Prigogine bestätigt.[10] Infolgedessen ist, wie Petra Maria Meyer betont, eine Annäherung von philosophischem und physikalischem Zeitdenken hervorzuheben.[11] Dieses Denken begreift die Zeit vor allem als ‚irreversibel' und damit als das Gegenteil dessen, was wiederholbar ist. Nach Ilya Prigogine kommt die Physik zu der Annahme einer ‚internen Zeit' – und das im physikalischen Sinn – die in instabilen Systemen auftritt, zögern kann und in ihren Fortgang Elemente ihrer Vergangenheit aufnimmt. Damit weist die ‚interne Zeit' der Physik Merkmale von Bergsons *durée* auf. „Auf Grund dessen, was wir heute wissen", so Ilya Prigogine und Serge Pahaut, „können wir von Evolution und Irreversibilität im kosmischen Bereich ebenso sprechen, wie wir von Evolution und Irreversibilität beim Leben und bei den menschlichen Gesellschaften sprechen."[12] Ging die Naturwissenschaft zu Anfang des 20. Jahrhunderts noch von einer deterministischen Sicht auf die Naturgesetze aus, so ist sie zum Ende des 20. Jahrhunderts zu einer differenzierteren Sicht gelangt, die Konzepte von Irreversibilität und Instabilität in ihre Überlegungen einbezieht. „Die Vorstellung, daß Strukturen eine Geschichte haben, trennt die

---

9 Vgl. H. Bergson: *Materie und Gedächtnis*, S. 208.

10 Prigogine, Ilya/Pahaut, Serge: „Die Zeit wiederentdecken", in: Michel Baudson (Hg.), *Zeit – Die vierte Dimension in der Kunst*, Weinheim: Acta humaniora 1985, S. 23-33.

11 Auf die Annäherung von physikalischem und philosophischem Zeitdenken weist Petra Maria Meyer in Bezugnahme auf Prigogine und Pahaut hin. Vgl. Meyer, Petra Maria: „Intensität der Zeit in John Cages Textkompositionen", in: Günther Heeg/Anno Mungen (Hg.), *Stillstand und Bewegung. Intermediale Studien zur Theatralität von Text, Bild und Musik*, München: ePodium 2004, S. 227-237.

12 Priogogine, Ilya/Pahaut, Serge: „Die Zeit wiederentdecken", in: Baudson, *Zeit – Die vierte Dimension in der Kunst* (1985), S. 25.

Wissenschaft nicht mehr von der Kunst."[13] Damit wird die Rolle der Zeit als einer unabhängigen Kraft nicht länger in Frage gestellt.

Aber auch der in den Neurowissenschaften erst in den fünfziger Jahren des 20. Jahrhunderts bestätigte Befund einer biologisch fundierten Unterscheidung zwischen einem impliziten und einem expliziten Gedächtnis wird gedanklich unter anderem von Bergson vorweggenommen. Eric R. Kandel schreibt dazu: „The distinction between implicit (non-declarative) and explicit (declarative) memory, as foreseen by James, Bergson, Ryle and Bruner early in the century and then revealed by studies of H.M. and other patients with amnesia, is now generally accepted as being well-founded biologically."[14] Bergsons Einfluss erstreckt sich also nicht nur auf die Theorien der Zeit des 20. und des 21. Jahrhunderts, sondern gilt auch für die Gedächtnismodelle der Neurowissenschaften.

Die große Resonanz, die Bergsons Werk zu seiner Zeit findet, liegt zum einen in der allgemeinen ‚Kulturkrise' um 1900 begründet, zum anderen befindet sich die Literatur in einer Situation, in der die repräsentative Funktion der Sprache bezweifelt wird und Bergsons Denken fällt in dieser Krise auf fruchtbaren Boden.[15] Allerdings ist seine Philosophie umstritten und die Kritiker an seiner Metaphysik bemängeln ihre angeblich fehlende historische Spezifizierung (Benjamin[16]), ihre Unterschlagung des Todes (Horkheimer[17]) und ihre Verweigerung, die Handlung als Tat des Geistes zu begreifen (Cassirer[18]). Auch zeitgenössische Autoren sprechen von einem ‚inneren Scheitern' des Bergson'schen Denkens, wie z.B. Heike Klippel in ih-

---

13 Ebd., S. 32.
14 Kandel, Eric R./Pittenger, Christopher: „The past, the future and the biology of memory storage", S. 2032.
15 Vgl. Brandstetter, Gabriele: „Tanzt die Orange. Literatur und Tanz in der Moderne", in: Kunsthalle in Emden/Haus der Kunst München (Hg.), *Tanz in der Moderne. Von Matisse bis Schlemmer*, Köln: Wienand 1996, S. 277-286.
16 Vgl. Benjamin, Walter: *Medienästhetische Schriften*, Frankfurt a.M.: Suhrkamp 2002, S. 33.
17 Vgl. Horkheimer, Max: „Zu Bergsons Metaphysik der Zeit", in: Ders., *Kritische Theorie*, Frankfurt a.M.: Suhrkamp 1968, S. 188.
18 Vgl. Cassirer, Ernst: *Philosophie der symbolischen Formen. Band 3: Phänomenologie der Erkenntnis*, Darmstadt: Wissenschaftliche Buchgesellschaft 1975, S. 218.

rem Buch *Gedächtnis & Kino*.[19] Klippel sieht Bergsons Werk aber gleichfalls als „großartige Antithese gegen das mechanistische Denken"[20]. Da Bergsons Werk zu Beginn des 20. Jahrhunderts angesiedelt ist, sind viele wegweisende Erkenntnisse und Ansätze der modernen Natur- und Geisteswissenschaften bei ihm noch unberücksichtigt. Zu hinterfragen ist Bergsons zum Teil nicht reflektierte Verwendung der Begriffe ‚Leben' oder ‚Wirklichkeit', was z.b. Jan Assmann dazu führt, sie als „Zauberworte"[21] zu bezeichnen.

In Bergson ist dennoch mehr als ein ‚Lebensphilosoph' einer vergangenen Epoche der Philosophiegeschichte zu sehen. Er ist Kunst-, Zeit- und Bewegungsphilosoph zugleich, aber auch seine Auseinandersetzungen mit der Physik und der Biologie sind für seine Philosophie von Bedeutung. Gerade in der Konfrontation mit den Naturwissenschaften zeigt sich, dass Bergson den Problemen seiner Zeit durch einen philosophischen Zugriff eine zusätzliche Dimension abzugewinnen vermag, ein Ansatz, der gerade jetzt, wo der Gedanke, das Gedächtnis sei allein eine Funktion des Gehirns an Dominanz gewinnt, von Interesse sein muss. Bergsons Philosophie der Intuition fordert eine Perspektive, die die ‚andere' Hälfte des Wirklichen in den Blick nimmt, eine Berücksichtigung dessen, was die beweglichen Prozesse und nicht die naturwissenschaftlichen Gesetze kennzeichnet. Gemeint sind die Erfahrungen des Bewusstseins, die sich nicht wie die Erkenntnisse der Naturwissenschaften ins Außen entfalten lassen und damit objektivierbar sind, sondern die sich im Inneren durchdringen und nur in Zusammenhängen wahrgenommen werden können. Diese Erfahrungen sind auch im 21. Jahrhundert in ihren Wesenszügen gleich geblieben. Mehr als der Begriff der ‚Lebensphilosophie' müssen Betrachtungen zur Bewegung, zur Dauer, dem Gedächtnis, der Intuition und dem *Elan vital* mit Bergson in Verbindung gebracht werden. Sie sind es, die den Zeitrahmen, in dem sie entstanden sind, überdauert haben, und sie sind für den geisteswissenschaftlichen und den naturwissenschaftlichen Diskurs weiterhin aktuell.

---

19 Vgl. Klippel, Heike: *Gedächtnis & Kino*, Frankfurt a.M.: Stroemfeld 1997, S. 94.
20 Ebd., S. 70.
21 J. Assmann: *Das kulturelle Gedächtnis*, S. 48.

EINE SPRACHE FÜR DAS SPRACHLOSE

Die Philosophie Bergsons handelt von der Beziehung zwischen Geist und Körper und ist daher keine rein spiritualistische Lehre. Sie isoliert nicht das eine vom anderen, sondern integriert die Materialität des Lebens in ihre Anschauung. „Begnügen wir uns mit dem Wirklichen, der Materie und dem Geist", schreibt Bergson in einem seiner Aufsätze[22]. Bergsons Überlegungen gehen immer von beiden Bereichen aus und problematisieren ihre Beziehung zueinander. Das ‚Geistige' befindet sich im fortwährenden Austausch mit dem ‚Physischen'. Beide Systeme sind einander gleichwertig.

Hierin findet sich eine erste Parallele zum Tanz. Der belgische Choreograph Sidi Larbi Cherkaoui sagt dazu: „Ich mache keinen Unterschied zwischen Physischem und Spirituellem. Ich glaube an den Körper. Ich glaube so sehr an den Körper, dass Sie vielleicht sagen könnten, es ist ein spiritueller Glaube an den Körper."[23] Tanz ist mehr als eine rein physische Kunst und doch braucht sie den Körper mehr als jede andere. Auch Pina Bausch sah den Tanz nicht als eine rein körperliche Kunst: „Jeder Zuschauer kann es mit seinem eigenen Körper und mit seinem Herzen sehen. Das ist das Wunderbare am Tanz: dass der Körper eine Realität ist, ohne den nichts möglich ist, aber über den man sich auch hinwegsetzen muss."[24] Die Anschauung eines Austausches zwischen Geist und Körper ist in der tänzerischen Praxis fest verankert und findet in Bergson einen Philosophen zu dessen Thematisierung.

In Bergsons gesamter Philosophie ist dabei die Bewegung von zentraler Bedeutung. Er findet sie überall, auch dort, wo man die Unbeweglichkeit vermutet, weil er sie als eine innere Realität begreift. Die Beweglichkeit ist in seiner Metaphysik der Grund aller Dinge, denn sie wird vom Bewusstsein aus gedacht. Man kann Bergson damit nicht nur als Zeitphilosophen, als ‚Erfinder' der Kategorie der *durée* verstehen, sondern auch als Bewegungsphilosophen. Er ist der Philosoph, der neben dem Phänomen der Zeit

---

22 H. Bergson: *Denken und schöpferisches Werden*, S. 83.
23 Cherkaoui, Sidi Larbi/Staude, Sylvia: „Interview mit Sidi Larbi Cherkaoui. Ich glaube an den Körper", http://www.fr-online.de/kultur/interview-mit-sidi-larbi-cherkaoui--ich-glaube-an-den-koerper-,1472786,3278708,item,2.html vom 23.1.2009.
24 Bausch, Pina: „Etwas finden, was keiner Frage bedarf", S. 16.

„über die innere Natur der Bewegung nachdenkt"[25]. Die drei Kategorien ‚körperliche Bewegung', ‚seelische Bewegtheit' und ‚geistige Beweglichkeit' wurden schon von Mary Wigman als für den Tanz konstituierende Parameter herangezogen. „Eine innere Bewegtheit ruft in Bewegung übertragen geistige Beweglichkeit hervor. Allein die Bewegung des Körpers kann dabei gesehen werden. Sie ist der körperliche Ausdruck, in dem sich Bewegtheit und Beweglichkeit manifestieren."[26] Das Zitat von Wigman demonstriert deutlich, dass Tänzer nicht nur damit beschäftigt sind, sich zu bewegen, sondern auch damit, über Bewegung nachzudenken und deren Bedingungen zu verstehen.

Eine weitere Anschauung, die die Philosophie Bergsons und der Tanz gemeinsam haben, ist die Betrachtung des Körpers als Medium. „Unserer Wahrnehmung wird sich also etwas von unserem Körper beimischen", schreibt Bergson[27], für den der Körper ein „Leiter"[28] ist, der die Bilder der materiellen Welt empfängt und sie in Form der Handlung an diese zurückgibt. Das Verhältnis von Medium und Botschaft ist bei Bergson als ein Mischverhältnis zu denken, bei dem sich an der Wahrnehmung die Spur des Mediums Körper bewahrt. Dabei steht der Körper nicht am Beginn einer Kette, sondern ist in einen Kreislauf integriert. Die Welt geht in ihn ein und durch ihn hindurch. In Bergsons Philosophie ist der Körper ein durchlässiges Medium, das im Außen wahrgenommen und von innen empfunden wird.

Auch im Tanz wird der Körper als Medium verstanden, nämlich als Mittel, um in den „Prozeß der Bewegungsaktion selbst"[29] einzutauchen. Ist der Körper sonst Medium der Wahrnehmung und in deren Folge des Handelns, wird er im Tanz außerdem zum Medium des Bewusstseins, allerdings ohne sich dabei eines anderen Mediums zu bedienen. Das ist neben dem Sport seine besondere Eigenschaft.

---

25 H. Bergson: *Materie und Gedächtnis*, S. 188.
26 Vgl. Wigman, Mary: *Die Sprache des Tanzes*, Stuttgart: Battenberg 1963, S. 108.
27 H. Bergson: *Materie und Gedächtnis*, S. 232.
28 Ebd., S. 66.
29 Laban, Rudolf von: *Der moderne Ausdruckstanz*, Wilhelmshaven: Heinrichshofen's 1975, S. 125.

Bergsons Philosophie sucht die Auseinandersetzung mit der Erfahrung. Er will eine Philosophie, die ihre Tatsachen nicht fertig von den Wissenschaften erhält, sondern in die Prinzipienfrage eingreift und neben den äußeren Realitäten die inneren Realitäten geltend macht. Auch wenn sich zwischen Metaphysik und Wissenschaft ein symmetrisches und komplementäres Verhältnis entwickeln muss, ist es Aufgabe der Philosophie, unter den Bedingungen der Selbstbeobachtung Aussagen zu treffen und sich des daraus ergebenden Problems anders anzunehmen als die Wissenschaft, und auch anders darüber zu sprechen. „Ihr eigenster Gegenstand [der Philosophie] ist die Spekulation, das heißt das Schauen."[30] Schauen ist hier nicht als passive Tätigkeit gemeint, sondern als Aktivität, die sich von der reinen Zweckmäßigkeit löst. Damit ist keine Sinnlosigkeit gemeint, denn das Leben geht von Natur aus über die Zweckmäßigkeit hinaus. Das Schauen der Philosophie verschreibt sich einem anderen zusätzlichen Blick. Da sie nicht an die Präzision der Wissenschaft gebunden ist, nimmt sie einen anderen Kontakt mit der Wirklichkeit auf, der nicht auf Anwendbarkeit abzielt.

In einer von den Naturwissenschaften abweichenden Haltung gegenüber der Realität zeigt sich eine weitere Gemeinsamkeit zwischen Philosophie und Tanzpraxis. Auch der Tanz löst den Körper vom Zweck und bringt ihn in einen ‚zwecklosen' Zusammenhang, auch er geht davon aus, dass mit dem Verstand nur ein Teil der Realität erfasst wird, auch er sieht seine Stärke im Prozess und nicht im Begriff und vor allem: Er begibt sich in die Bewegung hinein und bleibt nicht außen vor. Ganz wie die Philosophie Bergsons versucht der Tanz, den Menschen nicht in Verstandesbegriffe aufzulösen, sondern in seinem ‚An-sich', seiner Sprachlosigkeit, seiner inneren Realität zu ergreifen.

Der Austausch zwischen Körper und Geist, der Körper in seiner Funktion als Medium und die innere Erfahrung als Form der Erkenntnis, sind drei grundlegende Annahmen, die Bergsons Philosophie und Tanzkunst miteinander verbinden.

Bergson hat oft auf die Verwandtschaft zwischen Kunst und Philosophie hingewiesen. In seinen Schriften finden sich an zahlreichen Stellen Bezugnahmen zur Kunst, in der Bergson eine dargestellte Metaphysik erblickt. In der Kunst kann eine Erfahrung gemacht werden, die auch seine

---

30 H. Bergson: *Schöpferische Entwicklung*, S. 212.

Philosophie ermöglichen soll: die Versenkung in die Dauer, die Erfahrung von Gedächtnis.

Als primäre Aufgabe der Kunst führt Bergson ihre Fähigkeit an, die Wahrnehmung des Betrachters zu erweitern. Sie zeigt das Unbemerkte, das der Betrachter übersehen hat, isoliert ihren Gegenstand aber nicht nach Maßgabe der bewussten Wahrnehmung, die sich an der Handlung und dem Nutzen der Dinge orientiert. Vielmehr zeigt sie den Gegenstand „in seinem An-sich und nicht nur in seiner Beziehung zu uns."[31] Der Künstler ist „ein im eigentlichen Sinne des Wortes Zerstreuter"[32] und „Losgelöster"[33], da sich seine Wahrnehmung von den Anforderungen der Wirklichkeit befreit. Hier gewinnt insbesondere der Rhythmus an Bedeutung, über den die Kunst verfügt und der das Wahrnehmungsvermögen hin und her bewegt, anstatt es in der Handlung zu fixieren.

In der Suggestionskraft der Kunst sieht Bergson ihre zweite wichtige Funktion. Die Kunst bemüht sich, dem Beobachter einen Eindruck von Gefühl zu geben. Sie ist auf einen Zuschauer ausgerichtet, während die Natur sich einfach ausdrückt. Diese bedarf des Zuschauers nicht, jene stellt die bewusste Bemühung dar, das zum Ausdruck gebrachte Gefühl mitzufühlen.[34] Durch anwachsende Intensitäten versetzt die Kunst den Beobachter in ein qualitatives Fortschreiten von Zuständen, die weder Raum noch Größe, sondern Dauer einnehmen.[35] In *Zeit und Freiheit* zeigt Bergson am Gefühl des Schönen den „hypnotischen Zustand"[36] und das „traumhafte Vergessen"[37], das die Kunst in Gang setzt. Dabei versteht Bergson Einfühlung nicht als Flucht vor der Wirklichkeit, im Gegenteil: Gerade die Wirklichkeit ist beweglich und veränderlich. „Die Wirklichkeit fließt und wir fließen mit ihr."[38] Gefühle müssen als eine wirkliche Kraft verstanden werden, denn „der Mensch erschafft sie ebenso wenig, wie er die Wärme oder das

---

31 H. Bergson: *Denken und schöpferisches Werden*, S. 157.
32 Ebd., S. 156.
33 Ebd., S. 158.
34 Bergson, Henri: *Zeit und Freiheit*, Hamburg: Europäische Verlagsanstalt 1994, S. 18.
35 Vgl. ebd., S. 22.
36 Ebd., S. 18.
37 Ebd., S. 19.
38 H. Bergson: *Denken und schöpferisches Werden*, S. 240.

Licht erschafft."[39] Die Wahrheit des Gefühls ist laut Bergson am tiefsten in der Wirklichkeit verwurzelt, denn Wahrheiten werden gefühlt und gelebt, bevor sie gedacht werden. Außer in der Philosophie wird diese Fühlungnahme durch die Kunst hergestellt. Die Kunst analysiert nicht, sondern ist ein schöpferischer Akt. Da sie auf ein Material angewiesen ist, kann aber auch sie den menschlichen Intellekt nicht umgehen, der für ihre technische Seite zuständig ist. Das Neue kann nur hervortreten, „wenn es sich stützt auf das, was wiederholbar ist."[40] Während der Intellekt des Künstlers die technischen Bedingungen der Kunst wiederholt, ist der schöpferische Akt selbst eine geistige Bewegung. Dieser Akt erfasst die Lebensströmung an sich, indem der Künstler sich durch Sympathie ins Innere des Gegenstandes versetzt und eine sympathische Berührung mit seinem Objekt herstellt. Wo sich zunächst Künstler und Objekt berühren, berühren sich später Künstler und Zuschauer, da bei der Rezeption die Schranke zerrissen wird, die der Raum zwischen beiden errichtet hat.[41] Daher ist gerade in der Kunst die Zeit nichts Nebensächliches. In der Kunst wird nicht nur ein gemeinsames Zeiterleben von Künstler und Zuschauer möglich, sondern die Zeit ist Bestandteil des Werkes selbst. Dort ist kein Intervall, „das verlängert oder verkürzt werden kann, ohne seinen Inhalt zu ändern"[42]. Die vom Künstler gebrauchte Zeit ist Bestandteil der Erfindung, so Bergson.

Was Bergson über die Kunst im Allgemeinen schreibt, lässt sich auf den Tanz im Besonderen übertragen. Bewegungen im Tanz sind zeitlich geordnet und Teil eines rhythmischen Musters. Die Wahrnehmung dieses Musters übersteigt stets das Wiedererkennen bekannter Strukturen des Alltags von Raum und Zeit. Tanzbewegungen sind mit unseren Vorstellungen und Assoziationen gekoppelt und kommunizieren eine Bewegungsstruktur, die sich dynamisch oder emotional auswirken kann. Die Wiederholung von Bewegungen ist ein notwendiges Mittel der künstlerischen Tanzpraxis und kommt in unzähligen Trainingsstunden und Proben zum Ausdruck. Dabei lassen sich ‚der Tanz' und ‚der Tanzende' nicht voneinander unterscheiden. Deshalb trifft besonders für den Tanz der Gedanke des Hineinversetzens

---

39 Ebd., S. 238.
40 Ebd., S. 114.
41 Vgl. H. Bergson: *Zeit und Freiheit*, S. 21.
42 H. Bergson: *Schöpferische Entwicklung*, S. 332.

zu. Das Hineinversetzen in die Bewegung ist die Bedingung seiner Existenz.

Neben den aufgezeigten Gemeinsamkeiten gilt es, die Unterschiede zwischen Tanz und Philosophie zu markieren. Bergsons Philosophie muss sich in Begriffen niederschlagen. Sie ist dem Widerspruch ausgesetzt, dass sie bezeichnet, was jenseits von Zeichen stattfindet. Sie will ihren Gegenstand nicht eigentlich begreifen, sondern sich in ihn vertiefen. Bergsons Denken will sein Medium, die Schrift, zu Gunsten einer Erfahrung verlassen, die mehr als der Begriff von ihr ist. Und doch kann sie nicht umhin: Sie muss durch die geschriebene Sprache hindurch, um über sie hinaus zu gelangen. Sie hat nichts Besseres, aber sie weiß darum. Der Tanz hat es leichter. Er spricht nicht in Begriffen. Er braucht keine Übersetzung. Er ist eine in sich einheitliche und vollständige Erfahrung. „Wir haben nur zwei Ausdrucksmittel", so Bergson, „den Begriff und das Bild."[43] Drückt sich die Philosophie in Begriffen aus, so der Tanz als Bild.

„Der Gedanke", so Bergson, „ist eine Bewegung."[44] Zur Veräußerung schlägt er sich aber im Begriff nieder. Der Begriff ist das rein Gedachte, das Mögliche, das aber bereits existiert. Was im Denken noch notwendige Zutat war, ist im Begriff allerdings verschwunden: die Bewegung. Der Begriff ist eine momentane Ansicht ohne eine Verbindung zu ihr. Indem man etwas begreift, ist es bekannt, d.h. das Neue, Unvorhersehbare, Veränderbare ist aus ihm getilgt. Der Begriff drängt dazu, mit seiner künstlichen Rekonstruktion, seinem symbolischen Ausdruck, seinem intellektuellen Äquivalent zusammenzufallen: dem Wort.[45] Das Wort macht aus dem Begriff ein Bild, ein Sinnbild zwar, das aber nie etwas anderes als ein Ding sein kann. „Bilder sind nie etwas anderes als Dinge."[46] Schritt für Schritt entwickelt sich die Sprache vom Gedanken zum Begriff, vom Begriff zum Wort und so wird aus dem Gedanken ein Ding. Trotzdem ist der Gegenstand der Sprache ein sich veränderner Zustand. Aus ihm macht sie etwas Unveränderliches. Auf diese Weise werden die Begriffe den Zuständen substituiert. Es kommt zur „Sozialisierung der Wahrheit"[47]. Als Gedächtnis- und Kom-

---

43 H. Bergson: *Denken und schöpferisches Werden*, S. 138.
44 H. Bergson: *Materie und Gedächtnis*, S. 119.
45 Vgl. H. Bergson: *Schöpferische Entwicklung*, S. 313.
46 H. Bergson: *Materie und Gedächtnis*, S. 119.
47 H. Bergson: *Denken und schöpferisches Werden*, S. 106.

munikationsmedium, das ein „Zusammenhandeln"[48] in der menschlichen Gesellschaft erst ermöglicht, sieht Bergson die Sprache aber auch. Sie wirft das Denken in den Raum, aber immerhin ist dies ihr produktiver Akt. Unser soziales Leben ist zum großen Teil ein Verdienst der Sprache, denn mit ihr erhöhen wir die Wirkung auf die Dinge. „Die Sprache übermittelt Befehle oder Hinweise. Sie schreibt vor oder sie beschreibt."[49] Die Handlung ist das Ziel, das die Sprache im Visier hat, indem sie die Arbeit des Menschen im Raum organisiert. Sie ist aber auch ein Symptom dafür, dass es dem Menschen gelungen ist, über den „Determinismus der Natur"[50] hinaus zu gelangen. Dichtung und Prosa zeugen davon, dass die Sprache mehr kann, als nur nützlich zu sein und an die Handlung zu appellieren oder auf sie vorzubereiten. Durch sie hindurch „rinnt die einheitliche Inspiration"[51]. Die Inspiration, die erst nur ein wortloser Einfall war, durchströmt auch noch ihre künstliche Rekonstruktion. Sprache ist durchlässig für den lebendigen Gedanken, der sie hervorgebracht hat.

Besonders der psychische Vorgang ist aber etwas Einzigartiges, die Sprache hingegen bezeichnet unterschiedliche Zustände durch dasselbe Wort. Gerade die Zustände des Bewusstseins können damit nur unzureichend erfasst werden, denn kein Moment des Bewusstseins gleicht dem anderen. Was an ihnen individuell ist, wird durch die Sprache öffentlich, was an ihnen gefühlt ist, wird durch die Sprache verstanden, was an ihnen unmittelbar war, gewinnt durch die Sprache Abstand. Die Sprache entfaltet, was zuvor im Innen war ins Außen, und macht aus der Einheit des Gefühls ein Nebeneinander von Zeichen. Aus der „Kontinuität der Erfahrung"[52] ist das Zeichen immer herausgelöst. Die Erfahrung ist aber keine gleich klingende Bewegtheit wie die der Sprache. Sie besitzt kein normiertes Zeitmaß. Ihre Geschwindigkeit ist variabel, die der Sprache unterliegt einer Norm. Bergson kritisiert aber nicht nur die Art und Weise des Verfahrens von Sprache, sondern ihre grundsätzliche Spannweite. Von unseren Vorstellungen können nur die, „die uns am wenigsten eigentümlich sind"[53], durch

---

48 Ebd., S. 178.
49 Ebd., S. 98.
50 H. Bergson: *Schöpferische Entwicklung*, S. 268.
51 Ebd., S. 264.
52 Ebd., S. 291.
53 H. Bergson: *Zeit und Freiheit*, S. 102.

Worte ausgedrückt werden. Die Vorstellungen, die uns am meisten kennzeichnen, werden von der Sprache nicht bezeichnet. Ist sie auf die äußeren und unveränderlichen Dinge noch anwendbar, für das, was uns im Inneren und nur dort bekannt ist, ist die Sprache sprachlos.

Als alternatives Ausdrucksmittel bietet Bergson daher das Bild an. Für Bergson ist das Bild aber nicht nur Ausdruck, es bezeichnet auf einer viel grundsätzlicheren Ebene die beiden Seinsbereiche der Realität: die Realität der äußeren Fakten und die Realität des Bewusstseins. Für Bergson ist es unmöglich, etwas anderes als Bilder zu setzen.[54] Es gibt Bilder, die unabhängig von uns existieren – Bergson nennt sie Wahrnehmungen – und Bilder, die der Geist generiert: Erinnerungen. Beide Systeme bilden zusammen das Universum der Bilder,[55] das durch das eine Bild, das Materie und Geist vereint, verbunden wird: den menschlichen Körper. Er generiert die dritte Art Bilder: die Empfindungen.

Ursprünglichkeit ist daher ein erstes Kriterium, das für die Kommunikation in Bildern spricht, denn sie waren von allem, was wir jemals erfahren haben, zuerst da. Da Bilder sowohl in die Welt der Dinge als auch in die Welt des Geistes eingehen, sind sie ein Medium der inneren und der äußeren Erfahrung. Das Bild besitzt die Fähigkeit, beide Systeme miteinander zu verbinden, da es in beiden Systemen enthalten ist. Während bei der Sprache das Verhältnis von innen und außen eine Trennung bezeichnet, so bezeichnet es beim Bild eine Beziehung. Jedes wahrgenommene Bild wirkt auf alle übrigen Bilder, z.B. die Erinnerung. Das Bild setzt sich immer fort, von der Wahrnehmung zur Empfindung und von der Empfindung zur Erinnerung. Das Bild ist daher ein Medium der Verbindung. In der Malerei ist es eine Gestalt, „die der Maler innerlich als ein Einfaches geschaut hat"[56], d.h. selbst als Zeichen ist es noch näher an der Erfahrung, unmittelbarer als die Sprache, weil es seine Einheitlichkeit bewahrt hat und auch die Erfahrung wird uns immer als etwas Einheitliches gegeben. Schließlich überragen die Bilder immer das, was wir von ihnen wahrnehmen.[57] Das Bild enthält immer etwas, was wir noch nicht bemerkt haben, weil dies unser Vermögen übersteigt. „Alle Einflüsse von allen Punkten aller Körper wahr-

---

54 Vgl. H. Bergson: *Materie und Gedächtnis*, S. 19.
55 Vgl. ebd., S. 2.
56 H. Bergson: *Schöpferische Entwicklung*, S. 122.
57 Vgl. H. Bergson: *Materie und Gedächtnis*, S. 228.

nehmen, hieße zum materiellen Gegenstande werden."[58] Das Bild ist damit unerschöpflich. Für das Bild als Medium der Kommunikation sprechen folglich seine Ursprünglichkeit, seine Fortsetzbarkeit, seine Einheitlichkeit und seine Endlosigkeit. Letztlich geht alle Anstrengung des Denkens und Sprechens dahin, zu den Eigenschaften des Bildes zurückzukehren. Bergson vertritt die Auffassung, dass das, was alle Begriffe gemeinsam leisten, in einem übergeordneten Bild vereinigt und sublimiert werden kann. „In Begriffen wird das System entwickelt; in einem Bild rafft man es zusammen."[59] Begriffe sind also etwas ganz und gar Vorläufiges – oder wenn man so will, Nachläufiges – jedoch etwas Notwendiges und Nützliches, um sich das Bild zu erarbeiten oder um es nach der Schauung zu kommunizieren. Der Begriff ist das Medium *zum* oder *weg vom* Bild. Nachdem die Begriffe von der Erfahrung wegführen, können sie auch den Weg dorthin ebnen.

Bergsons häufiger Gebrauch von Metaphern ergibt sich aus dieser Theorie des Bildes. Das Sprechen in Bildern kann „wissentlich im eigentlichen Sinn"[60] sein, weil es im Hinweis eine direkte Anschauung ermöglicht, während die abstrakte Sprache in der Dinglichkeit stecken bleibt.

Aus der Perspektive dieser Theorie des Bildes kann auch der Tanz ‚wissentlich' sein, da er vor allem in Bildern des Körpers ‚spricht'. Seine besondere Eigenschaft liegt aber nicht darin, den Körper auf sein Bildhaftes zu fixieren, sondern ihn in Bewegung zu versetzen. Damit ist er weder ‚Dingbild' noch ‚Geistbild', sondern erfasst das Geistige im Körper und das Physikalische im Geistigen. Indem er auf die Sprache verzichtet, widersteht er der Verfestigung zum Zeichen. Während die Philosophie nicht auf die Sprache der Worte verzichten kann, ist der Tanz eine ‚Sprache', in der nicht der Begriff, sondern das Bild kommuniziert und in der Bewegung der Festlegung widersteht.

Auch Pina Bausch hat versucht zu formulieren, worin die Sprache des Tanzes bestehen könnte:

„Es geht darum, eine Sprache zu finden – mit Worten, mit Bildern, Bewegungen, Stimmungen – die etwas von dem ahnbar macht, was immer schon da ist. Aber es ist

---

58 Ebd., S. 35.
59 H. Bergson: *Denken und schöpferisches Werden*, S. 139.
60 Ebd., S. 58.

ein sehr, sehr schwieriger Prozess, es sichtbar zu machen. Ich fühle immer, dass es etwas ist, mit dem man sehr vorsichtig umgehen muss. Es ist ein ganz präzises Wissen, das wir alle haben, und der Tanz, die Musik usw. sind eine genaue Sprache, mit der man dieses Wissen ahnbar machen kann."[61]

Das Ahnbare, von dem Pina Bausch spricht, ist auch eine Kategorie Bergsons, die hinter dem steht, was die sinnliche Wahrnehmung uns gibt. „Hinter dem Sichtbaren aber steht das Geahnte."[62] Hinter dem, was zu sehen ist, liegt die Dimension dessen, was uns unmittelbar gegeben ist: nicht die sinnliche Wahrnehmung, sondern die Zustände des Bewusstseins, die sich in der Zeit abspielen und die vom Gedächtnis als Dauer registriert werden. Die Ahnung der Wahrnehmung im Sinne Bergsons ist also in etwa das, was die Ahnung des Tanzes ist. Sie ersetzt nie das Innenleben, das das erste Feld der Erfahrung ist, sondern sie versteht sich als dessen Ergreifen. Das präzise innere Wissen ist das Wissen eines Bewusstseins, das sich selbst immanent bleibt, anstatt sich an die Bedingungen der äußeren Tatsachen anzupassen. In unserem Inneren sind wir uns unmittelbar gegeben und benötigen nichts zu seiner Übersetzung. Zu diesem inneren Wissen will der Tanz mittels Bewegung eine Berührung herstellen. Die Kontaktaufnahme der Philosophie erfolgt zwar in der gleichen Richtung, ist aber eine Übersetzung in Begriffe. Für diesen Transfer fordert Bergson ein Verfahren, das verbindliche und nachvollziehbare Ergebnisse liefert. Seine Philosophie ist eine Anstrengung der Intelligenz, um den Geist von einer ausschließlich verstandesmäßigen Auffassung zu befreien. Sie bleibt dennoch ein Akt der Reflexion und ist keine Übergabe der Philosophie an das Gefühl. Nur durch den Gebrauch der Intelligenz kann sie zu sich finden und darüber hinaus mitteilen.

Der Akt des Suchens und Findens einer Sprache wird von Pina Bausch als schwierig bezeichnet und auch Bergson räumt Schwierigkeiten beim Begreifen seiner Philosophie ein. Aber so wie sich Bilder im Tanz ergreifen lassen, können sich Begriffe in der Philosophie bilden. „Allerdings muß man ihnen dazu Zeit lassen"[63] und wissen, dass sich in ihnen nur rudimentäre Erkenntnisse speichern.

---

61 Bausch, Pina: „Etwas finden, was keiner Frage bedarf", S. 1.
62 H. Bergson: *Schöpferische Entwicklung*, S. 157.
63 H. Bergson: *Denken und schöpferisches Werden*, S. 48.

Dauer

Dauer – *durée* – ist die Bewegtheit der Zeit. In ihr durchdringen sich Vergangenheit, Gegenwart und Zukunft. Sie ist die Zeitvorstellung des inneren Bewusstseins. Der Traum ist eines der von Bergson benutzten Beispiele, um den Zustand zu beschreiben, in dem Dauer erlebt wird.[64] In der Dauer hängt die Zeit nicht von äußeren Tatsachen ab, sondern sie wird von innen heraus erlebt. Die Dauer steht damit einem sich auf die Außenwelt beziehenden physikalischen Zeitbegriff, wie er durch die Relativitätstheorie Albert Einsteins entwickelt wurde, gegenüber. Anstatt des Traumes lassen sich auch Beispiele aus dem Tanz heranziehen, um das innere Erleben der Dauer anschaulich zu machen. Der Tänzer Nik Haffner schildert tänzerische Bewegung als einen Zustand des Dauerns:

„Nehmen wir an, wir sehen einem Tänzer zu, der seinen Arm schnell nach oben bewegt und dann für einen Moment dort verharrt. Obwohl die Bewegung abgeschlossen und nicht mehr zu sehen ist, empfinden wir sie noch. Als Erinnerung ist die Bewegung für den Zuschauer präsent und eben noch nicht abgeschlossen. Sie ist so etwas wie der Nachhall eines Tones, den man selbst dann noch zu hören glaubt, wenn bereits Stille herrscht."[65]

Man kann Haffners Schilderung entnehmen, dass im Tanz die Erinnerung an die Bewegung präsent bleibt und nicht sofort vergessen wird. Auf diese Weise wird Zeit, wie Haffner sagt, in den Bewegungen des Körpers ‚erkannt'. Was Haffner aus der Sicht des Sehenden schildert, gilt dabei gleichermaßen für die Tanzenden. Ihre augenblickliche Körpersituation besteht im Wesentlichen darin, dass die Empfindung von ausgeführten Bewegungen sie begleitet.

Probennotiz

Die große Stelle beginnt mit einem piké auf links, zusammen mit einem passé des rechten Beins. Die Arme sind eingerundet, der rechte nach oben, der

---

64 Vgl. H. Bergson: *Zeit und Freiheit*, S. 95.
65 Haffner, Nik: „Zeit erkennen", in: Siegmund, *William Forsythe* (2004), S. 133-144, hier S. 140.

linke nach unten. Danach senkt sich die rechte Hüfte ab und der rechte Arm führt zur linken Hüfte. Der rechte Arm holt anschließend weit über vorne aus und das Brustbein drückt dabei rückwärts. Eine blitzschnelle Drehung in die zweite Position folgt. Die Daumenseiten der beiden Arme führen mit abgewinkelten Handgelenken nach oben, bevor die Hüfte schnell nach links ausweicht und die Arme am Körper hinabgleiten. Von den Armen aus geht es dann wieder zurück zum rechten Bein und die Phrase endet in einem tiefen plié und eingerundetem Rücken. Die Bewegungsphrase wird in acht Schlägen gezählt und hat eine bestimmte Stelle in der Musik, auf die sie getanzt wird. Wir probieren diesen Moment wie alle anderen auch viele Male, damit er im Moment der Aufführung gelingt. Ich begreife die große Stelle als eine Bewegungsphrase und wir probieren sie auch meistens als einen zusammenhängenden Bewegungsablauf aus, der insgesamt aus drei mal acht und ein mal vier Zählzeiten besteht. Dabei hängt jede Bewegung mit der anderen Bewegung zusammen und wir arbeiten viele Stunden daran, wie wir von der einen Bewegung zu der nächsten Bewegung gelangen sollen. Während des Tanzens geht jede Bewegung in großer Geschwindigkeit durch meinen Körper. Ich habe nur eine Chance, die Stelle gut zu tanzen. Ich weiß dann sofort, ob mir die Bewegung gelungen ist oder nicht, gleich einer Resonanz, die die Bewegung in mir hinterlässt. Obwohl es nur eine kurze Bewegungsphrase von kaum 20 Sekunden ist, reicht sie aus, um Puls und Atem zu beschleunigen. Alle Bewegungen sind schnell und kraftvoll und verlangen besonders viel Mobilität im Körperzentrum und den Armen.

Für Bergson wird in der Dauer aber nicht nur Zeit erfahrbar gemacht, sondern in ihr entsteht ein Gefühl der Vereinigung „unseres Ich mit sich selbst"[66], d.h. unsere gesamte Persönlichkeit wird in einer Spitze zusammengefasst.[67] Bergson macht demnach zwei unterschiedliche Ichs aus: ein ‚inneres Ich', das verworren, unendlich beweglich und unaussprechlich ist, und ein ‚Oberflächen-Ich', das darüber liegt und scharf umrissen, präzis und unpersönlich ist.[68] Das Oberflächen-Ich berührt die Außenwelt im Umgang mit Objekten oder Sachen, z.B. in der Handlung, die bei Bergson eine Tat im Raum bezeichnet und ein Resultat der Wahrnehmung ist. Eine er-

---

66 H. Bergson: *Schöpferische Entwicklung*, S. 215.
67 Vgl. ebd., S. 216.
68 Vgl. H. Bergson: *Zeit und Freiheit*, S. 104.

kenntnishafte Berührung von Ich und Außenwelt findet im Umgang mit Gesellschaft oder Sprache statt. Das innere Ich hingegen umfasst unsere geistigen Vorstellungen, wie z.B. Erinnerungen, Gefühle oder qualitative Eindrücke. Hier geht es nicht um Erkenntnis, sondern um Erfahrung. In der Dauer fallen diese beiden Ichs laut Bergson zusammen. Diese Konzeption des Bewusstseins bedeutet, dass das Bewusstsein zwei Erscheinungsformen annehmen kann: Es erscheint in der Dauer und in der Handlung. Ist die Dauer die subjektive Form des Bewusstseins, die verworren erfährt, so ist die Handlung seine objektive Form, die registrierend erkennt. In der Handlung sind Wahl und Stabilität die Funktionen des Bewusstseins und seine Aufgabe besteht darin, zwischen möglichen Handlungen zu wählen und Dinge zu unterscheiden. Es unterbricht die Dinge in ihrem unaufhörlichen Fluss und stabilisiert sie in der Tätigkeit. In seiner Erscheinungsform als Dauer bedeutet Bewusstsein inneres Leben, in der das Bewusstsein keine Stabilität, sondern vielmehr Sukzession erfährt. Es ist dann gleichzusetzen mit der Erfahrung einer verfließenden Zeit und schließt zumindest potentiell die gesamte Vergangenheit ein, die unserer Persönlichkeit zur Verfügung steht. Wir beginnen dann zu sehen, um zu sehen, nicht zu sehen, um zu handeln.[69] Dabei sind Bewusstsein und Dauer aus dem gleichen ‚Stoff': dem Geist. Während das Bewusstsein den Geist allerdings durch sein Vermögen zu wählen nur ankündigt, ist die wirkliche Dauer „etwas Geistiges oder von Geistigkeit Durchdrungenes"[70]. Das Bewusstsein richtet sich vor allem auf eine sich bewegende Gegenwart, der Geist erweitert diese Bewegung um eine umfassendere Vergangenheit. Mehr als das Bewusstsein muss also der Geist und damit das Gedächtnis mit dem Erleben von Dauer in Verbindung gebracht werden. Bergsons Ausdifferenzierung des Bewusstseins, das subjektiv-erfahrend oder objektiv-handelnd sein kann, führte zu dem Vorwurf, Bergson nehme eine „krasse Trennung zwischen praktischem Handeln und der philosophischen Kontemplation"[71] vor. Dieser Vorwurf findet sich auch bei Maurice Halbwachs, der Bergsons Konzeption

---

69 Vgl. H. Bergson: *Schöpferische Entwicklung*, S. 297.
70 H. Bergson: *Denken und schöpferisches Werden*, S. 45.
71 G. Pflug: *Henri Bergson*, S. 350.

des menschlichen Bewusstseins vorhielt, es sei auf die Kontemplation seiner Zustände beschränkt und trete nicht aus sich heraus.[72]

Besonders der Tanz vermag es, an diesem oft missverstandenen Punkt von Bergsons Philosophie zu demonstrieren, dass die Möglichkeit durchaus besteht, eine Tat im Raum auszuführen und gleichzeitig die Bewegung der Dauer zu erfassen. Während Bergsons Beispiele zum Erleben der Dauer aus Dichtung[73], Musik oder Traum[74] den Eindruck erwecken können, Dauer sei vor allem ein rezeptiver Vorgang des inneren Bewusstseins, kombiniert sich im Tanz die gleichzeitige Erfahrung von Handlung und Versenkung, Zeit und Raum, Körper und Geist.[75] Indem Tänzer während einer Choreographie einem festgelegten Bewegungsplan folgen und ihn in die Tat umsetzen, führen sie eine Handlung aus. Ganz wie in der Handlung müssen sie dabei ein vorweggenommenes Bild einer Bewegung im Kopf haben, die sie vollziehen wollen. Gleichzeitig handeln sie in der Bewegung, die Erinnerungen hinterlässt und Möglichkeiten schafft und damit die Dynamik der Dauer trägt. „Das Schöne am Tanz ist, daß er ein Handeln ist", merkt der Journalist Norbert Servos im Gespräch mit der Choreographin Reinhild Hoffmann an und Hoffmann ergänzt: „Im Körper liegt ein enormer Reichtum an Möglichkeiten."[76] Dieses Zitat verdeutlicht, dass man es im Tanz mit beiden Aspekten des bewussten Erlebens zu tun hat: Der Durchführung einer Tat und der Erfahrung von Veränderung, aufgehoben in Bewegungen des Körpers. Bergson geht es nicht darum, einen Trennstrich zwischen Handlung und Dauer zu ziehen. Vielmehr zielt der Apell seiner Philosophie, zu einem Bewusstsein der Dauer zu gelangen, darauf ab, die Fähigkeit des Handelns zu intensivieren. Demnach lässt sich Tanz als intensives Handeln verstehen, in dem sich die Tat im Raum um ein subjektives Zeitempfinden erweitert.

---

72 Vgl. Halbwachs, Maurice: *Das kollektive Gedächtnis*, Stuttgart: Enke 1967, S. 87.

73 Vgl. H. Bergson: *Zeit und Freiheit*, S. 100 f.

74 Vgl. ebd., S. 39 und S. 95.

75 Bergson zieht allerdings auch Beispiele körperlicher Bewegung heran, um die Erfahrung der Dauer zu beschreiben. Er bezieht sich dabei auf das Heben der Hand. Vgl. H. Bergson: *Schöpferische Entwicklung*, S. 123.

76 Hoffmann, Reinhild/Servos, Norbert: „Lust am Chaos – Spiel mit der Ordnung", in: *tanzjournal* 5 (2008), S. 26-29, hier S. 29.

Bergson findet viele Metaphern, mit denen er die Dauer beschreibt und mit denen er seinen Lesern den Begriff der Dauer näher bringen will. Die Dauer ist sowohl der Strom, den man nicht zurückschwimmen kann,[77] als auch das, was sich den Dingen einbeißt und ihnen das Mal ihrer Zähne hinterlässt.[78] In der Dauer ist die Erfahrung eines unablässigen Vorwärts genauso enthalten, wie die der inneren Spur. Sie ist ein Weg, den wir zurücklegen, „besät mit den Trümmern alles dessen, was zu sein wir begannen, alles dessen, was wir hätten werden können"[79]. Die Materie bewahrt keine inneren Spuren der abgelaufenen Zeit auf, aber für das Bewusstsein ist die Dauer etwas Wirkliches. Am Mechanismus zieht die Dauer vorüber, ohne Wirkung zu hinterlassen – den Organismus bestimmt und durchdringt sie.

Die Isolierung der für das erlebende Bewusstsein eigentlich zusammenhängenden Elemente der Dauer – z.B. durch den Intellekt – führt nach Bergson zu einer vierten Raumdimension[80], deren Elemente sich nebeneinander aufreihen anstatt einander zu durchdringen. Es ist laut Bergson das Denken in räumlichen Begriffen, das aus den Intensitäten messbare Größen macht und ihnen so die Qualität nimmt. Ausdruck des räumlichen Denkens ist der Verstand, der zwar die Punkte im Raum miteinander in Beziehung zu setzen versteht, aber immer außerhalb der Dinge bleibt und nur ihr Zerfallen wahrnehmen kann.[81] Er zerlegt, was sich ihm als qualitative Heterogenität darbietet in räumliche Begriffe wie etwa die Zahl. Der Raum „ist das Medium, in das der Geist die Zahl verlegt"[82]. Der Verstand, der ein Gesichtspunkt des Geistes ist, begreift in der Form des Raumes, was ihm als Dauer gegeben wird. Raum ist „ein homogenes und leeres, ein unendliches und unendlich teilbares, ein jeder Art von Zergliederung willig dargebotenes Medium"[83]. So gesehen ist die Raumvorstellung nichts als das Schema eines Endpunktes, an dem jede Bewegung mündet. Das Eindringen der Raumvorstellung ins reine Bewusstsein führt zu einem „Bastardbegriff"[84]

---

77 Vgl. H. Bergson: *Schöpferische Entwicklung*, S. 80.
78 Vgl. ebd., S. 85.
79 Ebd., S. 130.
80 Vgl. H. Bergson: *Zeit und Freiheit*, S. 84.
81 Vgl. H. Bergson: *Schöpferische Entwicklung*, S. 180.
82 H. Bergson: *Zeit und Freiheit*, S. 66.
83 H. Bergson: *Schöpferische Entwicklung*, S. 177.
84 H. Bergson: *Zeit und Freiheit*, S. 76.

von Zeit, in der die Sukzession die Form einer Linie annimmt. Es kommt zu einer Vermischung von Raum und Bewusstsein, in der das räumliche Denken die Oberhand gewinnt. Die Elemente dieser sogenannten ‚Raumzeit' sind alle zugleich gegenwärtig, dies ist ihr Homogenes. Sie werden zu Objekten und entfalten sich in den Raum hinein. Auf diese Weise gelangt man auch vom Subjekt zum Objekt. Was vorher innerer Prozess war, ist jetzt äußere Anschauung. Die Frage nach der Unterscheidung von Subjekt und Objekt ist für Bergson also eine Frage der Zeitauffassung und nicht der Raumvorstellung.[85] Die Dauer ist subjektiv, die Raumzeit ist objektiv. Die Dauer ist uns in ihrer Totalität „völlig und adäquat bekannt"[86], die Raumzeit unbekannt in dem Sinne, dass ihr immer noch etwas substituiert werden könnte. Da die Dauer eine subjektive Form des Bewusstseins ist, kann es keinen einheitlichen Rhythmus der Dauer geben. Im Gegenteil, „man kann sich sehr verschiedene Rhythmen vorstellen, langsamere oder schnellere"[87]. Der Rhythmus der Dauer ist die Quelle der Individualität.

Der Philosoph und Psychologe Ludwig Klages machte in seiner 1934 erschienenen Schrift *Vom Wesen des Rhythmus*[88] deutlich, dass der Rhythmus eine Erscheinung ist, die sich in immerwährender Wandlung befindet und sich vor allem durch die Zeitlichkeit ihres Erlebens auszeichnet, statt durch eine teilbare und regelnde Tätigkeit. Insofern ist das Erleben von Rhythmus mit der Erfahrung von Dauer verwandt.[89]

Als verräumlichte Dauer lässt sich in Anlehnung an Ludwig Klages der Begriff des Taktes nennen. Nahezu synonym kann auch der Begriff des Metrums verwendet werden. ‚Metrum' bezeichnet ein Muster betonter Schläge, die einen ständigen Grundschlag ergeben. „Das Metrum legt einen zeitlichen Ablauf fest, es organisiert Töne in kleinen und manchmal größeren Gruppen und liefert dabei eine Art Gitter, das sich über die Musik

---

85 Vgl. H. Bergson: *Materie und Gedächtnis*, S. 59.
86 H. Bergson: *Zeit und Freiheit*, S. 66.
87 H. Bergson: *Materie und Gedächtnis*, S. 206.
88 Klages, Ludwig: *Vom Wesen des Rhythmus*, Kampen auf Sylt: Kampmann 1934.
89 Auf die Parallelen zwischen Ludwig Klages' und Henri Bergsons Betrachtungen zur Zeit weist Petra Maria Meyer in ihrer Habilitationsschrift hin. Vgl. Meyer, Petra Maria: *Intermedialität des Theaters*, S. 336 f.

spannt."[90] Im Sinne Klages' bezeichnet der Takt die regelmäßige Wiederholung zeitlicher Erscheinungselemente. Der Takt wird vom Verstand konstruiert, indem er Gehörtes einteilt, unterscheidet und schließlich gruppiert. Die Aufreihung und die Unterscheidung des Rhythmus sind diejenigen Kriterien, die zu einer Raumvorstellung führen. Im Takt begegnet man einem Bewusstsein, das durch den Raum gebrochen ist, in dem die Zeit nicht allein als Qualität, in der sie entsteht, sondern als Quantität, in die sie sich projiziert, erlebt wird. Die Zeit in der Gestalt des Taktes ist eine räumliche Vorstellung, da sie von einer Zahlvorstellung begleitet ist, die bedeutet, die Dinge im Raum zu sehen. Will der Verstand Musik, Sprache, Dichtung oder Tanz erfassen, muss er sie in Einzelteile zerlegen. Der Takt ist ein von der Intelligenz erzeugtes Nachbild von in der Dauer erfassten Zuständen. Trotzdem bleibt er als zeitlicher Ablauf Bestandteil einer Bewegtheit, in der Qualität und Quantität einander ergänzen. Der Takt legt sich genauso über das rhythmische Muster der Dauer wie der Verstand über die Erscheinungen. Gerade an der Musik und am Tanz lässt sich im Hinblick darauf nachvollziehen, dass ihre Ausübung kein Versinken ins Unbewusste bedeutet. An ihnen wird deutlich, dass die Intelligenz die Gesamtanschauung zerlegt, um wieder zu ihr zurückzukehren, genauso wie es Bergson auch von der Intuition fordert, die den Verstand um das ergänzen soll, was ihm unzugänglich ist.

Takt oder Metrum können im Tanz dazu dienen, eine Bewegungsphrase zu strukturieren, zu gliedern und Anfang und Ende einer Phrase festzulegen. Sie sind vor allem ein Mittel, um über eine Bewegungsphrase zu kommunizieren. Das Tanzen in der Gruppe wird unter anderem dadurch möglich, dass Tänzer den Takt einer Musik als gemeinsame Grundlage hören. Der Takt ist in diesem Sinne das, was Bewegung vermittelbar macht, was alle Tänzer hören können und was als gemeinsame Grundlage dessen dient, was jeder Tänzer unterschiedlich erleben kann. Bergsons sogenannte ‚Raumzeit' in Form des Taktes lässt sich als Medium der Kommunikation verstehen, das die Erfahrung von Dauer unterstützt.

---

90 Jourdain, Robert: *Das wohltemperierte Gehirn. Wie Musik im Kopf entsteht und wirkt*, Heidelberg/Berlin: Spektrum Akademischer Verlag, 2001, S. 163.

Aufführung von Sacre in Seoul am 21.3.2010

Nach der Elf renne ich zu meinem Platz, an dem die Lifts stattfinden. Ich muss durch die Männergruppe hindurch und sehr aufpassen, dass ich mit niemandem zusammenstoße. Alle Männer laufen in unterschiedliche Richtungen. Schon bevor ich an meinem Platz ankomme, sehe ich Thusnelda für den ersten Sprung auf mich zulaufen. Ich stehe kaum, da wirft mich ihr Sprung auf meine Hüfte fast um, weil sie einen sehr schnellen Anlauf genommen hat und mit großer Geschwindigkeit abgesprungen ist. Ich brauche einen Moment, um wieder stabil zu stehen, währenddessen geht die Hebung aber weiter. Ich kann jetzt nichts korrigieren oder etwas besprechen. Ich kann nur versuchen, die Bewegungen unter Kontrolle zu bekommen. Wir machen nun eine Bewegung, bei der Thusnelda auf meiner Hüfte liegt und ich sie so oft wie möglich innerhalb eines festgelegten Zeitabschnitts in der Musik zu mir heranziehe. Pina hat diese Bewegung damit beschrieben, dass sich Männer und Frauen paaren. Auf der Eins der nächsten Musikphrase lasse ich Thusnelda los. Ich habe jetzt einige Takte Zeit, um eine Bewegungsphrase allein und so oft und so schnell wie möglich zu machen. Ich versuche drei Wiederholungen, schaffe aber meistens nur zwei. Dann steht Thusnelda schon wieder vor mir und ich gebe ihr die Hände und lasse sie ganz auf den Boden herab, bevor ich sie mit einem Ruck nach oben in meine Arme ziehe. Ich höre die Musik, während ich sie festhalte. Auf der Eins der nächsten Phrase lasse ich sie los und sie läuft nach rechts für den Anlauf zu dem letzten Sprung auf meine rechte Schulter. Ich mache währenddessen wieder meine Bewegungsphrase und höre gleichzeitig die Musik. Ich versuche, die Bewegungen so schnell und so kraftvoll wie nur irgend möglich zu tanzen. Auf dem ersten Schlag einer Phrase, die in sieben Schlägen gezählt wird, springt Thusnelda ab und landet auf meiner Schulter.

Die Stetigkeit des Fortbewegtwerdens bleibt im Tanz aber vorrangig, weshalb die Erfahrung von Dauer und Rhythmus letztlich überwiegt. Dafür spricht auch, dass unter der Oberfläche des Taktes die Körperrhythmen von Herzschlag oder Atmung präsent sind und sich durch die Anstrengung während des Tanzens steigern und das Erleben der Tänzer maßgeblich prägen.

Aufführung von Sacre in Wuppertal am 10.9.2009

Für mich heute am stärksten: das Gefühl von Atem. Ich nehme ihn auf verschiedene Arten wahr, zunächst den eigenen. Er steigt an und beruhigt sich wieder, wie in Wellen. Aber auch der Atem der anderen ist immer gegenwärtig, hörbar während des Tanzens in der Gruppe, während der Bewegungen. Nicht nur hörbar, sondern auch für uns alle sichtbar, ist er vor dem Chaos, wenn sich Männer und Frauen gegenüberstehen und anschauen. Wenn alle Männer nach dem Chaos eng zusammen in der Ecke stehen, spüre ich den Atem der anderen Tänzer auf der Haut, ohne sie zu sehen. Manchmal fühlt er sich kühl an, heute kommt er mir heiß vor. Ich höre nun auch die Frauen während ihres Teils atmen, ohne sie zu sehen. Wenn wir Männer nach vorne gegangen sind und uns vor der Liftstelle nochmal in einer engen Gruppe sammeln, höre ich wieder den Atem aller. Hinter mir spüre ich den Atem eines Tänzers auf meiner rechten Schulter. Bei der Poona-Stelle, wenn Männer und Frauen ganz eng zusammenstehen: um mich herum Männer und Frauen und ihr erschöpfter, rasender Atem. Das Atmen begleitet uns gemeinsam weiter in die letzte große Stelle. Viele Tänzer atmen dabei auch im Takt der Musik. Vor dem Solo des Opfers wieder: alle auf engstem Raum in der Gruppe stehend, keuchend, nach Luft ringend. Die Musik ist nun ganz dezent und bedrohlich und ich kann den Atem noch deutlicher hören und spüren. Dicht hinter mir weint eine Tänzerin. Während des Opfertanzes beruhigt sich dann der Atem aller. Zum Schluss: Stille.

Eng mit dem Begriff der Dauer ist die Idee einer ihr innewohnenden Freiheit verbunden. Auch dieser Begriff bezieht sich ausschließlich auf die Innenwelt des Bewusstseins und keinesfalls auf die äußere Welt. Dadurch, dass jeder Augenblick ein ‚Mehr' gegenüber dem vorangegangenen Augenblick bedeutet, gelangt mit dem Fortschreiten der Zeit etwas Neues in die Welt hinein. Die Zukunft muss auf die Gegenwart folgen, statt wie in der Simultaneität der Dinge gleichzeitig gegeben zu sein. Durch die Notwendigkeit des Aufeinanderfolgens entsteht aus einem existierenden Zustand ein neuer. In der Simultaneität ist alles zugleich gegeben, in der Sukzession der Zeit liegt eine wahrhafte Zeugung. „Die Zeit ist Zeugung, oder sie ist schlechthin nichts."[91] Nichts, was durch die Kontinuität der Dauer einmal in die Welt gelangt ist, kann zurückgenommen werden. Unreduzierbarkeit und Unumkehrbarkeit sind die Folgen. In der Realität der sich nach und nach erschaffenden Dauer liegt die Erfahrung, dass nichts vollends vorherbestimmt ist. Es ist dadurch unmöglich, dass sich Bewusstseinstatsachen jemals wiederholen, denn sie bilden zwei unterschiedliche Momente eines geschichtlichen Verlaufs. Dasselbe Gefühl ist allein dadurch, dass es sich wiederholt, ein neues Gefühl und alle psychischen Elemente sind im Entstehen begriffen. Um diesem Gedanken Ausdruck zu verleihen, gebraucht Bergson den Begriff des ‚Werdens'. So ist es auch die Dauer, die den Gesetzen von Deduktion und Induktion widerspricht. Die Deduktion geht davon aus, dass im Allgemeinen ein Gesetz enthalten ist, das entfaltet werden kann. Dies gilt allerdings nur für geometrische und mathematische, in Bergson'schem Sinne wissenschaftliche Größen, also für Dinge, die sich mit der Materie befassen, in der sich die Dinge wiederholen und vorhersehbar sind. Die Beziehung zwischen Prämisse und Schluss ist in der Deduktion vorherbestimmt. Das gleiche gilt für die Induktion, die aus einer Beziehung zwischen Ursache und Wirkung, die sie mehr als einmal vorfindet, ein Gesetz entstehen lässt. Sie zerlegt die Wirklichkeit damit aber nicht nur in Bestandteile, sondern riegelt sie ab, indem sie erklärt: Es wird so sein. Gewissheit kann für Induktion und Deduktion nur dann bestehen, wenn sie sich auf Größen beziehen, denn für diese besitzt die Zeit keine Wirkung.[92] Die Wirklichkeit selbst aber ist für Bergson das „Hervorquellen von unvorhersehbar Neuem"[93] und unterliegt nicht den Gesetzen der Kausalität.

Auch wenn Bewegungsabläufe im Tanz einem Bewegungsplan folgen können, so ist doch die Ungewissheit, ob der Plan auch gelingen wird, ein wichtiger Faktor, der dazu beiträgt, Bewegungen immer wieder als schöpferisch zu erleben. Das Unvorhersehbare ist im Tanz Bestandteil der Bewegung, weil Tänzer, bedingt durch die tanztechnische Herausforderung choreographierter Bewegung, vorher nicht wissen, ob ihnen die jeweilige Bewegung gelingen wird oder nicht. So ist Tanz jedes Mal aufs Neue „eine enorme Herausforderung an Durchhaltevermögen, Konzentration, Musika-

---

91 H. Bergson: *Schöpferische Entwicklung*, S. 333.
92 Vgl. ebd., S. 226 ff.
93 H. Bergson: *Denken und schöpferisches Werden*, S. 125.

lität und Geistesgegenwart", so der Tänzer Thomas McManus[94]. Die konkrete Lösung all dieser Aufgaben, die die Choreographie an Tänzer stellt, beinhaltet das Unvorhersehbare, das man mit Bergson auch als ‚Freiheit' verstehen kann. Im Bewegungsvollzug erleben Tänzer die Möglichkeit des Misslingens und den Reiz des Unvorhersehbaren gleichzeitig. Von einer Freiheit des Tanzens zu sprechen, lässt sich unter einem philosophischen Gesichtspunkt als Referenz an das Wesen der Zeit lesen, die etwas unvorhersehbar Neues einbringt. Eine Möglichkeit, das Unvorhersehbare im Tanz zu provozieren, besteht in dem Verfahren, den Tänzern durch Improvisation innerhalb einer Aufführung Entscheidungen abzuverlangen, wie es z.B. William Forsythe tut.[95] Eine weitere Möglichkeit ist, mit großer Bewegungsgeschwindigkeit zu arbeiten.

Probe zu Sacre in Wuppertal am 5.3.2010

Männerstelle nach dem Kreis. Ich habe immer großen Respekt vor diesem Moment, denn die Bewegungen sind sehr schnell und es sind ein paar große Sprünge darin, die schwer präzise auszuführen sind. Die Geschwindigkeit ist fast nicht zu schaffen und die Musik treibt uns wie eine Peitsche an. Wir teilen uns in kleinere Gruppen und beginnen mit der Neun. Zurücklaufen, Ausfallschritt auf der Sechs, schnelle Drehung. Dann der hohe Sprung: Die Beine ganz zum Körper heranziehen und so lange wie möglich in der Luft halten, landen in der ersten Position, Drehung in einer attitude im plié, die Hüfte kippt dabei zur Seite. Zwei scharfe Akzente mit dem Arm folgen, dann stehen. Ein großer Ausfallschritt nach vorne, während die Arme eindrehen und am Körper herabgleiten.

Außer den Bewegungen selbst können auch äußere Einflüsse dazu beitragen, die Tänzer zu irritieren und somit einer Routine entgegenzuwirken. Das Unvorhersehbare ist dann nicht nur ein Bestandteil des inneren Bewusstseins, sondern wird durch die Bedingungen provoziert, denen die Tänzer ausgesetzt sind. Besonders Pina Bausch hat durch ihre Bühnenbil-

---

94 McManus, Thomas: „Enemy von innen", in: Siegmund, *William Forsythe* (2004), S. 81-88, hier S. 81.
95 Vgl. Siegmund, Gerald: „William Forsythe. Räume eröffnen, in denen das Denken sich ereignen kann", in: Ders., *William Forsythe* (2004), S. 63.

der, deren Böden mit Torf, Rasen, Laub, Sand oder Wasser bedeckt sind, dafür gesorgt, dass die Tänzer jeden ihrer Schritte immer wieder aufs Neue erspüren müssen und sich nicht auf Bekanntes verlassen können.

Probennotiz

Wir tanzen Sacre auf Torf. Dieser Torf ist immer anders. Für Tänzer, die ihr Leben lang auf einem Tanzboden trainieren und auftreten, ist es sehr ungewohnt, dass der Boden mit Material bedeckt ist. Die Erde macht es unmöglich, die Bewegungen so zu tanzen, wie wir sie im Ballettsaal geprobt haben. Die Erde hindert und hemmt uns, fasziniert und motiviert uns aber auch. Ich genieße das Gefühl unter den Füßen, die feuchte Kühle und den Geruch, der von ihr aufsteigt. Ich mag ihr Weiches, Auffangendes, Abfederndes. Die Erde schluckt viele Geräusche, besonders die der Füße, und viele Schritte sind durch sie ganz leise. Sie schafft Strukturen und Schattierungen auf dem Boden, auf dem sie liegt, und auf den Körpern der Tänzer, die sie im Verlauf des Stückes mehr und mehr bedeckt. Es entstehen viele Muster aus Erde und Schweiß auf der Haut. Wenn das Opfer zum Schluss sein Solo hat, dann gibt es eine Art Erdwolke um das Opfer herum – so als ob die Erde aus dem Körper kommt. Ich beobachte das immer fasziniert. Andererseits irritiert die Erde auch. Sie macht Bewegungen unmöglich, wenn man auf ihr ausrutscht, sie brennt im Hals, in den Ohren, in den Augen oder unter den Finger- und Zehennägeln. Manchmal ist sie zu kalt. Einmal waren wir in Moskau auf Tournee. Dort war die Erde so kalt, dass man nach fünf Minuten seine Füße nicht mehr spürte, weil sie über Nacht draußen gelagert worden war. Pina Bausch hat sich immer beschwert, wenn wir nach der Aufführung zu weiß waren. Sie mochte uns als ‚Erdmenschen'. Viele Bewegungen sind auf dem Boden choreographiert und so wird jeder ganz automatisch mit Erde bedeckt. Manchmal findet man auch große Brocken zwischen dem Torf, die in einer Bewegung weh tun können. Wir alle wissen, dass man auf der Erde leicht ausrutschen kann und sie verlangt eine besondere Aufmerksamkeit während der Bewegungen.

Der Zustand der Dauer, der Freiheit, des Subjektiven wird allerdings nur äußerst selten erlebt. Nur dann, wenn wir frei handeln, sind wir in der Dauer.[96] Anzunehmen, dass das Bewusstsein der Dauer uns immer begleitet, wäre falsch. Im Gegenteil: „Wir sind schon immer außerhalb ihrer"[97]. Meistens ist unsere Aktivität in der Handlung fixiert, die die Anforderungen erfüllt, die von der Gegenwart an sie gestellt werden. Das ist nicht nur nützlich, sondern auch notwendig. Bei einem rein individuellen Leben gäbe es weder Gesellschaft noch Sprache, daher ist die Vorstellung des homogenen Raums der erste Schritt zum Gemeinschaftsleben. Die Zustände verwandeln sich in Objekte, die Sachen lösen sich von uns und wir nehmen sie im Raum wahr und bringen ihr Bild zum Stehen. Das „zweite Ich"[98] entsteht mit den Objekten im Raum und entspricht damit den Anforderungen des sozialen Lebens, dem Zusammenhandeln. Bergson will uns nicht fortwährend in die Dauer versetzen, sondern fragt danach: Wie ist geistige Erkenntnis möglich? Seine Antwort: In der Dauer. In sie eingehen kann der Mensch nur durch einen Akt des Sich-Hineinversetzens. Gleich der Bewegung, gleich der Vergangenheit muss man mit einem Schwung in sie eingehen. Bergsons Philosophie stellt den Versuch dar, „die wahre Dauer wiederzufinden"[99], und zwar durch die Methode der Intuition. „Intuitiv denken", so Bergson, „heißt in der Dauer denken."[100] Bergson versteht unter dem Begriff der Intuition, der für seine Philosophie wesentlich ist, ein Erkennen von innen her, welches die Leistung des Intellekts, der im Gegensatz dazu von außen erkennt, indem er zerlegt, ergänzen muss. Auch wenn der Intellekt in der Dauer vorhanden ist, ist diese am wenigsten von Intellektualität durchtränkt. In der Dauer wird der Intellekt nicht beseitigt, sondern „überschwillt"[101].

---

96 Vgl. H. Bergson: *Schöpferische Entwicklung*, S. 215.
97 H. Bergson: *Denken und schöpferisches Werden*, S. 43.
98 H. Bergson: *Zeit und Freiheit*, S. 104.
99 H. Bergson: *Denken und schöpferisches Werden*, S. 42.
100 Ebd., S. 46.
101 H. Bergson: *Schöpferische Entwicklung*, S. 215. In der französischen Originalausgabe heisst es zu dem Gefühl der Dauer: „Mais, plus le sentiment est profond et la coïncidence complète, plus la vie où ils nous replacent absorbe l'intellectualité en la dépassant." Bergson, Henri: *L'évolution créatrice*, Paris: Félix Alcan 1908, S. 218.

Zusammenfassend bezeichnet der Begriff der Dauer die Koexistenz von Gegenwart und Vergangenheit, die gemeinsam in die Zukunft drängen. Es ist nicht eigentlich das Bewusstsein, sondern das Gedächtnis, dem die Fähigkeit, Dauer erfahren zu können, zugeschrieben werden muss. Gedächtnis kann demnach als ein erweitertes Vermögen des Bewusstseins verstanden werden. Das Erleben von Dauer ist ein geistiger Vorgang, in dem die Bewegtheit der Zeit registriert wird. Besonders die menschliche Bewegung und mit ihr der Tanz bieten sich hier als mögliche Felder der Erfahrung von Dauer an. Am Tanz zeigt sich dabei, dass Handlung und Geist einander nicht ausschließen, sondern sich gleichzeitig vollziehen. Besonders im Tanz ist Handlung und Gedächtniserfahrung daher zusammenzudenken. Im Tanz wie in der Musik kann die Dauer als Takt in den Raum hinein entfaltet werden, um eine Kommunikation über sie zu ermöglichen und um sie gemeinschaftlich zu erleben. Vorrangig bleibt dabei die Erfahrung von Rhythmus und damit von Dauer. Vorherzusagen ist die Dauer nicht. Daher können Tänzer auch nicht mit Sicherheit wissen, ob eine Bewegung mit der Vorstellung von ihr übereinstimmen wird. Hierin lässt sich ein Moment von Freiheit sehen, der zusätzlich durch äußere Bedingungen provoziert werden kann. Tanz erfolgt als ein Sich-Hineinversetzen in die Bewegung und ist vor dem Hintergrund von Bergsons Überlegungen ein Akt der Intuition.

BEWEGUNG

In *Schöpferische Entwicklung* schreibt Bergson der Bewegung zunächst eine ganz grundsätzliche Eigenschaft zu. Sie ist das Wesen des Lebens.[102] Das Dasein besteht in unablässiger Veränderung, in der die Zustände sich in einem steten Fluss fortsetzen. In der von Bergson ausgemachten dynamischen Welt sind reale Bewegtheit, Kontinuität und wechselseitige Durchdringung vorhanden, die sich in der Entwicklung der lebendigen Welt offenbaren. Leben heißt für Bergson in Bewegung sein. Sein besonderer Hinweis gilt jedoch der Tatsache, dass es einer unablässigen Anstrengung des Geistes bedarf, um Bewegung zu denken.[103] Bergson versteht Bewegung vor allem als ein geistiges Phänomen, bei der sich das Bewusstsein

---

102 Vgl. H. Bergson: *Schöpferische Entwicklung*, S. 182.
103 Vgl. ebd., S. 322.

um das Vermögen des Gedächtnisses erweitert. Beweglichkeit gehört für ihn ebenso wie die Dauer in den Bereich des zum Gedächtnis gewordenen Bewusstseins. Sein Begriff von Bewegung steht damit einem rein physikalischen Verständnis von Bewegung entgegen, welches an der Bewegung nicht den zeitlichen Prozess sieht, sondern Bewegung als eine Veränderung des Ortes begreift.

Auch Tanzen heißt in Bewegung sein. Im Tanz versteht man unter Bewegung ein sichtbares Phänomen, ein visuelles Ergebnis in Raum und Zeit. Tanzen macht Bewegung sichtbar. Sie kann nicht übergangen werden und was in der Dauer noch ausschließlich eine Erfahrung der Innenwelt ist, entfaltet sich in der Bewegung nach außen. Bewegung im Tanz ist eine Konfrontation mit der Bewegtheit von Bewegung, d.h. ihrer Prozesshaftigkeit, ohne nach ihrem praktischen Zweck zu fragen. Der Zweck einer Bewegung stellt sich deren Zukunft vor, aber der Tanz fragt nicht nach dem Zweck einer Bewegung, sondern vielmehr nach seinem Ausdruck, gleichgültig, ob damit ‚Motion', wie z.b. bei Merce Cunningham, oder ‚Emotion', wie z.B. bei Pina Bausch, gemeint ist. In ähnlichem Sinne sieht Bergson das Leben nicht als Vorhersage, sondern als Schöpfung. Eine Vorhersage ist laut Bergson entweder Projektion vergangener Wahrnehmung in die Zukunft oder Vorstellung wahrgenommener Elemente in neuer Zusammenstellung. Den lebendigen Prozessen des Lebens geht es aber weder um die Projektion von Vergangenem noch um die Vorstellung von vermeintlich Neuem, sondern um die Schöpfung von Energie. So lässt sich im Tanz das Eigentliche von Bewegung visualisieren: die Aktivität des Lebens, die Befreiung von Energie und eine schöpferische Kraft.

Aufführung am 19.3.2010 in Seoul, Korea

Die Musik beginnt. Sylvia ist schon auf der Bühne. Ich kann sie nicht sehen, aber ich weiß, wie das Stück beginnt: Sie liegt auf dem roten Tuch und hebt und wendet ganz vorsichtig Kopf und Arme. Ich gehe auf die vordere Seitenbühne und werfe einen Blick auf die Anfangsszene. Tsai-Chin sinkt gerade in ein grand plié, Meri und Azusa gehen Hand in Hand langsam auf die Bühne. Die Frauen werden durch dezentes Bühnenlicht angestrahlt. Langsam kommen mehr Frauen auf die Bühne. Ich wende mich ab und konzentriere mich wieder auf mich selbst. Ich versuche warm zu bleiben, springe auf und ab, runde meinen Rücken wieder und wieder ein. Alle

Männer um mich herum wärmen sich nun auf ihre Weise auf. Ich habe alles außer der schwarzen Hose ausgezogen, um mich vor Betreten der Bühne an das Gefühl, am Oberkörper nackt zu sein zu gewöhnen. Barfuß bin ich schon längere Zeit. Die anderen Männer ziehen sich spätestens jetzt ebenfalls bis auf die Hose aus. Alle Männer bewegen sich, bevor ihr Auftritt kommt. Dann ist es soweit: der erste Männerauftritt. Mein Eintritt kommt mit ein paar weiteren Männern ein wenig später, ich habe noch einige Sekunden Zeit. Ich nehme meinen Platz ein und konzentriere mich auf das Zeichen, die Bühne mit dem ersten Schritt zu betreten. Ich höre und sehe dabei gleichzeitig: einerseits die Musik, die ich genau kenne, und andererseits die acht Männer, die eine bestimmte Bewegung dreimal machen, bevor meine Bewegung beginnt. Ich zähle: „Eins, zwei, drei, vier; zwei, zwei, drei, vier; drei, zwei drei..." Auf vier ist dann meine erste Bewegung. Ich versuche, mit großen Bewegungen an Marcella vorbei hinter Jorge zu kommen und dann meinen Platz zwischen Jorge und Clementine zu erreichen. Von hinten berührt mich Mareike, aber ich habe keine Zeit, darauf zu reagieren. Bei allem Unvorhergesehenen geht es immer weiter. Die große Stelle, dann schnell nach hinten in die Männerdiagonale laufen. Es ist und bleibt einer der schwierigsten Momente in dem Stück. Ich denke nur: Hüfte raus und eine ganz scharfe Drehung auf der Sieben; den Körper hochziehen, so wie wir es in den Proben hunderte von Malen gesagt und geübt haben. Nach der Diagonalen gibt es einen Moment, wo ich Atem schöpfen kann. Ich gehe auf der Bühne auf und ab und auf die Frauen zu, die in einem großen Halbkreis um die Frau, die währenddessen tanzt, stehen. Die Wege sind hier nicht festgelegt, ich kann immer ein wenig anders gehen, wenn ich will. Bei manchen Frauen bleibe ich länger stehen, an manchen gehe ich vorbei. Die Frauen wenden sich von mir ab, so als ob sie sich fürchten würden. Ich passe nun gut auf, dass ich an einem bestimmten Punkt in der Musik auf meinen Platz komme. Nicht zu früh und nicht zu spät. Es ist immer schön, wenn eine Aufstellung nicht nach Aufstellung aussieht, sondern so, als ob sie ganz von selbst im letzten Moment entsteht. Die Männerstelle: Erst gucke ich auf den Lift der drei Männer mit Azusa, dann konzentriere ich mich auf die Musik, zähle innerlich: Eins, zwei, drei, vier, fünf... auf sechs dann der große Armkreis auf den Boden. Die Phrase: Hüfte hoch, Kopf am Boden, langsam auf die Knie ziehen, auf eins ein Sprung auf die Beine, dann ganz scharfe Akzente auf drei und vier, die Hüfte in der Attitude-Drehung unten, eine starre Neigung nach hinten und mit einem runden Rücken auf die Hände fallen. Schließlich noch ein großer, schneller Armkreis in eine vierte Position mit gestreckten, parallelen Beinen. Dann laufe ich nach außen in den Kreis. Ich lasse Daphnis vorbei und komme hinter Szu-Wei zum Stehen. Pause. Ich sehe ihren Rücken. Er hebt sich auf und ab. Auf ein vereinbartes Zeichen in der Musik bilden wir den Kreis. Ich versuche mich sehr bewusst in diesem Moment nicht einfach hinzustellen, sondern den Kreis mit den anderen Tänzern entstehen zu lassen. Das erfordert eine ganz wache Wahrnehmung, so als ob alles, was passiert, zum ersten Mal geschehen würde. Ich versuche, den Gedanken des Entstehens so stark wie möglich zu spüren und durch den Blick und auch die Art und Weise, wie ich in den Kreis gehe, umzusetzen.

Rudolf von Laban stellte fest, dass im Tanz ein anders gearteter Bewusstseinszustand angenommen wird.[104] Die drei Züge des Bewusstseins, wie sie Bergson versteht, sind Tätigkeit, Gegenwart und Wahl. Zu fragen ist also, inwieweit der Tanz über diese Züge hinausgeht.

Sicher ist, dass im Tanz Bewegung um ihrer selbst willen wahrgenommen wird und nicht im Hinblick auf eine Tätigkeit, die ausgeübt werden soll. Bewegung im Tanz wird im Hinblick auf ihr Tempo, ihre Energie oder den Ort des Körpers, an dem sie stattfindet, definiert. Im Tanz ist Bewegung daher keine zweckgebundene und notwendige, sondern eine vom Zweck freie Tätigkeit.

Jede menschliche Aktivität findet in einer sich bewegenden Gegenwart statt. Tanz aber organisiert Vergangenheit, Gegenwart und Zukunft in einer bewussten Anschauung. Tanz ist die bewusste Organisation von Zeit in aktueller menschlicher Bewegung. Das Bewusstsein ist vor allem auf die Gegenwart gerichtet. Handlung vorzubereiten, ist seine Aufgabe. Im Tanz oszilliert es zwischen Zukunft, Gegenwart und Vergangenheit hin und her, um diese in einer Anschauung als freie Tat in der Zeit zu erfassen.

Bewusst wahrnehmen heißt immer wählen. Das bedeutet, Möglichkeiten zu trennen und sich für einen Aspekt zu entscheiden. Das Faszinierende im Tanz liegt aber nicht allein in der Verwirklichung eines Bewegungsplans, sondern darin, dass die Verwirklichung jeder Bewegung von ihrer Möglichkeit begleitet wird. Etwas Unvorhersehbares und Neues entsteht mit jedem Tanz, unabhängig davon, wie oft er geprobt worden ist. Dieses

---

104   Vgl. Laban, Rudolf von: *Ein Leben für den Tanz*, Stuttgart: Haupt 1989, S. 71.

Unvorhersehbare, Neue, das jede Bewegung notwendiger Weise mit sich bringt und auch ein Wesen der Dauer ist, muss in einem zusätzlichen Geistesakt wahrgenommen werden und lässt sich als das Mögliche begreifen, das in der Bewegung mitwirkt. Es ist nicht schon vorher dagewesen, sondern entsteht mit jeder Bewegung von Neuem.[105]

Die Fragestellung, worin die Veränderung des Bewusstseins im Tanz besteht, lässt sich präzisieren: Zur Tätigkeit tritt die Freiheit, zur Gegenwart die Vergangenheit und zur Wirklichkeit deren Möglichkeit. Im Tanz wird das Bewusstsein von dem Vermögen des Gedächtnisses geprägt, denn nur das Gedächtnis ist in der Lage, die Bewegtheit der Zeit und damit Freiheit, Vergangenheit und Möglichkeit zu registrieren. Diese Charakterisierung eines veränderten Bewusstseinszustandes im Tanz gilt sicherlich auch für andere Künste, aber anders als in der Musik, der Malerei oder der Dichtung wird er durch Bewegungen des menschlichen Körpers ausgelöst und begleitet. Die Aktivität des Gedächtnisses wird im Tanz in Bewegungen des Körpers erfahrbar und beobachtbar zugleich.

Die Beobachtung einer sich auf alles auswirkenden Bewegung bringt Bergson zu seinem Begriff des *Elan vital*. Der Gedanke einer ursprünglichen Lebensschwungkraft sieht in ihr die Ursache aller Variationen organischen Lebens. Über immer vielgliedrigere Formen trägt die Schwungkraft das Leben zu immer höheren Bestimmungen empor. Sie ist die Bewegung, das Werden und die Bewegtheit, die in alles eingeht. Dieser Gedanke ist insofern überraschend, als dass Bergsons These einer dem Leben innewohnenden Schwungkraft einen zusätzlichen Gedanken zu anderen Evolutionstheorien einbringt. Insbesondere die Untersuchungen des deutschen Zoologen Gustav Heinrich Theodor Eimer (1843-1898), nach denen die äußeren Bedingungen zur Umbildung der Arten führen, und die Evolutionstheorie von Charles Darwin (1809-1882), nach der die äußeren Faktoren zur Ausmerzung führen, spielen dabei eine Rolle. Außerdem setzt sich Bergson auch mit dem auf den französischen Zoologen und Biologen Jean-Baptiste Lamarck (1744-1829) beruhenden Neo-Lamarckismus auseinander, der in der Evolution weder einen Zufall noch eine Determination erblicken will, sondern eine Anstrengung zur Anpassung. Für Bergson ist das innere Entwicklungsprinzip der Evolution weder ausschließlich durch Umbildung,

---

105 Vgl. hierzu H. Bergson: „Das Mögliche und das Wirkliche", in: Ders., *Denken und schöpferisches Werden*, S. 110-126.

Ausmerzung oder Anstrengung zur Anpassung beschrieben, sondern durch das „Verlangen nach Schöpfung"[106]. Dieser Gedanke bedeutet keine Ablehnung aller Erkenntnisse der Evolutionstheorien. Vielmehr besteht Bergsons Position darin, ein inneres Prinzip der Entwicklungsrichtung ausmachen zu wollen und damit eine Beziehung zwischen Evolutionstheorie und Philosophie herzustellen, die als Ergänzung, nicht als Ersatz zu verstehen ist. Bergson stellt sich durchaus auf den Boden einer evolutionistischen Hypothese, denn sie anerkennt die Kontinuität der lebenden Materie als eine einzige unteilbare Geschichte.[107] Zulassen muss diese Entwicklung aber eine „psychologische Deutung"[108] und als solche muss Bergsons Ansatz verstanden werden. Darin ist Bergson dem Neo-Lamarckismus noch am nächsten, der in der Anstrengung immerhin ein inneres Prinzip geltend macht. Während der Begriff der Anstrengung aber Mühe, Kraftakt und Arbeit impliziert, geht es Bergson gerade darum, in der Schwungkraft ein Prinzip auszumachen, das Energie nicht nur schafft, sondern vorhandene Energie nutzt. Der Versuch der Lebensschwungkraft ist es, Energie anzuhäufen und sie ausfließen zu lassen. Die Lebensschwungkraft ist die Fortsetzung eines Impulses, der durch seine Indeterminiertheit die Variationen des Lebens hervorbringt. Sie kombiniert das Gewicht der Materie, das fällt, mit dem Verlangen des Bewusstseins nach Fortbewegung und erstrebt ein Gleichgewicht, das sie nie erreicht. Darin besteht die „Pendelbewegung"[109] des Lebens, einer „vis a tergo: am Ausgangspunkt, als Impuls ist sie gegeben, nicht als Lockung ans Ende gesetzt."[110] Bergson versteht den *Elan vital* dabei sowohl metaphysisch als auch empirisch, d.h. er ist inneres Prinzip und beobachtbares Phänomen zugleich.

Die amerikanische Tänzerin Carolyn Carlson sagt, der Tanz wolle den *Elan vital* einfangen,[111] und in der Tat zeigt die deutsche Übersetzung des französischen Begriffs *Elan vital* mit ‚Schwungkraft', dass der Tanz hier als ein Beispiel dienen kann. Der Schwung und der *Elan vital* beruhen nämlich

---

106 H. Bergson: *Schöpferische Entwicklung*, S. 257.
107 Vgl. ebd., S. 78.
108 Ebd., S. 90.
109 Ebd., S. 270.
110 Ebd., S. 133.
111 Carlson, Carolyn: „The teacher. Carolyn Carlson und das Atelier de Paris", in: *ballettanz* 2 (2009), S. 62.

beide auf dem inneren Prinzip von Spannung und Entspannung. Der Pendelbewegung des Lebens – wachsende und abnehmende Energie, Ein- und Ausatmung oder Spannung und Entspannung – entspricht der Pendelschwung, der der Grundschwung aller Schwünge ist. Er betont wie alle Schwünge das körpereigene Gewicht, das fallengelassen wird, um zu einem aus dem Loslassen resultierenden Auftrieb zu gelangen. Der Schwung hat seinen Akzent in der Mitte der Bewegung, eben dort, wo die Wirkung der Schwerkraft gebremst wird. Er nutzt die Schwerkraft als diejenige Kraft, die alles zum Erdmittelpunkt zieht und macht sie in der Bewegung sichtbar. Allerdings zielt der Schwung immer darauf ab, anzusteigen. Eben darin liegt sein beschwingter, positiver Charakter. Tänzer müssen versuchen, den Schwung nicht aktiv herzustellen, sondern passiv geschehen zu lassen, indem sie dem Körpergewicht nachgeben und es gegebenenfalls unterstützen. Der Schwung ist damit ein Beispiel für eine Bewegung, die zugelassen statt hergestellt wird. Er bedeutet die Abgabe des Körpergewichts an die Erde und seine Wiederaufrichtung durch den Gebrauch von Muskelkraft. Die Stabilität des Körpers ist im Schwung nicht vorgesehen. Er ist das Gegenteil der Pose, denn er hat keinen Ort, den er fixiert. Vielmehr ist die Aufmerksamkeit gezwungen, zwischen festen Punkten zu pendeln. Das Gleichgewicht ist im Schwung nur als Möglichkeit angedeutet, wird aber nie zur Realität. Während das Fallen schnell geschieht, erfolgt das Ansteigen als Verlangsamung entgegen der Schwerkraft. Alle Geschwindigkeitsstufen werden im Schwung also erreicht, bevor sie im Fallen erneut beginnen. Der Schwung birgt immer die Möglichkeit des Unvorhergesehenen in sich und Tänzer laufen Gefahr, im Schwung aus ihrer Körperachse herausgeworfen zu werden. Die Wucht der Schwerkraft oder die Wirkung des Auftriebs können sie an einen Ort tragen, der nicht von ihnen beabsichtigt ist. Darin liegt zum einen die Gefahr, zum anderen der Reiz des Schwungs. Das in ihm enthaltene Prinzip des Fallens und Steigens wird im Tanz zu einem beobachtbaren Phänomen. Besonders im modernen Tanztraining werden Schwünge in einer Vielzahl von Variationen geübt und trainiert, bevor sie in Choreographien zur Anwendung kommen können. Der Schwung ist ein zentraler Bewegungsablauf des modernen Tanzes und überführt ein inneres Prinzip in eine mit dem Körper erlebte Realität.

In *Materie und Gedächtnis* versucht Bergson, den Bewegungsbegriff, der seit jeher eine Domäne der Naturwissenschaft war, für die Philosophie fruchtbar zu machen. Nicht der Gedanke des Transportes ist für Bergson wesentlich, sondern der einer inneren Realität. Hierin liegt Bergsons eindeutiger Verdienst, der bis heute für ein bewegungswissenschaftliches Denken relevant ist. Seine in *Materie und Gedächtnis* formulierten vier Thesen zur Bewegung verknüpfen die psychologische Erfahrung von Bewegung mit der Beobachtung von Bewegung in der Außenwelt.

Die erste These dient Gilles Deleuze als Zugang zu seinem Klassifizierungsversuch filmischer Bilder. Sie besagt, dass Bewegung unteilbar ist.[112] Während Deleuze diese Aussage benutzt, um zu seinem Begriff des Bewegungs-Bildes zu kommen, das der Film dem Zuschauer gibt,[113] dient sie Bergson in erster Linie dazu, zwischen der Bewegung an sich und der Linie, die sie durchläuft, zu unterscheiden. Das homogene Element der Bewegung ist der durchlaufene Raum, das Bewegungslose. Dieses Element ist, zumindest potentiell, unbegrenzt teilbar. Das heterogene Element der Bewegung hingegen ist ihre Zeitlichkeit, die geteilt nicht mehr wäre, was sie ist: Erstreckung, Prozess und Wandlung. Die Bewegung an sich ist der ungeteilte Akt, der vom Bewusstsein erfasst wird.

Die Unteilbarkeit von Bewegung gilt dabei für Subjekt und Objekt gleichermaßen. Sowohl die Empfindung einer Bewegung auf Seiten eines Subjekts als auch die Wahrnehmung von Bewegung an einem Objekt muss als Erfahrung einer unteilbaren Ganzheit verstanden werden, als ein Prozess, der nicht in einzelne Bestandteile zerlegt werden kann, ohne seine Eigenschaft – die Bewegtheit – zu verlieren. In der Bewegung also, nicht in der Dauer, muss eine Erfahrung gesehen werden, die eine Trennung von innen und außen lockert, weil sie als Realität sowohl in der inneren als auch in der äußeren Welt stattfindet.

Tanz beschäftigt sich damit, wie von einer Form zur nächsten gelangt werden kann, z.B. schnell oder langsam, mit hohem oder wenigem Einsatz von Körperenergie. Tanzen ist kein Abschreiten von Positionen, sondern beginnt erst dort, wo Positionen verbunden werden. Normalerweise fokussiert das Interesse an einer Bewegung nicht die Bewegung an sich, sondern den Punkt, den sie durchläuft. Anders im Tanz: Die Unteilbarkeit von Bewegung wahrzunehmen, bedeutet, an der Bewegung den Gang und die Art und Weise, wie sie hergestellt wird, zu sehen. Der dänische Tänzer Erik Bruhn beschrieb die Erfahrung des Tanzens als „etwas Ganzes", als „ein

---

112 Vgl. H. Bergson: *Materie und Gedächtnis*, S. 184.
113 Vgl. Deleuze, Gilles: *Das Bewegungs-Bild*, S. 15.

Gefühl des totalen Seins"[114]. Diese Beschreibung lässt sich im Hinblick auf Bergson als Referenz an Bergsons erste These zur Eigenschaft von Bewegung verstehen.

Bergsons zweite These zur Bewegung lautet: „Es gibt wirkliche Bewegungen."[115] Um diese Behauptung zu stützen, beruft sich Bergson immer wieder auf die Erfahrung. Sie ist es, an die appelliert werden muss, da sie nicht zeitlos ist. Die Wirklichkeit offenbart sich in den einfachsten Bewegungsabläufen. Allein das Heben eines Armes enthält die Erfahrung, dass Bewegung wirklich existiert. Sie verlängert ihre Vergangenheit in die Gegenwart und drängt in die Zukunft. Die These Bergson wirft aber eine in ihr enthaltene Frage auf: Wenn es wirkliche Bewegungen gibt, was ist Wirklichkeit? Bergson fasst diesen Begriff vorrangig zeitlich. Er umschreibt Wirklichkeit mit ‚Werden'. Wirklichkeit ist also schöpferisch, sie bringt etwas wirklich Neues in die Welt und damit ist sie Erzeugerin von Wirkungen. Sie besteht vor allem im Übergehen von einem Zustand in einen anderen.

Ist Bewegung wirklich, so besteht Tanz im Wesentlichen daraus, Kontakt zu dieser Wirklichkeit aufzunehmen. Tänzer bringen ihren Körper in den Zusammenhang von Vergangenheit, Gegenwart und Zukunft. Man könnte auch sagen: Sie werden. Keine Form der Zeit ist darin wichtiger als die andere. Jede hat ihre Bedingung in der Existenz der vorherigen. Nur der Tanz macht den Übergang der Bewegung von Zustand zu Zustand zum Zentrum seiner Aufmerksamkeit.

Bergson kommt weiterhin zu dem Ergebnis, dass alle Teilung der Materie in unabhängige Körper mit bestimmten Umrissen eine künstliche Teilung ist (These 3). Diese Teilung ist eine vom Verstand vorgenommene Operation, die dazu dient, unseren Bedürfnissen zu entsprechen und der Anforderung des Handelns nachzukommen.[116] Auch die Materie unterliegt der Bewegung, woraus folgt, dass deren Ränder nicht scharf voneinander abgegrenzt, sondern in ihrer Gesamtheit verbunden sind. Unsere Wahrnehmung ist dafür verantwortlich, dass wir eine Diskontinuität der Materie an der Oberfläche herstellen, obwohl auch sie sich in Bewegungen und Kraft-

---

114 Erik Bruhn zitiert nach Kavanagh, Julie: *Nurejew. Die Biographie*, Berlin: Propyläen 2007, S. 245.
115 H. Bergson: *Materie und Gedächtnis*, S. 190.
116 Vgl. ebd., S. 194 ff.

linien auflösen lässt, wie Bergson am Beispiel des Atoms zeigt. Er beruft sich dabei auf Untersuchungen der Physiker Michael Faraday und William Thomson, in deren Forschung die gegenseitige Durchdringung bzw. die Bewegtheit von Atomen eine Bedeutung hat. Modifikation, Störung, Veränderung der Spannung oder der Energie sind die Einflüsse, denen die Materie unterliegt, was von Bergson zum Beleg seiner These angeführt wird.[117] Bei dieser These scheint es Bergson zum einen darum zu gehen, Geist und Materie einander anzunähern, nachdem er sie in seiner Analyse in *Materie und Gedächtnis* weit auseinander getrieben hat. Zum anderen belegen seine Beobachtungen aus der Physik erneut, dass die unabhängige Wirklichkeit von Bewegung sowohl eine psychologische als auch eine physikalische Grundlage besitzt. Bewegung drückt keine Veränderung der Beziehung zwischen Gegenständen aus, sondern ist eine unabhängige Wirklichkeit, die vom Geist registriert wird und sich auch auf die Materie auswirkt.

Die Einflüsse, denen die Materie unterliegt und die von Bergson als Modifikationen, Störungen und Veränderungen der Spannung und der Energie angegeben werden, werden im Tanz körperlich fühlbar. Durch das Tanzen verändert sich die Körpertemperatur, das Herz schlägt schneller, der Blutdruck steigt, der Atem beschleunigt sich, die Farbe der Haut ändert sich, der Schweiß läuft. Alle diese physiologischen Phänomene machen sinnfällig, dass der Körper während des Tanzens im permanenten Wechselspiel der Muskulatur immer flüssiger wird, an Festigkeit verliert und an Geschmeidigkeit gewinnt. Seine Grenzen werden durchlässig. Ursache dieser materiellen Veränderungen sind die unablässigen Bewegungen des Körpers, die als Phänomene der äußeren Welt mit einer psychischen Anstrengung in Verbindung stehen.

Aus der Überlegung, Bewegung als unabhängigen Teil der Wirklichkeit zu begreifen, entwickelt Bergson seine vierte These: „Die wirkliche Bewegung ist viel mehr die Übertragung eines Zustandes als eines Dinges."[118] Bewegung ist nicht an einen Körper gebunden, nichts den Gegenständen Angefügtes, sondern ein Zustand, der sich auf die innere und auf die äußere Welt überträgt.

Unter diesem Gesichtspunkt lässt sich Tanz nicht allein als Körper in Bewegung verstehen, weil diese Perspektive im Körper den Träger von

---

117 Vgl. ebd., S. 200.
118 Ebd., S. 200.

Bewegung sieht. Dazu William Forsythe: „Das Tanzen ist wie ein Lebewesen. Du kannst es nicht zwingen, du kannst es nicht zu dir holen. Du musst dich selbst wahrnehmend machen, und es kommt."[119] Im Tanz bietet sich der Körper der Bewegung an, ohne dabei zu unterschlagen, dass Bewegungen im Körper und durch seine Körperlichkeit gebunden werden. Dennoch gehören die Bewegungen von Tänzern nicht zu ihren Körpern wie ihre Arme oder Beine. „Die Bewegung auf eine Aktion des Körpers zu beschränken, ist eine schlechte Angewohnheit", sagt der Butoh-Tänzer Min Tanaka. „Man wird die Bewegung nie verstehen, solange man sich neben sie stellt."[120] Tänzer scheinen den Gedanken ganz selbstverständlich anzunehmen, dass Bewegungen nicht nur von ihnen generiert werden, sondern dass der Körper von Bewegungen mitgenommen wird. Ein Beispiel dafür kann sein, dass Tänzer die Bewegungen anderer Tänzer lernen und ausführen können. In der langen Traditionskunst des Tanzes wurden Bewegungen von Mensch zu Mensch übertragen, indem sie als nicht sichtbare Informationen auf ihre Belebung ‚warten'. Diesen Gedanken formuliert auch William Forsythe: „We are not drawing, we are drawn."[121] Dem Gedanken Forsythes folgend, könnte man sagen: Die Bewegung ist schon da, bevor sie durch den Körper erscheint. Sie geschieht sowohl mit den Tänzern als auch durch sie.

Bewegung wird auch in der Qualität erfasst.[122] Auf diese Schlussfolgerung laufen Bergsons vier Thesen in *Materie und Gedächtnis* hinaus. Statt des Anwachsens einer Empfindung besteht die Qualität in der „Empfindung des Anwachsens"[123]. Bewegung und Veränderung sind überall, sie können auch dort erscheinen, wo Körper nicht ihre Stellungen ändern, also in der

---

119 Forsythe, William/Odenthal, Johannes: „Ein Gespräch mit William Forsythe, geführt anläßlich der Premiere ‚As a garden in this Setting' Dezember 1993", S. 37.
120 Tanaka, Min: „Mein Tanz will Fragen stellen", in: Michael Haerdter/Sumie Kawai (Hg.), *Die Rebellion des Körpers. Butho. Ein Tanz aus Japan*, Berlin: Alexander 1998, S. 77-84, hier S. 80-84.
121 Forsythe, William: „Planing the unpredictable. William Forsythe talks to architect Nikolaus Hirsch about the temporarity of body, space and dance", in: *ballettanz Jahrbuch* (2004), S. 20-25, hier S. 25.
122 Vgl. H. Bergson: *Materie und Gedächtnis*, S. 203.
123 H. Bergson: *Zeit und Freiheit*, S. 42.

Qualität. Dorthinein verlegt Bergson denn auch die beginnende Bewegung, in die Tiefe der empfundenen Qualitäten,[124] und löst damit die Grenze zwischen Bewegung und Qualität auf. Als „eine Unzahl elementarer Schwingungen"[125] werden Qualitäten von Bergson bezeichnet, und wenn sie Bewegung auch nicht unmittelbar ausdrücken, so sind sie doch die Veränderung, die beginnt. Die qualitative Bewegung ist folglich eine mögliche Art der Bewegung. Sie gehört zu drei unterschiedlichen Bewegungsarten, die Bergson in *Schöpferische Entwicklung* definiert.

Neben der qualitativen Bewegung existiert die evolutive Bewegung. Bei ihr steht die Absicht, in der sie geschieht, im Vordergrund. „Was die Bewegung tut"[126], soll dabei festgestellt werden. Als dritte Bewegungsart nennt Bergson die extensive Bewegung, bei der der ‚unbewegte Umriß'[127] vorgestellt wird, der sie unterbaut. Sie ist eine zusammengesetzte Bewegung in dem Sinne, dass viele unterschiedliche Bewegungen zu dem einen Akt gehören, der sie ausmacht. Ihr Gesamtplan ist es, der von Interesse ist.

Die drei Bewegungsarten erstarren zu drei Auffassungen: den Qualitäten, den Formen und den in sich vielfältigen Akten. In den Qualitäten ist die Bewegung versteckt, in der Form ist sie nur ein Moment, im Akt ist sie nur ein Plan. In keiner dieser Auffassungen wird die Bewegung mitgedacht. Man sagt, die Qualität ist, dabei wird sie. Man sagt, die Form besteht, dabei ist sie nur ein Moment der Entwicklung. Man sagt, man handelt und nimmt damit die Bewegung vorweg. Die unbestimmte Veränderung wird durch eine Ansicht von ihr ersetzt.

Der Grund für dieses Erstarren von Bewegungen zu Ansichten liegt in der spezifischen Ausrichtung des Bewusstseins auf das Bewegungslose. „Denn beim Menschen ist das Bewußtsein wesentlich Intellekt."[128] Wie bereits erwähnt, bedarf es laut Bergson einer erheblichen Anstrengung, Bewegung zu denken und damit den Intellekt ein Stück weit zu überwinden. Die intellektuelle Vorstellung von Bewegung verursacht immer die Konstruktion einer Reihe von Unbewegtheiten. Von der Beweglichkeit selbst

---

124 Vgl. H. Bergson: *Materie und Gedächtnis*, S. 208.
125 H. Bergson: *Schöpferische Entwicklung*, S. 299.
126 Ebd., S. 301.
127 Vgl. ebd., S. 301.
128 Ebd., S. 271.

kehrt sie sich dabei ab, weil sie die Prozesshaftigkeit der Bewegung nicht mehr wahrzunehmen vermag.

Es ist der Tanz, der sichtbar werden lässt, was in der fixierenden Anschauung von Bewegung erstarrt. Die qualitativen Bewegungen werden in den unterschiedlichen Bewegungsqualitäten sichtbar. Die Qualität, die sonst in der Tiefe „vibriert"[129], zeigt sich in den Bewegungen des tanzenden Körpers. Die evolutive Bewegung legt ihr Augenmerk auf die sich ständig verändernde Form von Körpern. In fortwährendem Wechsel entstehen und verschwinden Formen, ohne dass das Bewusstsein sie vollends fixieren kann. Tänzerkörper scheinen hier ein exemplarisches Beispiel zu bieten, wie evolutive Bewegung zu denken ist. Sie entziehen sich einem Zugang, der allein durch eine Fixierung von Formen erfolgt. Dies gilt – wie Christiane Berger in ihrer Untersuchung zu Wahrnehmung, Körper und Bewegung gezeigt hat – für den Zuschauer, es gilt gleichermaßen aber auch für Tänzer selbst, deren Körper sich in ständiger Umbildung befinden. Extensive Bewegungen schließlich finden sich im Tanz als Bewegungsphrasen wieder, als in sich geschlossene Bewegungseinheiten, die einerseits Teil einer größeren Struktur sind und sich andererseits aus mehreren Motiven zusammensetzen. Tänzer sprechen von Bewegungsphrasen und meinen damit eine große Anzahl von einzelnen Bewegungen, die zusammengesetzt eine Bewegungsphrase ergeben. Man findet daher im Tanz qualitative, evolutive und extensive Bewegungen, ohne dass diese zu Ansichten, Formen oder Akten erstarren, sondern bleiben, was sie im eigentlichen Sinne sind: Innensicht statt Ansicht, Umbildung der Form und Ausführung im Plan.

Die Frage nach Bewegung ist für Bergson vor allem eine Frage der Metaphysik, der Philosophie, der Psychologie und keine Frage, die allein die Physik beantworten kann. Wenn wir mit der Bewegung in Kontakt treten wollen, so bleibt uns nur eine Möglichkeit: die Identifizierung mit der Sache selbst. Wahre Bewegtheit ist der Akt, „den unser Bewußtsein in den Bewegungen, die wir selbst ausführen, erfaßt"[130].

Es kann nun zusammengefasst werden, welcher Bewegungsbegriff sich aus Bergsons Philosophie entwickeln lässt. Bewegung ist das Wesen des Lebens, ein Leben, das sich in jedem Augenblick erschafft. Bewegung geht in uns ein und von uns aus. Eines ihrer Synonyme ist ‚Werden', in Zeit ge-

---

129 H. Bergson: *Materie und Gedächtnis*, S. 203.
130 Ebd., S. 207.

dachte Bewegung. Bewegung ist ein unteilbarer Akt des Bewusstseins und ein unabhängiger Teil der Wirklichkeit, der auch die materiellen Dinge nicht unberührt lässt und sich dabei von selbst überträgt. Es lassen sich drei Arten von Bewegungen finden: qualitative, evolutive und extensive Bewegungen. Im Tanz erstarrt die Bewegung nicht zu einer fixierenden Vorstellung des Intellekts. Bewegung und Dauer sind aus der Sicht der Philosophie Synonyme. Im Tanz werden aus ihren Eigenschaften sichtbare Phänomene, weshalb der Tanz ein metaphysisches und ein empirisches Phänomen zugleich ist. Es ist nicht das Bewusstsein, sondern das Gedächtnis, welches dafür sorgt, dass Dauer und Bewegung als solche erkennbar werden. Im Tanz ist das Bewusstsein daher im Wesentlichen Gedächtnis.

THEORIE DES GEDÄCHTNISSES

Zur Untersuchung seiner Hypothesen zum Gedächtnis ordnet Bergson die am Gedächtnisprozess beteiligten Elemente in ein dichotomes System. Seine Philosophie benennt dabei vor allem Wesensunterschiede zwischen Materie und Geist. Erinnerung und Gedächtnis sind im Sinne Bergsons eine Leistung des Geistes, nicht des Körpers. Auch wenn seine Philosophie damit auf den ersten Blick als eine Philosophie des Dualismus erscheinen kann, so steht in ihrem Mittelpunkt doch der Zusammenhang zwischen Körper und Geist. Der menschliche Körper ist die Voraussetzung dafür, dass sich Erinnerungen materialisieren können. Nur der Körper ist in der Lage, die Vergangenheit von ihrer Machtlosigkeit zu erlösen und eine Brücke von der Vergangenheit über die Gegenwart in die Zukunft zu schlagen. Der Körper ist auch in Bergsons Sinne also nicht einfach nur Materie, sondern Bergson sieht ihn mit dem Gedächtnis verbunden, indem er dessen letzte Ebene bezeichnet. Der Körper, so Bergson, ist die letzte Ebene des Gedächtnisses, die unsere Vergangenheit fortwährend in unsere Zukunft stößt.[131] Er ist vor allem ein „Durchgangsort"[132], der als „Bindestrich zwischen den Dingen"[133] fungiert und zwischen Wahrnehmung und Erinnerung vermittelt.

---

131 Vgl. ebd., S. 244.
132 Ebd., S. 147.
133 Ebd.

Bergson lässt den Wesensunterschied zwischen Geist und Materie also nicht einfach bestehen, sondern fragt vielmehr danach, wie beide miteinander in Beziehung treten. Der Körper lässt sich hier als dasjenige Medium einer Erfahrung verstehen, das eine Beziehung zwischen Geist und Materie erst ermöglicht. Das Erleben von Bewegung, das nach Bergson nur als ein Akt des Hineinversetzens erfolgen kann, lässt sich ausschließlich mit dem Geist erfahren, aber nur mit dem Körper vollziehen. So erscheint Bergsons Denken zuletzt nicht als Dualismus, sondern vielmehr als ein holistischer Ansatz, welcher Geist und Materie oder auch Gedächtnis und Körper als Wesenheiten ansieht, die sich beeinflussen und durchdringen.

Die Unterscheidung von Geist und Materie oder von Erinnerung und Wahrnehmung geschieht also in der Absicht, ihr Zusammenwirken zu klären. Bergson setzt die am Gedächtnisprozess beteiligten Elemente zunächst als isolierte Begriffe und erklärt erst anschließend ihren Zusammenhang. In seiner Philosophie vereinen sich die in der Analyse geschiedenen Begriffspaare schließlich, um das ‚Werden' der Dinge zu erfassen. Dort existiert nur noch das „Fließen der wirklichen Zeit"[134], in der die Zustände nicht mehr isoliert voneinander wirken. Das ‚Herausschneiden' der Vorgänge aus der Wirklichkeit ist für Bergson ein methodisch notwendiger Schritt, um deren Funktion genau bestimmen zu können, aber, so Bergson: „Daß die Persönlichkeit einheitlich ist, ist gewiß."[135]

Wie die Gehirnforschung ist Bergson der Ansicht, dass die menschliche Wahrnehmung nicht ohne das Gedächtnis existiert. Im Unterschied zur Neurowissenschaft unterscheidet Bergson aber zwischen einer ‚reinen', nur in der Theorie existierenden, und einer menschlichen Wahrnehmung. Die reine Form der Wahrnehmung ist laut Bergson in den Dingen selbst, die menschliche Wahrnehmung hingegen ist eine Mischung aus Wahrnehmung, Empfindung und Erinnerung, die sich gegenseitig durchdringen. Auch in der menschlichen Wahrnehmung, die maßgeblich vom Gedächtnis geprägt wird, bleibt der grundlegende Wesenszug der Wahrnehmung allerdings erhalten, der darin besteht, dass die Wahrnehmung etwas von den Dingen selbst ist. Laut Bergson nehmen wir also nicht in uns, sondern in den Dingen wahr. Empfindung und Erinnerung sind in einem sich gleichzeitig vollziehenden Akt dafür verantwortlich, dass wir die ursprünglich

---

134 H. Bergson: *Denken und schöpferisches Werden*, S. 146.
135 Ebd., S. 198.

unpersönliche Wahrnehmung als persönliche Wahrnehmung begreifen. Ein Jahrhundert vor der Entdeckung der ‚Spiegelneurone' bezeichnet Bergson die Wahrnehmung als „eine Art Spiegelungserscheinung"[136] und nimmt damit einen wichtigen Gedanken der Neurowissenschaft vorweg, nämlich den, dass die Wahrnehmung an der Materie teilnimmt. Während die Spiegelneuronenforschung den Spiegelungsvorgang jedoch im Inneren des Gehirns verortet, meint Bergson damit keinen inneren Vorgang, sondern eine Reflexion, bei der weder Gedächtnis, Bewegung oder Empfindung mitgedacht werden, einen Vorgang also, der auch für Bergson nur theoretisch existiert. Die Wahrnehmung wirft in diesem Sinne ihr Bild auf die Dinge zurück. Trotzdem hebt Bergson mit seinem Verständnis der Wahrnehmung eine Subjekt-Objekt-Trennung auf, indem Subjekt und Objekt in einen Wirkungszusammenhang gebracht werden, „in dessen Mittelpunkt der Leib steht"[137]. In der Gehirnforschung ist die Wahrnehmung ebenso wie das Erinnern – und damit das Gedächtnis – eine „Funktion der Großhirnrinde"[138]. Für Bergson unterscheiden sich jedoch Wahrnehmung und Gedächtnis zutiefst, indem die Wahrnehmung Teil der Materie ist, während das Gedächtnis mit der Aktivität des Geistes gleichzusetzen ist.

Das menschliche Gedächtnis ist vor allem für die Beziehung zwischen Geist und Materie zuständig, weil es die zum Subjekt gehörenden Erinnerungen mit den objekthaften Wahrnehmungen vermengt. Entsprechend beginnt Bergson *Materie und Gedächtnis* mit dem Satz: „Dieses Buch bejaht die Realität des Geistes und die Realität der Materie und versucht die Beziehung zwischen beiden klarzulegen an dem speziellen Beispiel des Ge-

---

136 H. Bergson: *Materie und Gedächtnis*, S. 22.
137 Meyer, Petra Maria: „Medialisierung und Mediatisierung des Körpers. Leiblichkeit und mediale Praxis bei Valie Export und Nan Hoover", in: Petra Maria Meyer (Hg.), *Performance im medialen Wandel*, München: Fink 2006, S. 223-257, hier S. 225. Petra Maria Meyer differenziert dort zwischen dem Körper als dem Objekthaften und Vergänglichen und dem Leib als dem Nicht-Gegenständlichen, aber stets Anwesenden. Auf die Differenzierung zwischen Körper und Leib gehe ich im Zusammenhang dieser Untersuchung nicht weiter ein.
138 Singer, Wolf: *Der Beobachter im Gehirn*, Frankfurt a.M.: Suhrkamp 2002, S. 146.

dächtnisses."[139] Die Materie ist die vom Menschen unabhängige Ordnung der materiellen Welt. Sie bietet sich dem Menschen in der äußeren Wahrnehmungsform des Bildes dar. Das Bild wird dabei dort wahrgenommen, wo es erscheint, also im Bild selbst. Komplementär zu den äußeren existieren die inneren Bilder, die die vom Menschen abhängigen Erscheinungen bezeichnen. Der Begriff des Bildes ist eine „Existenz, die halbwegs zwischen dem ‚Ding' und der ‚Vorstellung' liegt"[140], weshalb sich mit Bergsons Bildbegriff sowohl die Erscheinungsformen der Materie als auch die Phänomene des Geistes fassen lassen. Neben den äußeren Bildern der Materie, den Wahrnehmungen, existieren die inneren Bilder der Empfindungen. Bei der Empfindung fallen der Gegenstand der Wahrnehmung und der menschliche Körper zusammen. Die Empfindung ist im Gegensatz zur Wahrnehmung ein inneres Bild, weil es nicht nur im Außen wahrgenommen, sondern von innen gespürt wird. Wahrnehmung und Empfindung sind Bilder der Gegenwart, die eine materielle Grundlage besitzen – die Wahrnehmung, weil sie im Außen ist, die Empfindung, weil sie sich auf den menschlichen Körper bezieht, den Bergson gleichfalls als ein Bild versteht. Die dritte Art der Bilder stellen die Erinnerungen dar, die nicht die Bilder der Gegenwart, sondern die der Vergangenheit sind. Auch sie sind innere Bilder, aber sie sind nicht körperlicher, sondern geistiger Natur. Erinnerungen werden vom Gedächtnis unter gegenwartsbezogenen Aspekten vorgestellt. Insofern stellt das Gedächtnis eine Brücke zwischen Vergangenheit und Gegenwart dar, die allein vom menschlichen Geist geschlagen werden kann.

Wie lassen sich diese drei Arten von Bildern im Tanz wiederfinden? Wahrnehmung im Tanz richtet sich auf den Raum, genauer: auf die Ausdehnung. Die Ausdehnung bezeichnet nur das Außerhalb, der Raum hingegen die Beziehung von Punkten zueinander. Im Gegensatz zur Ausdehnung stellt der Raum eine Konzeption dar, in der das Ich schon heimlich vorhanden ist und die zur Orientierung und zur Kommunikation dient. Tänzer nehmen eine große Vielzahl räumlicher Punkte wahr und verweisen darin auf die Ausdehnung, in der noch alle Einflüsse der Punkte aller Körper vorhanden sind. Darin lässt sich ein Berührungspunkt zwischen Tanz und reiner Wahrnehmung sehen, eine Wahrnehmungserweiterung, die nicht an

---

139 H. Bergson: *Materie und Gedächtnis*, S. I.
140 Ebd., S. I.

einer Handlung oder einem Nutzen orientiert ist, sondern die Realität der Ausdehnung zum Ausdruck bringt.

Die Empfindung bringt die Ebene des Körpers ins Spiel. Tänzer empfinden ihre Körper. Durch die körperliche Anstrengung wird das Gefühl von Muskelkontraktionen über eine immer größer werdende Oberfläche des Körpers verbreitet. Die Anzahl physiologischer Empfindungen steigt dabei ebenso. Man kann hier aber weitergehen und sagen, dass Tänzer in der Empfindung die Ausdehnung in der Tiefe erleben und nicht nur an der Oberfläche rezipieren wie in der Wahrnehmung. Die Dinge sind also nicht im Raum, sondern der Raum ist im Gegenteil in ihnen. Es ist genau jener Bergson'sche Auffassung des Raumes, die im Tanz empfindbar gemacht wird. Tänzer füllen nicht den Raum, sondern empfinden vielmehr, wie der Raum Ausdehnung ist und den Körper einnimmt. Man kann Tänzer dann nicht mehr als Tänzer verstehen, die den Raum betreten, sondern als Tänzer, die vom Raum eingenommen werden. Die Trennung von außen und innen wird damit durchlässig. Außen wird innen und innen wird außen als immerfort changierendes Verhältnis von Ausdehnung und Empfindung, von Raum und Körper.

Erst mit der Erinnerung kommt die Vergangenheit ins Spiel, ohne die die Bewegung nicht als solche erkannt werden kann. Zwischen Erinnerung und Bewegung besteht aber zunächst ein wichtiger Unterschied: Erinnerung bezeichnet immer ein abwesendes Bild. Sie ist das Nicht-Gegenwärtige. Das Wesen der Bewegung liegt im Gegensatz dazu aber gerade darin, einen Zusammenhang zwischen Abwesendem und Anwesendem, zwischen Vergangenheit und Gegenwart herzustellen. Die konkrete Bewegung verlängert ihre Vergangenheit in die Gegenwart, weswegen Bergson die Solidarität von Gegenwart und Vergangenheit als Wesen der Bewegung begreift. Die reine Erinnerung hingegen hat keinen Zusammenhang mit der Gegenwart. Die Erinnerung braucht die Bewegung nicht, umgekehrt jedoch braucht die Bewegung die Erinnerung, um sich dem Bewusstsein als ein Prozess zu präsentieren, bei dem vor dem Auge (Wahrnehmung) und mit dem Körper (Empfindung) aus der Vergangenheit (Erinnerung) Gegenwart wird. In jeder Bewegung existiert die Vergangenheit weiter und es ist gerade dies, was uns jeder Tanz vor Augen führt. Er bemerkt die Verbindung von Vergangenheit und Gegenwart und bringt sie in der Bewegung zum Ausdruck. Im Tanz ist die Vergangenheit in den Bewegungen des Körpers anwesend.

GEDÄCHTNISFORMEN

Begriffe, so Bergson, treten gewöhnlich in gegensätzlichen Paaren auf. In der gesamten Philosophie Bergsons ist das Denken in Begriffspaaren zu beobachten und führt auch zu der Unterscheidung von ‚vorstellendem' und ‚wiederholendem' oder ‚motorischem' Gedächtnis, eine Unterscheidung, die man in Bezug auf die Erkenntnisse der Gehirnforschung als die Unterscheidung zwischen explizitem und implizitem Gedächtnis verstehen kann. Die beiden Gedächtnistypen stellen auch für Bergson die zwei Formen dar, in denen sich die Vergangenheit fortsetzt. Bergson gibt ihnen u.a. die Bezeichnungen „mémoire régressive"[141] und „mémoire motrice"[142]. Anzumerken ist, dass Bergson für beide Gedächtnisformen variierende Bezeichnungen verwendet. Er nennt das motorische Gedächtnis z.B. auch ein Gedächtnis, das wiederholt: „De ces deux mémoires, dont l'une imagine et dont l'autre répète, la seconde peut suppléer la première et souvent même en donner l'illusion."[143] Das französische Verb *répéter* hebt eher die Eigenschaft der Gewohnheit hervor und damit die gedankliche Figur der Wiederholung. Das Gedächtnis der Gewohnheit zeigt sich, laut Bergson, nicht nur in Bewegungen des Körpers, sondern z.B. auch in dem Auswendiglernen eines Gedichtes.[144] Da in dieser Arbeit der Blick auf Tanz und Bewegung gerichtet ist, wird im Folgenden die Bezeichnung ‚motorisches Gedächtnis' verwendet. Die Begrifflichkeit hebt bei dieser Gedächtnisform den für den Tanz so wichtigen erlernten motorischen Aspekt der Körperbewegung hervor. Für die dazu komplementäre Form der *mémoire régressive* bietet sich die Bezeichnung ‚vorstellendes Gedächtnis' an, da Bergson diese Form vor allem mit der Vorstellungskraft – *imagination* – assoziiert, die es vermag, vergangene Bilder gedanklich in die Gegenwart zu überführen.

Das vorstellende Gedächtnis bezeichnet die Arbeit des Geistes. Es behält die persönlichen Erinnerungsbilder der Vergangenheit und registriert die selbsttätigen Erinnerungen oder auch Erinnerungsbilder – „image-

---

141 Bergson, Henri: *Matière et Mémoire. Essai sur la relation du corps a l'esprit*, Paris: Librairie Félix Alcan 1921, S. 80.
142 Ebd., S. 84.
143 Ebd., S. 79.
144 Vgl. H. Bergson: *Materie und Gedächtnis*, S. 75 ff.

souvenir"[145]. Diese sind datiert, können sich nicht wiederholen und der Mensch verfügt über ihre Dauer.[146] Sie sind darüber hinaus sofort vollständig. Um dieses Gedächtnis zu aktivieren, muss sich der Mensch von den Anforderungen der Gegenwart lösen. Man muss, so Bergson, „träumen wollen"[147], um die Vergangenheit wachzurufen.

Das motorische Gedächtnis ist das Gedächtnis des Körpers, dessen Bewegung immer auf die Tätigkeit und damit auf die Handlung gerichtet ist. Es besteht aus motorischen Mechanismen, die durch Arbeit erworbene Bewegungen sind und vom Willen gesteuert werden können. Es registriert damit nicht die selbsttätigen, sondern die erlernten Erinnerungen. Um diese zu aktualisieren, benötigt das motorische Gedächtnis einen Anstoß. Der anschließend in Bewegung gesetzte Ablauf nimmt eine bestimmte Ordnung in einer bestimmten Zeit ein. Die motorische Bewegung hat damit alle Merkmale einer Gewohnheit und besteht in der Anpassung an die Anforderungen einer Tätigkeit. „Gewohnheit mehr als Gedächtnis, spielt sie unsere vergangene Erfahrung, ruft aber nicht ihr Bild hervor."[148] Laut Bergson bildet das motorische Gedächtnis eine Erfahrung ganz anderer Art, die sich im Körper niederschlägt.

„Ainsi se forme une expérience d'un tout autre ordre et qui se dépose dans le corps, une série de mécanismes tout montés, avec des réactions de plus en plus nombreuses et variées aux excitations extérieures, avec des répliques toutes prêtes à un nombre sans cesse croissant d'interpellations possibles."[149]

Während das vorstellende Gedächtnis rückläufig funktioniert, aber dafür beständig in Aktion ist, bewertet Bergson das motorische Gedächtnis als das gegenwärtigere und nützlichere der beiden. Das vorstellende Gedächtnis registriert die Vergangenheit, das motorische Gedächtnis wiederholt sie und ermächtigt damit zum Handeln. Es hebt die Erinnerung damit aber auch aus der Zeit heraus und lässt sie unpersönlich werden. Beide Gedächtnisformen sind nur in der Theorie, nicht aber in der menschlichen Tätigkeit

---

145 H. Bergson: *Matière et Mémoire*, S. 87.
146 Vgl. H. Bergson: *Materie und Gedächtnis*, S. 69.
147 Ebd., S. 72.
148 Ebd., S. 146.
149 H. Bergson: *Matière et Mémoire*, S. 78.

voneinander zu trennen. Dort verbinden sie sich zu einem „nützlichen Ganzen"[150]. Die Trennung zwischen einem Gedächtnis der Erinnerung („imagesouvenir") und einem Gedächtnis für Bewegung („mouvement"[151]), die Bergson in seiner Gedächtnistheorie vornimmt, muss als eine methodisch begründete Reduktion verstanden werden, um komplexe Vorgänge zu analysieren. In der Praxis verschmelzen beide Formen miteinander.

Die Aufgabe, die das vorstellende Gedächtnis dem motorischen Gedächtnis gegenüber erfüllt, wird von Bergson deutlich benannt: „Es kann ihm die Bilder dessen zeigen, was in analogen Situationen vorausgegangen und gefolgt ist, und damit seine Entscheidungen erhellen: hierin besteht die Assoziation der Vorstellungen."[152] Für die Beziehung zwischen den beiden Gedächtnisformen ist die Bewegung verantwortlich. „Von den zeitlich angeordneten Erinnerungen vollzieht sich ein unmerklicher Übergang zu den Bewegungen, durch die sich, sei es in Ansätzen oder als Möglichkeiten, die Erinnerungen in räumliche Handlung umsetzen."[153] Bewegungen, die aus der selbsttätigen Erinnerung hervorgehen, werden durch Wiederholung vom motorischen Gedächtnis zu einem Mechanismus montiert, der zu einer Gewohnheit wird und sich in bestimmten Haltungen fixiert. Zum einen bedeutet das, dass Bergson im vorstellenden Gedächtnis das eigentliche Gedächtnis begreift. Zum anderen hebt Bergsons Beschreibung dieses Prozesses abermals die Bedeutung von Bewegung als vermittelndes Element hervor, welches bewirkt, dass die Zeitbilder der Erinnerung sich in Gewohnheiten des Körpers erhalten.

Bergson unterscheidet in Analogie zu der Differenzierung zwischen vorstellendem und motorischem Gedächtnis auch bezüglich des Wiedererkennens zwischen zwei Arten: der *reconnaissance automatique* (der automatischen Wiedererkennung) und der *reconnaissance attentive* (der Wiedererkennung mit Aufmerksamkeit).[154] Sie bestehen entweder aus einer körperlichen Aktion, die von den Umständen einer Situation ausgelöst wird, oder aus einer inneren Vorstellung, wenn sie vom Subjekt ausgeht.[155]

---

150 H. Bergson: *Materie und Gedächtnis*, S. 74.
151 H. Bergson: *Matière et Mémoire*, S. 87.
152 H. Bergson: *Materie und Gedächtnis*, S. 78.
153 Ebd., S. 67.
154 Vgl. H. Bergson: *Matière et Mémoire*, S. 100.
155 Vgl. H. Bergson: Materie und Gedächtnis, S. 67.

Das Wiedererkennen des Körpergedächtnisses strebt nach der Handlung, das Wiedererkennen des vorstellenden Gedächtnisses auf die Vergangenheit zu.

Dass der Tanz ein exemplarisches Beispiel für die Verbindung zwischen Gedächtnisformen bietet, ist nach dieser ersten Betrachtung des Bergson'schen Modells naheliegend. Tanz ist nicht allein motorisch, auch wenn die Wiederholung von Bewegungsmustern des Körpers zweifellos zu seiner Ausübung dazugehört. Er ist aber sicherlich auch keine rein geistige Angelegenheit, obgleich Emotionen und Erinnerungen eine entscheidende Rolle bei der Ausübung von Bewegungen spielen.

Das motorische Gedächtnis

In Bezug auf Tanz lässt sich das motorische Gedächtnis zum Ersten als Tanztechnik verstehen, die sich ein Tänzer erwirbt. Sie ist immer das Resultat einer Ausbildung im weitesten Sinne, die Tänzern ermöglichen soll, in der täglichen Probenpraxis auf die verkörperten Erfahrungen zurückzugreifen. Die Tanztechnik eines Tänzers ist die Erfahrung, die sich in seinem Körper erhalten hat. In *Die Grundlagen des klassischen Tanzes* schreibt Agrippina Waganowa, dass die Grundlage für elementare Bewegungen erreicht wird „durch systematische Wiederholung der gleichen Bewegung in einer großen Anzahl hintereinander"[156]. Die Bewegung, so Waganowa, muss „in Fleisch und Blut"[157] übergehen. Vor allem durch Wiederholung der gleichen Bewegungen wird eine Tanztechnik erworben.

Zur Tanztechnik gehört die Körperhaltung, die sich als „Gesamtheit der Stellungen aller Gelenke"[158], also als Ausrichtung der Körperknochen zueinander verstehen lässt. In der Neutralstellung (der anatomischen Idealhaltung) einer Standposition befinden sich z.B. das Zentrum der Schultern, des Hüftgelenks und des Kniegelenks übereinander.

---

156 Waganowa, Agrippina Jakowlewna: *Die Grundlagen des klassischen Tanzes*, Wilhelmshaven: Heinrichshoven's 1981, S. 18.
157 Ebd., S. 18.
158 Peterson Kendall, Florence/Kendall McCreary, Elisabeth/Geise Provance, Patricia: *Muskeln. Funktionen und Tests*, München/Jena: Urban & Fischer 1985, S. 67.

Die Körperhaltung lässt sich aber nicht nur in Begriffen der Gelenke, sondern auch in Begriffen der Muskeln erfassen. Die Muskeln des Körpers widerstehen der Schwerkraft, um eine Bewegung auszuführen und halten den Körper in einer Position. Daher trainiert die Tanzausbildung die Möglichkeit der Muskeln zur Kontraktion, welche als Verkürzung, Stabilisation oder Verlängerung der Muskulatur umgesetzt werden kann. Übungen zu Kraft, Flexibilität, muskulärem und kardiologischem Durchhaltevermögen und neuromuskulärer Koordination sollen das Bewegungspotential der Muskulatur entwickeln und steigern.[159]

Des Weiteren soll Körperbewegung vor allem in Bewegungsabläufen, also dynamisch memoriert und verinnerlicht werden. Die Informationen von Übungen und damit verbundene Bewegungsabfolgen hinterlassen im motorischen Gedächtnis ihre Spuren. Ob diese in den Muskeln und Gelenken oder im Gehirn zu suchen sind, wird von Tänzern und Wissenschaftlern unterschiedlich beurteilt, wie die Auseinandersetzung mit dem Konzept einer *muscle memory* im vorangehenden Kapitel zeigte.

Zum Zweiten kommt das motorische Gedächtnis von Tänzern im Probenalltag und in Aufführungen zum Einsatz. Auch in Bezug auf eine Choreographie entsteht durch die Wiederholung der gleichen Bewegungsabläufe ein motorisches Gedächtnis. Es schlägt sich in einem Mechanismus nieder, der aus automatischen Bewegungen besteht, die in einer bestimmten Ordnung zueinanderstehen und einen bestimmten Zeitablauf einnehmen. Tänzer verfügen nicht über die Dauer, die dieser Mechanismus einnimmt, und in diesem Sinne reagiert das motorische Gedächtnis auf die Anforderungen, die ein Tanzstück während der Proben oder der Aufführungssituation an die Tänzer stellt. Eine Bewegung, die Tänzer wirklich wissen und zu ihrer Verfügung haben wollen, müssen sie als motorischen Mechanismus einüben. Vor allem, so Bergson, verdient das motorische Gedächtnis den Namen Gedächtnis, weil es die Resultate der Vergangenheit „bis in den gegenwärtigen Augenblick hinein zu nützlicher Wirkung lebendig hält"[160].

---

159 Vgl. dazu Fitt, Sally Sevey: *Dance Kinesiology*, New York: Schirmer 1988.
160 H. Bergson: *Materie und Gedächtnis*, S. 71.

Sacreprobe am 20.10.2009 in Wuppertal

18 Uhr. Hans Pop kommt zur Abendprobe. Obwohl wir mit dem zweiten Teil fortfahren wollten, möchte er gern alles, was wir morgens probiert haben, noch einmal sehen, zuerst den Kreis. Besonders mit dem zweiten Teil ist Hans unzufrieden. „Die Akzente, die Akzente, die Akzente. Ihr müsst die Akzente am Ende der Bewegung machen. Ihr dürft die Bewegungen nicht miteinander verbinden." Nach dem Kreis gehen wir alle Stellen noch einmal unter Hans' Aufsicht durch. Zuerst probieren Männer und Frauen die große Stelle getrennt. Danach konzentriert sich Hans auf die Männerstellen. Für die ist er Spezialist. Er kennt jede Position, jede Zählzeit und besonders die Beziehung zwischen Musik und Bewegung. Er kontrolliert jede Bewegung, die wir machen. „Scharf, groß, Kinn hoch, runder Rücken, Akzent, Füße kreuzen, Hüfte raus, die Füße im Sprung schnell nach oben ziehen...", lauten seine Ansagen. Wir wiederholen alle Männerstellen mehrmals. Da wir viel Zeit mit der Wiederholung des ersten Teils verbringen, bleibt nur wenig Zeit für die Liftstellen und das Ende. Wir kommen nicht zu viel mehr, als alles einmal kurz durchzutanzen. Dann wird der Torf von der Technik gelegt und wir machen uns bereit für die Hauptprobe.

Dem motorischen Gedächtnis entspricht das automatische Wiedererkennen. Es ist der konkrete Vorgang, durch den die Vergangenheit nutzbar gemacht wird und die vom Körper allein als Handlung geleistet wird. Im Tanz findet eine automatische Wiedererkennung z.B. nach einer längerer Probenzeit an einer Choreographie statt, denn dann werden Tänzer diese ohne zu zögern und ohne, dass ihre Körper fortwährend Entscheidungen treffen müssen, auszuführen in der Lage sein. Sie wissen in jedem Moment, wo sie sich hinbewegen wollen und die Bewegung ist im Fluss mit der vorangegangenen und der nachfolgenden Bewegung verbunden. Sie ist vollends durchorganisiert und geschieht automatisch und ohne zu überlegen. Tänzer vertrauen ihrem Körper nach einer intensiven Probenzeit und haben die Bewegungen verinnerlicht. In diesem Sinne erkennen sie die Choreographie während des Tanzens wieder. Wie bei allen erlernten Bewegungen lässt sich auch im Tanz von einem Wiedererkennen sprechen, welches sich im Erleben vollzieht.[161]

---

161 Vgl. ebd., S. 72.

Das motorische Gedächtnis kann aber auch ein Weg sein, sich dem Gefühl, das mit einer Bewegung zusammenhängt, anzunähern. Susanne Linke beschreibt das Verhältnis von Technik und Emotion im Tanz im Zusammenhang mit ihrer Ausbildung bei Mary Wigman in Berlin. Mary Wigman, so Linke, habe ja nicht gesagt: Fühlt, „sondern sie gab technisch sehr genau an, wo diese Bewegungen ansetzen, daß sie vom Rücken und Zentrum aus getragen werden. Dadurch, daß ich das technisch umsetzen und nachvollziehen konnte, war es für mich vertretbar. Es war für mich überhaupt der Schlüssel zum Verständnis einer professionell ausgeführten Körperarbeit."[162]

Ein motorisch erfasster Bewegungsablauf ist also nicht einfach nur das Endresultat angehäufter Wiederholungen, sondern im Tanz auch ein Weg, sich Emotionen zu erschließen. Schließlich entsteht das motorische Gedächtnis durch unendlich viele aufeinanderfolgende Wiederholungen, die auf unendlich viele Einzelvorstellungen der Vergangenheit zurückgehen. Durch die Ausführung der Bewegung können sich Tänzer an Vorstellungen der Vergangenheit erinnern, die dem motorischen Gedächtnis zu Grunde liegen. Sie aktivieren ein motorisches Gedächtnis, „das der Körper selbst, gleichzeitig aber etwas mehr ist", wie der Theaterwissenschaftler Jan Kott sagt[163]. Damit ist es die Bewegung, die zur Vorstellung führt. Das motorische Gedächtnis ist nicht nur ‚Werkzeug', in ihm lebt eine Form der Vergangenheit fort, die sich nicht als Vorstellung, sondern als Bewegung erhalten hat. Ein Beispiel für das Wissen des motorischen Gedächtnisses kann z.B. die kinästhetische Erinnerung sein. So schreibt Jan Kott:

„Der Körper erinnert sich an einen Körper, der uns Wonne geschenkt hat, mit diesem besonderen Gedächtnis ohne Namen und Begriffe – nachdem wir die Namen bereits vergessen haben und in der Dunkelheit der Nacht nicht mehr den Umriß des Gesichts und die Augenfarbe zurückrufen können."[164]

---

162 Linke, Susanne/Stöckemann, Patricia: „Aus dem Alltäglichen schöpfen. Susanne Linke im Gespräch mit Patricia Stöckemann", in: *tanzjounal* 4 (2004), S. 26-39, hier S. 26.
163 Kott, Jan: *Das Gedächtnis des Körpers*, Berlin: Alexander 1990, S. 368.
164 Ebd., S. 367.

Besonders die Wechselwirkung von motorischem Gedächtnis und Emotion ist ein Gegenstand, der seit jeher das Interesse von Tänzern und Choreographen hervorgerufen hat. Die Haltung und Bewegung von Muskeln und Gelenken steht immer auch im Zusammenhang mit der emotionalen Verfasstheit einer Person, wie Gerald Siegmund mit Rekurs auf den französischen Philosophen Michel Bernard anmerkt.[165] Bewegung wird nicht nur durch Muskelspannung hervorgerufen, sondern Muskelspannung lässt sich ebenso als Resultat von Emotionen lesen. Die Verbindung von Emotionen und muskulärer Bewegung ist z.b. für den deutschen Ausdruckstanz ein wesentlicher Gedanke. Kurt Jooss sagte dazu: „Unsere Theorie und unsere tatsächliche praktische Erfahrung war, daß es eine enge Verbindung zwischen innerer psychischer Bewegung und muskulärer Bewegung gibt, daß die eine Seite mit der anderen kontinuierlich korrespondiert."[166] Einmal mehr lässt sich daran ablesen, dass das motorische Gedächtnis gerade im Tanz nicht nur als Resultat von Wiederholungen verstanden wird, sondern dass seine Entstehung zurückverfolgt und befragt wird, um Auskunft über die Emotionen und Erinnerungen zu gewinnen, die mit ihm im Zusammenhang stehen.

Außer einem individuellen Zugang zu emotionalen und geistigen Bildern lässt sich mit dem motorischen Gedächtnis aber auch eine Erinnerungsarbeit leisten, die über den rein individuellen Rahmen hinausgeht.

Probennotiz

Ich denke oft an Pina Bauschs Satz, sie habe Sacre mit ihrem Körper geschrieben. So kommen mir die Aufführungen und Proben wie ein Akt des Nachschreibens vor, indem wir diejenigen Wege gehen, die sie auch gegangen ist. Es ist eine Form des Erinnerns mit dem Körper, eine Art und Weise, um einen Kontakt zu ihr herzustellen.

---

165 Siegmund, Gerald: „Archive der Erfahrung, Archive des Fremden. Zum Körpergedächtnis des Tanzes", in: Bischof/Rosiny, *Konzepte der Tanzkultur* (2010), S. 174.

166 Kurt Jooss zitiert nach Stöckemann, Patricia: *Etwas ganz Neues muß nun entstehen. Kurt Jooss und das Tanztheater,* München: Kieser 2001, S. 164.

Im motorischen Gedächtnis lässt sich somit nicht nur das Spiel der eigenen Vergangenheit sehen, sondern die Möglichkeit, der physiologischen Spur eines anderen Menschen zu folgen. Sie kann den Zugang zu einer Vorstellungswelt bedeuten, in der die Erinnerung an einen anderen Menschen lebendig wird und von den eigenen Bewegungen Besitz ergreift.

Die Bloßlegung der Erinnerungsspur, die sich mit dem motorischen Gedächtnis vollziehen lässt, bleibt dabei ein Prozess, bei dem in der Tanzpraxis das Ausführen und Erlernen von Bewegungen vorgeschaltet ist. Besonders bei dem Erlernen von choreographierten Bewegungen beginnen die Proben mit Bewegungsanleitungen. Ein Lehrer, ein Probenleiter oder ein Choreograph kommen in den Tanzsaal und zeigen Bewegungen. Die Tänzer ahmen nach, was sie sehen und trainieren somit ihr motorisches Gedächtnis. So ist die ‚klassische' Situation einer Unterrichtsstunde, eines Trainings oder einer Einstudierungsphase einer Choreographie. Man spricht nicht zuerst über Vorstellungen, Erinnerungen oder Emotionen, sondern man bewegt sich. Im Vordergrund steht die Beschäftigung mit den Eigenschaften von Körperbewegungen. Der Austausch von Informationen erfolgt im Tanz zunächst über die motorische Dimension des Gedächtnisses. Sie leistet eine erste Annäherung an das nach und nach komplexer werdende Feld der Bewegungsausführung. Das lässt sich aus der Tatsache begründen, dass das motorische Gedächtnis die Erinnerung aus der individuellen Zeiterfahrung heraushebt und sie unpersönlich werden lässt. Dadurch lassen sich seine Informationen übertragen, wie es in der Einstudierung existierender Bewegungen, Ballette oder Tanzstücke geschieht. Die motorische Information ist vermittelbar, nachahmbar und wiederholbar. Das motorische Gedächtnis lässt sich übertragen und vervielfältigen. Die persönliche Erinnerung ist im Vergleich dazu einmalig und an die Person gebunden. Es ist letztlich der motorischen Form des Gedächtnisses zu danken, dass der Tanz als Wiederholbares überlebt. Daraus folgend ist es die motorische Form der Vergangenheit, die die Übertragung von Bewegung von einem Menschen auf einen anderen ermöglicht und entscheidend dazu beiträgt, dass wir in und mit der Bewegung kommunizieren. Man könnte hier mit Marc Rölli auch sagen, dass sich die Erfahrung durch das motorische Gedächtnis „entsubjektiviert"[167], sie dadurch aber auch aus der Isolation befreit. Zusammenfassend stellt sich das motorische Gedächtnis als das Gedächtnis der Gegenwart mit vorwärtsstrebender Bewegung dar, welches die Vergangenheit in Bewegungen des Körpers erhält. Sein Grundprinzip ist das Prinzip der Wiederholung. Tänzer haben ihr motorisches Gedächtnis durch Wiederholung in der Ausbildung, in Proben und in Aufführungen erworben. Es schlägt sich z.b. im Bewegungspotential der Muskeln nieder und kann mit dem Begriff der Tanztechnik eingegrenzt werden. Das motorische Gedächtnis im Tanz ist dabei ein Gedächtnis der Nützlichkeit, indem es dafür sorgt, dass einstudierte Bewegungen zur freien Verfügung stehen. Andererseits lassen sich vom motorischen Gedächtnis aus Erinnerungen zurückverfolgen, die Emotionen und Vergangenes zum Vorschein bringen können. Das motorische Gedächtnis ist damit als Zugang zur Vergangenheit zu lesen. Der Zweck des Erwerbs des motorischen Gedächtnisses liegt darin, Tanz reproduzierbar zu machen und so eine Bewegung oder eine gesamte Choreographie abrufbar zu halten. Das motorische Gedächtnis sorgt auch dafür, dass Bewegungen von einer auf eine andere Person übertragen werden können. Da es das Unpersönlichere der beiden Gedächtnistypen ist, ermöglicht es den Übergang vom Einzelnen auf die Gemeinschaft. Es bietet darüber hinaus die Möglichkeit, einen anderen Menschen nicht nur als geistiges Bild, sondern auch als leibhaftige Empfindung mit dem eigenen Körper wiederzuerkennen. Einen besonderen Hinweis verdient Bergsons Einschätzung des Zusammenhangs von motorischem Gedächtnis und Gehirn. Auf der physiologischen Ebene ist laut Bergson im Gehirn das Korrelat des motorischen Gedächtnisses zu sehen. Dem folgend, muss das vorstellende Gedächtnis mit einer anderen als einer rein physiologischen Fähigkeit im Zusammenhang stehen.

---

167 Rölli, Marc: „Die zwei Gedächtnisse des Henri Bergson", in: Christian Lotz/ Thomas R. Wolf/Walter Ch. Zimmerli (Hg.), *Erinnerung. Philosophische Positionen und Perspektiven*, München: Fink 2004, S. 61-78, hier S. 74.

Das vorstellende Gedächtnis

Während das motorische Gedächtnis im Tanz in Bewegungsmustern des Körpers sichtbar wird und den Körper durch die Handlung in die Zukunft drängt, ist das vorstellende Gedächtnis ein Reservoir an Erinnerungen. Es hilft, Entscheidungen zu treffen und ist vor allem ein Gedächtnis der Aufmerksamkeit, das für Bergson eine „Rückwärtswendung des Geistes impliziert"[168]. Bergson nennt das vorstellende Gedächtnis daher auch ein ‚rückläufiges Gedächtnis'[169], dem das motorische Gedächtnis mit seiner vorwärtsstrebenden Bewegung allerdings immer begegnen kann. Die Erinnerungen der „mémoire spontanée"[170], wie Bergson das Gedächtnis der Vorstellung auch nennt, beleuchten und komplementieren die gegenwärtige Lage in Form von spontan auftretenden Erinnerungen. Diese richten sich nach den körperlichen Bewegungen. Je weiter die Rückwärtswendung des Geistes zugelassen wird, desto mehr gelangt man in den Bereich des Traumes. Je mehr sich das vorstellende Gedächtnis auf die Handlung konzentriert, desto mehr ergänzt es die gegenwärtige Wahrnehmung um das, was zu ihrer Ausführung notwendig erscheint. Seine Fähigkeit zur Reproduktion ist allerdings nicht berechenbar und bleibt daher launenhaft und unwillkürlich. Die Aufgabe der „mémoire indépendent"[171] – eine weitere Bezeichnung, die Bergson diesem Gedächtnis gibt – besteht darin, sich mehr und mehr zu verengen, „so daß es schließlich wie mit der Schärfe einer Klinge in die Erfahrung dringt"[172]. Es ist immer anwesend. Bergson sieht im Gedächtnis der Vorstellung einen virtuellen Zustand, der jederzeit bereit ist, seinen Einfluss geltend zu machen. Man begegnet in der Konzeption dieser Gedächtnisform der Idee Bergsons, dass sich die Vergangenheit von selbst erhält. Dem Gedächtnis fällt dabei nicht nur die Aufgabe zu, die Vergangenheit zu aktualisieren, sondern auch wieder zu entlassen, um der Zukunft ihren Lauf zu lassen. So verstanden, erfüllt das Gedächtnis also durchaus auch eine schöpferische Funktion.

---

168 H. Bergson: *Materie und Gedächtnis*, S. 93.
169 Ebd., S. 72.
170 H. Bergson: *Matière et Mémoire*, S. 83.
171 Ebd., S. 88.
172 H. Bergson: *Materie und Gedächtnis*, S. 98.

Bedeutsam für das vorstellende Gedächtnis im Sinne von Bergson ist, dass es nicht nur einen intellektuellen, sondern vor allem auch einen intuitiven Aspekt besitzt. Nicht nur mit dem Willen gesteuerte und durch den Intellekt erfasste Erinnerungen, sondern auch Emotionen oder Träume gehören zu dem Bereich des vorstellenden Gedächtnisses.[173] Dieser intuitive Charakterzug der *mémoire* wird durch die französischen Adjektive *indépendent* oder *spontanée* deutlich, denn sie weisen darauf hin, dass die Erinnerungen des vorstellenden Gedächtnisses unabhängig und spontan aus der Tiefe des Gedächtnisses auftauchen können. Sie eröffnen damit eine Dimension des Erlebens, die nicht allein dem Bereich des willentlichen Handelns zuzuordnen ist. Eine besondere Fähigkeit der *mémoire indépendent* liegt vielmehr darin, Zustände als Dauer – und damit bewegt – zu erfassen, statt sie durch einen ausschließlich intellektuellen Zugriff zu fixieren und ihre Bewegung damit zum Erliegen zu bringen. Dem folgend ist das vorstellende Gedächtnis schöpferisch und agiert auch immer im Hinblick auf die Zukunft. Dieses Agieren der Vergangenheit im Hinblick auf die Zukunft verdeutlicht auch das folgende Beispiel.

Generalprobe von Sacre 21.10.2009 in Wuppertal

Wie tanze ich das Stück? Ich gehe von Stelle zu Stelle. Jeder Moment in der Choreographie erfordert eine ganz starke Konzentration und ich versuche im Moment der Aufführung, alles Gelernte und Geprobte anzuwenden. Zwischen allen Stellen liegen kurze Momente, in denen man Atem holen, Kraft sammeln und einen neuen Anlauf nehmen kann. Nach der Männerdiagonale gibt es den Moment des Umhergehens, wo die Männer die Frauen angucken. Das ist ein Moment, in dem ich immer versuche, mich von der ersten Aufregung zu beruhigen. Dann geht es rasend schnell von einer Stelle zur anderen. Dazwischen immer: Luft holen, atmen, nicht zu sehr verspannen,

---

173 Vgl. dazu Meyer, Petra Maria: „Agierende Vergangenheit im Traum. Andrej Tarkowskijs *Zerkalo/Der Spiegel* mit Henri Bergson bedacht", in: Heide Heinz/Christoph Weismüller (Hg.), *Psychoanalyse – und wie anders? Texte-Gaben zum 70. Geburtstag von Rudolf Heinz*, Düsseldorf: Peras 2009, S. 103-139, hier S. 103. In diesem Artikel nutzt Petra Maria Meyer die Bild- und Gedächtnistheorie Bergsons als eine „theoretische Grundlage zur Reflexion eines Beispiels filmischen Träumens".

auch wenn das Stück eine große Körperspannung verlangt. Es gibt zwei Ruhepunkte in dem Stück: nach dem Chaos, wenn alle Männer hinten stehen, und vorne links vor der Elf. Ich versuche immer diese Ruhepunkte zu erreichen. Wenn ich dort bin, denke ich jedes Mal: „Scharf stellen", wie das Objektiv einer Kamera, und: „Klarheit". Ich sage mir das richtig vor, damit ich mich nicht in der Erschöpfung oder der Nervosität verliere. Während des Tanzens versuche ich die Bewegungen ganz bewusst und klar zu machen, auch wenn sie sehr schnell sind, viele Tänzer auf der Bühne sind und der Torf, auf dem wir tanzen, unberechenbar bleibt.

Was aber ist eine Vorstellung? „Vorstellen ist nicht erinnern", „Imaginer n'est pas se souvenir", lautet ein Satz Bergsons[174]. In seinem Sinne lässt sich die Vorstellung zunächst als die verringerte Wirkung eines Bildes verstehen, ein „Minus gegenüber seiner Gegenwart"[175]. Bergson sieht die Vorstellung als Verdunkelung oder Verminderung dessen, was das Bild an sich ist. Der Begriff der Vorstellung steht also einerseits in engem Zusammenhang mit der bewussten Wahrnehmung des Menschen, die in der bewegten Gegenwart geschieht. Durch die Aktivität des menschlichen Bewusstseins entsteht eine Differenz zwischen dem Bild an sich und der Vorstellung, die wir davon besitzen.

Andererseits verdunkelt die Vorstellung nicht nur, sie erhellt auch, indem sie zeigt, was zu tun ist. So sehr sie ein Minus gegenüber der Gegenwart ist, so sehr ist sie im Sinne Bergsons ein Plus gegenüber der Vergangenheit. Sie macht die Vergangenheit nutzbar, die an sich nutzlos geworden ist. Während sie in Bezug auf die Gegenwart die Wirkung des Bildes verringert, vermehrt sie seine Gegenwart um eine Vergangenheit, die der Situation dienlich ist. Sie bringt die Vergangenheit in die Gegenwart ein. Die Vorstellung des Menschen ist also nicht nur ein Resultat von selektiven Bewusstseinsprozessen, sondern sie entfaltet, wenn sie die Vergangenheit einbezieht, die gesamte Tragweite der ihr innewohnenden Kraft. Sie lässt sich daher als geistiges Vermögen verstehen, das erst in der Aktualisierung der Vergangenheit – also in der Erinnerung – sein ganzes Potential zum Vorschein bringt.

---

174 H. Bergson: *Materie und Gedächtnis*, S. 129; Ders.: *Matière et Mémoire*, S. 146.

175 H. Bergson: Materie und Gedächtnis, S. 20.

Bergson weist darauf hin, dass, üben wir etwas ein, das angestrebte Resultat schon unsichtbar in unserem Geiste gegenwärtig ist.[176] Wir nehmen es zunächst als eine „Gesamtvorstellung"[177] wahr. Auf den Tanz übertragen bedeutet das: Wenn man einen Schritt oder eine Choreographie lernen will, so ist ein flüchtiges Bild davon bereits vorhanden. Die Gesamtvorstellung der Choreographie ist von vornherein da und die Arbeit der Tänzer besteht darin, diese in ihre Bestandteile aufzulösen und Schritt für Schritt neu zu montieren. Hinter der Gesamtvorstellung steht die spontane Erinnerung, die bei der ersten Begegnung mit einer Choreographie entsteht und die die Arbeit des motorischen Gedächtnisses begleitet. So gesehen besteht die Anstrengung des motorischen Gedächtnisses darin, durch das Montieren von Mechanismen zum ersten und einmaligen Eindruck zurückzukehren. Das motorische Gedächtnis, so könnte man sagen, ‚sehnt' sich nach dem vorstellenden Gedächtnis zurück.

Erinnerung an einen Aufführungsbesuch

Das erste Mal als ich Sacre sah, Ende der 1980er Jahre, saß ich weit oben im zweiten Rang des Wuppertaler Opernhauses. Ich erinnere mich an den Anblick der Erde, die den Boden bedeckte und an die Verbeugung meiner Lehrerin, die an diesem Abend in Sacre tanzte. Von dem Stück ging eine Wucht und eine Faszination aus, die mich auch, als ich es dann Jahre später selbst tanzte, immer motiviert hat.

Für den Tanz lässt sich sagen, dass er ohne Vorstellung – ein abwesendes Bild, das die Anwesenheit ergänzt – nicht auskommen kann. Es besteht nicht nur ein flüchtiger Gesamteindruck einer Choreographie, dem Tänzer sich in stundenlanger Probenarbeit wieder anzunähern suchen: Jede einzelne Bewegung im Tanz wird von einer Vorstellung begleitet, sei es nun eine, die den Tänzern zeigt, wie eine Bewegung auszusehen bzw. sich anzufühlen hat, oder eine, die nicht die Wiederholung, sondern die Erfindung von Bewegung initiieren will. In beiden Fällen existiert eine Vorstellung, die der Bewegungsausführung beigegeben ist.

---

176   Vgl. ebd., S. 76.
177   Ebd., S. 77.

Es gilt also einerseits zwischen der Vorstellung, die die Bewegung zur erneuten Ausführung anregt, und andererseits der Vorstellung, die etwas Unvorhergesehenes hervorrufen will, zu unterscheiden. Für ein Stück wie *Le Sacre du printemps*, das von Pina Bausch choreographiert worden ist, welches als bestehendes Werk existiert und das von den Tänzern immer wieder aufs Neue belebt werden muss, ist die Bedeutung der Vorstellung anders zu beurteilen als in einer kompositorischen Phase – bei der es darum geht, neue Bewegungen zu erfinden – oder bei einer improvisatorischen Arbeitsweise, wie z.B. der von William Forsythe. In Bezug auf *Sacre* geht es nicht um die Erfindung von neuen Bewegungen, sondern um das Beleben einer bereits vorhandenen Form. Das motorische Gedächtnis wird dabei gezielt eingesetzt und von der Vorstellung motiviert, während es bei einer Improvisation oder der Findungsphase eines Stückes eher außer Kraft gesetzt werden soll. Einzuwenden wäre hier, dass auch in *Sacre* Passagen existieren, die nicht einstudiert sind, sondern aus dem Moment heraus entstehen. Dennoch überwiegt in *Sacre* das Element von eingeübter und damit choreographierter Bewegung. Die Vorstellungen, die bei der Ausübung einer existierenden Choreographie genutzt werden, können dabei unterschiedlichen Charakter haben. Sie können formal, dynamisch oder emotional sein. Sie motivieren das motorische Gedächtnis des Körpers, um es von der Gewohnheit abzuheben.

Sacreprobe am 11.3.2010 in Wuppertal

Das Programm für heute lautet: Frauenteil und dann die Lifts. Am Ende der Probe wollen wir, wie immer am letzten Tag vor der Reise, einen Durchlauf des Stückes in der Lichtburg machen. Zunächst warten die Männer eine halbe Stunde, während die Frauen den Teil proben, der nach dem Chaos beginnt und den wir ‚Frauenteil' nennen. Heute ist Julie Shanahan bei der Probe anwesend. Sie hat das Stück selbst viele Jahre lang getanzt und kennt es sehr gut. Sie guckt Chrystel – der Tänzerin, die ihren Part nun übernommen hat – zu und spricht nach dem Frauenteil mit Chrystel über das, was sie an ihrem Tanz während der Probe bemerkt hat. Julie gibt an Chrystel weiter, was sie an Informationen von Pina bekommen hat und was sie aus ihrer eigenen Erfahrung noch weiß. „Das Laufen ist nicht so schwer, wie du es machst. Du musst so laufen, als ob du den Boden nicht berühren würdest. It's a moment of hope", sagt sie zu Chrystel. „Pina always said to me..." beginnt sie einen Satz und auf diese Weise werden Informationen über Bewegungen und Stück von Person zu Person weitergegeben. Dabei geht es einerseits um die formale Ausführung der Bewegung. *„Ganz klare Ansage von Pina war, dass der Ellbogen nachgibt"*, erklärt die Probenleiterin den Frauen eine ganz bestimmte Bewegung. Es geht aber andererseits auch um die Emotion, die zu der jeweiligen Bewegung dazugehört. Oft beziehen sich die Tänzer dabei auf Pina Bausch, was sie wollte oder wie sie etwas gezeigt hat. Julie Shanahan hat zu jedem Moment ihrer Rolle eine genaue Vorstellung davon, wie die Bewegung zu sein hat. *„It's like you are rocking her"*, erklärt sie Chrystel einen Moment, in dem sich zwei Frauen umarmen. *„Do it from the legs and not from the center"*, fordert sie Chrystel anschließend auf.

Sowohl die Vorstellung über die Form, die eine Bewegung haben muss, als auch die Vorstellung über das zur Form gehörende Gefühl werden in dem Probenbeispiel zur Bewegungsausführung genutzt. Neben formalen und dynamischen Vorstellungen sind emotionale Vorstellungen ein Merkmal, das besonders für die Arbeit von Pina Bausch zutrifft, indem die Choreographin die emotionale Grundstimmung, in der eine Aktion stattfindet, benennt und die Tänzer ermutigt, sich in die jeweilige Stimmung einzufühlen. Die Bewegungen sind dadurch immer auch durch ihr emotionales Erleben motiviert. Andere Choreographen, wie etwa Merce Cunningham, weigern sich, emotionale Vorstellungen mit der Ausführung von Körperbewegung zu koppeln. Trotzdem liegen auch Cunninghams Tanzstücken kompositorische Vorgänge zu Grunde, in denen Bewegungsmotive, Körperhaltungen, Diagramme, Texte oder Computerprogramme den Bewegungen vorangestellt und damit während der Bewegungsausführung vorgestellt werden. Eine eingehende Auseinandersetzung mit konkreten Inhalten des vorstellenden Gedächtnisses im Tanz wird im vierten Kapitel geführt, indem diese in Bezug auf die Jooss-Leeder-Technik beschrieben werden.

Welche Rolle spielt das vorstellende Gedächtnis bei einer Stückentwicklung, dem kreativen Prozess? Um die Rückwärtsbewegung des vorstellenden Gedächtnisses zu intensivieren, so Bergson, muss eine Hemmungsbewegung ausgeführt werden.[178] Die Rolle des motorischen Gedächtnisses tritt dann in den Hintergrund. Die selbsttätige Erinnerung kann infolgedes-

---

178 Vgl. ebd., S. 93.

sen genutzt werden, um die Erfindung von Bewegungen zu ermöglichen, die nicht auf eingeübten Bewegungsmustern beruhen.

Ein Beispiel für den Gebrauch von Vorstellungen im Tanz bietet die Arbeitsweise des amerikanischen Choreographen William Forsythe. Er versucht, das motorische Gedächtnis zu irritieren, um, wie er selbst sagt, „Choreographie zu überwinden"[179]. Er wendet dazu ein Verfahren an, das sich aus der Improvisation entwickelt und mit Vorstellungen arbeitet, die sich nicht direkt auf emotionale Erfahrungen oder auf die Individualität der Tänzer beziehen, sondern z.B. auf den Raum, der sie umgibt. Forsythe geht der Frage nach, „was passieren würde, wenn wir die Erinnerungen des Körpers an sich selbst intensivieren könnten, wenn wir den Körper um sich selbst legen würden"[180]. Das bedeutet, wie die Forsythe-Tänzerin Dana Caspersen sagt, „sich den Körper vorzustellen, wo er nicht gesehen werden kann"[181]. Forsythe bezieht sich dabei insbesondere auf die Bewegungs- und Raumlehre von Rudolf von Laban. Auch dieses Modell lässt sich als Gesamtvorstellung lesen, die die tänzerisch-praktische Arbeit begleitet. Wenn Dana Caspersen die Probenarbeit mit William Forsythe beschreibt, so liest sich dies wie eine intensive Befragung des vorstellenden Gedächtnisses: „Stell dir eine Reihe von Szenen vor [...]. Stell dir vor, es gäbe in jedem dieser Fälle einen Punkt, einen kleinen Kreuzweg der Informationen [...]. Stell dir vor, mehrere Jahre wären seit diesem Moment der Bewusstwerdung vergangen [...]."[182] Vorstellungen spielen bei Forsythe eine zentrale Rolle, indem er versucht, sie gegen gewohnte Bewegungsmuster der Tänzer auszuspielen und auf diese Weise vorstellendes und motorisches Gedächtnis miteinander kollidieren lässt. Sein erklärtes Ziel dabei ist es, zu einem Punkt zu gelangen, an dem der Körper den Tanz übernimmt und in letzter Instanz das Wissen um die Zukunft einer Bewegung und damit ihre vorweggenommene Vorstellung außer Kraft setzt.

---

179 Forsythe, William/Haffner, Nik: „Bewegung beobachten. Ein Interview mit William Forsythe", in: Forsythe, *Improvisation Technology* (1999), S. 27.

180 William Forsythe zitiert nach Siegmund, Gerald: „William Forsythe: Räume eröffnen, in denen das Denken sich ereignen kann", in: Ders., *William Forsythe* (2004), S. 66.

181 Caspersen, Dana: „Der Körper denkt: Form, Sehen, Disziplin und Tanzen", in: Siegmund, *William Forsythe* (2004), S. 107-116, hier S. 110.

182 Ebd., S. 108.

Ganz anders verfuhr Pina Bausch während derjenigen Kreationen, die sie mit ihren Tänzern erarbeitete. Sie nahm in ihren Probenprozessen am deutlichsten die persönlichen Erinnerungsbilder ihrer Tänzer in den Blick, indem sie sie aufforderte, Fragen zu beantworten, die in direkter Verbindung zur Biographie des Einzelnen standen. Fragen wie ‚Eine kleine Freude machen‘, ‚Retten‘ oder ‚Für den Notfall‘ sollten das vorstellende Gedächtnis auf diese Begebenheiten hin wachrufen.[183] Jeder Tänzer wurde dazu aufgefordert, eine persönliche Antwort darauf zu finden, indem er sich erinnerte, wie er dieses oder jenes in seiner Vergangenheit getan hat oder zumindest, wie er es dank seiner Vorstellungskraft tun würde. Die Individualität jedes einzelnen Tänzers stand dabei im Vordergrund. Pina Bausch arbeitete nicht mit einer Improvisationstechnik, die etwas Unvorhergesehenes provozieren wollte, sondern mit der Befragung ihrer Tänzer, die zwischen einer von ihr gestellten Frage und den darauf gegebenen Antworten der Tänzer immer das Überlegen einschob. Bei ihr sollte die Befragung des vorstellenden Gedächtnisses nicht zu einer „vom Körper ausgelösten Ungewissheit"[184] führen, sondern zu *Etwas, das keiner Frage mehr bedarf*[185]. Das ‚Träumen-Wollen‘, das Bergson als Voraussetzung dafür nennt, die Erinnerung aufzusuchen, fand im Probenprozess ihres Tanztheaters wirklich statt, indem die Tänzer sich für einen Moment zurückzogen, um sich zu erinnern und sich eine Antwort auf die von Pina Bausch gestellte Frage zu überlegen.

Das ganz persönliche Erinnerungsbild des vorstellenden Gedächtnisses fließt in Pina Bauschs Tanztheater aber auch in die Stücke ein, die sich wie *Sacre* im Repertoire befinden, und daher immer wieder rekonstruiert und belebt werden müssen, indem in allen Stücken die Vorstellungskraft der Tänzer angesprochen und eingefordert wird.

---

183 Ich entnehme diese drei Fragen den Proben zu dem Stück *Wiesenland*, das im Zeitraum von 1999 bis 2000 als Koproduktion mit dem *Goethe Institut* der Stadt Budapest entstand und seine Uraufführung am 5.5.2000 im Wuppertaler Schauspielhaus hatte.

184 Odenthal, Johannes: „Ein Gespräch mit William Forsythe, geführt anläßlich der Premiere ‚As a garden in this Setting‘ Dezember 1993. Von Johannes Odenthal", S. 34.

185 So lautet der Titel der Rede, die Pina Bausch 2007 anlässlich des ihr von der Inamori-Stiftung verliehenen Kyoto-Preises hielt.

Gespräch über Sacre

Auf dem Hinweg zur Probe habe ich eine Unterhaltung mit Helena Pikon. Wir sprechen über den Inhalt von Sacre und über die Gefühle, die mit den Bewegungen zusammenhängen. Helena meint, dass Pina den Frauen immer mehr erklärt habe als den Männern, weil sie mehr mit ihnen zusammen probte. Außerdem habe sie auch durch ihre Anwesenheit Dinge deutlich gemacht, z.B. dadurch, wie sie die Bewegungen zeigte. Man brauchte sie nur anzusehen und verstand die Essenz einer Bewegung, ihre Qualität und das Gefühl, das damit zusammenhängt. Die Kommunikation zwischen den Tänzern und ihr lief nicht nur durch das Erklären in Worten. Mir fällt ein, dass Pina außerdem kurze Beschreibungen fand, die die Stimmung einer Szene deutlich machten: Die Frauen ‚weinen' oder sie suchen sich einen Mann aus und ‚bespringen' ihn dann. Die Männer sind ‚schöne Männer', die sich in der Bewegung präsentieren. Männer und Frauen berühren sich im Kreis ‚zum ersten Mal'. „Sie haben sich noch nie berührt", sagte sie einmal, als sie erklären wollte, wie wir unsere Arme heben und nacheinander ausstrecken sollten. So kann jeder Tänzer einen eigenen Weg finden, die Bewegungen mit seinen Gefühlen in Verbindung zu bringen.

Eine Vorstellung soll dabei nicht nur eine Erinnerung bleiben. Im Tanz sollen sich Erinnerungen in Empfindungen fortsetzen, um von einem Publikum wahrgenommen werden zu können. Bergson legt nahe, dass die Erinnerung im Verhältnis zur Empfindung dabei die Rolle eines „suggerierenden Magnetiseurs"[186] spielt. Das beabsichtigte Ziel ist es, zu einer Deckungsgleichheit von Wahrnehmung, Empfindung und Erinnerung zu gelangen. Auch wenn alles, was im Moment der Aufführung geschieht, als eine Leistung der beiden Gedächtnisformen verstanden werden kann, besteht das eigentliche Anliegen des Tanzes darin, einen Eindruck der Aktualität zu schaffen, ganz so, als ob der Tanz, der sich auf der Bühne ereignet, zum ersten Mal geschehen würde.

Bergson hat den Zusammenhang zwischen motorischem und vorstellendem Gedächtnis durch eine Metapher des Kegels deutlich gemacht.[187] Die Basis dieses Kegels stellt das vorstellende Gedächtnis dar, welches die

---

186 H. Bergson: *Materie und Gedächtnis*, S. 130.
187 Vgl. ebd., S. 147.

Totalität aller angehäuften Erinnerungen beinhaltet. Die Zuspitzung dieses Kegels ist das motorische Gedächtnis. Es steht als Spitze des Kegels in direkter Verbindung zur Gegenwart des Körpers. Beide Gedächtnistypen sind also nicht zwei getrennte Gedächtnisse, sondern gehen ineinander über und greifen ineinander. Besonders im Tanz ist die Verbindung zwischen den beiden Gedächtnisformen auszumachen. So wie sich das vorstellende Gedächtnis zum motorischen Gedächtnis zuspitzt, liegt das vorstellende Gedächtnis dem motorischen Gedächtnis als immaterielle Basis zu Grunde. Die beiden Formen sind in prozessualer Einheit miteinander verbunden und wirken immer zusammen. Sie gehen damit eine Beziehung ein, die sich von zwei Richtungen aus denken lässt. Zum einen kann eine bewegungstechnisch definierte Ausführung und damit ein in weitestem Sinne motorischer Bewegungsablauf zur Vorstellung führen, zum anderen führt die Vorstellung dazu, eingeübte Bewegungen als schöpferischen Akt wahrzunehmen, der sich immer wieder neu erschafft. Die Beziehung zwischen motorischem und vorstellendem Gedächtnis ist damit eine Beziehung der Gegenseitigkeit, in der das vorstellende und das motorische Gedächtnis einander fortwährend stimulieren. Die von Bergson aufgezeigte Richtung, in der sich ein unmerklicher Übergang von Erinnerung zu Bewegung vollzieht,[188] lässt sich somit im Tanz also auch rückwärts verfolgen, indem die Bewegung zur Erinnerung führt. Der Einsatz des motorischen Gedächtnisses als ‚Brücke' zur Erinnerung wird durch Bergsons Auffassung von zwei ineinander übergehenden Gedächtnistypen theoretisch nachvollziehbar.

Zusammenfassend gesagt lässt sich das vorstellende Gedächtnis als das Gedächtnis der Vergangenheit begreifen, welches im Hinblick auf die Zukunft in der Gegenwart agiert. Es steht für das geistige Vermögen des Menschen, Vorstellungen zu erzeugen und besitzt sowohl intellektuelle als auch intuitive Fähigkeiten. Besonders die Fähigkeit der Intuition kennzeichnet das vorstellende Gedächtnis als eine Gedächtnisform schöpferischen Charakters. Erinnerungen gehen laut Bergson nicht aus dem Gehirn hervor, sondern das Gehirn setzt diejenigen Erinnerungen fort, die das vorstellende Gedächtnis ihm zuspielt. Das vorstellende Gedächtnis ist, der Philosophie Bergsons folgend, also nicht physiologisch zu denken. Im Vergleich zum motorischen Gedächtnis reproduziert es Erinnerungen zwar nur unzuverlässig und launenhaft, aber es stellt das Reservoir an Erinnerungen dar, auf das

---

188 Vgl. ebd., S. 67.

das motorische Gedächtnis zurückgreift. Als ein Gedächtnis des Virtuellen koexistiert es mit der Gegenwart und verleiht den motorischen Gewohnheiten Sinn und Leben. Es stellt die Basis des eigentlichen Gedächtnisvorgangs dar, der sich in der Aktualität des motorischen Gedächtnisses zuspitzt. Im Tanz werden Vorstellungen für die Erfindung von Bewegungen einerseits und zur Motivation von Bewegungen andererseits gebraucht. Sie haben im Tanz formalen, dynamischen oder emotionalen Charakter. Vor dem Hintergrund der Betrachtung der beiden Gedächtnisformen Bergsons lässt sich sagen, dass der Tanz uns mit der Vergangenheit konfrontiert und uns fortwährend daran erinnert, dass wir ein Gedächtnis besitzen.

FAZIT

Ilya Prigogine und Serge Pahaut sehen in Bergsons *durée* zweierlei: die Erhaltung der Vergangenheit und die Vorwegnahme der Zukunft.[189] Auch Heike Klippel sieht in Bergsons Philosophie die Konturen zweier unterschiedlicher Gesichter: zum einen die Allgegenwart der Vergangenheit, die sich in den Begriffen der Dauer und des Gedächtnisses niederschlägt, zum anderen die vorwärtsdrängende Dynamik, die in Bergsons Figur des ständigen Werdens deutlich wird.[190] Sowohl in der Dauer als auch in der Bewegung lassen sich beide charakteristischen Wesenszüge der Philosophie von Bergson erkennen. In der Dauer koexistieren Vergangenheit und Gegenwart miteinander, in der Bewegung sind sie einander solidarisch. Die Dynamik der Dauer wird an Bergsons Gedanken einer Freiheit deutlich, die sich in der Dauer ausdrückt, die Dynamik der Bewegung dadurch, dass sie sich in einem andauernden Werden befindet. Bewegung und Dauer sind dabei als Erkenntnisformen des Geistes zu verstehen, also eines Bewusstseins, das sich nicht länger ausschließlich in der Handlung bindet, sondern die Zweckmäßigkeit der Handlung übersteigt, um sich auf einen sich in Bewegung befindenden Erkenntnisprozess einzulassen. Dieser Prozess lässt sich mit dem Begriff des Gedächtnisses fassen. Tanz stellt aus dieser Perspektive eine Aktivität des Gedächtnisses dar.

---

189 Vgl. Prigogine, Ilya/Pahaut, Serge: „Die Zeit wiederentdecken", in: Baudson, *Zeit – Die vierte Dimension in der Kunst* (1985), S. 24.
190 Vgl. H. Klippel: *Gedächtnis & Kino*, S. 104.

Bergsons Konzeption der beiden für ihn geistigen Manifestationen Dauer und Bewegung könnten zu der irrtümlichen Annahme führen, sie seien vor allem kontemplativ zu erfahren. Der Tanz kann hier widersprechend demonstrieren, dass Handlung und Geist einander bedingen. Die bewusste Bewegung fordert im Tanz die geistige Aktivität heraus, die unteilbare Folge von Bewegungen verleiht dem Tanz seine Dauer. Tänzer versetzen sich willentlich in Bewegungsmuster hinein und ihre Erfahrung ist außer der der Dauer die der Handlung, weil sie am und mit dem Körper geschieht. Tanz ist damit Handlung und geistige Aktivität gleichzeitig. Ein Großteil der Kritik an Bergson entzündete sich an der Überbetonung des Kontemplativen (Benjamin) und der Weigerung, die Handlung als Tat des Geistes (Cassirer) anzuerkennen. An dem Beispiel von Tanz lässt sich hingegen zeigen, dass der Tanz Motorik und Vorstellung gleichermaßen einbezieht und als ein ‚Gedächtnis in Handlung' verstanden werden kann. Wie gezeigt wurde, ist der Handlungsbezug im Tanz stark, indem Tanz immer Tätigkeit des Körpers ist. Er ermöglicht dem Tanzenden die Erfahrung der Dauer, aber er tut dies nicht ausschließlich durch eine Rückwärtswendung des Geistes, sondern durch die Handlung, die das Empfinden der Dauer auch verdrängen kann. Anders als Walter Benjamin, der Bergsons Konzeption der Dauer noch dadurch kritisierte, indem er anführte, „einzig der Dichter wird das adäquate Subjekt einer solchen Erfahrung sein"[191], kann man auf der Grundlage der vorangehenden Ausführungen im Tanz eine Erfahrung der Dauer und damit des Gedächtnisses sehen, die Bewegung als Handlung ergreift und gleichzeitig als zeitlichen Prozess erkennt.

Die Zusammenführung von Gegensätzen wird auch in der Beziehung der drei Bilder Wahrnehmung, Empfindung und Erinnerung deutlich, von denen jedes sich im Tanz intensiviert: die Wahrnehmung, indem sie auf unendlich viele Punkte im Raum Bezug nimmt, die Empfindung, indem sie der Ausdehnung im Körper Tiefe verleiht, und die Erinnerung, indem sie in der Bewegung anwesend ist. Stehen Wahrnehmung und Empfindung vor allem für die Gegenwart und damit für Materialität, so die Erinnerung für die Vergangenheit und das Geistige. Die drei Bilder der menschlichen

---

191 Benjamin, Walter: „Über einige Motive bei Baudelaire", in: Ders., *Abhandlungen. Gesammelte Schriften*, Band I 2, Frankfurt a.M.: Suhrkamp 1991, S. 603-653, hier S. 609.

Wahrnehmung verdichten sich im Tanz zu einem leibhaftig bewegten Mischbild aus Geist und Materie.

Anders als der Film und das Kino, auf die z.b. Gilles Deleuze oder Heike Klippel die Philosophie Bergsons beziehen, beruht der Tanz auf der lebendigen Bewegung des Menschen. Die ‚kalte' Mechanik des Films, auf die schon Bergsons Kritik an der „kinematographischen Illusion"[192] zielte und auf der jeder Film notwendiger Weise beruht, spielt im Tanz keine Rolle, da Bewegung im Tanz nicht von einer Apparatur, sondern von Menschen für Menschen generiert wird. Hierin liegt denn auch das eigentliche Potential des Tanzes. Innerhalb der Künste unterscheidet sich der Tanz im Vergleich zum Film darin, dass er nicht auf einer technischen Apparatur beruht, im Vergleich zur Musik darin, dass er ein sichtbares Resultat erzeugt. Anders als die Photographie oder das Gemälde ist er nicht statisch, sondern beweglich. Allein der menschliche Körper ist im Tanz derjenige Schauplatz, an dem das Vergangene in Form von Motorik einerseits und Vorstellung andererseits fortlebt.

Sowohl in der Ausführung als auch in der Betrachtung ist die Körperlichkeit des Tanzes und damit sowohl seine Gegenwärtigkeit als auch seine Materialität nicht zu ignorieren. Darin ist eine Konkretion zu sehen, die Tanz von der Illusion des Films und der Unsichtbarkeit der Musik abhebt. Der Tanz ist sichtbar da und so, wie er uns vor Augen steht, so findet er im und durch den Körper statt. Man kann hier zu den von Heike Klippel gebrauchten Begrifflichkeiten der „materialen Geistigkeit" bzw. „Vergeistigung des Materiellen"[193] greifen, um die Synthese aus Körper und Geist, Gegenwärtigkeit und Vergangenheit, Materialität und Immaterialität zu markieren, die die Art der Erinnerung bezeichnet, die der Tanz in der Lage ist zu vergegenwärtigen.

Die beiden Gedächtnisformen motorisches und vorstellendes Gedächtnis werden im Tanz gleichermaßen beansprucht. Vor allem aber wird eine Beziehung zwischen ihnen gelegt, die sich von zwei Seiten aus denken lässt. Das motorische Gedächtnis wird in Bewegungsmustern des Körpers sichtbar und lässt sich als Tanztechnik verstehen. Es wird in der Ausbildung durch Wiederholung erworben, im Training aufrechterhalten und in Proben und Aufführungen angewendet. Tänzer richten ihre Konzentration

---

192 H. Bergson: *Schöpferische Entwicklung*, S. 275 ff.
193 H. Klippel: *Gedächtnis & Kino*, S. 82.

auf ihr motorisches Gedächtnis und erkennen Bewegungen auf zweierlei Weise: automatisch und aufmerksam. Die Aufmerksamkeit kann den Versuch unternehmen, das motorische Gedächtnis bis zu dem Punkt zurückzuverfolgen, wo ihr Ursprung als persönliches Erinnerungsbild liegt. Tanztechnik ist daher auch ein möglicher Weg zum persönlichen Ausdruck einer Bewegung. Die menschliche Motorik, die immer auch erlernt ist, steht dabei in Verbindung zur Emotion. Das Besondere am Tanz ist, dass er Zeiterleben auch motorisch zugänglich macht. Das motorische Gedächtnis reproduziert erlernte Bewegungen, ruft aber gleichzeitig die Aktivität des vorstellenden Gedächtnisses hervor, das die Bewegungen damit von einem bloßen Automatismus abhebt. So lenkt nicht ausschließlich der Geist den Körper, sondern der Körper ruft den Geist hervor. Deshalb ist das motorische Gedächtnis als Zugang zu begreifen, als Aktivierung körperlicher und geistiger Funktionen. Der Körper im Tanz wäre demnach genau dasjenige Medium, welches, mit Deleuze gesprochen, das Gedächtnis rettet,[194] indem er das Gedächtnis immer wieder aufs Neue herbeiruft. Dieser Ruf nach dem Gedächtnis ist dabei ein Ruf, der an die Vorstellung ebenso wie an die Gewohnheit erfolgt, aber er erfolgt im Tanz fortwährend.

Andererseits werden Tänzern Erinnerungen vom vorstellenden Gedächtnis angeboten. Die Vorstellungen abwesender Bilder können anwesend sein, bevor sie mit dem Körper realisiert werden: als Gesamtvorstellung einer Choreographie, aber auch als Vorstellungen, die jede Bewegung führen und begleiten. Die Vorstellung, die die Bewegung ergänzt, kann die Form einer Bewegung betreffen und die mit ihr in Zusammenhang stehende Emotion oder ihre Dynamik. Vorstellungen werden genutzt, um motorische Abläufe zu beleben oder um das motorische Gedächtnis in einem kreativen Akt zu überwinden. Sie können intellektueller und intuitiver Natur sein. Vorstellungen im Tanz sollen sich immer in Empfindungen fortsetzen und somit auf der Ebene des Körpers materialisiert werden. Da eine Vorstellung eine geistige Aktivität bezeichnet, bedeutet Tanz immer auch eine Arbeit des Geistes, die darin besteht, Vorstellungen in der Vergangenheit aufzusuchen und sie auf die Gegenwart zu richten, um in eine Beziehung mit den motorischen Mechanismen des Körpers zu treten. Die Erfahrung selbst be-

---

194   Vgl. Deleuze, Gilles: *Proust und die Zeichen*, Berlin: Merve 1993, S. 50-51.

ruht dabei stets auf „Mischungszuständen"[195]. Das Gedächtnis von Tänzern ist demnach eine Kombination aus vorstellendem und motorischem Gedächtnis, die sich in ständigem Austausch miteinander befinden. Sie stellen keine voneinander getrennten Systeme dar und besonders der Tanz vermag das Ineinandergreifen der beiden Gedächtnisformen zu demonstrieren.

Nicht die Unterscheidung von Geist und Körper, sondern die Ununterscheidbarkeit von Körper und Geist ist ein zentrales Anliegen im Tanz. „Die Verwirklichung der Erinnerungen", so erläutert Marc Rölli Bergsons Theorie des Gedächtnisses, „bedingt ihre Angleichung an die Wahrnehmungen und vollzieht sich im Grenzfall so vollkommen, dass beide ununterscheidbar werden."[196] Im Tanz lässt sich genau dieser Grenzfall erblicken, da nicht mehr festgestellt werden kann, ob hier die Erinnerung oder die Wahrnehmung, die Gegenwart oder die Vergangenheit, der Körper oder der Geist am Werke sind. Im Tanz, so könnte man sagen, wird der Geist gefestigt und kommt auf einer Ebene des Körpers zu sich. Dort sind außer den sensomotorischen Schemata der Wahrnehmung die immateriellen Kräfte der Erinnerung am Werk. Tanz ist aus der Sicht des Bergson'schen Denkens die Erfahrung eines körpergebundenen Zeitbewusstseins, in der ein Dualismus zwischen Körper und Geist hinfällig geworden ist. Er ist immer metaphysisch und empirisch zugleich, eine Erfahrung der Innenwelt, die ein visuelles Ergebnis in Zeit und Raum erzeugt.

Gedächtnis im Tanz ist aus der Perspektive der Philosophie Bergsons heraus durch den Gedanken der Koexistenz bestimmt. Zum einen durch die Koexistenz von motorischem und vorstellendem Gedächtnis, darüber hinaus aber auch durch die von Gegenwart und Vergangenheit, von Erinnerung und Wahrnehmung sowie von Körper und Geist. Bergsons Gedächtnistheorie versteht Gedächtnis vor allem als einen dynamischen Prozess, der in Bewegung ist. Gleitend oder kreisend bewegt sich das Gedächtnis zwischen verschiedenen Formationen der Vergangenheit hin und her. Gerade im Tanz besteht die Aktivität des Gedächtnisses nicht im Archivieren von Erinnerungen, sondern darin, die Vergangenheit in Bewegung zu versetzen und zum Zirkulieren zu bringen. Gerade im Tanz ist das Gedächtnis ein dynamischer Prozess, der nicht nur die Überführung des Bewusstseins

---

195 Rölli, Marc: „Die zwei Gedächtnisse des Henri Bergson", in: Lotz/Wolf/ Zimmerli, *Erinnerung* (2004), S. 74.
196 Ebd., S. 76.

in ein ‚Gedächtnis in Handlung' einschließt, sondern der fortwährend in Bewegung ist und niemals stillsteht. Daher ist das Gedächtnis im Tanz dort, wo es erscheint, im Tanzen selbst. Es verweigert den Ort und wird durch Bewegungen des Körpers, in denen eine Beziehung zwischen Motorik und Vorstellung gelegt ist, tanzend anwesend.

Damit ist Gedächtnis im Tanz auch immer als ein schöpferischer Prozess zu denken. Die vorwärtsstrebende Bewegung ist darin ebenso enthalten wie die Rückwärtswendung des Geistes und so hat das Bergson'sche Gedächtniskonzept viel mit einem Gedächtnis gemeinsam, wie es im Tanz verstanden werden kann und praktiziert wird. Die Kombination von Vergangenheit einerseits, und schöpferischer Energie andererseits allein auf dem Schauplatz des Körpers, ist demnach ein genuines Merkmal der Kunstform Tanz.

Wie sehr Bergsons Fragestellungen in Bezug auf das Gedächtnis auch diejenigen Fragen sind, die die Gehirnforschung bewegen, lässt sich abschließend an dem kurzen Text *Das Manifest. Gegenwart und Zukunft der Hirnforschung* verdeutlichen, den elf namhafte Gehirnforscher unterzeichnet haben und der auf acht Seiten die brennendsten Fragen der Gehirnforschung benennt. Die dort gestellten Fragen lauten: Wie verschmelzen unmittelbare Wahrnehmung und frühere Erfahrung miteinander? Wie wird das Tun als eigene Tätigkeit erlebt? Wie entsteht Bewusstsein? Wie wird rationales und emotionales Handeln verknüpft? Was hat es mit der Auffassung des freien Willens auf sich?[197] Auch wenn nicht anzunehmen ist, dass die Gehirnforschung mit Bergsons Antworten übereinstimmen wird, so hält seine Gedächtnistheorie doch viele Vorschläge zu diesen Fragen bereit, die zu deren Erhellung beitragen können.

ÜBERLEITUNG: GEIST UND KULTUR

Die an den Körper gebundene Erfahrung des Gedächtnisses und damit gleichzeitig seine psychische Basis sind vom sozialen Bezugsrahmen, in dem das Gedächtnis entsteht, zu unterscheiden. In Anlehnung an die Philosophie von Henri Bergson wurde die Erfahrung von Gedächtnis im Tanz

---

197 Vgl. Elger, Christian E. et al.: „Das Manifest. Gegenwart und Zukunft der Gehirnforschung", in: Könneker, *Wer erklärt den Menschen?* (2006).

beleuchtet. Die Frage danach, wie Gedächtnis im Tanz vermittelt wird, bleibt aus dieser Perspektive aber unbeantwortet. Mit eben dieser Frage hat sich Bergsons Zeitgenosse, der französische Soziologe Maurice Halbwachs, beschäftigt, freilich nicht auf den Tanz bezogen, sondern er demonstrierte seine Theorie eines kollektiv geprägten Gedächtnisses z.B. anhand der Geschichte der heiligen Stätten des Christentums in Palästina.[198] Sein Ansatz steht der subjektivistischen Gedächtnistheorie Bergsons kontradiktorisch gegenüber und fokussiert das Gedächtnis vor allem als soziales Phänomen. Jan Assmann bringt Maurice Halbwachs' Position auf eine simple Formel: „Ein in völliger Einsamkeit aufwachsendes Individuum hätte kein Gedächtnis."[199] Dem folgend, wächst das Gedächtnis dem Menschen also in einem Prozess der Sozialisation zu und die Gesellschaft bestimmt das Gedächtnis ihrer Mitglieder. Während Bergsons Philosophie für ein Gedächtnis des Geistes steht, welches eine individuelle Erfahrung beschreibt, lässt sich mit Maurice Halbwachs und vertiefend mit dem Ägyptologen Jan Assmann verstehen, wie das Gedächtnis als kollektives Phänomen einer Kultur zu denken ist. Kultur wird bei Jan Assmann vor allem als Ausbildung einer „konnektiven Struktur"[200] verstanden, die zwei Dimensionen aufweist: zum einen die soziale und zum anderen die zeitliche Dimension. Die soziale Dimension bezieht sich auf die Ausbildung eines gemeinsamen Erfahrungs-, Erwartungs- und Handlungsraumes der Mitglieder einer Kultur, die die Bindung an gemeinsame Regeln und Werte zur Folge hat. Die zeitliche Dimension formt Erfahrungen und Erinnerungen, hält sie gegenwärtig und sorgt dafür, dass die Erinnerung an die Vergangenheit gemeinsam ‚bewohnt' werden kann.[201] Das Kollektiv steht sowohl bei Halbwachs als auch bei Assman immer im Zentrum ihrer Überlegungen zum Gedächtnis. Gedächtnis wird bei ihnen nicht unter dem Aspekt des individuellen Erlebens, sondern dem der kollektiven Prägung bedacht. Da gerade im Tanz das Gedächtnis an Bewegungen im Austausch mit Lehrern, Tänzern und Choreographen entsteht, kann keine tanzbezogene Gedächtnisforschung an einer kulturwissenschaftlichen Analyse vorbeigehen. Maurice Halbwachs und Jan Assmann bieten innerhalb einer soziologisch-kulturwissenschaft-

---

198 M. Halbwachs: *Das Gedächtnis und seine sozialen Bedingungen*.
199 J. Assmann: *Das kulturelle Gedächtnis*, S. 35.
200 Ebd., S. 16.
201 Vgl. ebd., S. 17.

lich orientierten Forschungsrichtung Denkmöglichkeiten an, in wieweit das Gedächtnis als kollektiv-kulturelles Phänomen zu begreifen ist. Im Folgenden wird Gedächtnis nicht als individuelle Erfahrung untersucht, sondern der soziale Rahmen, in dessen Zusammenhang erinnert und getanzt wird.

Tanz, Gedächtnis und Kultur

Anhand der Gehirnforschung wurde im ersten Kapitel die Funktion des Gedächtnisses aus naturwissenschaftlicher Sicht dargestellt. Das zweite Kapitel beschrieb das Gedächtnis aus der Sicht der Philosophie Henri Bergsons als Zusammenspiel von Vorstellung und Motorik des Einzelnen. In dem nun folgenden Kapitel zum kollektiven Gedächtnis soll die Vermittlung des Gedächtnisses im Zentrum stehen, welche im Tanz hauptsächlich über den Kontakt zwischen Personen erfolgt. Vor allem im Modus des Zusammenseins mit anderen entsteht im Tanz das Gedächtnis an Bewegungen, die im Training, in Proben und in Aufführungen angewendet werden. Möchte man eine beliebige Art von Tanz erlernen, geht man zu einer Tanzschule, einer Universität oder man trifft sich mit anderen auf der Straße. Orte des Erlernens von Tanz erscheinen flexibel und vielfältig, der Vorgang des Erlernens selbst und damit auch der des Erinnerns stellt sich vornehmlich als kollektiver Prozess dar. Tanz wird z.B. in Schulen und Universitäten fast ausschließlich in der Gruppe gelehrt und nur in Ausnahmefällen in Form von Einzelunterricht. Meistens erfolgt er im Modus des Zeigens. Noch einmal sei hier an William Forsythes Hinweis erinnert, dass sich die Sprache des Tanzes dadurch vermittelt, dass sich Tänzer gegenseitig etwas zeigen. Auch die Einstudierung von bereits bestehenden Stücken entsteht durch Kommunikation, verstanden als „wiederholtes gemeinsames Vergegenwärtigen der Vergangenheit"[1] und durch Interaktion, verstanden als „gemeinschaftliche Handlungen und geteilte Erfahrungen"[2], z.B. wenn sich

---
1   Erll, Astrid: *Kollektives Gedächtnis und Erinnerungskulturen. Eine Einführung*, Stuttgart/Weimar: Metzler 2005, S. 16.
2   Ebd., S. 16.

im Rahmen einer Tanzkompanie Mitglieder gegenseitig zeigen, was zur Ausübung von Bewegungen wichtig ist oder schlichtweg miteinander tanzen. Beispiele hierfür lassen sich in den Tagebucheintragungen aus den vorangehenden Kapiteln finden und unter diesem Gesichtspunkt noch einmal neu lesen.

Auf Maurice Halbwachs (1877-1945) geht der Begriff des kollektiven Gedächtnisses zurück, der die individuelle Erinnerung als „unvollständige und verstümmelte kollektive Vorstellung"[3] ansieht. Im Gegensatz zu Henri Bergson konzentriert sich Halbwachs auf den sozialen Bezugsrahmen des Gedächtnisses und sieht sowohl von den physiologischen als auch von den individuell-geistigen Komponenten des Gedächtnisses ab. Das Gedächtnis des Einzelnen ist laut Halbwachs undenkbar ohne den Bezug zur Gemeinschaft, welche das Gedächtnis ihrer Individuen bestimmt und prägt. Trotz aller Unterschiede zwischen Bergsons und Halbwachs' Gedächtnistheorien ist es keineswegs zwingend, sie in Opposition zueinander zu sehen. Während Halbwachs und in seiner Folge auch Jan Assman sich auf die soziale Dimension des Gedächtnisses beziehen, ist es die innere Dimension des Gedächtnisses, die im Fokus Bergsons steht, verstanden als körperlich-geistige Erfahrung. Im Sinne von Halbwachs könnte diese allerdings nicht ohne den bildenden Einfluss der Gesellschaft entstehen. Analog zu dem Verhältnis von Neurowissenschaft und Philosophie ist es offensichtlich, dass die Soziologie Halbwachs' oder die historische Kulturwissenschaft von Jan Assmann einen anderen Aspekt des Gedächtnisses fokussieren als die Philosophie Henri Bergsons. Besonders Halbwachs' Gedächtnistheorie ist dabei kontradiktorisch auf Bergson bezogen und an zahlreichen Stellen seiner Schriften finden sich Bezüge auf Bergson. Dies ist aus der Tatsache heraus zu erklären, dass Halbwachs bei Bergson Philosophie studierte, bevor er sich der Soziologie und Émile Durkheim zuwendete und sein Modell des kollektiven Gedächtnisses in Auseinandersetzung und in Abgrenzung zu seinem ehemaligen Lehrer schrieb. Dennoch kann Halbwachs' Theorie, wie durch die folgenden Ausführungen deutlich werden soll, mit seinem Konzept eines kollektiven Gedächtnisses statt im Gegensatz, in Ergänzung zu Bergson gesehen werden. Halbwachs selbst hat sich in seinen beiden Werken *La Mémoire Collective* und *Les cadres sociaux de la mémoire* allerdings deutlich von Bergson distanziert. So nimmt er z.B. auf Bergsons

---

3 M. Halbwachs: *Das kollektive Gedächtnis*, S. 89.

Verständnis einer individuellen Zeitdauer Bezug und bestreitet deren Existenz.[4] Halbwachs setzt den Begriff der ‚sozialen Zeit' dagegen, der besagt, dass sich die Menschen einer Gesellschaft über die Zeit und die Länge der Zeitdauer einigen und Konventionen darüber vereinbaren und befolgen. Diese von außen aufgezwungenen konventionellen Zeiteinteilungen haben ihren Grund in der Einsicht, dass alle individuellen Denkweisen miteinander in Verbindung stehen. Für Halbwachs ist das Gedächtnis nicht vorrangig eine individuelle Fähigkeit, sondern eine „kollektive Funktion"[5], „une fonction collective"[6].

DAS KOLLEKTIVE GEDÄCHTNIS

Wesentlich für Halbwachs' Theorie ist, dass er den anderen in seine Erklärung zum Gedächtnis einbindet, der – ebenso wie das Subjekt selbst – ein Bewusstsein hat, das andauert, ein Gedanke, der in Bergsons Philosophie keine Rolle spielt. Erinnern heißt für Halbwachs vor allem, mit einer dauerhaften Gruppe, einem sozialen Milieu, in Verbindung zu stehen, sich damit zu identifizieren und die individuellen Erinnerungen mit der Vergangenheit der Gruppe zu vereinen. Das kollektive Gedächtnis ist gleichbedeutend mit einem sozialen Denken und Fühlen, die ihre Ursprünge in bestimmten sozialen Milieus haben. In der Erinnerung wird, laut Halbwachs, der Standpunkt einer Gruppe eingenommen und der Einzelne fügt sich der Strömung kollektiven Denkens. Der Einfluss der Gruppe auf den Einzelnen ist demnach immer aktuell, auch wenn sich das Individuum von der Gruppe in Zeit und Raum entfernt hat. Auf diese Weise, so Halbwachs, „tragen wir stets eine Anzahl unverwechselbarer Personen mit und in uns"[7]. Die Auswirkungen eines kollektiven Gedächtnisses entfalten also vor allem aus der Vergangenheit und der Abwesenheit der Gruppe heraus ihre Macht. Halbwachs führt aus, dass die Zuhilfenahme des Gedächtnisses der Gruppe

---

4 Vgl. dazu das Kapitel „Die (reine) individuelle Zeitdauer und die ‚gemeinsame' Zeit nach Bergson" in: Halbwachs, *Das kollektive Gedächtnis*, S. 80 ff.

5 M. Halbwachs: *Das Gedächtnis und seine sozialen Bedingungen*, S. 382.

6 Halbwachs, Maurice: *Les cadres sociaux de la mémoire*, Paris: Presses Universitaires de France 1952, S. 290.

7 M. Halbwachs: *Das kollektive Gedächtnis*, S. 2.

durch das Individuum nicht die augenblickliche Gegenwart eines oder mehrerer Mitglieder der Gruppe einschließt.[8] Halbwachs' Verständnis nach werden Erinnerungen einerseits im Gedächtnis der Gruppe aufbewahrt, andererseits muss das Gedächtnis des Einzelnen mit diesem kollektiven Gedächtnis harmonisieren. Der Wiederaufbau von Erinnerungen erfolgt dann sowohl vom individuellen Bewusstsein als auch vom Bewusstsein anderer Mitglieder einer Gruppe aus. Erinnerungen, so Halbwachs, stützen sich immer auf die Erinnerungen der anderen. Auf diese Weise hat das Individuum an zwei Arten von Gedächtnissen teil: dem individuellen und dem kollektiven. Gleichfalls ist es Teil von vielen unterschiedlichen Gruppen, weshalb nicht von einem, sondern von vielen unterschiedlichen, sich im Bewusstsein des Einzelnen überlagernden kollektiven Gedächtnissen ausgegangen werden muss. An diesen hat er teil, weil er Mitglied der jeweiligen Gruppen war oder ist. Hervorzuheben ist, dass das kollektive Gedächtnis nach Halbwachs die Dauer eines Menschenlebens nicht überschreitet oder sogar kürzer ist. „Jedes kollektive Gedächtnis hat eine zeitlich und räumlich begrenzte Gruppe zum Träger."[9] Es ist daher von einem historischen Gedächtnis zu unterscheiden, in dem die Kontinuität zwischen der Gesellschaft und den damaligen Zeitzeugen aufgehoben ist. Das historische Gedächtnis kann Erinnerungen nicht mehr durch lebendige Zeugen vermitteln, da es keine lebendige Gruppe mehr als Träger besitzt.

Auch eine Tanzkompanie bildet ein dauerhaft soziales Milieu, das alle Kennzeichen einer kontinuierlichen sozialen Gruppe, wie sie Halbwachs versteht, trägt. Halbwachs nennt Permanenz und Transformation als grundlegende Eigenschaften eines sozialen Milieus.[10] Das Kennzeichen der Permanenz besagt, dass die frühere Zeit in der Erinnerung ihrer Mitglieder fortbesteht. Das Kennzeichen der Transformation bedeutet, dass neue Mitglieder hinzutreten und die alten ersetzen. In jedem Fall aber werden alle Wandlungen, die die Gruppe durchlebt, von einem gemeinsamen Denken und Fühlen durchzogen. In einer Tanzkompanie ist dieses wesentlich in Bewegungen der Körper aufgehoben, die zum einen in der Tanztechnik zum Ausdruck kommen, zum anderen in einer Choreographie organisiert werden. Besonders im Moment der Aufführung ist die Aufmerksamkeit je-

---

8 Ebd., S. 115.
9 Ebd., S. 73.
10 Ebd., S. 117 ff.

des einzelnen Tänzers auf das gleiche Ereignis gerichtet, was zu einem starken Gefühl von Kollektivität beiträgt. Von Bedeutung für das kollektive Gedächtnis ist auch, dass die Persönlichkeiten der Gruppe zwar wiedergespiegelt werden, es gleichwohl aber über den rein persönlichen Charakter hinausgeht und allgemeine und unpersönliche Wesenszüge aufweist. Denn, so Halbwachs, das Unpersönliche ist dauerhafter.[11] Eine Gruppe verfügt zwar über persönliche Bindungen zueinander, vor allem aber hat ihr Denken und Fühlen in Form von Tanztechnik und Choreographie eine gestaltete und damit in gewisser Weise unpersönliche Form angenommen. Das Gedächtnis jedes Einzelnen ist dabei ein Aspekt des Gruppengedächtnisses. „Elle n'en est pas moins une partie et comme un aspect de la mémoire du groupe."[12]

Sacreprobe am 20.8.2009 in Essen

Wir gehen chronologisch durch die Männerstellen des Stückes: erste Männerdiagonale, Bodenstelle, die Neun, die Sieben, zweite Männerdiagonale, die große Diagonale, Köpfe, die Elf. Jede Stelle wiederholen wir ein paarmal in kleinen Gruppen. Die Stellen sind zwischen 10 und 35 Sekunden lang. Keine von ihnen ist länger. Manche von ihnen sind direkt miteinander verbunden, wie die zweite Männerdiagonale, die große Diagonale und die Köpfe. Zwischen den anderen Stellen gibt es Momente des Gehens, Laufens und Rennens, die nicht immer festgelegt sind. Nach den einzelnen Stellen korrigiert unser Probenleiter, was er an Fehlern sieht. Er zeigt die Bewegungen nochmal und beschreibt, was daran wichtig ist und worauf wir zu achten haben. Wir sprechen heute viel und verbringen Zeit damit, die Bewegungen zu analysieren und zu benennen: Das rond de jambe bleibt im plié, Ferse vor, die Fingerspitzen führen, mehr Akzent, mehr Zug in der Bewegung in die Richtung, in die sie zielt. Manchmal markieren wir die Bewegung nur, um die Musik besser zu hören. Wenn der Probenleiter einen einzelnen Tänzer korrigiert, probieren die anderen für sich. Manchmal werden Fragen zur Bewegung auch untereinander geklärt. Die neueren Tänzer fragen dann die Tänzer, die das Stück schon länger tanzen oder manchmal erklärt ein erfahrener Tänzer auch von sich aus, wie eine be-

---

11 Ebd., S. 117.
12 M. Halbwachs: *Les cadres sociaux de la mémoire*, S. 144.

stimmte Bewegung geht und was daran zu beachten ist. Heute fragte mich ein Student der Folkwang Universität, was das Opfermädchen mit dem Tuch macht, während die Gruppe mit den Hebungen beschäftigt ist. Ich antworte ihm, dass sie das mit dem Tuch verknüpfte Kleid daraus löst und es anzieht. Es gibt auch für uns Tänzer viele Dinge, die wir nicht sehen können, weil Dinge auf der Bühne gleichzeitig passieren oder weil wir gerade mit etwas anderem beschäftigt sind. Informationen darüber werden dann untereinander ausgetauscht.

Eine Tanzkompanie wird in einem bestimmten Jahr von einer starken Künstlerpersönlichkeit an einem ganz bestimmten Ort gegründet und besteht aus Gründungsmitgliedern, die für einen begrenzten Zeitraum der Kompanie angehören. Mehr als deren persönliche Erinnerungen an die Gründungszeit, bleibt die Vergangenheit der Gruppe in den Choreographien lebendig, die durch den Choreographen oder die Choreographin in Zusammenarbeit mit der Gruppe geschaffen werden. Sie bleiben in vielen Fällen weiter im Repertoire der Kompanie, auch wenn ihre Mitglieder wechseln. Obwohl die Choreographien mit unzähligen persönlichen Erinnerungen der beteiligten Tänzer behaftet sein müssen, weil sie mit ihnen und durch sie entstanden sind, sind es die Choreographien, nicht die persönlichen Erinnerungen der Tänzer, die für die Kollektivität der Gruppe von Bedeutung sind und die damit einen wesentlichen Teil des kollektiven Gedächtnisses der Tanzkompanie ausmachen. Neue Tänzer kommen hinzu, die die Kreation eines Tanzstückes nicht miterlebt haben, aber dazu beitragen, mit Halbwachs gesprochen, „das Gestern im Heute"[13] wiederzufinden, indem sie in Wiederaufnahmen von Tanzstücken eingebunden werden und den Platz ausfüllen, den vor ihnen andere Tänzer eingenommen haben.

Wie sich am Beispiel von *Le Sacre du printemps* zeigt, kann eine Tanzkompanie aber auch dafür sorgen, dass sich eine Beziehung zwischen einem historischen und einem kollektiven Gedächtnis aufbaut. Die Uraufführung von *Le Sacre du printemps* im Mai des Jahres 1913 in Paris verursachte beides: Skandal und Ablehnung einerseits und fiebernde Begeisterung und heftigen Applaus andererseits.[14] In jedem Fall ist die Komposition Igor

---

13 M. Halbwachs: *Das kollektive Gedächtnis*, S. 114.
14 Dömling, Wolfgang: *Strawinsky*, Reinbek bei Hamburg: Rowohlt 1990, S. 41-42.

Strawinskys, die engstens mit Vaclav Nijinskys Choreographie in Verbindung steht, in das kollektive Gedächtnis der Ballets Russes und des damaligen Publikums eingegangen. Nahezu einhundert Jahre sind seit dem Ereignis vergangen und da keine Zeitzeugen mehr gegenwärtig sind, werden die Erinnerungen daran durch künstliche Gedächtnismedien aufrechterhalten. Das Ereignis des Jahres 1913 kann daher als ein Beispiel dafür dienen, wie ein soziales und damit kollektives Gedächtnis erlischt, wenn es nicht durch Zeitzeugen weitergetragen wird. Es hat keine soziale Gruppe als Träger mehr und gehört damit zum historischen Gedächtnis einer Tanzgeschichte.

Eine Wiederaufführung des Werks durch eine Tanzkompanie ist daher immer auch als eine Rückverwandlung vom historischen ins kollektivsoziale Gedächtnis zu lesen. Jede Aufführung einer der über 200 eigenständigen Choreographien zu Strawinskys Musik[15] bringt den beteiligten Tänzern und ihren Zuschauern – mehr oder weniger beabsichtigt – die Vergangenheit dieses Werks in Erinnerung und fügt ihr im günstigen Fall eine eigene Lesart hinzu. Eine Wiederaufführung von *Sacre* verlässt den historischen Rahmen, da die Erinnerung, die sie wieder aufbaut, lebendig ist. Sie wird von einer sozialen Gruppe getragen, die dafür sorgt, dass die Erinnerung daran erreichbar wird. Der Tanz kann in diesem Sinne zur Verlebendigung von historischer Erinnerung beitragen. Er erhält Erinnerungen, indem er sie durch lebendige Träger rekonstruiert und eine Kontinuität zwischen vergangener und gegenwärtiger Gesellschaft herstellt. Halbwachs ging davon aus, dass für die Konstitution eines kollektiven Gedächtnisses vor allem die Unmittelbarkeit der Auswirkungen wichtig ist. Diese Unmittelbarkeit der Auswirkungen verhindert, dass das soziale Gedächtnis einer Gruppe erlischt und zu einem historischen Gedächtnis gefriert. Eine Wiederaufführung von *Sacre*, so könnte man sagen, wirkt sich unmittelbar auf die Tänzer, die ihre Bewegungen in ein Verhältnis zu Strawinskys Musik bringen, aus. Sie stellen sich in den von Strawinsky vorgegebenen musikalischen Rahmen, um ihn in ihrer Realität wiederzuerleben und halten die Erinnerung an das ursprüngliche Werk mit ihren Körpern aufrecht. Auch für die Zuschauer machen sie das nahezu einhundert Jahre alte Werk damit wieder erreichbar.

---

15 Vgl. dazu Brandstetter, Gabriele/Klein, Gabriele: „Bewegung in Übertragung. Methodische Überlegungen am Beispiel von *Le Sacre du Printemps*, in: Dies., *Methoden der Tanzwissenschaft* (2007), S. 9-26, hier S. 15.

Lokalisierung, Ort und Raum von Erinnerungen

Halbwachs definiert eine Gedächtnisleistung auf folgende Weise: „Man erwirbt einen Erinnerungsgehalt, man konserviert ihn, man ruft ihn sich zurück, man erkennt ihn wieder und schließlich lokalisiert man ihn [...]."[16] Halbwachs beschreibt in dieser Definition fünf Phasen des Gedächtnisvorgangs. Das Lokalisieren von Erinnerungen stellt diejenige Phase dar, die für seine Gedächtnistheorie kennzeichnend ist, denn es bindet das Gedächtnis an Ort, Raum und Gruppe.

Betrachtet man z.B. ein Tanztraining, zeigt sich bereits hier, dass Gedächtniserwerb im Tanz im Kollektiv erfolgt. Dies geschieht an einem in Zeit und Raum bestimmbaren Ort. Mit der Teilnahme an einem Tanzunterricht gehört jeder Tänzer einer Gruppe an. Obwohl innerhalb einer solchen Situation unterschiedliche Modelle des Lernens und damit der Gedächtnisbildung möglich sind, sei im Folgenden auf die am häufigsten praktizierte Form Bezug genommen: Ein Trainingsleiter zeigt während des Trainings Übungen, die von den anwesenden Tänzern beobachtet werden. Im Anschluss daran werden sie gemeinsam, oft in Begleitung von Musik, ausgeführt, d.h. sie werden gemeinsam erinnert. Das Bewegungsgedächtnis des Einzelnen – in diesem Fall, das des Lehrenden – wird auf diese Weise durch die Gruppe vervielfältigt. Dabei wird durch den Trainingsleiter darauf geachtet, dass die in die Übung eingebetteten Bewegungen auf die gleiche Weise praktiziert werden. Ein gemeinsames Denken und Erinnern ist damit Bestandteil eines jeden Tanztrainings. Unterstützend werden erinnerte Bewegungen von der Lehrperson korrigiert und im Bedarfsfall von ihr wiederholt. Das gemeinsame Ausführen von Bewegungen auf Seiten der Tänzer kann darüber hinaus auch als Erinnerungshilfe verstanden werden, da immer andere Tänzer anwesend sind, die das eigene Bewegungsgedächtnis visuell unterstützen helfen. Das Besondere am Tanz ist dabei, dass dieser Vorgang kollektiven Erinnerns sich auf Körperbewegungen richtet, die immer schon im Zusammenhang mit einem kollektiven Gedächtnis einer Gruppe oder einer Kultur stehen.

Im Tanz werden Erinnerungen z.B. dadurch rekonstruiert, indem ganz bestimmte Körperhaltungen eingenommen und geübt werden. Bereits in den Fußstellungen im Tanz – ausgedreht (*en dehors*), parallel oder einge-

---

16 M. Halbwachs: *Das Gedächtnis und seine sozialen Bedingungen*, S. 48.

dreht (*en dedans*) – wird damit, mehr oder weniger bewusst, eine Bezugnahme auf das Denken und Fühlen einer Gruppe hergestellt und weitervermittelt. Darüber macht sich z.b. Pina Bausch während ihres Studiums an der *Folkwangschule* im Rahmen einer Hausarbeit Gedanken: „Der Ausdruck dieser en dehors Haltung findet Vollendung im klassischen Tanz, in einem stolzen, erhabenen, ja durchaus königlichen Gefühl. Ich erwähne hier nur den Sonnenkönig Ludwig XIV."[17] Über die Einwärtsdrehung der Füße schreibt sie: „Nijinsky, […], findet wohl, daß das Ballett, die Vollendung der Ausdrehung, aber nicht immer eine ideale Ausdrucksmöglichkeit ist. Die Choreographie zu dem Ballett ‚Sacre Du Printemps' von Strawinsky ist nämlich der Beweis dafür. In dem Buch von White über Strawinsky fand ich einmal folgenden Satz: ‚Nijinsky fand, daß ihm das Thema des ‚Sacre' den gesuchten Vorwand bot, die klassischen Positionen umzudrehen, so daß die Bewegungen der Tänzer nach innen anstatt nach außen gemacht werden sollten.' Er wollte damit die gequälte Atmosphäre des Frühlingsopfers zum Ausdruck bringen."[18]

Die beiden Zitate der jungen Pina Bausch machen deutlich, dass in Positionen und den damit zusammenhängenden Bewegungsabläufen des Körpers an kollektiv-körperlichen Ausdrucksformen teilgenommen wird bzw. diese in ihr Gegenteil gewendet werden. So wie das *en dehors* an die höfischen Ursprünge des klassischen Balletts erinnert, so nimmt die parallele Fußstellung oder das Einrunden der Wirbelsäule im modernen Tanzunterricht eine Beziehung zu dem Kollektiv moderner Tänzer und Choreographen – z.B. des Ausdruckstanzes – auf. Geht es im klassischen Ballett seit jeher um einen stabilen, symmetrisch organisierten, aufrecht gehaltenen und damit Kraft demonstrierenden Körper, spürt der moderne Tanz in Ergänzung oder im Widerspruch dazu den Gesetzmäßigkeiten menschlicher Bewegung nach: der Schwerkraft, der Entspannung und der Asymmetrie. In Stellungen und Haltungen des Körpers ist demnach das Gedächtnis eines Kollektivs eingelagert. Die eingedrehten Fußstellungen der Tänzer, wie sie auch in Pina Bauschs Choreographie von Igor Strawinskys *Sacre* verwendet werden, tauchten schon in der Choreographie von Vaclav Nijinsky auf

---

17 Bausch, Philippine: Ein- und Ausdrehung der Füße im Laienunterricht. Unveröffentlichte Hausarbeit, *Tanzarchiv des Instituts für Zeitgenössischen Tanz der Folkwang Universität der Künste* (ohne Jahr), S. 1-7, hier S. 4.
18 Ebd., S. 5.

und lassen sich auch als eine Art Gegengedächtnis zu Normen des klassischen Balletts verstehen. Sie können, so die Studentin Pina Bausch, „einen schüchternen, leidenden oder tragisch komischen Charakter tragen. [...] Mit dieser Fußstellung ist meistens ein gewisses Sich-Hängenlassen verbunden, was in allen Gliedern sichtbar wird. Diese Bodenschwere ist ein Zeichen der Trauer, des Leids und der Resignation."[19] Pina Bauschs Version von *Sacre* wird einige Jahre nach dem Verfassen ihrer Hausarbeit selbst Anteil an diesem kollektiven Gedächtnis nehmen, denn auch in ihrer Choreographie von *Sacre* stellt das Eindrehen der Füße ein Gestaltungsmittel dar. So setzt sich z.b. in den Stellungen der Füße ein soziales Gedächtnis fort, welches mit den Zeichen und Ausdrucksformen eines Kollektivs in Verbindung steht und über die Generationen hinweg von Kollektiv zu Kollektiv weitergereicht wird. Dieses Gedächtnis an Bewegungen wird dabei nicht nur aufrechterhalten, sondern kann in der künstlerischen Auseinandersetzung modifiziert, erweitert oder neu definiert werden, wie z.b. die Entwicklung des klassischen zum modernen Ballett zeigt.[20]

Bereits eine Tanzklasse kann demnach als ein soziales Milieu verstanden werden, in dem sich alle Individuen gemeinschaftlich erinnern und in einem anschließenden Schritt diese Erinnerungen über die gedankliche Rekonstruktion hinaus auch praktizieren. Damit verbunden ist die Möglichkeit, Erinnerungen in enger Verbindung und Übereinstimmung zu den anderen Anwesenden sofort zu berichten. Die Ausbildung eines kollektiven Gedächtnisses – ein daraus hervorgehender Prozess – in der Gestalt von Körperbewegungen ist damit ein wichtiges Kennzeichen von Tanz. Im Training werden die Anfänge zur Ausbildung eines solchen Gedächtnisses bereits im Kollektiv gelegt, indem eine Lehrperson ein kollektives Gedächtnis in Form von Körperbewegungen vermittelt. Das generationenübergreifende kollektive Gedächtnis an einen oder mehrere Bewegungsabläufe oder an eine bestimmte Tanztechnik stellt damit ein in Körperbewegungen aufgehobenes Denken und Fühlen dar. Es bildet darüber hinaus die Voraussetzung dafür, dass Bewegungsphrasen und Choreographien gemeinsam getanzt werden können.

---

19 Ebd.
20 Vgl. dazu Klein, Gabriele: „Tanz als Aufführung des Sozialen. Zum Verhältnis von Gesellschaftsordnung und tänzerischer Praxis", in: Bischof/Rosiny, *Konzepte der Tanzkultur* (2010), S. 125-144.

Auf den Erwerb von Gedächtnisgehalten folgt deren Konservierung. Im Tanztraining verzichtet man auf Schrift oder Bild, um Bewegungen zu ‚speichern'. Von der Möglichkeit einer externen Speicherung wird nur in Ausnahmefällen Gebrauch gemacht. Allein der Körper ‚sichert' das im Unterricht erworbene Wissen und eine Auslagerung von Wissen wird nicht vorgenommen. Erinnerungen werden im Tanz daher im eigentlichen Sinne des Wortes verkörpert und bleiben damit beweglich und intern, statt extern und abstrakt. Eine Trennung von Träger und Information, wie sie typisch für andere Gedächtnistechniken ist, findet im Tanztraining nicht statt. Es kommt daher nicht zu einer Abstraktion von Wissen in Form von Zeichen wie etwa der Schrift, dem Bild oder dem Film.

In der Phase des Rückrufs zeigt sich eine weitere besondere Eigenart des Tanzes, auch anderen Künsten gegenüber. Hier nämlich wird eine Reduktion auf das Visuelle vermieden, welches nur einen Aspekt des sinnlichen Spektrums darstellt. Tänzer erwerben ihr Gedächtnis zwar auch durch den Blick auf einen Lehrer oder einen Choreographen bzw. Choreographin, der Rückruf erfolgt aber nicht ausschließlich durch den Blick, sondern durch eine ganzheitlich synästhetische Wahrnehmung des eigenen Körpers und seiner Umgebung.

Mit der Phase des Wiedererkennens meint Halbwachs, das Gefühl zu haben, ein augenblicklicher Eindruck hätte sich schon vorher einmal dargeboten.[21] Das ist ein Vorgang, der automatisch erfolgen kann, für einen Tänzer z.B. das Vertrautheitsgefühl beim Ausführen eines *pliés*. Auch das geschieht im Tanz auf allen sinnlichen Ebenen.

Lokalisieren bedeutet hingegen, sich des Augenblicks bewusst zu sein, in dem der Erwerb von Gedächtnisgehalten stattgefunden hat. Dadurch wird eine Überlegung angestellt und folglich die Aktivität des Intellekts hervorgerufen.[22] Halbwachs meint mit Lokalisieren denjenigen Vorgang, der bei der Erinnerung die Zugehörigkeit zu dem gemeinsamen Denkgehalt einer Gruppe ausfindig macht, vor allem aber deren zeitliche Stelle bestimmt. „Pour localiser un souvenir, il faut, en définitive, le rattacher à un ensemble d'autres souvenirs dont on connaît la place dans le temps."[23] Auch wenn mit großer Wahrscheinlichkeit nicht der genaue Zeitpunkt be-

---

21 M. Halbwachs: *Das Gedächtnis und seine sozialen Bedingungen*, S. 163.
22 Ebd., S. 163.
23 M. Halbwachs: *Les cadres sociaux de la mémoire*, S. 143.

stimmt werden kann, wann Tänzer zum ersten Mal ein *plié* ausgeführt oder eine *pirouette* gedreht haben, so wissen sie, welchem sozialen Bereich des Lebens diese Erfahrung zuzuordnen ist, in ihrem speziellen Fall der Gruppe, die zusammengetreten war, um zu tanzen. Damit versetzt die Lokalisation der Erinnerung die Tänzer in ihr soziales Milieu zurück, in dem sie den Gedächtnisgehalt erworben haben. Nicht eine zeitliche Folgebeziehung gewährleistet das Erinnern, Halbwachs folgend – was als die Position Bergsons verstanden werden kann – sondern, im Gegenteil, die Lokalisation der Erinnerung im Raum sowie ihre Bezugnahme auf das Denken einer Gruppe.

Ein grundlegender Unterschied zwischen Halbwachs' und Bergsons Gedächtnistheorien besteht demzufolge in dem Stellenwert, der dem Raum beigemessen wird. „Es stimmt also nicht, daß man sich, um sich zu erinnern, gedanklich außerhalb des Raumes stellen muß" lautet Halbwachs abschließendes Resümee seines unvollständig gebliebenen Werkes *La Mémoire Collective*[24]. In dem Zitat ist die Anspielung auf Bergson nicht zu übersehen, für den Gedächtnis heißt, sich in die Zeit zu stellen. Entscheidend daran aber ist, dass Halbwachs den Raum als grundsätzliche Bedingung dafür begreift, sich überhaupt erinnern zu können. Erinnerungen müssen sich lokalisieren lassen, um rekonstruiert werden zu können.

Dieser Gedanke Halbwachs' lässt sich außer an Köperhaltungen oder Fußstellungen auch am Beispiel des Ortes verdeutlichen: Der Ort, an dem eine Tanzkompanie ihre Heimat hat, trägt wesentlich zu dem Gefühl der Kollektivität bei. So wie Pina Bauschs Tanztheater untrennbar mit Wuppertal verbunden ist, so Merce Cunninghams Kompanie mit New York, das Cloud Gate Dance Theatre of Taiwan von Lin Hwai-Min mit Taipeh, William Forsythes Kompanie mit Frankfurt oder John Neumeiers Ballettensemble mit Hamburg. Der Ort – in anderen Worten: die materielle Umgebung – kann als räumlicher Ausdruck all dessen verstanden werden, was die Gruppe ist und jedes Detail dieses Ortes erfüllt für die Gruppe einen Sinn und unterstützt ihr Selbstverständnis als Kollektiv. So sind es nicht nur gemeinsame Ströme des Denkens und des Bewegens, die die Gruppe verbinden, sondern es ist auch der Ort, an dem sie, z.B. im Falle einer Tanzkompanie, probt und auftritt. Der Ort, so Halbwachs, erhält das Ge-

---

24 M. Halbwachs: *Das kollektive Gedächtnis*, S. 162.

präge der Gruppe und umgekehrt.[25] Die Mitglieder der Gruppe prägen ihre Abdrücke dem Ort ebenso ein, wie dieser eine gemeinsame Erinnerung in ihnen hinterlässt und damit das kollektive Gedächtnis festigt.

Probenort Lichtburg

Die Lichtburg, ein altes Kino, ist ein Gebäude mit einer Vergangenheit, die fortbesteht. Eine andere Vergangenheit indessen ist hinzugekommen. Schon seit vielen Jahren finden hier keine Filmvorführungen mehr statt. Stattdessen probt seit 1977 das Tanztheater Wuppertal an diesem Ort. Ergriffen wird man hier also immer noch – allerdings nicht von Kinobildern, sondern von Bewegung. Bei der Suche nach dem Eingang zur Lichtburg weist kein Schild dem Unwissenden den Weg. Orientierungslos geht man, vorbei an der Filiale einer Fastfood-Gastronomie, im Wuppertaler Stadtteil Barmen eine Hauptverkehrsstraße entlang. Hörbar rauscht die Schwebebahn über der Wupper vorbei. Man gelangt an eine Bushaltestelle, umringt von Wartenden. Auf einer Leuchtreklame verspricht die Romantika-Bar „girls, girls, girls". Nicht weit davon öffnet der Eingeweihte eine unauffällige Tür. Eine breite Treppe führt zum ehemaligen Parkett des Kinosaals herauf. Nach dem Öffnen einer nachträglich eingebauten weißen Holztür öffnet sich dann auch der Blick: Ein großer Raum tut sich auf, der, von seinen alten Sesseln befreit, mit schwarzem Tanzteppich ausgelegt ist. Bei seinem Betreten fallen Ballett- und Kleiderstangen mit abgetragenen Kostümen ins Auge, die an den Seiten des ehemaligen Kinosaals stehen. Nicht nur geprobt, sondern auch trainiert wird hier gemeinsam. Große, rollbare Spiegel stehen an den Seiten sowie einige Tische und allerlei Requisiten. Auf großen, schwarzen Kostümkisten ist in weißen Buchstaben noch das alte, hufeisenförmige Logo der Wuppertaler Bühnen zu lesen. Ein Wasserspender am Eingang ist eine Anschaffung aus neuerer Zeit und lässt ahnen, dass man sich innerhalb dieser Wände verausgabt. Die sind mit verschlissenem, grünem Stoff ausgekleidet und zeugen von vergangener Festlichkeit. Die darauf angebrachten Leuchten wurden jüngst repariert und spenden ein warmes Licht. Das meiste davon kommt aber aus grellen Deckenscheinwerfern. Auf der ehemaligen Tribüne, direkt vor der alten Leinwand des Kinos, haben sich einige Tänzer des Tanztheaters einen Sitzplatz eingerichtet. Eine

---

25 Vgl. ebd., S. 130.

bunte Mischung aus alten Stühlen, ehemaligen Kinosesseln, ordentlich aufgestellten Stöckelschuhen und privaten Gegenständen ist dort durcheinandergewürfelt. Ganz links in der Ecke steht eine Musikanlage. Andere Tänzer haben sich an der gleichen Seite des Raumes, unterhalb der Tribüne, auch einen Platz gesucht. Ein Klavier befindet sich ebenfalls dort. In der Mitte vor der Tribüne stehen zwei zusammengestellte Tische. Hinter ihnen saß, über dreißig Jahre lang, Pina Bausch, machte sich Notizen und leitete von dort aus ihre Proben. Gemeinsam mit den Tänzern oder allein blickte sie auf das, was sich während der Proben auf der großen Fläche vor ihr abspielte. In früheren Zeiten saßen sie und ihre Kompanie auf der gegenüberliegenden Seite des Raumes. Links neben den Tischen werden zu Beginn der Probe Videogeräte und ein Monitor aufgestellt, um während der Proben unterstützend darauf zurückzugreifen. Von diesem Platz aus kann man auch gut auf die Empore des alten Kinos blicken, auf der die alten Kinosessel stehengeblieben sind. Dieser selten betretene Teil des Raumes, zu dem man nur über das Treppenhaus gelangen kann, wird manchmal genutzt, um vorübergehend Requisiten zu lagern. Lange Zeit stand dort ein großes Nilpferd aus Kunststoff, einem alten Stück von Pina Bausch entnommen, und schaute von dort auf die Proben herab.

Es gibt, so Halbwachs, einen juristischen, einen wirtschaftlichen oder einen religiösen Raum, der durch den Geist des betreffenden Kollektivs gefüllt wird.[26] Er setzt sich aus Regionen zusammen, die sich lokalisieren lassen und bleibt daher nicht unbestimmt. Den Raum, so Halbwachs, können die Einbildungskraft und das Denken rekonstruieren.[27] Der Raum ist beständig und bietet daher dem Gedächtnis Anhaltspunkte an, zwischen Gegenwart und Vergangenheit unterscheiden zu können. Während Bergson das Gedächtnis als ununterbrochenen Strom von Bewusstseinszuständen begreift, ist laut Halbwachs gerade deren Trennung erforderlich, damit das Gedächtnis seine Aktivität entfalten kann. Nur auf diese Weise, so Halbwachs, kann eine Verwechslung zwischen Gegenwart und Vergangenheit vermieden werden. Durch die Trennung von Bewusstseinszuständen wird auch die Unterscheidung zwischen eigenen und fremden Denkströmungen für das Gedächtnis möglich und Bewusstseinsinhalte werden aus der individuellen

---

26 Ebd., S. 148.
27 Vgl. dazu ebd., S. 142.

und aus der kollektiven Sicht gleichzeitig gesehen. Mit der Trennung von Zuständen des Bewusstseins ist Halbwachs zufolge auch die Eigenschaft des Gedächtnisses verbunden, das Individuum zum Innehalten zu zwingen, statt mit dem Fluss der Zeit vorwärtszustreben.[28]

Tanz ist eng mit dem Wissen vom Raum verbunden, in dem er geschieht. Es stellt in gewisser Weise ein Paradox dar, dass gerade der Tanz einen vermeintlich leeren Raum braucht, den er mit seinem Wissen füllen kann. Daher ist besonders im Tanz der Raum eben nicht leer, sondern ein Medium der Vorstellung. Wie auch im vierten Kapitel anhand der Jooss-Leeder-Methode deutlich werden soll, dient besonders der geometrisch definierte Raum als eine Kategorie des Ordnens und Orientierens. Innerhalb einer Choreographie, aber auch innerhalb eines bestimmten Bewegungsablaufes werden Aufstellungen von Gruppen und Richtungen von Bewegungen fixiert. Es existieren Zeichnungen, Skizzen und Videos, die festhalten, wo etwas im Tanzraum geschieht. Sie legen fest, in welcher Beziehung Bewegung und Richtung zueinander stehen. Im Sinne Halbwachs ließe sich sagen, dass der Körper seine Formen in den Raum zeichnet und seine kollektiven Erinnerungen innerhalb dieses räumlichen Rahmens, der von ihm selbst abgesteckt wird, wiederfindet. Jeder Tänzer stellt sich in den Raum und verbindet mit seinen Bewegungen zuvor festgelegte Formen und Richtungen. Gleichfalls nimmt er einen Platz ein, der ihm in der Gruppe zugewiesen wurde oder den er für sich selbst bestimmt hat. Der definierte Raum ist der Anhaltspunkt, an den das Gedächtnis im Tanz sich anlehnen kann. Der Anblick der Bühne, aber auch der Anblick einer bestimmten räumlichen Konstellation von Personen ruft den Tänzern in Erinnerung, welcher Platz ihnen freisteht.

Sacreprobe in Wuppertal 9.3.2009

Männer und Frauen sind heute zusammen in der Lichtburg. Wir beginnen erst mit der Männerdiagonale. Es geht vor allem um die Platzierungen. Damit sich alle Männer auf den richtigen Platz stellen können, muss es einen Mann geben, nach dem sich alle anderen richten. Meistens ist das ein Tänzer, der in der Gruppe vorne steht. Sein Platz ist im Raum genau festgelegt und die anderen Tänzer stellen sich in Bezug zu ihm auf. Trotzdem be-

---

28 Ebd., S. 124.

merken wir in der Probe immer wieder, dass man beides wissen muss: seinen eigenen Platz und den Platz in Bezug auf die Gruppe. Da ich in der Mitte der Gruppe stehe, muss ich mich sehr stark nach den anderen richten. Die Aufstellung der Männergruppe ist extrem eng und die Bewegungen und Plätze der anderen bestimmen mit, wo ich mein Bein hinstellen kann oder wo ich meinen Arm hinbewege. Es ist ein Wechselspiel zwischen einem Sich-selbst-bewegen und einem Von-der-Gruppe-bewegt-werden. Auf jeden Fall ist es ein ganz anderes Gefühl, die Bewegungen alleine im Raum zu tanzen als hinterher in der Gruppe. Wir probieren heute oft, wie wir in die jeweiligen Aufstellungen hineingehen, wer wen kreuzt und wer zuerst oder wer zuletzt an seinem Platz steht. Es geht dabei oft um Zentimeter, denn schon ein winziger Schritt in die falsche Richtung verändert die ganze Formation. Zwischendurch arbeiten wir immer wieder an den Bewegungen und versuchen, die Anweisungen der Probenleiter umzusetzen: „Schulter vor!", „Ferse vor!", „Mach ein tieferes plié!", „Diese Bewegung beginnt mit einem Akzent!". Unsere Arbeit beschäftigt sich immer mit diesen beiden Dingen: den Platzierungen und den Bewegungen.

In der Auseinandersetzung mit Halbwachs' Theorie wird deutlich, dass sie eine ganz bestimmte Art der Erinnerung beschreibt. Sich zu erinnern ist für Halbwachs ein intentionaler Vorgang und mit Tätigkeiten des Überlegens, Nachdenkens, Forschens, Durchgehens oder Rahmens verbunden. Halbwachs' kollektives Gedächtnis bietet der Erinnerung einen Rahmen – ein stabiles System von Daten, Formen, Örtlichkeiten und Beziehungen – der laut Halbwachs erforderlich ist, um sie zu rekonstruieren. Logisch miteinander verbundene Gedankenreihen werden innerhalb einer sozialen Rahmung gebildet und Punkte miteinander verbunden. Auf diese Weise wird die Rekonstruktion von Erinnerungen, Halbwachs zufolge, gesichert. Für den Tanz greift Halbwachs' Theorie in Bezug auf feststehende Anhaltspunkte. Sie ist auf diejenigen Aspekte anwendbar, die den Raum im weitesten Sinne betreffen: den gesellschaftlichen Raum, den geographischen Raum und den geometrischen Raum. Der zeitliche Aspekt der Bewegung jedoch wird durch Halbwachs' Theorie nicht miterfasst. Dieser ist weder allein durch das soziale Milieu, die Festlegung auf einen Ort oder die denkende Überlegung rekonstruierbar, sondern bleibt ein prozessualganzheitlicher Akt von Körper und Geist, dessen wesenhafter Zug darin besteht, von einer Erinnerung zur nächsten überzugehen. Die Bewegung schlüpft dabei durch die mehr oder weniger eng geknüpften Maschen des sozialen Rahmens hindurch, aus dem sie hervorgegangen ist, den sie aber auch hinter sich lässt. Zu schnell ist sie und ununterbrochen in Veränderung, als dass eine logische Operation oder eine Interpretationsarbeit allein sie sich ins Gedächtnis rufen könnten. Trotz der Schemata und intellektuellen Vorgänge, die ihr unterliegen, kann das Nachdenken allein sie nicht erfassen. Stattdessen fördert sie einen Gedächtnisgehalt zutage, der über die Permanenz des Raumes hinausgeht: die sinnliche Erfahrung von beweglicher Zeit.

KULTURELLES UND KOMMUNIKATIVES GEDÄCHTNIS

Jan Assmann hat ausdrücklich auf die Gedächtnistheorie von Halbwachs Bezug genommen und sie in seinen Publikationen entfaltet.[29] Er entwickelte daraus den eingangs erwähnten Begriff des kulturellen Gedächtnisses als „Sammelbegriff für alles Wissen, das im spezifischen Interaktionsrahmen einer Gesellschaft Handeln und Erleben steuert und von Generation zu Generation zur wiederholten Einübung und Einweisung ansteht"[30]. Dies ist aber nicht die einzige Form des Gedächtnisses innerhalb einer Kultur. Eine zweite wichtige Form ist das auch von Halbwachs dargestellte, aber nicht so bezeichnete kommunikative Gedächtnis. „Im Tanz", so Claudia Jeschke, „kommt das kommunikative Gedächtnis durch die Aktivitäten von Zeitzeugen vor allem im Unterricht und in der performativen, oralen Vermittlung von Tanz zum Tragen."[31] Obwohl Sprache dabei eine Form der Informationsübermittlung darstellt, wird im Tanz, wie bereits beschrieben, vor allem über ein ‚mimetisches Gedächtnis', also über das Nachahmen einer im Tanzsaal anwesenden Person, gelernt. Neben den Bereichen des mimetischen und des kommunikativen Gedächtnisses definiert Assmann das Gedächtnis der Dinge, dem er einen Zeitindex zuschreibt, indem die Dinge an

---

29 Vgl. J. Assmann: *Das kulturelle Gedächtnis*, Ders.: *Religion und kulturelles Gedächtnis*, München: Beck 2000.

30 Assmann, Jan: „Kollektives Gedächtnis und kulturelle Identität", in: Assmann/ Hölscher, *Kultur und Gedächtnis* (1988), S. 9.

31 Jeschke, Claudia: „Re-Konstruktionen: Denkfiguren und Tanzfiguren: Nijinskys Faune", in: Gehm/Husemann/Wilcke, *Wissen in Bewegung* (2007), S. 183.

die Vergangenheit erinnern, also an das, was mit ihnen getan wurde. Die vier Bereiche – mimetisches, kommunikatives und kulturelles Gedächtnis sowie das Gedächtnis der Dinge – ergeben insgesamt diejenige Außendimension, auf die sich Assmanns Gedächtnistheorie bezieht. Das kulturelle Gedächtnis ist dabei, laut Assmann, als dasjenige Gedächtnis anzusehen, in das alle Gedächtnisformen übergehen können. Dies geschieht, wenn Gedächtnisformen nicht ausschließlich einen Zweck erfüllen, sondern wenn ihnen ein Sinn zugeschrieben wird. Aus der Nachahmung wird so z.B. ein Ritual, aus dem Ding ein Symbol und aus der alltäglichen Kommunikation ein Bild, ein Text oder ein Tanz. Assmanns wichtigste These besteht darin, das kulturelle Gedächtnis an die Gruppe und deren Identität gebunden zu sehen. Das kulturelle Gedächtnis besitzt – wie das kollektive Gedächtnis auch – einen Bezug zur Gruppe, konstituiert deren Identität und bleibt auf die Gegenwart bezogen.[32]

Kommunikatives Gedächtnis und kulturelles Gedächtnis stellen demnach eine Erweiterung des Begriffs des kollektiven Gedächtnisses dar. Es ist allerdings das kulturelle Gedächtnis, welches den eigentlichen Forschungsgegenstand von Assmann ausmacht. Er bietet in seinem 1988 erschienenen Aufsatz zum kollektiven Gedächtnis eine mittlerweile klassische Definition des kulturellen Gedächtnisses an:

„Unter dem Begriff kulturelles Gedächtnis fassen wir den jeder Gesellschaft und jeder Epoche eigentümlichen Bestand an Wiedergebrauchs-Texten, -Bildern und -Riten zusammen, in deren ‚Pflege' sie ihr Selbstbild stabilisiert und vermittelt, ein kollektiv geteiltes Wissen vorzugsweise (aber nicht ausschließlich) über die Vergangenheit, auf das eine Gruppe ihr Bewußtsein von Einheit und Eigenart stützt."[33]

Das kulturelle Gedächtnis, so Assmann, existiert in zwei Modi: als Archiv und als Aktualität. In Bezug auf das Beispiel *Le Sacre du printemps* in der Choreografie von Pina Bausch lassen sich einerseits die Regiebücher, in denen die Aufstellungen der Gruppenformationen schriftlich fixiert sind, und die Videoaufnahmen, die von jeder Aufführung erstellt werden und andererseits die leibhaftige Aufführung des Stückes nennen. Möchte man sich

---

32 J. Assmann: *Das kulturelle Gedächtnis*, S. 20 f.
33 J. Assmann: „Kollektives Gedächtnis und kulturelle Identität", in: Assman/ Hölscher, *Kultur und Gedächtnis* (1988), S. 15.

der Metapher des Archivs bedienen, wird an den Modi der Existenz des kulturellen Gedächtnisses – wie schon in der Auseinandersetzung mit Halbwachs' Gedächtnisphasen – deutlich, dass das wichtigste ‚Archiv' des kulturellen Gedächtnisses die Tänzer selbst sind, denn die Aktualisierung des Stückes hängt im Wesentlichen an ihren leibhaftig verkörperten Erinnerungen. Das kulturelle Gedächtnis, so die Anglistin Astrid Erll, ist zwar ein mediengestütztes Gedächtnis,[34] im Tanz allerdings ist es der Körper, der als Medium die Erinnerungen an Bewegungen überliefert. Die beiden Existenzen des kulturellen Gedächtnisses verschmelzen in der Person der Tänzer also zu einem Konglomerat: Die Tänzer geben der Bewegung einen Ort auf der Bühne und einen Ort mit ihrem Körper. Sie stellen ‚Archiv' und Aktualität dieser speziellen Form der kulturellen Erinnerung dar. Die Bezeichnung ‚Archiv' kann indessen nur eine Metapher bleiben, denn wie Jacques Derrida betont hat, wird das Archiv „niemals das Gedächtnis noch die Anamnese in ihrer spontanen, lebendigen und inneren Erfahrung sein"[35]. Gerade als Synthese aus innerer Erfahrung (Bergson) und kollektiver Prägung (Halbwachs) muss Gedächtnis im Hinblick auf Tanz aber begriffen werden.

Insgesamt hebt Assmann sechs Merkmale des kulturellen Gedächtnisses hervor: seine Identitätskonkretheit, seine Rekonstruktivität, seine Geformtheit, seine Organisiertheit, seine Verbindlichkeit und seine Reflexivität.[36] Was ist unter diesen Begriffen zu verstehen und wie lassen sie sich auf das Beispiel *Le Sacre du printemps* anwenden?

Das erste Merkmal, die Identitätskonkretheit, besagt, wer am kulturellen Gedächtnis teilhat, kann seine Zugehörigkeit zu einer jeweiligen Gruppe bezeugen. Das Kulturgedächtnis ist identitätskonkret, „indem es auf den Standpunkt einer wirklichen und lebendigen Gruppe bezogen ist"[37]. Indem sich die Gruppe an ihre Geschichte erinnert, vergewissert sie sich ihrer

---

34 Erll, Astrid: „Kollektives Gedächtnis und Erinnerungskulturen", in: Ansgar Nünning/Vera Nünning (Hg.), *Konzepte der Kulturwissenschaften*, Stuttgart/Weimar: Metzler 2003, S. 156-185, hier S. 156.
35 Derrida, Jacques: *Dem Archiv verschrieben. Eine Freudsche Impression*, Berlin: Brinkmann und Bose 1997, S. 25.
36 Assmann, Jan: „Kollektives Gedächtnis und kulturelle Identität", in: Assman/Hölscher, *Kultur und Gedächtnis* (1988), S. 13-15.
37 J. Assmann: *Das kulturelle Gedächtnis*, S. 39.

Identität. Das Gedächtnis ist nicht übertragbar und haftet an den Trägern der Gruppe. Gruppe und Gedächtnis stimmen miteinander überein. Für die Aufführung von *Sacre* sind die Träger des kulturellen Gedächtnisses die Tänzer des Wuppertaler Tanztheaters. Sie erhalten das Stück und reproduzieren es. Gleichzeitig nehmen sie an ihm teil und bezeugen damit ihre Zugehörigkeit zur Gemeinschaft der Tanzkompanie und darüber hinaus der der Tanzschaffenden überhaupt. Die Choreographie ist außer einer Glanzleistung von Pina Bausch vor allem eine Ensembleleistung von Tänzern. Auch wenn an seinem Ende der Opfertanz und damit ein Tanzsolo einer einzelnen Tänzerin steht, vermittelt das Stück sowohl von seiner Ansicht als auch von seiner Innensicht aus betrachtet, den Eindruck einer kollektiven Leistung und damit verbunden ein Zugehörigkeitsgefühl zu einem Ensemble. So erklärt sich auch die Wir-Form der hier zitierten Probentagebücher, denn obwohl es natürlich immer ein einzelner Tänzer oder eine einzelne Tänzerin sind, die das Stück tanzen, dominiert darin die Dynamik der Gruppe, die das Erleben und das Verhalten des einzelnen Tänzers bestimmt. Ein anderer Aspekt, der hier aber nicht im Vordergrund steht, betrifft das Verhältnis von Tänzern und Zuschauern. In der Aufführung vor einem Publikum sorgen die Tänzer dafür, dass *Sacre* in das kollektivkulturelle Gedächtnis des Tanzpublikums eingeht. Die Aufführung leistet einen Beitrag für die Zuschauer, sich als Teil eines Tanzpublikums zu begreifen, welches an der Aufführung teilnimmt, und konstituiert somit ihre Identität als Tanz-Interessierte.

Unter Rekonstruktivität versteht Assmann die Eigenschaft des kulturellen Gedächtnisses, vorhandenes Wissen immer wieder neu zu rekonstruieren. Dabei werden Wissen und Erinnerung zwar fixiert, „aber jede Gegenwart setzt sich dazu in aneignende, auseinandersetzende, bewahrende und verändernde Beziehung"[38]. Das kulturelle Gedächtnis verfährt rekonstruktiv, indem es die Vergangenheit reorganisiert und den Bedürfnissen der Gemeinschaft anpasst. Aleida und Jan Assmann haben die zusätzliche Differenzierung zwischen einem ‚Speicher-Gedächtnis' und einem ‚Funktions-Gedächtnis' vorgeschlagen, um innerhalb des kulturellen Gedächtnisses zwischen verschiedenen Bezirken der Erinnerungslandschaft unterscheiden

---

38 Assmann, Jan: „Kollektives Gedächtnis und kulturelle Identität", in: Assman/ Hölscher, *Kultur und Gedächtnis* (1988), S. 13.

zu können.³⁹ Während das ‚Speicher-Gedächtnis' sowohl auf der Ebene des Individuums als auch auf der des Kollektivs die unstrukturierten und ‚unbewohnten' Bereiche des Gedächtnisses bezeichnet, ist das ‚Funktions-Gedächtnis' der rekonstruktive Akt, der die Erinnerungsbasis für kollektive Identität schafft, indem er Erinnerungen auswählt, miteinander verknüpft und ihnen ihre soziale Rahmung verleiht.

Ein Tanzstück wie *Sacre* lässt sich insofern als Rekonstruktion verstehen, indem es zunächst die grundlegendste Voraussetzung erfüllt: Es ist ein Produkt der Vergangenheit. Es wurde 1975 von Pina Bausch choreographiert, seitdem aber immer wieder in den Spielplan des Tanztheaters aufgenommen. Als ‚Wiederaufnahme' wird *Le Sacre du printemps* seitdem angekündigt und stellt damit ein Beispiel für eine Vergegenwärtigung von Vergangenheit dar. Heute tanzt kein einziger Tänzer der Originalbesetzung von 1975 mehr in der Choreographie. Das Stück wurde und wird innerhalb der Tanzkompanie von Tänzer zu Tänzer weitergegeben. Auf diese Weise bleibt es erhalten. Es wurde außerdem mit Tänzern der Pariser Oper einstudiert⁴⁰ und ist damit außer den beiden Inszenierungen *Orpheus und Eurydike* von 1975 und *Kontakthof* von 1978 eines der drei Stücke, die den Aufführungsrahmen des Wuppertaler Tanztheaters verlassen haben und von Tänzern getanzt wird, die nicht zu diesem Ensemble gehören.⁴¹ Damit wurde *Le Sacre du printemps* von seinem ursprünglichen Kollektiv auf ein neues übertragen und dort rekonstruiert. Jeder einzelne Part wird dabei von einem neuen Tänzer übernommen und einstudiert. Um die Rollen zu übernehmen, wurden die Bewegungen von mehreren ehemaligen Tänzern des Tanztheaters gezeigt. Außerdem wurde auf Regiebücher, Aufzeichnungen der Gruppenaufstellungen und Videos von Aufführungen Bezug genom-

---

39 Assmann, Aleida/Assmann, Jan: „Das Gestern im Heute. Medien und soziales Gedächtnis", in: Klaus Mertens/Siegfried J. Schmidt/Siegfried Weischenberg (Hg.), *Die Wirklichkeit der Medien. Eine Einführung in die Kommunikationswissenschaft*, Opladen: Westdeutscher Verlag 1994, S. 114-140.

40 1997 studierte ein Team um Pina Bausch *Le Sacre du printemps* mit dem *Ballet de l'Opéra de Paris* ein. Das Stück blieb bis heute im Repertoire der französischen Kompanie.

41 *Orpheus und Eurydike* wurde 2005 ebenfalls mit Tänzern der Pariser Oper einstudiert. Das Stück *Kontakthof* kam 2000 in einer Version mit Senioren und 2008 in einer Version mit Jugendlichen zur Aufführung.

men. Nicht zuletzt Pina Bauschs Anwesenheit bei den Endproben sorgte dafür, dass in den Wiederaufnahmen die grundsätzliche Idee, die charakteristische Bewegungsqualität des Stückes und die Form der Choreographie bewahrt blieben. *Le Sacre du printemps* steht also, ganz im Sinne von Assmann, wie viele andere Stücke der Tanzgeschichte zur Einübung bereit. Jedem Tänzer wird dabei ein fester Platz in der Choreographie zugewiesen, den er übernimmt und übt. Jede Gruppe von Tänzern muss sich das Stück unter Hilfestellung der Probenleiter dabei neu erarbeiten. Auch wenn die einzelnen Aufstellungen fixiert sind und von den Probenleitern festgelegt und kontrolliert werden, treffen die Tänzer untereinander Absprachen über Wege und Positionen, die von Besetzung zu Besetzung variieren. Die einstudierte Choreographie ist dabei nie ein abgeschlossenes Produkt, sondern muss immer wieder neu organisiert werden. Aus der gegenwärtigen Situation heraus wird entschieden, welche Besetzung erfolgt und ob eine Umbesetzung notwendig ist.

Sacreprobe am 5.9.2009 in Wuppertal

Wir stellen zu Beginn der Probe fest, dass ein Tänzer die Aufführungen nächste Woche nicht tanzen kann. Wir gehen daher das ganze Stück durch, damit ein anderer Tänzer, der zwar schon im Stück war, aber auf einem anderen Platz getanzt hat, den Platz des erkrankten Tänzers einnehmen kann. Ein dritter Tänzer, der alle Bewegungen mitgelernt hat, übernimmt den frei gewordenen Platz. Alle Aufstellungen und alle schwierigen Wege müssen noch einmal hingestellt, gegangen oder gelaufen werden. Wenn die beiden neuen Tänzer nur wenige Zentimeter zu weit links oder rechts stehen, verschiebt sich gleich die ganze Formation aller Tänzer, jemand ist nicht zu sehen oder jemand kann die Bewegung nicht machen. Da wir die ganze Zeit in Blockformationen tanzen, in der jeder nur den Platz zur Verfügung hat, der absolut notwendig ist, kommt die ganze Choreographie ins Wanken, wenn jemand einen falschen Schritt macht. Ich habe im Lauf der Jahre unterschiedliche Plätze in der Gruppe gehabt – vorne, hinten oder mittendrin – und kenne mehrere Plätze, kann auch manchmal helfen, wenn ein anderer Tänzer Informationen braucht über einen Weg oder einen Platz, den ich vorher getanzt habe. Eigentlich müssen wir alle bereit sein, jeden Platz in dem Stück zu tanzen, und es ist schon oft passiert, dass wir während einer Aufführungsserie einen Tänzer oder eine Tänzerin ersetzen mussten und die Plätze sich auf einmal geändert haben. So ist es heute auch und Zeit für Korrekturen an den Bewegungen haben wir deswegen nicht viel, aber sie fließen zwischendurch immer wieder ein: Zählzeiten werden geklärt, die Form der Bewegungen erinnert, Phrasen werden geübt. Da heute Samstag ist und wir die letzte Probe im Saal haben, bevor es auf die Bühne geht, ist am Ende der Probe ein Durchlauf des ganzen Stückes geplant. Es ist der erste Durchlauf von Sacre, den wir in dieser Spielzeit machen. Seit ich Sacre probe, ist der Durchlauf am Samstag vor den Bühnenproben ein fester Bestandteil der Probenzeit gewesen. Es ist immer das erste Mal, dass wir das Stück ohne Unterbrechung tanzen. Am Ende, wenn das Stück vorbei ist, stehen dann alle Tänzer mit roten Köpfen und total verschwitzt im Halbkreis um das Opfer herum. Das ist auch heute so. Nach dem Durchlauf beginnen wir nach einer kurzen Pause noch mit den Korrekturen zu dem, was die Probenleiter während des Durchlaufs an Fehlern notiert haben, aber wir kommen nicht sehr weit. Es sind zu viele. Die Probenzeit im Saal ist vorbei.

Das kulturelle Gedächtnis, so Assmann weiter, ist geformt. Das Bewegungsmaterial in *Sacre* ist kein individuelles Bewegungsmaterial, sondern in großen Teilen festgelegt und genau definiert. Es steht in der Tradition des deutschen Ausdruckstanzes und hat sich daraus entwickelt. Neben einer sprachlichen oder bildlichen Formung lässt sich im Tanz also auch von einer körperlichen Formung reden, welche ‚vererbt' wird und damit die Bewegungsästhetik einer Zeit kommuniziert. Der einzelne Tänzer kann dabei durch einen anderen Tänzer ersetzt werden oder einen anderen Platz in der Choreographie übernehmen. Die Choreographie hängt nicht an einem einzelnen Individuum, sondern kann, gerade weil die Bewegungen eine tänzerische Formung erhalten haben, auf andere Tänzer übertragen werden. In der Geformtheit von Bewegung lässt sich also die grundlegende Voraussetzung dafür sehen, dass Tänze ihre Zeit und ihre Schöpfer überdauern können. So haben sich z.B. die hochindividualisierten Tanzwerke des deutschen Ausdruckstanzes nicht erhalten, wohl aber die aus dem gleichen Zeitraum stammende Choreographie *Der Grüne Tisch* von Kurt Jooss, die aus einem stark formalisierten Bewegungsmaterial besteht. Die Formung von Bewegung ist daher ein Grund für den andauernden Erhalt eines Tanzstückes.

Die Organisiertheit des kulturellen Gedächtnisses bezieht sich auf seine Träger und die Situation, in der die Inhalte des kulturellen Gedächtnisses kommuniziert werden. Das kulturelle Gedächtnis, so Assmann, hat immer seine speziellen Träger. Darunter fallen neben Musikern, Geschichtenerzählern oder Gelehrten auch Tänzer. Sie alle übernehmen die Aufgabe, etwas zu erzählen. Bei *Sacre* müssen sie sich dazu ganz auf den Tanz spezialisieren, indem sie in einer Ausbildung eine Tanztechnik erlernen und anschließend in der Tanzkompanie arbeiten, die dieses Stück zur Aufführung bringt. Die Funktion des Trägers erfordert daher laut Assmann „eine gewisse Alltagsenthobenheit"[42], ein Begriff, der auf der Ebene der Wahrnehmung an das Losgelöst-Sein des Künstlers von Bergson denken lässt. Bevor sie am kulturellen Gedächtnis teilnehmen, müssen Träger eingewiesen werden, z.B. durch das Absolvieren einer Tanzausbildung. Auch der Probenprozess lässt sich aus dieser Perspektive als Einweisung verstehen. Die Proben zu einem Stück dienen zum einen dazu, die Bewegungsausführung zu kontrollieren, zum anderen die Stückbesetzung festzulegen und immer wieder neu durchzuspielen. Dementsprechend sind Kontrolle (der Bewegungen) und Begrenzung (des Personals) die beiden Merkmale, die den Vorgang der Einweisung laut Assmann bestimmen. Bevor ein Tänzer ein Stück tanzen kann, muss er erstens das Vortanzen für die jeweilige Kompanie bestehen und sich zweitens im Prozess des Erlernens einer Choreographie auf eine Art und Weise bewähren, die dazu führt, dass er in dem jeweiligen Stück auch besetzt wird.

Eine Situation, in der das kulturelle Gedächtnis kommuniziert wird, ist der Moment der Aufführung, in der als konstituierendes Element das Publikum hinzutritt. Das Stück fügt sich damit in fest definierte Strukturen und Gesetze der westlichen Theaterkultur ein. Zeit, Ort und das Verhältnis von Zuschauern und Akteuren sind definiert und folgen klaren Regeln und Abläufen. Ebenso definiert sind aber die Probenzeiten des Stückes, das tägliche Tanztraining, aber auch die Situation der Vermittlung, die nicht auf beliebiger, gegenseitiger Interaktion beruht, sondern darauf, dass einer zeigt und die anderen das Gezeigte wiederholen.

---

42 J. Assman: *Das kulturelle Gedächtnis*, S. 54.

Reisenotiz, LG Arts Center Seoul, Korea 17.3.2010

Nach der Probe von Sacre stellt man uns einen Künstler vor, der eng mit Pina Bausch befreundet war. Der Solist Ha Yong-Bu trägt den Titel ‚Großer Lehrmeister des Nationalen Kulturgutes Mil Yang Beck Chung Noli'. Er ist Tänzer und Perkussionskünstler und pflegt und überliefert die ländlichen kulturellen Traditionen Koreas. Er lernte von seinem Großvater die Kunst des Mil Yang Spielens und praktiziert und lehrt das Spielen der Trommel sowie unterschiedlicher Fest- und Trommeltänze.

Das Wissen, welches das kulturelle Gedächtnis bereithält, ist dabei verbindlich. Von den Tänzern wird erwartet, dass sie sich an die Bewegungen der Choreographie halten und sie so präzise wie möglich ausführen. Der Aspekt der Verbindlichkeit bezeichnet also, dass das jeweilige Wissen auf eine ganz bestimmte Art und Weise praktiziert werden muss. Die Wiederholung, die auf der Ebene des impliziten Gedächtnisses dazu dient, Bewegungsmuster zu verinnerlichen, hat den Zweck, die Bewegung bei jeder neuen Ausführung besser, d.h. entsprechend der Bewegungsnorm auszuführen. Diese Norm wird in der Regel von den Choreographen eines Tanzstückes etabliert und wird unabhängig von der Besetzung des Stückes aufrechterhalten. Wichtig ist die Qualität der Aufführung, weniger wichtig, wie der einzelne Tänzer sich dabei fühlt, z.B. ob er krank oder verletzt ist. Die Tanzpraxis zeigt, dass Tänzer trotz Schmerzen auftreten, eine Norm, die nicht nur von außen erzwungen wird, sondern von den Mitgliedern des Kollektivs selbst auch getragen und vertreten wird. Sie trägt damit zum Selbstverständnis des Kollektivs der Tanzschaffenden bei. So wäre die „Wertperspektive" und das „Relevanzgefälle"[43] zu verstehen, die Assmann mit der Verbindlichkeit des kulturellen Wissens einhergehen sieht. Im Moment der Aufführung genießt die Choreographie absolute Priorität.

Schließlich nennt Assman die Reflexivität als letztes Merkmal des kulturellen Gedächtnisses. Es ist reflexiv, indem das Kollektiv seine Praxis deutet. Ein Beispiel dafür wäre das *Toi-toi-toi*, ein Ritual, bei dem sich die Tänzer gegenseitigen Erfolg für den bevorstehenden Auftritt wünschen. Es deutet die bevorstehende Aufführung damit als einmalige und besondere

---

43 Assmann, Jan: „Kollektives Gedächtnis und kulturelle Identität", in: Assman/Hölscher, *Kultur und Gedächtnis* (1988), S. 14.

Situation. Reflexiv ist das kulturelle Gedächtnis auch, indem es auf sich selbst Bezug nimmt, z.b. durch die Kritik der Aufführung, die in einer Tanzkompanie am nächsten Tag erfolgen kann. Als dritte Form der Selbstreflexivität nennt Assmann die Eigenschaft des kulturellen Gedächtnisses, sein Selbstbildnis zu reflektieren. Dies kommt z.B. durch die Produktion von Programmheften, Postern und Büchern oder die Einrichtungen von Ausstellungen über die jeweilige Tanzkompanie zum Ausdruck. Jüngstes Beispiel dafür ist der Film PINA. TANZT, TANZT SONST SIND WIR VERLOREN des Regisseurs Wim Wenders, der seine Premiere im Februar 2011 auf der Berlinale hatte.[44]

Sacreprobe am 20.3.2010 in Seoul

Wir haben Kritik von der ersten Aufführung. Alle Tänzer versammeln sich auf der Bühne, um die Dinge durchzugehen, die den Probenleitern gestern während der Aufführung aufgefallen sind und die wir heute besser machen sollen. Viele Korrekturen betreffen die Aufstellungen der Gruppe oder Zusammenstöße von Tänzern, die es gegeben hat. Die Probenleiter weisen einzelne Tänzer auf ganz bestimmte Bewegungen hin: „Der Arm ist zu kurz", sagt Dominique. „Bei den fünf Männern ist der linke Arm unterschiedlich", korrigiert Kenji die Stelle, wo fünf Männer die gleiche Bewegung machen. Andere Korrekturen betreffen die ganze Gruppe. Barbara sagt: „Der Weg zur großen Stelle war zwar gut, aber in der Formation habt ihr euch wieder verschoben." Und Dominique: „Die Akzente im Kreis sind unterschiedlich." Kenji erinnert uns an die Zählzeiten der großen Stelle: „Eins, zwei, drei, vier", zählt er vor und zeigt gleichzeitig die Bewegung. „Die Männerdiagonale war gestern besser", sagt Dominique, „die Sieben war zu erkennen."

Das kulturelle Gedächtnis ist kein Gedächtnis des Alltags, sondern „richtet sich auf Fixpunkte in der Vergangenheit"[45]. Als eine von über 200 gezählten Versionen, die Igor Strawinskys Komposition tänzerisch interpretiert haben, bezieht sich *Le Sacre du printemps* aber nicht nur auf seine eigene Vergangenheit, sondern auch auf die Pariser Uraufführung von 1913 in der

---

44 PINA. TANZT, TANZT SONST SIND WIR VERLOREN (D 2011, R: Wim Wenders).
45 J. Assmann: *Das kulturelle Gedächtnis*, S. 52.

Choreographie von Vaslav Nijinsky, ein Ereignis, welches selbst wiederum Teil des kulturellen Gedächtnisses der Moderne ist. Auch der Inhalt des Stückes bezieht sich auf eine ferne Vergangenheit, in der in einer Gemeinschaft von Männern und Frauen eine Jungfrau ausgewählt wird, um in einem Fruchtbarkeitsritual geopfert zu werden.

Das Tanzstück gerät durch seine Differenz zum Alltag in die Nähe des Festlichen. Die Tänzer in *Sacre* tun nichts Alltägliches, und sie tun dies nicht in einem alltäglichen Rahmen, denn wie Hans-Georg Gadamer beschrieb, steht das Theater seit jeher in engem Zusammenhang mit Fest und Festlichkeit.[46]

Zusammenfassend stellt das Stück *Le Sacre du printemps* eine Form des kulturellen Gedächtnisses dar, welches den Tänzern die Zugehörigkeit zu einer Tanzkompanie zuweist, die sich das Stück immer wieder neu aneignen muss. Die Tänzer von *Sacre* erinnern dabei ein Bewegungswissen, welches einem abgeschlossenen Punkt in der Vergangenheit entsprungen ist, nicht das Ihre ist, einen hohen Grad an Bewegungsformung und Verbindlichkeit besitzt, einer festen Inszenierung folgt und durch spezialisierte Träger – ihnen selbst – vermittelt wird. Dabei deuten und kritisieren sie dieses Bewegungswissen immer wieder neu. In jüngster Zeit erinnern sie außerdem an die Schöpferin des Werks, die im Juni 2009 verstarb, und erhalten damit die Choreographin in der Bewegung gegenwärtig. *Sacre* kann damit als eine Form kulturellen Erinnerns gelten.

Das komplementäre Gedächtnis zum kulturellen Gedächtnis ist das kommunikative Gedächtnis. Unter diesem Begriff fasst Assmann „die Spielarten des kollektiven Gedächtnisses zusammen, die ausschließlich auf Alltagskommunikation beruhen"[47]. Sie sind unspezifisch, gegenseitig und weder festgelegt noch organisiert. Folgt man Assmann weiter, ist das kommunikative Gedächtnis diffus und spricht sich von selbst herum. Jeder gilt hier als Spezialist und es gibt keine Experten. Es braucht weder Einweisung noch ein spezialisiertes Wissen. Gehört das kulturelle Gedächtnis eher zum Festlichen, so das kommunikative Gedächtnis zum Alltäglichen und wird z.B. von Generation zu Generation verbal vermittelt. Es bezieht sich nicht

---

46 Gadamer, Hans-Georg: „Über die Festlichkeit des Theaters", in: Ders., *Ästhetik und Poetik I. Kunst als Aussage*, Tübingen: Mohr 1954, S. 296-304.

47 Assmann, Jan: „Kollektives Gedächtnis und kulturelle Identität", in: Assman/ Hölscher, *Kultur und Gedächtnis* (1988), S. 10.

auf Ursprünge und Traditionen, sondern auf die eigenen Erfahrungen, also auf die biographische Erinnerung. So wie seine Träger, vergeht das kommunikative Gedächtnis und umfasst daher auch nur drei bis vier Generationen, bevor es verschwindet. Es beruht im Wesentlichen auf sozialer Interaktion und lässt sich als das Kurzzeitgedächtnis einer Kultur verstehen.[48] „Sein wichtigstes Merkmal ist der beschränkte Zeithorizont."[49] Vor dem Hintergrund dieser Charakterisierung ist zu fragen, auf welche Weise das kommunikative Gedächtnis im Tanz wirksam wird.

Dass Inhalte des kulturellen Gedächtnisses nicht notwendiger Weise in der fernen Vergangenheit liegen müssen, ergibt sich aus der vorangehenden Betrachtung des Beispiels *Sacre* nahezu von selbst. Das Stück hat seinen Ursprung in genau derjenigen Zeitzone, in die laut Assmann das kommunikative Gedächtnis fällt. Kaum vierzig Jahre sind seit seiner Entstehung vergangen. Die Zeitdimension ‚ferne Vergangenheit', die für Assmann ein wesentliches Merkmal des kulturellen Gedächtnisses beschreibt, lässt sich also nicht unbedingt als eines seiner konstituierenden Merkmale geltend machen. Schon gestern kann zu einer fernen Vergangenheit werden, wenn darin ein die Gemeinschaft fundierendes Ereignis stattgefunden hat. Auf diesen Punkt ist auch die Anglistin Astrid Erll eingegangen und hat vorgeschlagen, kulturelles und kommunikatives Gedächtnis nicht nach seiner Zeitstruktur, sondern nach seinen Modi des Erinnerns zu unterscheiden. Nicht wie lange ein Ereignis zurückliegt, ist dem folgend entscheidend, „sondern die Art der Erinnerung, die kollektive Vorstellung von der Bedeutung des Erinnerten und von seiner Einbettung in zeitliche Prozesse"[50]. So wird nachvollziehbar, dass in bestimmten Zusammenhängen, wie z.B. im Tanz, derselbe Gegenstand kulturell und kommunikativ bedacht werden kann.

Wie Pina Bausch selbst sagte, wurde *Sacre* mit ihrem Körper geschrieben.[51] Sie erfand die Bewegungen, kam in den Tanzsaal und zeigte sie ihren

---

48 Vgl. J. Assmann: *Das kulturelle Gedächtnis*, S. 48 ff.
49 Assmann, Jan: „Kollektives Gedächtnis und kulturelle Identität", in: Assman/ Hölscher, *Kultur und Gedächtnis* (1988), S. 11.
50 Erll, Astrid: *Gedächtnisromane. Literatur über den Ersten Weltkrieg als Medium englischer und deutscher Erinnerungskulturen in den 1920er Jahren*, Trier: Wissenschaftlicher Verlag 2003, S. 49.
51 Bausch, Pina: „Etwas finden, was keiner Frage bedarf", S. 11.

Tänzern. Sie kommunizierte ihre Bewegungen dabei körperlich weiter und dieses Vorgehen wurde seitdem beibehalten. Tänzer lernen das Stück von ehemaligen Tänzern, die die Probenleitung übernehmen und aus der aktiven Teilnahme an dem Stück ausscheiden. Nach wie vor ist das mimetische Lernen, welches auf der Basis einer professionellen Tanzausbildung fußt, die maßgebliche Methode zum Erhalt des Stückes. So wie die Probenleiter auch, zeigte Pina Bausch die Bewegungen in *Sacre* oft selbst und immer wieder, um sie zu verdeutlichen. Jeder Tänzer erlebt die individuelle Körpergeschichte der Choreographin auf diese Weise am eigenen Körper nach. Auch diese ist wiederum durch die Choreographen und Pädagogen geprägt, deren Einfluss Pina Bausch ausgesetzt war, z.B. durch Kurt Jooss. Die Überlieferung von Tanz – und damit auch eines Stückes wie *Sacre* – erfolgt vor allem durch Interaktion der Tänzer, Probenleiter und der Choreographen selbst im Tanzsaal, einer Kommunikation, die allerdings, wie Assman anmerkt, schon kulturell geformt ist und sich damit in einer Übergangszone zwischen Alltags- und kultureller Kommunikation befindet.[52] Dass es dennoch die Aktivität des kommunikativen Gedächtnisses ist, die wesentlich für den Fortbestand von Tanzbewegungen sorgt, wird von der Tatsache unterstützt, dass das Bewegungsgedächtnis von Tänzern, wie das kommunikative Gedächtnis auch, in Interaktion mit Lehrern, Choreographen und anderen Tänzern entsteht. Das erfordert zum einen die Anwesenheit, zum andern die Zusammenkunft von Tänzern und Choreographen. Das Medium der Vermittlung der Bewegungen ist der menschliche Körper, der über ein organisches, lebendiges Gedächtnis verfügt, welches zur Teilnahme bereitgestellt und ‚ausgetauscht' wird. So werden nonverbale Erinnerungen geteilt, indem sie im Modus des Zeigens von außen in den Tänzer „hineinwachsen"[53]. Als wichtigste Form der Kommunikation im Tanz muss das Zeigen von Bewegungen hervorgehoben werden. Jeder Besuch einer Tanzprobe oder eines Unterrichts demonstriert deutlich, dass dort mehr gezeigt als gesprochen und kaum geschrieben wird und somit kulturelle Erinnerung durch das kommunikative Gedächtnis vermittelt wird. Neben den Bewegungen fließen dabei alle Artikulationsmöglichkeiten des Körpers in den

---

52 Assmann, Jan: „Kollektives Gedächtnis und kulturelle Identität", in: Assman/ Hölscher, *Kultur und Gedächtnis* (1988), S. 17.
53 Vgl. Assmann, Aleida: „Drei Formen von Gedächtnis", in: Rautmann/Schalz, *Zukunft und Erinnerung* (2002), S. 16.

kommunikativen Prozess ein: die Stimme, die Mimik, die Gestik, das Verhalten und die gesamte Persönlichkeit derjenigen Personen, die mit der Einstudierung und dem Erhalt von Bewegungen beschäftigt sind. Sie durchdringen das kulturelle Erinnern und prägen es. So bleibt Tanz nicht nur eine Form der ‚Hochkultur', eine streng formalisierte Sprache, sondern wird in einem Austausch lebendiger Erinnerungen geformt, an dem auch persönliche Eindrücke teilhaben.

Probennotiz

Ich war immer sehr beeindruckt, wenn Pina Bausch die Bewegungen aus Sacre zeigte, und es hatte einen großen Einfluss darauf, wie ich die Bewegungen selbst machen wollte, denn es war einfach wunderbar, ihr zuzusehen. Ich habe sie oft vor Augen, wenn ich das Stück tanze. Es gab einen großen inneren Atem, der die Bewegungen führte, und eine wirklich einmalige Bewegungsqualität.

Ob sich ein Stück wie *Sacre* über die achtzig bis hundert Jahre hinaus erhalten wird, die laut Assmann den Rahmen des kommunikativen Gedächtnisses abstecken, bleibt abzuwarten. Fast 40 Jahre sind seit seinem Entstehen vergangen und genügend Zeitzeugen sind gegenwärtig, die für sein Fortbestehen sorgen können. Schon jetzt lässt sich aber sagen, dass seine Aufführung an die direkte, lebendige Erinnerung der Körper gebunden bleiben wird. So wertvoll die Verfilmung oder die Verschriftung und damit dauerhafte Fixierung von Choreographien auch sind, sie können die Choreographie selbst nicht erhalten und nicht vermitteln. Die „lebendige Erinnerung in organischen Gedächtnissen"[54] ist aus der Sicht der Tanzpraxis das entscheidende Medium zur Vermittlung dessen, was in Assmanns Sinne das kulturelle Gedächtnis darstellt. In diesem Sinne verkörpern Tänzer den Übergang vom kommunikativen zum kulturellen Gedächtnis. Sie bewahren einen Teil des kulturellen Gedächtnisses mit dem Körper auf, entfalten es mit ihm und nehmen durch den Körper an ihm teil. Zusammenkunft und persönliche Anwesenheit sind laut Assmann diejenigen Bedingungen in schriftlosen Gesellschaften, die erfüllt sein müssen, um Anteil am kulturel-

---

54 J. Assman: *Das kulturelle Gedächtnis*, S. 56.

len Gedächtnis zu nehmen.[55] Nirgends lässt sich dies deutlicher wiederfinden als im Tanz, wo Menschen einen freien Raum betreten und sich durch Interaktion mit der ganzen Bandbreite menschlicher Bewegung beschäftigen und der Frage danach, wo, wann, wie und warum sie geschieht. Das Kollektiv der Tanzschaffenden ist zwar keine schriftlose Gesellschaft, aber doch zumindest eine, in der die Schrift eine sekundäre Rolle spielt. „In schriftlosen Gesellschaften", so Assmann, „hängt die Spezialisierung der Gedächtnisträger von den Anforderungen ab, die an das Gedächtnis gestellt werden."[56] In dem Beispiel von *Sacre* ist es das natürliche Gedächtnis, an das die Anforderung gestellt wird, ein Bewegungswissen zu erinnern, welches nicht in schriftlicher Form überliefert ist. Es wird in der Regel von anderen Tänzern durch Nachahmen gelernt und erfordert eine hochspezialisierte Form des impliziten und des expliziten Gedächtnisses. Als nicht schriftliche Kultur ist der Tanz auf Wiederholung angewiesen, damit Bewegungen behalten und im Anschluss daran überliefert werden können. Erst durch die Wiederholung bewahrt sich das kulturelle Wissen in den natürlich-organischen Gedächtnissen der Tänzer auf. Aus einer kulturwissenschaftlichen Perspektive kann der Tanz als ein Beispiel für den Wirkungszusammenhang von kommunikativem und kulturellem Gedächtnis stehen.

Assmann sieht die beiden Formen des kollektiven Gedächtnisses als „polare Struktur"[57], die sich am besten mithilfe der Metaphorik des Flüssigen und des Festen vor Augen führen lässt. Indem das kulturelle Gedächtnis an etwas Festem haftet und durch feste Kodierungen und Inszenierungen bestimmt ist, setzt es der Mensch aus sich heraus und es kristallisiert zu einer „Dingwelt"[58]. Im Gegensatz dazu ist das kommunikative Gedächtnis flüssig und diffus und durchdringt das Einzelwesen „im zirkulären oder rückgekoppelten Zusammenspiel von Innen und Außen"[59]. Mithilfe von Assmanns Metaphorik kommt man schließlich an den zentralen Punkt, wie sich das Zusammenspiel von kommunikativem und kulturellem Gedächtnis im Tanz denken lässt. Im Tanz setzt der Mensch das kulturelle Wissen nicht aus sich heraus, im Gegenteil, er holt es zu sich herein und lässt es

---

55 Vgl. ebd., S. 57.
56 Ebd., S. 54.
57 Ebd., S. 58.
58 Ebd., S. 59.
59 Ebd., S. 20.

sein ganzes Wesen durchdringen: Er bewahrt es mit dem Körper auf, er ruft es mit ihm ab und er teilt es mit ihm mit. Es zirkuliert. Der Vorgang kulturellen Erinnerns im Tanz vollzieht sich durch Kommunikation und wird mit dem natürlichen Gedächtnis des Körpers bewahrt. Dass dieses Gedächtnis aus Bewegungsmustern einerseits und Vorstellungen andererseits besteht, wurde mit Bergson gezeigt und soll in dem folgenden Kapitel anhand einer konkreten Tanztechnik weiter ausgeführt werden. Vor dem Hintergrund einer kulturwissenschaftlichen Perspektive scheint Tanz ein besonders überzeugendes Beispiel dafür zu sein, dass sich kommunikatives und kollektives Gedächtnis durchdringen können und aufeinander einwirken.

Das Bewegungsvokabular von *Sacre* stellt demnach eine Form der Erinnerung dar, die den Status des kulturellen Erinnerns markiert. Es hat den individuellen Bezugsrahmen verlassen und besteht aus nichtindividuellem, künstlerisch gestaltetem Bewegungsmaterial, das immer wieder neu gelernt werden muss und aus der Tradition des deutschen Tanztheaters entstanden ist. Gleichzeitig erinnert es an seine Schöpferin Pina Bausch und die Bewegungen ihres Körpers, die sie ihren Tänzern mitteilte. „With each new piece, she gave us a piece of her life", beschreibt die Tänzerin Joe Ann Endicott ihr Verhältnis zu den Stücken, deren Interpretin sie selbst war und zu denen auch *Le Sacre du printemps* zählt[60]. Sie bringt damit zum Ausdruck, dass sich im Tanz ein Gedächtnis aufbaut, welches es kraft seiner Emotionalität und seiner Ganzheitlichkeit vermag, eine ‚gemeinsam-nahe' und eine ‚kulturell-ferne' Vergangenheit in die Gegenwart zu überliefern und damit Choreographie und Choreographin in der Bewegung zu erinnern.

Fazit

Tanztechniken und Choreographien sind Formen kollektiver Erinnerung. Als unpersönliche Form des Gedächtnisses sind sie nicht an den Einzelnen gebunden, sondern stützen sich auf die Erinnerungen anderer und werden gemeinsam unternommen und erfahren. Gleichfalls ist Tanz auch ein identitätsstiftender Prozess, der dem Einzelnen, einen Platz im Raum – z.B. im Unterricht – einen Platz in der Gruppe – z.B. in einer Choreographie – und

---

60 Endicott, Jo Ann in: REMEMBERING CHOREOGRAPHER PINA BAUSCH, http://www.youtube.com/watch?v=C3FJfwS0ykw vom 11.4.2010.

einen Platz in einem sozialen Milieu – z.B. in einer Tanzkompanie – sichert. Das kollektive Gedächtnis an Tanztechniken und Choreographien sorgt vor allem für den Erhalt der Vergangenheit und damit für die Stabilität kulturellen Wissens. Aber auch die Geschichte einer Tanzkompanie, die Erinnerung an ihre Mitglieder, an ihre Proben- und Aufführungsorte oder an die Person der Choreographin oder des Choreographen zählen zu den Gedächtnisgehalten, die das kollektive Gedächtnis im Tanz mitbestimmen und prägen. Gemeinsam machen diese Aspekte deutlich, dass eine Besonderheit des kollektiven Gedächtnisses im Tanz der Erhalt einer in die Körper eingeprägten Vergangenheit ist, die vor allem mit dem lebendigen, natürlichen Gedächtnis der Tänzer behalten und immer wieder neu produziert wird. Das sogenannte kommunikative Gedächtnis ist bei dieser Form kultureller Überlieferung maßgeblich beteiligt. Eine weitere Besonderheit von Tanz liegt darin, dass er nicht nur soziale und kulturelle Identität zum Ausdruck bringt, sondern kulturelles Wissen durch mimetische Prozesse in den Körper hineinholt und menschliche Beziehungen und kulturelle Formung einander durchdringen lässt. Das individuelle Gedächtnis der Erfahrung und das kollektive Gedächtnis einer Gruppe stehen im Tanz ebenso in einem Verhältnis der Durchdringung zueinander wie das kulturelle und das kommunikative Gedächtnis.

Erwerb, Konservierung, Rückruf, Wiedererkennung und Lokalisation stehen im Tanz eng mit kollektiven Praktiken in Verbindung. So erfolgt der Erwerb von Tanztechniken z.B. in einem organisierten und strukturierten Gruppenunterricht. Eine Trennung von Träger und Inhalt erfolgt im Tanz dabei nicht und jede Phase der Erinnerung geschieht im Tanz auf allen sinnlichen Ebenen des Körpers. Besonders der Erwerb und die Lokalisation von Bewegungen als das Denken und Fühlen einer Gruppe deuten darauf hin, dass Tanz immer auch die Rekonstruktion eines kollektiven Bewegungsgedächtnisses einschließt. Dieser Prozess der Rekonstruktion ist dabei als ein dynamischer Prozess zu verstehen, der Abweichungen und Neuordnungen zulässt. Besonders im Tanzunterricht wird das kollektive Gedächtnis einer ganz bestimmten Tanztechnik vermittelt. Diese ist zunächst verbindlich und folgt fest definierten Formen und Regeln. Zusätzlich lernen Tänzer nicht nur in der Gruppe, sondern sie arbeiten oft im Kollektiv und auch wenn es der ganz individuelle Körper der einzelnen Tänzer ist, der Bewegungen konserviert, rückruft und wiedererkennt, so nimmt der Körper doch immer Teil an Körperformen, die die ästhetischen Vorstellungen eines

Kollektivs zum Ausdruck bringen und sein Denken widerspiegeln. In den Positionen des Körpers, wie z.B. den Stellungen der Füße, ist das kollektive Gedächtnis einer Gruppe eingelagert. In Hinblick auf Fußpositionen im Tanz bringt es Stabilität, Neutralität oder Labilität zum Ausdruck, Konzepte also, die das Selbstbild eines Kollektivs symbolisieren und einen ganz bestimmten Ausdrucksgehalt vermitteln, der mit dem sozialen Gedächtnis einer Kultur zusammenhängt. Tanz trägt demnach auch dazu bei, dass das kollektive Gedächtnis an Bewegungsformen und -abläufe nicht erlischt, sondern stattdessen von einem Kollektiv auf das nächste übertragen wird. So sorgt Tanz auch dafür, das historische Gedächtnis in einer kollektiven Form zu erhalten.

Da sein Denken und Fühlen ganz auf Körperbewegungen und deren Ausdruck gerichtet ist, gestattet Tanz aber nicht nur die Permanenz, sondern auch die Transformation von Positionen, Haltungen und Formen, indem diese gebrochen und überwunden werden. Das ist der Tatsache zuzuschreiben, dass man es im Tanz mit einer Kunstform zu tun hat, die nicht nur eine Bedeutung für das kollektive Gedächtnis einer Gesellschaft hat, sondern auch besondere Prozesse der Wahrnehmung in Gang bringt. Berücksichtigt werden muss die Überlegung, dass das kollektive bzw. das kulturelle Gedächtnis besonders in den Künsten immer wieder unbeachtet bleiben, wenn sich die Künste gegen bestehende kulturelle Kodierungen kehren und dadurch ungewohnte Wahrnehmungserfahrungen in Gang setzen wollen, anstatt diese nur zu rekonstruieren. Besonders in der Umkehrung von erworbenen Gedächtnisgehalten und eingeschliffenen Wahrnehmungsschemata liegt eine der zentralen Funktionen von Kunst. In Bezug auf den Tanz heißt das: Das Gedächtnis an Bewegungen und Körpertechniken ist im Tanz als ein Gedächtnis zu bewerten, das sich in Bewegung befindet und tradierte Bewegungsformen, wie z.B. die des klassischen Balletts, umkehrt und neu nutzt, um neuen Erfahrungen den Weg zu ebnen. Dieser Prozess entfaltet ganz besonders während der Neuschöpfung einer Choreographie seine Wirkung. „Ich versuche immer zu vergessen, was ich weiß", beschrieb Pina Bausch die Phasen, in denen sie damit beschäftigt war, ein neues Tanzstück zu schaffen[61]. Dass dieser Prozess auch auf einem

---

61 Zitat nach Mitschrift eines Gesprächs von Pina Bausch mit Roger Willemsen im Rahmen der Interview-Sendung WILLEMSENS WOCHE vom 24.4.1998. Die von

Gedächtnis aufbaut, beschrieb sie dabei ebenso: „Da ist eine Basis da, die ist eigentlich immer da, das weiß man, aber dann interessiert mich nur, was ich nicht weiß."[62] So befindet sich Tanz fortwährend in dem Spannungsfeld von Erinnern und Vergessen, von kollektiv geprägten Bewegungs- und Ausdrucksformen und deren individuelle Auslegung und Neuschöpfung. Dabei ist jede erneute Ausführung von Bewegungen im Tanz bereits ein schöpferischer Akt und nicht einfach nur eine Wiederholung einmal erlernter Abläufe. Dieser schöpferische Aspekt des Gedächtnisses, der besagt, dass das Gedächtnis auch im Hinblick auf die Zukunft agiert und das Unvorhersehbare mit dem Wiederholbaren kombiniert, steht weniger im gedanklichen Zentrum der Theorien von Halbwachs und Assmann. Ihre Theorien eines sozialen bzw. kulturellen Gedächtnisses können daher zwar die Permanenz von Gedächtnisgehalten – und damit ihre Stabilität – aber weniger deren Transformation und deren Dynamik erklären. Eben dieser Gedanke findet sich in der Philosophie Bergsons berücksichtigt, wenngleich die Bedeutung sozialer und damit kollektiver Einflussfaktoren bei ihm nicht fokussiert wird. Für Halbwachs ist der Gedanke der Rekonstruktion wesentlich. Er erfordert die Zuhilfenahme einer räumlichen Vorstellung. Erinnerung ist im Sinne Halbwachs eine logische Operation, ein überlegender Akt, ein intellektueller Vorgang, der mit einer Gruppe in Zusammenhang steht. Für Bergson hingegen werden Erinnerungen nicht rekonstruiert, sondern sie *sind* und befinden sich in einer nicht ausschließlich willentlich zugänglichen Region des Geistes. Während Halbwachs und in seiner Folge auch Assmann das Gedächtnis vom Raum aus betrachten – so ließe sich resümierend zusammenfassen – so Bergson von der Zeit aus. Da Tanz eine Kunstform darstellt, in der Raum und Zeit eine nicht zu trennende Synthese eingehen, lassen sich seine Kollektivität und seine Stabilität mit Halbwachs und Assmann, seine Individualität und Dynamik mit Bergson verstehen.

Roger Willemsen geleitete Interview-Sendung wurde von 1994 bis 1998 vom ZDF produziert und einmal wöchentlich ausgestrahlt.
62 Ebd.

ÜBERLEITUNG: KULTUR UND TECHNIK

Kultur wirkt laut Assmann auf zweierlei Weise verbindend: in der Sozialdimension und in der Zeitdimension. Dadurch entsteht die bereits erwähnte ‚konnektive Struktur', die zum Ersten zu einem Gefühl von Gemeinsamkeit führt und zum Zweiten eine gemeinsame Vergangenheit erinnert.[63] Das Fortschreiben der Vergangenheit steht mit dem Begriff der Tradition in Zusammenhang, der dafür einsteht, dass Wissen überliefert wird und der den Gedanken der Kontinuität betont. Das kulturelle Wissen ist ein Bestand an Texten, Bildern oder Tänzen, die das Selbstbild einer Gesellschaft stabilisieren und vermitteln und sich auf ein Fundament von Traditionen beziehen. Zur Stabilisierung und zur Vermittlung dieses Wissens wurden Techniken entwickelt. Darunter lassen sich zum einen Gewohnheiten des Körpers, zum anderen der Gebrauch von Werkzeugen im weitesten Sinne verstehen. Die Begriffe Kultur, Tradition und Technik lassen sich also durch den Aspekt der Überlieferung einander annähern. Das Überliefern von Wissen ist ihr gemeinsames Anliegen.

Unter dem Begriff der Technik wurden lange Zeit nur diejenigen Fähigkeiten und Mittel verstanden, „mit denen der Mensch sich die Natur dienstbar macht, indem er ihre Eigenschaften und Gesetze erkennt, ausnützt und gegeneinander ausspielt"[64]. Der Sozialanthropologe Arnold Gehlen, von dem dieses Zitat stammt, sah die grundlegende Tendenz von Techniken in dem „Ersatz des Organischen durch das Anorganische"[65] und berief sich darin u.a. auf die Soziologen Max Scheler und Werner Sombart. Dieser in der Soziologie entwickelte Begriff von Technik warf die Frage auf, ob sich der Begriff der Technik auch auf den Körper übertragen lässt.

Zu dieser Frage hielt der Soziologe und Ethnologe Marcel Mauss 1934 einen Vortrag, der im darauffolgenden Jahr unter dem Titel *Die Techniken des Körpers*[66] veröffentlicht wurde. Sein auch innerhalb der Tanzwissenschaft häufig zitierter Text problematisiert das Verhältnis der beiden Be-

---

63 J. Assmann: *Das kulturelle Gedächtnis*, S. 17.
64 Gehlen, Arnold: *Die Seele im technischen Zeitalter. Sozialpsychologische Probleme in der industriellen Gesellschaft*, Hamburg: Rowohlt 1957, S. 8-9.
65 Ebd., S. 9.
66 Mauss, Marcel: „Die Techniken des Körpers", in: Ders., *Soziologie und Anthropologie II*, München/Wien: Hanser 1975, S. 199-220.

griffe zueinander. Mauss führt aus, dass Techniken nicht nur mit Instrumenten, sondern auch mit Handlungsweisen verbunden sind. Dass neben der Musik auch der Tanz unter Techniken fällt, macht Mauss in seinem Text unter anderem mit Rekurs auf Platons Begriff von Technik deutlich, der bei Platon kunstfertige Fähigkeiten im Allgemeinen bezeichnet. Tanz steht bei Mauss für „Techniken des aktiven Ausruhens, die nicht nur der Ästhetik entspringen, sondern auch Spiele des Körpers sind"[67]. Grundsätzlicher versteht Mauss unter Techniken die Art und Weise, „in der sich die Menschen in der einen wie der anderen Gesellschaft traditionsgemäß ihres Körpers bedienen"[68], und bezeichnet Technik als „traditionelle, wirksame Handlung"[69]. Eine Körpertechnik stellt daher Handlung und Instrumentalisierung des Körpers gleichzeitig dar. Sie ist etwas Eingeübtes und nicht das Resultat einer spontanen Reaktion. „Das erste und natürlichste technische Objekt und gleichzeitig technische Mittel des Menschen ist sein Körper."[70] Wichtig für die Charakterisierung von Körpertechnik ist dabei zunächst Mauss' einfache Feststellung: „Ich kann mich nicht von meiner Technik trennen."[71] Körpertechniken sind dem folgend in Abgrenzung zu dem Technikbegriff Gehlens nicht vom Körper ablösbar. Nicht der Ersatz des Körpers durch ein Werkzeug, sondern das Einüben von Fertigkeiten rechtfertigt es, von Techniken des Körpers zu sprechen.

Die Betrachtung von Körpertechniken muss laut Mauss auf dreifache Art erfolgen: biologisch, psychologisch und soziologisch. Diese drei Arten sieht Mauss unlösbar miteinander verbunden, allerdings gehen bei ihm biologische und psychologische Betrachtungen aus dem sozialen Element hervor. Daher dominiert nach Mauss bei der Ausbildung von Körpertechniken die Erziehung, die sich vor allem des Elementes der Nachahmung bedient. „Das Individuum übernimmt den Bewegungsablauf aus dem Verhalten, das von anderen vor ihm oder mit ihm praktiziert wird."[72]

Mauss beendet seinen Vortrag mit einem Hinweis auf den Zusammenhang von Körpertechniken und mystischen Zuständen. Er legt nahe, dass es

---

67 Ebd., S. 214.
68 Ebd., S. 199.
69 Ebd., S. 205.
70 Ebd., S. 206.
71 Ebd., S. 201.
72 Ebd., S. 203.

„biologische Mittel gibt, um in ‚Kommunikation mit Gott' zu treten"[73]. Es soll hier nicht in religiöse Bereiche vorgedrungen werden. Fruchtbar ist aber Mauss' Gedanke, dass Körpertechniken einen Zugang zu Vorstellungen schaffen und damit mit dem Gedächtnis, wie es Bergson versteht, in Zusammenhang zu bringen sind. Dieser Gedanke von Mauss stimmt mit den Schlussfolgerungen des zweiten Kapitels überein, die deutlich machten, dass das motorische Gedächtnis einen Zugang zu Vorstellungen und Emotionen bereitstellen kann.

Vor dem Hintergrund von Mauss' Ausführungen ist auch der Tanz als Technik des Körpers zu verstehen. Tanz stellt die Beherrschung und Dienstbarmachung des Körpers dar und erfüllt damit eine der notwendigen Voraussetzungen, als Technik gelten zu können. Für jede professionelle Tanzpraxis ist die Beherrschung einer ganz bestimmten Tanztechnik, gleichgültig ob sie klassisch, zeitgenössisch oder folkloristisch geprägt ist, notwendig. Die anatomischen Gesetze des Körpers spielen bei dem Erwerb einer Tanztechnik dabei ebenso eine Rolle wie die Gesetze der Schwerkraft, die mittels muskulärer Aktivität entweder überwunden oder bestätigt werden sollen. Tanztechnik steht damit im Spannungsfeld einer „sinnlichen Geschichte der Körperbeherrschung und -entfesselung"[74].

Als Zeiterfahrung par excellence sowie als Bindung des Menschen an seinen Mitmenschen lässt sich im Tanz die Ausbildung einer Kultur erblicken. Im Tanz baut sich ein Verhältnis zur eigenen Körpervergangenheit und zu der Vergangenheit anderer Körper auf. Tanz wird durch den Austausch mit anderen erlernt und oft auch im Kollektiv ausgeübt. Als Dienstbarmachung des Körpers erfüllt Tanz die Voraussetzung, ihn als eine Technik zu begreifen. Eine Tanztechnik wiederum, so Gerald Siegmund, legt „Erinnerungsspuren"[75] an, die den Körper prägen und seine sichtbare Haltung gestalten. Vor dem Hintergrund dieser Zusammenhänge von Kultur, Technik und Gedächtnis lässt sich Tanztechnik als Instrument des Erin-

---

73 Ebd., S. 220.
74 Klein, Gabriele: „Tanz als Aufführung des Sozialen. Zum Verhältnis von Gesellschaftsordnung und tänzerischer Praxis", in: Bischof/Rosiny, *Konzepte der Tanzkultur* (2010), S. 141.
75 Siegmund, Gerald: „Archive der Erfahrung, Archive des Fremden. Zum Körpergedächtnis des Tanzes", in: Bischof/Rosiny, *Konzepte der Tanzkultur* (2010), S. 172.

nerns lesen, das dem Gedächtnis eine Form anbietet, in der es sich in und mit dem Körper für die vielseitige Gestaltung von Bewegung materialisieren kann.

Ich möchte an diesem Punkt zu einem konkreten Beispiel einer Tanztechnik wechseln. Es wird darum gehen, das Problem einer Körpertechnik an einem Beispiel zu verfolgen und aufzuzeigen, welches Wissen darin transportiert wird und welche Wege es nimmt. Ich behalte dabei *Le Sacre du printemps* als Beispiel im Auge, gehe aber darüber hinaus zu der Tradition und damit zu dem Wissens-System, welches einen wichtigen Beitrag zu seiner konkreten Ausformung lieferte. Wie gezeigt werden soll, ist auch *Le Sacre du printemps* von einer Körpertechnik des Tanzes beeinflusst und stellt in gewisser Weise die Anwendung einer Tanztechnik dar, das heißt die Übertragung einer Tanztechnik in eine künstlerische Form.

Das folgende Kapitel lässt sich auch im Kontext des 2011 erschienenen Sammelbandes *Tanztechniken 2010. Tanzplan Deutschland* lesen.[76] Dort werden neben der Jooss-Leeder-Technik die Humphrey-Limón-Technik, die Countertechnik von Anouk von Dijk, die Cunningham-Technik, Gill Clarke's ‚Minding Motion', die Müller-Technik und Release- und Alignment-Techniken vorgestellt. Für alle sieben Tanztechniken wurden 84 Forschungsfragen entwickelt, die von jeweils unterschiedlichen Tanz- und Theaterwissenschaftlern in Bezugnahme auf die jeweilige Technik beantwortet werden. Beispielhaft werden die Trainingseinheiten ausgewählter Tanzpädagogen anhand der Forschungsfragen untersucht und auf zwei DVDs, die dem Sammelband beiliegen, veranschaulicht. Dem Tenor des Sammelbandes nach werden Tanztechniken im 21. Jahrhundert dadurch gekennzeichnet, dass sie sich überkreuzen, durch persönliche Ansätze der Lehrenden bestimmt sind und sich immer weiter verändern. Je weiter die Entwicklung des Tanzes fortschreitet, desto weniger sind Trainingseinheiten von Tanzpädagogen zu finden, die auf einer ‚reinen' Technik beruhen.

In dem Sammelband wird der Technikbegriff immer wieder problematisiert, z.B. durch die Frage, ob eine bestimmte Bewegungsschule als Technik zu betrachten sei[77] oder dadurch, dass der Begriff der ‚Technik' durch

---

76 Diehl/Lampert, *Tanztechniken 2010* (2011).
77 So fragt Patricia Stöckemann im Gespräch mit Ann Hutchinson Guest, Anna Markard und Reinhild Hoffmann, ob die Jooss-Leeder-Technik als Technik zu bezeichnen sei. Stöckemann, Patricia: „Tanztechniken und Lebenswege – Der

den der ‚Tradition' ersetzt wird. So ist z.b. statt von der Limón-Technik von der Humphrey/Limón-Tradition zu lesen. Sowohl Tanzwissenschaftler als auch Tanzschaffende begegnen dem Technikbegriff mit Vorbehalt. Gill Clarke weist z.b. darauf hin, dass sich die vielseitigen Ansätze eines Tanztrainings nicht unter dem Begriff der Technik zusammenfassen lassen.[78] Der Technikbegriff, so lässt sich daraus folgern, bietet im Tanz nach wie vor Anlass zur Diskussion. Ob es sich im zeitgenössischen Tanztraining um Technik, Technologie, Wissens-System oder Arbeitsmethode handelt, ist, so die Herausgeber Ingo Diehl und Friederike Lampert, „letztlich eine Frage der Interpretation"[79].

Sicherlich hat ein Verständnis von Technik als Organersatz dazu beigetragen, dass der Begriff der Technik im Tanz immer wieder problematisiert wird, denn im Tanz kann von Organersatz kaum die Rede sein. Jede Tanztechnik ist körperlich und geistig mit demjenigen Menschen verbunden, der sie ausübt. Vor allem aber kann der technische Aspekt allein das Phänomen des Tanzens nicht beschreiben, denn dann bestände kein Unterschied zwischen hochartifiziellen Körperbewegungen im Allgemeinen und Tanz im Besonderen. Es muss folglich etwas geben, was Tanz und Technik voneinander absetzt, und es lässt sich vermuten, dass es das Gedächtnis der Vorstellungen ist, welches maßgeblich dazu beiträgt, Tanz über eine reine Körpertechnik hinauszuheben.

Wie das folgende Kapitel zeigt, bestanden bereits bei Kurt Jooss und Sigurd Leeder Vorbehalte gegenüber dem Begriff der Technik. Beide Künstler wollten ihren Unterricht nicht allein als Technik verstanden wissen. Für sie war der Unterricht ein schöpferischer Prozess, der sich nicht nur an Bewegungsmustern des Körpers festmachen lässt. Trotzdem waren auch sie mit der Bildung des Körpers beschäftigt. Einen besonderen Hinweis verlangt die Tatsache, dass Kurt Jooss und Sigurd Leeder schon ab 1927 daran arbeiteten, statt einer Technik Bewegungsprinzipien zu formulieren und umzusetzen, auf denen die tänzerische Bewegung beruht. Statt eines kodifizierten Systems, wie z.B. dem in festen Bewegungsabfolgen festgelegten Tanztraining von Martha Graham, erarbeiteten sie eine Metho-

---

deutsche Ausdruckstanz im Gespräch", in: Diehl/Lampert, *Tanztechniken 2010* (2011), S. 156-167, hier S. 158 und S. 160.
78 Vgl. ebd., S. 15.
79 Ebd., S. 14.

de, die in ihrer Offenheit und vielseitigen Anwendbarkeit modellhaft für ein heutiges zeitgenössisches Tanztraining stehen kann, welches sich zur Aufgabe gemacht hat, neben einem ausführenden Tänzer auch einen ‚verstehenden' Tänzer auszubilden, also einen Tänzer, der kraft seiner Intellektualität in der Lage ist, die Eigenschaften und Gesetze von Bewegung zu erkennen und zu nutzen. Im gleichen Sinne kommen Ingo Diehl und Friederike Lampert in der Einleitung zu ihrem Sammelband *Tanztechniken 2010. Tanzplan Deutschland* zu dem Schluss, dass die Fähigkeit zu eigenverantwortlichem Handeln im Tanz als Technik bezeichnet werden kann.[80] Gerade darin besteht eine der wesentlichen Ideen der im Folgenden beschriebenen Jooss-Leeder-Methode.

Kurt Jooss sprach davon, dass die Analyse des klassisch-romantischen Erbes einerseits und des modernen Tanzes andererseits dem Tanz einen Reichtum an Bewegungsmöglichkeiten eröffnet habe, den es auszuschöpfen gelte.[81] Weder der klassische noch der moderne Tanz, so Jooss, sei bei der Gestaltung von Tanz zu bevorzugen, wohl aber sollte das Vermögen zu unterscheiden vorhanden sein. Ähnlich lässt sich William Forsythes Aufforderung an Tanzstudierende verstehen, durch die Erarbeitung von Fertigkeiten eine größere Freiheit zu erlangen.[82] Anstatt sich durch eine Technik festzulegen, geht es bei Tanztechnik also auch darum, sich ein Bewusstsein anzueignen und damit ein Gedächtnis, welches einerseits in der Lage ist zu unterscheiden und andererseits zu wiederholen, womit man wieder ganz im Sinne von Henri Bergson argumentiert.

Ich werde zunächst den Begriff der ‚Jooss-Leeder-Methode' gebrauchen, da der Begriff betont, dass es innerhalb dieser Bewegungsschule immer auch darum ging, der Festlegung zu einer Technik zu widerstehen. Im Zusammenhang mit dem motorischen Gedächtnis der Jooss-Leeder-Methode werde ich zu dem Begriff der Technik wechseln, da dort das Eingeübte des Körpers im Zentrum der Betrachtung steht. Es soll hier nicht entschieden werden, ob im Zusammenhang mit Kurt Jooss und Sigurd Lee-

---

80 Vgl. ebd., S. 15-16.
81 Vgl. Jooss, Kurt: „Gedanken über Stilfragen im Tanz. Vortrag gehalten am 23. September 1957", Schrift 5, Essen: Folkwang-Offizin der Folkwangschule für Gestaltung 1958, ohne Seitenangabe.
82 William Forsythe zitiert nach Diehl, Ingo/Lampert, Friederike: „Einleitung", in: Dies., *Tanztechniken 2010* (2011), S. 10-23, hier S. 15.

der von einer Technik oder einer Methode die Rede sein muss. Ihre Lehre umgreift sicherlich beide Aspekte. Wichtiger als der Begriff, den man benutzt, ist die Feststellung, dass es bei Kurt Jooss und Sigurd Leeder um mehr ging, als nur darum, den Körper dienstbar zu machen.

Tanz, Gedächtnis und Technik

Sowohl die bisher erfolgte Auseinandersetzung mit der Gehirnforschung als auch die Auseinandersetzung mit der Philosophie Bergsons nahmen die Eigenschaften zweier unterschiedlicher Gedächtnisformen in den Blick: die des expliziten und des impliziten Gedächtnisses in der Gehirnforschung und die des vorstellenden und des motorischen Gedächtnisses bei Bergson. Die Auseinandersetzung mit der Kulturwissenschaft hat darüber hinaus gezeigt, dass Tanz als kollektive Form von Erinnerung im Spannungsfeld zwischen kulturellem und kommunikativem Gedächtnis steht. In einem letzten Schritt werden die beiden Gedächtnisformen des vorstellenden und des motorischen Gedächtnisses für die Tanzpraxis herausgearbeitet, und zwar anhand der von Kurt Jooss und Sigurd Leeder entwickelten Jooss-Leeder-Methode. Dabei soll auch für diese Methode die Zweiteilung explizit/implizit bzw. vorstellend/motorisch beibehalten werden, um an dieser Methode zu zeigen, wie das körperliche und wie das geistige Gedächtnis im Tanz an einem konkreten Beispiel näher zu bestimmen sind.

Hortensia Völckers eröffnet den Sammelband *Tanztechniken 2010. Tanzplan Deutschland* mit der Frage: „Was wissen wir, wenn wir tanzen?"[1] Die Frage lässt sich im Hinblick auf das Erkenntnisinteresse dieser Arbeit auch anders stellen: Was erinnern wir, wenn wir tanzen? Wissen und Erinnerung hängen auf das Engste miteinander zusammen, wie die Darstellung des Zusammenhangs von Bewusstsein, Wissen und Gedächtnis zu Beginn zeigte. Die Koexistenz von motorischem und vorstellendem Gedächtnis bei Henri Bergson sowie das Zusammenspiel von explizitem und implizitem

---

1 Völckers, Hortensia: „Vorwort", in: Diehl/Lampert, *Tanztechniken 2010* (2011), S. 8-9, hier S. 8.

Gedächtnis in der Gehirnforschung zeigen, dass es der Wirkungszusammenhang dieser beiden Gedächtnisformen ist, der dazu führt, Tanz als Tanz zu begreifen.

Die Antwort auf die Frage nach Gedächtnisinhalten im Tanz lässt sich aber nicht allgemein beantworten, sondern nur beispielhaft an einzelnen Tanztechniken veranschaulichen und ist für jede Tanztechnik gesondert zu beantworten. Tanztechniken verknüpfen dabei laut Ingo Diehl und Friederike Lampert „physische Leistungsförderung mit ästhetischen oder philosophischen Leitbildern"[2]. Die verallgemeinernde Zweiteilung des Gedächtnisses, wie sie in der naturwissenschaftlichen, philosophischen oder kulturwissenschaftlichen Gedächtnisforschung erfolgt, ist also auch auf der Ebene von Tanztechniken anwendbar, indem der Tanz oszilliert zwischen Physik und Philosophie, zwischen Leistung und Ästhetik.

Da das hier benutzte Beispiel *Le Sacre du printemps* von Pina Bausch in der Tradition der Jooss-Leeder-Methode steht, bietet es sich an, diese Tanztechnik ausführlicher darzustellen und auch hier zu fragen: Was wird mit dem Körper wiederholt und was sind die geistigen Vorstellungen, die innerhalb dieser Tanztechnik eine Rolle spielen?

Die Jooss-Leeder-Methode wird in dem Sammelband *Tanztechniken 2010. Tanzplan Deutschland* als ‚Jooss-Leeder-Technik' beschrieben. Ihre Darstellung erfolgt dort anhand des Unterrichts der Tänzerin und Tanzpädagogin Barbara Passow, die an der *Folkwang Hochschule* studierte und mit dem Jooss-Studenten, Tänzer und Tanzpädagogen Michael Diekamp verheiratet war. Barbara Passow betont eingangs in einem Gespräch mit Edith Boxberger: „Zunächst: Ich unterrichte nicht Jooss-Leeder-Technik, sondern mein Unterricht basiert auf Prinzipien oder Themenkreisen, die in dieser Arbeit wichtig waren, wie z.B. labile Drehungen, Kippungen, Hüftkreise, Impulse, Schrittsätze."[3] Dem Zitat Passows lässt sich eine distanzierte Haltung gegenüber dem Begriff der Technik entnehmen. Dass sich alle Tanztechniken inzwischen durch ihre ‚hybriden Inhalte' auszeichnen,

---

2 Diehl, Ingo/Lampert, Friederike: „Einleitung", in: Dies., *Tanztechniken 2010* (2011), S. 14.
3 Passow, Barbara/Boxberger, Edith: „Respekt und Risiko. Barbara Passow im Gespräch mit Edith Boxberger", in: Diehl/Lampert: *Tanztechniken 2010* (2011), S. 100-102, hier S. 101.

wird von Diehl und Lampert auch in ihrer Einleitung hervorgehoben.[4] In Bezug auf die von Kurt Jooss und Sigurd Leeder entwickelte Bewegungsschule ist zu sagen: *Die Jooss-Leeder-Technik gibt es nicht*, sondern es lassen sich unterschiedliche Herangehensweisen unterschiedlicher Pädagogen ausmachen, die sich auf Bewegungsprinzipien beziehen, die von den Namensgebern dieser Methode ausgearbeitet worden sind. Diese Themenbereiche und Prinzipien lassen sich eingrenzen, beschreiben und vor allem im Unterricht anwenden. Bestenfalls lässt sich zeigen, welche motorischen Gedächtnisinhalte innerhalb der Jooss-Leeder-Methode übertragen worden sind und welche Vorstellungen mit ihr in Verbindung gebracht werden können. Gemeinsam scheint den Tänzern und Tanzpädagogen der Jooss-Leeder-Methode dabei besonders das Gedächtnis der Vorstellungen zu sein. Dies wird einerseits in Wertvorstellungen und andererseits durch eine Theorie zu Bewegung und Raum greifbar.

Als Fortführung des vorhergehenden Kapitels wird zunächst die Geschichte der Jooss-Leeder-Methode in den Blick genommen. Ihre interpersonelle Vermittlung zeigt, dass sich Bewegungswissen im Tanz vor allem in der Interaktion und der Kommunikation lebendiger Wissensträger erhält. Auch innerhalb dieses Kollektivs von Tanzschaffenden wurde Wissen von Generation zu Generation überliefert, weniger durch Texte als vielmehr im Tanzsaal und auf der Bühne.

DIE JOOSS-LEEDER-METHODE UND IHRE GESCHICHTE

Die bis in die Gegenwart zu verfolgende Tradition der Jooss-Leeder-Methode beginnt 1927 mit der Gründung der *Folkwangschule* in Essen.[5] Der Tänzer und Choreograph Kurt Jooss übernimmt in diesem Jahr zusammen mit Sigurd Leeder die Tanzabteilung der neu gegründeten *Folkwangschule* Essen. Unter der Leitung des Essener Operndirektors wird die Fachschule für Musik, Tanz und Sprache ins Leben gerufen. Der Name *Folkwang* entstammt der germanischen Mythologie und bezeichnet den

---

4 Diehl, Ingo/Lampert, Friederike: „Einleitung", in: Dies., *Tanztechniken 2010* (2011), S. 14.
5 Zu Kurt Jooss vgl. P. Stöckemann: *Etwas ganz Neues muß nun entstehen*.

Saal der Göttin Freya. Im Namen ist somit angelegt, was sich als Folkwang-Idee etabliert: die Begegnung der Kunstsparten Musik, Sprache und Tanz an einem experimentierfreudigen Ort. Die Idee der Begegnung der unterschiedlichen Künste geht auf Rudolf von Laban zurück, dem Pionier der modernen Bewegungsforschung, dem Kurt Jooss als junger Mann begegnet und dem er zeitlebens verbunden bleibt. Laban wiederum war unterschiedlichsten Einflüssen ausgesetzt, wie z.b. den Schriften von Jean-Georges Noverres oder der Ausdruckslehre von François Delsarte.[6] Laban will durch das Zusammenwirken von Tanz, Ton und Wort der schöpferischen Ausdruckskraft des Menschen zur vollen Entfaltung verhelfen. Im Zentrum von Labans ganzheitlichem Denken steht der Mensch, als dessen ursprünglichste Kunst er den Tanz begreift. Seine theoretischen und praktischen Aktivitäten richten sich daher auf die tänzerische Bewegung. Dabei hat Laban nicht nur den Bühnentanz im Blick, sondern die Bewegungskunst in all ihren Ausprägungen. Das Verhalten im Alltag ist damit genau so gemeint wie Bewegungen des Balletts, Spielformen oder Arbeitsvorgänge. Laban ist der Ansicht, dass auch der neue moderne Tanz ein Ordnungsprinzip benötigt und entwickelt die Lehre der Choreutik, die die verschiedenen Richtungen im Raum erfasst, sowie die Eukinetik, die sich mit den unterschiedlichen Antriebsaktionen menschlicher Bewegung befasst. Besonders wichtig für Labans Raumlehre ist das Kristallobjekt des Ikosaeders, welches die Richtungen im Raum formal-analytisch erfasst und veranschaulicht. Damit ist Labans Werk einerseits im Zusammenhang mit dem Wissenschaftsglauben seiner Zeit zu sehen.[7] Im Zuge von Charles Darwin, dessen Evolutionstheorie die Gesetze der Entwicklungsgeschichte des Menschen offenlegte, will Laban ebensolche Gesetze für die Bewegungskunst fixieren. Andererseits ist der irrationale und naturkultische Ton in seinem Werk nicht zu überhören.[8] Laban spricht von der „vereinenden, beseligenden Macht des Tanzes"[9] und es ist der Gedanke des „geschlossenen

---

6 Dörr, Evelyn: *Rudolf Laban. Ein Portrait*, Norderstedt: Books on Demand 2005, S. 258.
7 Vgl. dazu Dörr, Evelyn: „Kristall-Denken. Über den geistig-philosophischen Hintergrund des choreographischen Werks von Rudolf von Laban", in: *tanzdrama* 4 (1999), S. 14-17.
8 Ebd., S. 17.
9 R.v. Laban: *Ein Leben für den Tanz*, S. 183.

Gemeinschaftsraums"[10], der seine Vereinnahmung durch die Nationalsozialisten begünstigt. Sein Werk steht im Spannungsfeld eines wissenschaftlich-rationalen Denkens einerseits und einer metaphysischen Philosophie andererseits.

Für Kurt Jooss ist es zum einen die praktische Anwendung der Laban'schen Prinzipien, zum anderen die Idee einer vom Menschen ausgehenden Kunst, die ihn fasziniert und die er in sein Ausbildungskonzept integrieren will. Als tanzende Menschen sollen die Studierenden der *Folkwangschule* ausgebildet werden, ein Grundgedanke des Studiums in Essen, der damals wie heute lebendig ist. Von 1927 bis 1933 entwickeln Kurt Jooss und Sigurd Leeder ihre Unterrichtsmethode an der *Folkwangschule* in Essen, die in Folge als Jooss-Leeder-Methode bekannt wird. Das Tanztraining soll zum einen eine Tanztechnik vermitteln, zum anderen auf die choreographische Arbeit und die Aufführungspraxis vorbereiten. Als Jooss und Leeder die *Folkwangschule* miteröffnen, übernimmt Jooss das Gebiet der Eukinetik, das er zu seinem Spezialgebiet erklärt, und Leeder das der Choreutik. Ann Hutchinson Guest beschreibt Jooss als denjenigen, der sich besonders von der Eukinetik angezogen fühlte, während Leeder sich intensiv mit der Choreutik auseinandersetzte. Beide, so Hutchinson, „ergänzten sich auf bemerkenswerte Weise"[11]. Im Gegensatz zu Jooss ist Leeder kein Schüler von Laban gewesen, adaptiert aber, wie Jooss auch, Labans Lehre. Jooss und Leeder setzen sich intensiv mit Labans Grundlagenforschung zur Bewegung und darüber hinaus mit Bewegungsnotation auseinander. Die Laban'sche Bewegungsschrift, die Kinetographie, fasziniert sie besonders und wird neben einem modifizierten klassischen Training, Improvisation und Komposition an der *Folkwangschule* unterrichtet. Besonders Leeder sah in Labans Tanzschrift ein „kreatives Instrument"[12] und schätzte an ihr, dass sie den Ausführenden dazu bringt, Bewegung nach ihren Merkmalen analytisch zu erfassen. Leeders und Jooss' Faszination für Labans Kinetographie bringt aber auch ihr Interesse zum Ausdruck, Tanz erinnerbar zu machen.

---

10 Vgl. Dörr, Evelyn: „Kristall-Denken. Über den geistig-philosophischen Hintergrund des choreographischen Werks von Rudolf von Laban", S. 17.
11 Hutchinson Guest, Ann: „Bilder für den Tanz. Die Lehrmethode von Sigurd Leeder", in: *ballett international* 10 (1985), S. 14-21, hier S. 15.
12 Ebd., S. 21.

Der Zeitpunkt, der Kurt Jooss als einen wegweisenden Choreographen des 20. Jahrhunderts ausweist, ist der 3. Juli 1932, an dem er mit seiner Choreographie *Der Grüne Tisch* beim *Concours International de Choréographie* in Paris den ersten Preis erhält. Rudolf von Laban sitzt in der Jury und für ihn ist Jooss' Erfolg eine ebensolche Bestätigung wie für Jooss selbst, hat doch Laban die Grundlagen bereitet, auf denen Jooss' Choreographie entstanden ist. Jooss selbst bezeichnet den *Grünen Tisch* später als „*das* Beispiel für Eukinetik – und auch für Choreutik"[13]. Das Werk wird zu Jooss' Lebzeiten und weit darüber hinaus ein Aushängewerk des deutschen Ausdruckstanzes, in seiner künstlerischen Strahlkraft mit Pina Bauschs *Le Sacre du printemps* vergleichbar. Es ist auch achtzig Jahre nach seiner Premiere immer noch auf dem Spielplan nationaler und internationaler Tanzkompanien.[14] An dieser Choreographie zeigt sich der Unterschied zwischen Labans und Jooss' künstlerischer Ästhetik deutlich. Während Laban in seinem Werk *Die Welt des Tänzers* forderte, dass „das Ästhetische und Konstruktive sichtbarer Repräsentant des Religiösen"[15] sein solle, so war Jooss nicht an dem Religiösen, sondern an dem Sozialpolitischen interessiert, wie die Themen des Totentanzes und des Krieges im *Grünen Tisch* klar demonstrieren. Jooss' Kunst war auf der Suche nach den „Menschen schlechthin, den leidenden, ringenden, fehlenden, siegenden, bodenständigen oder erdverketteten einfachen Menschen"[16]. Damit steht Jooss' Choreographie sowohl im Gegensatz zum klassischen Tanz und seiner ‚schwerelosen' Kunst, wie sie z.B. durch die Tänzerin Marie Taglioni verkörpert wurde, als auch zu den am Expressionismus orientierten Tanzwerken des Ausdruckstanzes.

---

13 Jooss, Kurt/Huxley, Michael: „Der grüne Tisch – Ein Totentanz. Michael Huxley im Gespräch mit Kurt Jooss", in: *ballett international* 8/9 (1982), S.4-7, hier S. 5.

14 Vgl. Jeschke, Claudia: „Der weise Pakt mit dem Tod. Kurt Jooss' Ballett *Der Grüne Tisch*", in: *tanzdrama* 3 (2002), S. 5-9. Claudia Jeschke beschreibt in diesem Artikel, wie die Gesetze der Eukinetik und der Choreutik im *Grünen Tisch* umgesetzt werden.

15 Laban, Rudolf von: *Die Welt des Tänzers. Fünf Gedankenreigen*, Stuttgart: Seifert 1920, S. 239.

16 Jooss, Kurt: „Gedanken über Stilfragen im Tanz", in: Folkwang-Offizin der Folkwangschule (1958), keine Seitenangabe.

Der Grüne Tisch stellt dasjenige Werk dar, welches in das Gedächtnis aller Tänzer, Choreographen und Tanzpädagogen, die mit der Jooss-Leeder-Methode in Zusammenhang gebracht werden können, eingegangen ist. Sie haben es entweder selbst getanzt oder bei Lehrern gelernt, die darin aufgetreten sind. Die humanistische Haltung, die in der Choreographie zum Ausdruck kommt, ihre Themen von Tod, Krieg, Widerstand, Abschied oder Liebe auf einer konkret-zwischenmenschlichen und sozialpolitischen Ebene sind diejenigen Themen, die die Choreographen der Jooss-Leeder-Methode in den folgenden Jahrzehnten beschäftigen werden. Im *Grünen Tisch* lässt sich daher dasjenige Tanzstück sehen, welches das kollektive Gedächtnis der Jooss-Leeder-Vertreter maßgeblich mitbestimmt hat.

Für die Entwicklung der Jooss-Leeder-Methode als Unterrichtsmodell ist es – ebenso wie für die Entwicklung der Graham-Technik von Martha Graham, der Cunningham-Technik von Merce Cunningham oder der Limón-Technik von Jose Limón – von entscheidender Bedeutung, dass sich in Jooss Choreograph und Pädagoge in einer Person vereinen. Ebenso wie Kurt Jooss ist auch Sigurd Leeder als Choreograph tätig: Er schafft eine Reihe von Choreographien wie *Sailor's Fancy* für die *Ballets Jooss* (30-er Jahre) und *Nocturne* (1952) oder *Allegro Maestro* (1959) für seine Londoner *Sigurd Leeder Studio-Group* und unterrichtet Improvisation und Komposition. Die Beziehung zwischen einer Bewegungsschule und ihrer künstlerischen Anwendung ist sowohl für die Jooss-Leeder-Methode als auch für die erwähnten, aus Amerika stammenden Tanztechniken ein entscheidender Motor für deren Entwicklung und Fortschreibung, weil ihre Vertreter dadurch als Pädagogen und gestaltende Künstler gleichzeitig wahrgenommen werden und der Unterricht immer mit einer Aufführungspraxis in Verbindung gebracht werden kann.

Nach dem großen Erfolg des *Grünen Tischs* wird die Entwicklung der *Folkwangschule* in Jooss' Sinne 1933 durch seine erzwungene Flucht ins Ausland unterbrochen. Er ist nicht bereit, sich von seinen jüdischen Mitarbeitern zu trennen und ihm bleibt daher keine andere Wahl als die der Emigration. Diese Reaktion von Jooss auf die Repressalien des nationalsozialistischen Regimes zeigt, dass Jooss' humanistisches Ideal nicht nur auf der Bühne umgesetzt wurde, sondern auch seinen Umgang mit persönlichen, existenziellen Fragen prägte. Ebenso wie das Stück *Der Grüne Tisch* selbst, ist Jooss' Loyalität seinen Mitarbeitern gegenüber ein wichtiges Ereignis der Vergangenheit, welches das Gedächtnis seiner Mitstreiter und Nachfolger prägte.

Im englischen Dartington setzen Jooss und Leeder ihre Arbeit fort und gründen die *Jooss-Leeder School of Dance*. 1941 siedeln sie nach Camebridge über und rufen das *Jooss Leeder Dance Studio* ins Leben. Auch dort unterrichtet Jooss Eukinetik, während Leeder Choreutik lehrt. Jooss' und Leeders Exil in Dartington, Labans Flucht vor den Nationalsozialisten nach England sowie die internationalen Tourneen des *Ballets Jooss* sorgen ab 1933 dafür, dass Jooss' und Leeders Ideen außerhalb von Deutschland Verbreitung finden. 1941 gründen ehemalige Tänzer des *Ballets Jooss* das *Ballet National Santiago de Chile*, während Sigurd Leeder 1947 seine eigene Schule in London ins Leben ruft.

Der Begriff der ‚Jooss-Leeder-Methode' oder ‚Jooss-Leeder-Technik' geht auf den Zeitraum von 1927 bis 1947 zurück, in dem Jooss und Leeder die *Folkwangschule* in Essen und die *Jooss-Leeder School of Dance* in Dartington und Camebridge leiteten. Nach diesem Zeitraum trennen sich ihre Wege. Die Jooss-Leeder-Methode bzw. Jooss-Leeder-Technik bezeichnet in den folgenden Jahrzehnten den Unterricht jener Lehrer, die bei Jooss und Leeder lernten oder in deren Choreographien auftraten.

1949 kann Jooss seine Arbeit an der *Folkwangschule* fortsetzen, nun allerdings ohne Sigurd Leeder, der nicht mit ihm nach Deutschland zurückkehrt. Dafür wird Jooss von einem führenden Tänzer seiner Kompanie begleitet, Hans Züllig, der zunächst bis 1956 an der *Folkwangschule* bleibt. Im Anschluss daran arbeitet Züllig in Chile und kehrt schließlich 1961 nach Essen zurück. Auch Sigurd Leeder unterrichtet ab 1959 an der Universität von Santiago de Chile, bevor er 1964 seine Schule ins schweizerische Herisau verlegt und sie in Anlehnung an seine Zeit in England *Sigurd Leeder School of Dance* nennt.

Es ist von entscheidender Bedeutung, dass sich Jooss mit dem Neubeginn der *Folkwangschule* dem klassischen Ballett öffnet und es in den Lehrplan integriert. Nicht nur, dass die Absolventen der *Folkwangschule* durch die breitere Ausbildung vielseitigere Arbeitsmöglichkeiten erhalten. Besonders der Gedanke, dass sich klassisches Ballett und moderne Tanzformen nicht widersprechen, sondern einander ergänzen können, kommt darin zum Ausdruck. Dieses Konzept einer Tanzausbildung ist wegweisend für die Entwicklung sowohl des modernen als auch des klassischen Tanzes in der zweiten Hälfte des 20. Jahrhunderts, auch wenn Jooss zunächst mit diesem Konzept allein dasteht.

Ab 1968 übernimmt Hans Züllig die Leitung der *Folkwangschule*, die 1963 den Hochschulstatus erhalten hat. Anfang der sechziger Jahre kommt auch Jean Cébron nach Essen, der schon in den späten vierziger Jahren mit Jooss in Chile gearbeitet hat. Cébron ist zunächst Tänzer im *Folkwang-Ballett*, das später in *Folkwang Tanzstudio* umbenannt wird. Nach Aufenthalten in Schweden und Italien wird er 1976 Professor für Modernen Tanz an der *Folkwang Hochschule*. Jean Cébron und Hans Züllig sind in der Nachfolge von Kurt Jooss und Sigurd Leeder zwei Pädagogen, deren Persönlichkeit und Kompetenz mehrere Generationen von Tänzern und Choreographen, die an der *Folkwang Hochschule* studieren, prägen. Beide stehen in direkter Beziehung zu Jooss und Leeder und integrieren deren Einfluss in ihren Unterricht, entwickeln aber gleichzeitig einen eigenen Stil.

Jean Cébron hat bei Leeder in London studiert und vermittelt neben Übungen auf dem Boden und an der Stange auch von ihm komponierte Etüden, in denen Elemente aus der Bewegungslehre Labans, wie z.B. Schwünge, verarbeitet sind. In seiner Person fließen sowohl Leeders Einfluss als auch der Einfluss Jooss' zusammen. Cébron interpretierte z.B. die Rolle des Todes in Jooss' *Grünem Tisch*. Mehr als auf Jooss scheint Cébrons Unterricht aber auf Leeder zurückzugehen. Sowohl Leeders einmal in der Woche stattfindende „Bodenstunde"[17] als auch die „Leeder-Stange"[18] finden in Cébrons Unterricht ihre Fortsetzung. Die Idee von Tanzetüden, die ein bestimmtes Thema als Vorlage haben und die auch Cébron entwirft, geht ebenfalls auf Leeder zurück.[19] Bei diesen Etüden geht es darum, ein Bewegungsmotiv zu entwerfen, zu entwickeln und zu variieren, vergleichbar mit Variationen eines musikalischen Themas.

Hans Zülligs Unterricht beginnt mit einem Exercice an der Stange, welches sich an das Stangen-Exercice des klassischen Balletts anlehnt, in seinem weiteren Verlauf aber parallele Fußstellungen und die Mobilsierung des Oberkörpers durch Schwünge und labile Körperpositionen in die Stan-

---

17 Müller, Grete: *Sigurd Leeder. Tänzer, Pädagoge und Choreograf. Leben und Werk*, Herisau: Appenzeller 2001, S. 30.
18 Ebd., S. 30.
19 Ebd., S. 15.

genarbeit integriert und sich schließlich mit Übungen im freien Stand und durch den Raum fortsetzt.

Sowohl Jean Cébron als auch Hans Züllig integrieren die Technik des klassischen Balletts in ihren Unterricht. Züllig studierte klassischen Tanz bei der Waganowa-Schülerin Vera Volkova und Cébron wurde durch Margaret Craske beeinflusst, die eine der führenden Autoritäten für die klassisch-italienische Cecchetti-Technik war. Auch diese beiden Pädagogen stehen damit für ein Tanztraining, welches versucht, die Tradition des klassischen Tanzes für eine moderne Tanztechnik verwertbar zu machen, ohne den beiden Techniken dabei ihre Eigenständigkeit und Unterschiedlichkeit abzusprechen.

1955 kommt die junge Pina Bausch an die *Folkwangschule*. Mitte der sechziger Jahre folgen ihr Susanne Linke und Reinhild Hoffmann. Sie alle lernen Jooss, Züllig und Cébron als Künstler kennen, deren erklärtes Ziel in dem „rücksichtslosen Streben nach Wahrheit"[20] liegt. Für den Unterricht bedeutet das, die Grundlagen klassischer und moderner Tanztechniken zu kennen und umsetzen zu können, für die künstlerische Arbeit bedeutet das vor allem ‚Ehrlichkeit' sich selbst und dem eigenen Schaffen gegenüber. Darin sahen jedenfalls die beiden Choreographen Pina Bausch und Kurt Jooss ihre grundsätzliche Gemeinsamkeit und einigten sich während eines gemeinsamen Interviews darauf, dass es diese ‚gewisse Ehrlichkeit' sei, die Pina Bausch von Kurt Jooss übernommen habe.[21] Reinhild Hoffmann erinnert sich in Rückbesinnung an ihre Ausbildungszeit an der *Folkwang Hochschule*, wie wichtig es Jooss war, „das Bewusstsein: warum bewege ich mich? zu wecken"[22].

Anfang der siebziger Jahre übernimmt Pina Bausch die Leitung des Tanzensembles der *Wuppertaler Bühnen*. Sie bindet Hans Züllig und Jean Cébron als Lehrer ihrer Kompanie in die künstlerische Arbeit ein und übernimmt 1983 als Nachfolgerin von Hans Züllig die Leitung der *Folkwang*

---

20 Jooss, Kurt: „Gedanken über Stilfragen im Tanz", in: Folkwang-Offizin der Folkwangschule (1958), keine Seitenangabe.

21 Vgl. dazu Schmidt, Jochen: *Pina Bausch. Tanzen gegen die Angst*, München: Econ 1999, S. 29-30.

22 Reinhild Hoffmann zitiert nach Fleischle-Braun, Claudia/Stöckemann, Patricia: „Historischer Kontext", in: Diehl/Lampert, *Tanztechniken 2010* (2011), S. 108-113, hier S. 109.

Hochschule. Auch Pina Bausch kennt die Jooss-Leeder-Methode aus ihrer Ausbildung an der *Folkwangschule* und besitzt neben ihrem künstlerischen Abschluss ein tanzpädagogisches Examen. Ihr ist es besonders wichtig, Jooss' Haltung zum Tanz zu bewahren. Die Studenten sollen nicht an einen einzigen Formenkanon glauben, sondern zu Künstlern ausgebildet werden, die Bewegungsverständnis besitzen und ein Thema im Tanz zum Ausdruck bringen können. In enger Zusammenarbeit mit Jean Cébron wählt sie die Studenten aus, die in die Tanzabteilung aufgenommen werden, unterrichtet in Essen und stellt einen Austausch zwischen dem *Wuppertaler Tanztheater* und der *Folkwang Hochschule* her, der bis in die Gegenwart andauert. Als sie 1989 die Leitung der Hochschule abgibt, sind es die Tänzer vom *Tanztheater Wuppertal*, die weiterhin in der Tradition der Jooss-Leeder-Methode unterrichten. Malou Airaudo, Lutz Förster und Dominique Mercy haben ebenso wie Jean Cébron und Hans Züllig ein eigenes Unterrichtsprofil, das sich aus ihrer unterschiedlichen tänzerischen Laufbahn erklärt, aber Parallelen zu dem Unterricht von Hans Züllig und Jean Cébron sind bei ihnen erkennbar. Durch das Fach der Kinetographie, das vierzig Jahre lang von der Jooss-Schülerin Christine Eckerle bis zu ihrer Pensionierung 2010 gelehrt wurde, waren die Themenbereiche der Eukinetik und der Choreutik weiterhin vertreten.

Eine von der *Folkwang Hochschule* sich unabhängig entwickelnde Fortschreibung der Jooss'schen Bewegungsschule wird von Eckard Brakel und Loni Harmßen in Hannover betrieben. Sowohl Brakel als auch Harmßen haben an der *Folkwangschule* studiert, ein Meisterstudium bei Kurt Jooss absolviert und waren im *Folkwang-Ballett* engagiert, bevor sie ihre Karriere an unterschiedlichen Stadttheatern innerhalb Deutschlands fortsetzten. Nach dem Abschluss ihrer Bühnenkarriere eröffneten sie 1969 ihre eigene Ballettschule in Hannover. Während die tanzpraktische Ausbildung an der *Folkwang Hochschule* nach dem altersbedingten Ausscheiden von Jooss hauptsächlich durch den Unterricht von Hans Züllig und Jean Cébron geprägt wurde, hat Eckard Brakel die Bewegungsideen von Kurt Jooss beständig weiterverfolgt. Schon nach seinem Studium an der *Folkwangschule* arbeitete Brakel mit seiner Frau und zwei weiteren Studienkollegen, Sophie Schulz-Fürstenau und Ulrich Roehm, daran, das Bewegungsvokabular von Jooss auszuarbeiten. Von 1990 an beginnt Brakel ein Ordnungsprinzip für deutschen modernen Tanz zu entwickeln, das auf der Bewegungsfindung von Kurt Jooss beruht. Die Ergebnisse dieser Recherche wurden von Brakel mit einer seiner Tanzklassen verfilmt und von Christine Eckerle in Kinetogrammen festgehalten.

Neben der Arbeit von Eckard Brakel und Loni Harmßen in Hannover ist außerdem die Lehrtätigkeit von Barbara Passow zu erwähnen sowie die Lehrtätigkeit des in Chile arbeitenden Raymond Hilbert. Beide Tänzer sind ebenfalls durch die Jooss-Leeder-Methode geprägt. Barbara Passows auf der Jooss-Leeder-Methode beruhender Ansatz wird, wie bereits erwähnt, in dem Sammelband *Tanztechniken 2010. Tanzplan Deutschland* dargestellt. Barbara Passow nennt ihren Mann Michael Diekamp einen wichtigen Lehrer, der ihren eigenen Unterricht beeinflusst habe. Diekamp wiederum arbeitete eng mit Kurt Jooss zusammen und so lassen sich in Passows Unterricht viele Prinzipien der Jooss'schen Bewegungsschule wiederfinden.

Raymond Hilbert war ein Schüler des Jooss-Tänzers Patricio Bunster, welcher mehrere Jahre an der *Paluccaschule* in Dresden lehrte. Er arbeitet nun, nachdem er wie Bunster an der *Paluccaschule* unterrichtete, als Professor für Modernen Tanz an der *Universidad Academia de Humanismo Cristiano* in Chile.

Zusammenfassend gesehen, erscheint die Jooss-Leeder-Methode nicht als ein in sich geschlossenes System oder als eine ausformulierte Tanztechnik. Sie kann eine Grundlage des Unterrichtens sein, ist jedoch keine Anweisung zur Ausübung starrer Bewegungsabläufe. Der Lehrende bleibt darin als Persönlichkeit erkennbar, indem er eigene Übungen entwickeln kann und der Unterricht bleibt dadurch ein kreativer Akt. Die Theorie von Rudolf von Laban mit ihrer Analyse von Bewegung und Raum ist die wichtigste Grundlage der Jooss-Leeder-Methode, aber auch Labans Philosophie, sein ganzheitliches Denken und sein Streben nach Ausdruck im Tanz kommen in ihr zum Tragen. Humane Haltung und Vorstellung von Dynamik und Linie sind darin nicht voneinander zu trennen. Sie wurde nie zu einer verbindlichen Tanztechnik kodifiziert, sondern im persönlichen Umgang miteinander weitergereicht. Die Jooss-Leeder-Methode scheint zum Nachdenken und zum Lernen aufzufordern und es ist letztlich auch ihrer Offenheit zu danken, dass aus vielen Studenten, die mit ihr in Berührung kamen, kreative Tänzer und innovative Choreographen wurden. Tänzer und Choreographen, die mit der Jooss-Leeder-Methode in Verbindung stehen und an der *Folkwang Hochschule* ausgebildet wurden, sind außer den bereits genannten z.B. Urs Dietrich, Claudia Lichtblau, Gregor Zöllig, Joachim Schlömer, Felix Ruckert, Wanda Golonka, Henrietta Horn, Samir

Akika und Ben Riepe sowie viele Tänzer des Wuppertaler Tanztheaters von Pina Bausch.

Zum 25-jährigen Bestehen der *Sigurd Leeder School of Dance* fand Jooss in einem Glückwunschschreiben an seinen einstigen Partner ein Bild für die Verästelung der Jooss-Leeder-Methode, die nach 1947 zwei unterschiedliche Richtungen nahm: zum einen ihre Fortschreibung an der *Folkwangschule* und zum anderen ihre Fortsetzung an Leeders Schule in London und Herisau.

„Sollten wir bedauern, wenn in späteren Wachstumsperioden der Stamm zwei kraftvolle, scheinbar selbstständige Äste hochtrieb, vor deren Reichtum und gesunder Fülle manche den sie tragendenden alten Stamm übersahen? – Aber du und ich wissen, dass er da ist, alt aber unversehrt und gesund und unerschöpfbar die oberen Äste nährend."[23]

Aus dem historischen Kontext der Jooss-Leeder-Methode lassen sich erste Schlussfolgerungen für die Beschreibung des Zusammenhangs zwischen Tanz, Gedächtnis und Technik ziehen.

Jede Tanztechnik verfügt über einige ausgewählte Choreographien, die eng mit der jeweiligen Technik in Zusammenhang stehen und in gewisser Weise ihre Anwendung darstellen. Die Tänzer der Jooss-Leeder-Methode zeigen sich miteinander nicht nur durch die Arbeit an einer bestimmten Tanztechnik verbunden, sondern auch durch ein gemeinsames ‚choreographisches Gedächtnis'. Hans Züllig, Jean Cébron, Eckard Brakel, Loni Harmßen, Pina Bausch, Dominique Mercy und Malou Airaudo traten alle in Kurt Jooss' *Der Grüne Tisch* auf. Viele Pädagogen, die heute mit Bewegungsprinzipien der Jooss-Leeder-Methode arbeiten, wie z.B. Barbara Passow, Lutz Förster oder Malou Airaudo waren Tänzer in Pina Bauschs *Le Sacre du printemps*. Ihre Unterrichtspraxis hat demnach immer auch eine künstlerische Form als Bezugspunkt, in der sowohl motorische Informationen als auch geistige Vorstellungen, die mit Kurt Jooss und Sigurd Leeder in Verbindung gebracht werden können, eine Rolle spielen.

Es gibt einzelne Ereignisse in der Vergangenheit, die in das kollektive Gedächtnis einer Tanztechnik eingehen und die nicht mit Bewegungen des Körpers, sondern mit der Persönlichkeit ihrer Schöpfer im Zusammenhang

---

23 Kurt Jooss zitiert nach Müller, *Sigurd Leeder* (2001), S. 154.

stehen. Kurt Jooss' Flucht vor den Nationalsozialisten als Konsequenz seiner loyalen Haltung seinen Mitarbeitern gegenüber kann exemplarisch für ein solches Ereignis stehen. Diese Ereignisse sind dafür verantwortlich, dass Wertvorstellungen dem Umfeld einer Tanztechnik zugerechnet werden können.

Tanztechniken zeichnen sich vor allem dadurch aus, dass sie von Tänzer zu Tänzer weitergegeben werden. Die historische Entwicklung der Jooss-Leeder-Methode demonstriert, dass Tanz im Wesentlichen durch zwischenmenschliche Kommunikation vermittelt wird. Obwohl Partituren, Filme und auch einige Texte zur Jooss-Leeder-Methode existieren, nehmen diese bei der Vermittlung von Information eher eine marginale Rolle ein. Jooss lernte von Laban, Hans Züllig, Eckard Brakel und Loni Harmßen von Kurt Jooss, Cébron besuchte Leeders Schule in London, Pina Bausch lernte von Jooss und Cébron, Lutz Förster von Cébron und Züllig. Es ist unumgänglich: Um das Gedächtnis an Bewegungen aufrechtzuerhalten und weiterzuentwickeln, muss man miteinander im Tanzsaal gearbeitet haben. Die Jooss-Leeder-Methode hat sich damit ebenso wie z.B. die Tanztechnik Humphreys und Limóns vor allem durch Schüler und Weggefährten der Tänzer, Choreographen und Pädagogen erhalten und unterliegt daher einer fortwährenden Entwicklung, Umbildung und Neuschreibung, inzwischen schon in der zweiten und dritten Generation lehrender Tanzpädagogen und Choreographen. Am Beispiel der Jooss-Leeder-Methode wird abermals der Begriff eines kommunikativen Gedächtnisses deutlich, wie er von Jan Assmann gebraucht wird. Tanz ist mehr als jede andere Kunstform auf dieses kommunikative Gedächtnis angewiesen, damit das Wissen, das sich eine Generation von Tänzern erworben hat, an die nächste weitergegeben und somit durch das natürliche Gedächtnis erinnert werden kann.

Während dieses Vermittlungsprozesses gehen Informationen verloren und werden verändert oder ergänzt. Darin ist aber nicht nur ein Nachteil zu sehen: Auch wenn jede Tanztechnik das Erinnern von Bewegungen zum Ziel hat, so kann doch gerade eine fehlende Systematisierung einer Technik dazu beitragen, die mit ihr arbeitenden Tänzer anzuhalten, sich der jeweiligen Tanztechnik immer wieder neu zu nähern und Erinnerung somit als schöpferischen Prozess zu erleben.

TECHNIK ODER METHODE?

Der Begriff der Methode scheint für die Jooss-Leeder-Methode zunächst angemessener als der der Technik. Grete Müller, Weggefährtin Leeders und Kodirektorin von Leeders Schule in Herisau, macht den Unterschied zwischen Methode und System, der auch als Unterschied zwischen Methode und Technik verstanden werden kann, in ihrer Einleitung zum Werk über Sigurd Leeder deutlich: „Eine Methode, wie Leeder immer betonte, ist bekanntlich nicht dasselbe wie ein System. Während letzteres ein konstruiertes, unbeugsames Gefüge ist, versteht man unter Methode einen lebendigen, beweglichen Organismus, der sich fortwährend entwickelt."[24]

Weder Kurt Jooss noch Sigurd Leeder haben ihre Unterrichtsmethode verschriftlicht oder deren Verschriftlichung an Mitarbeiter delegiert. Ihre Aktivitäten äußerten sich vor allem in der künstlerischen Praxis von Choreographie und Tanzunterricht, aber nicht in deren schriftlicher Fixierung. Jooss schien der Festschreibung einer modernen Tanztechnik kritisch gegenüberzustehen, da die Technik des Tanzes sich verändert „wie jede andere Kunstform auch"[25]. Das Anliegen, sein über Jahrzehnte erarbeitetes Bewegungsmaterial zu erhalten, hat es laut Eckard Brakel aber dennoch gegeben. Auch Barbara Passow berichtet von einem geplanten Treffen von ehemaligen Folkwangschülern mit Kurt Jooss, bei dem eine Bestandsaufnahme von Jooss' Bewegungsvokabular geplant gewesen sein soll. Das Treffen kam nicht zustande, weil Jooss vorher an den Folgen eines Autounfalls verstarb. Passow vermutet aber, dass Jooss die Festlegung seiner Bewegungsschule nicht wollte. „Ich glaube, er wollte es nicht", sagt sie[26]. Ihr Mann, Michael Diekamp, eröffnete seinen 1993 gehaltenen Vortrag zur Pädagogik von Kurt Jooss mit der lakonischen Bemerkung: „Es gibt keine

---

24 G. Müller: *Sigurd Leeder*, S. 15.
25 Kurt Jooss zitiert nach Stöckemann, Patricia: *Etwas ganz Neues muß nun entstehen*, S. 236.
26 Passow, Barbara/Boxberger, Edith: „Respekt und Risiko. Barbara Passow im Gespräch mit Edith Boxberger", in: Diehl/Lampert: *Tanztechniken 2010* (2011), S. 101.

Jooss-Technik!"[27] In jedem Fall ist Jooss selbst nie dazu gekommen, seinen Unterricht in ein lehrbares System zu bringen. Er wollte oder konnte seine Technik weder kodifizieren noch in ein didaktisches System überführen. „Er sagte immer", so Lutz Förster „es gibt Grundprinzipien, die seinem Unterricht zugrunde liegen und jeder, der in seinem Sinne unterrichtet, muß diese Prinzipien für sich ausarbeiten. Ganz wichtig war für ihn, das Unterrichten als einen kreativen Prozess zu begreifen, der sich nicht im Überliefern und Vermitteln von festgelegten Bewegungen und Schrittmustern erschöpft. Eine notierte Technik widersprach seiner und Leeders Auffassung von einem modernen Tanzunterricht als schöpferischem Vorgang."[28] Den Vorbehalt gegen eine Tanztechnik teilte, laut Ann Hutchinson Guest, auch Sigurd Leeder.

„Leeder lehrte keine Technik. [...] Wahrhaftigkeit einer Bewegung war ihm das Wichtigste, und Leeder versuchte andere anzuleiten, diese Wahrhaftigkeit in sich selbst zu finden. In seiner Ausbildungsklasse für Lehrer betonte er immer wieder, wie wichtig es sei, den ganzen Menschen anzusprechen. Erst die harmonische Einheit von Körper und Geist können den Tanz zum Leben erwecken. Sein Ziel war es, individuelle Persönlichkeiten heranzubilden. Er wollte jedem Schüler nur ein Mittel an die Hand geben, die eigenen Stärken zu entwickeln und den ganzen Reichtum dessen, was Tanz sein kann, zu entdecken."[29]

Grete Müller formuliert Leeders Ansicht in einem Vortrag noch drastischer: „Begriffe wie ‚Leeder-Technik' oder ‚Leeder-System' zu hören, war ihm zuwider. Er empfand sie als starr, sie widersprachen seinem Bewegungs-

---

27 Diekamp, Michael: „Kurt Jooss: Seine Pädagogik und tänzerische Schulung", in: Gesellschaft für Tanzforschung e.V. (Hg.), *Tanzforschung Jahrbuch*, Band 5, Wilhelmshaven: Noetzel 1994, S. 127-132, hier S. 127.

28 Förster, Lutz/Stöckemann, Patricia: „Das Prinzip des Lernens begreifen. Gespräch mit Professor Lutz Förster über Tradition und Gegenwart der Tanzabteilung an der Folkwang Hochschule", in: *Ausgangspunkt Folkwang. Zur Geschichte des modernen Tanzes in Nordrhein-Westfalen*, Duisburg: L'Atelier 1993, S. 28-30, hier S. 28.

29 Hutchinson Guest, Ann: „Bilder für den Tanz. Die Lehrmethode von Sigurd Leeder", S. 17.

und Freiheitsdrang."[30] Fortschreibung und Entwicklung der Jooss-Leeder-Methode scheinen Jooss und Leeder demnach wichtiger gewesen zu sein als deren Festlegung zu einer kodifizierten Tanztechnik. Darin gleicht die Jooss-Leeder-Methode der Limón-Technik, die auf den amerikanischen Choreographen Jose Limón und seine Lehrerin Doris Humphrey zurückgeht. Carla Maxwell, die künstlerische Leiterin der *Limón Dance Company*, äußerte zur Kodifizierung der Limón-Technik: „Humphrey und Limón wollten nicht, dass die Technik je kodifiziert würde. Das sind Bewegungsprinzipien, nach denen wir arbeiten, aber die Technik sollte offenbleiben für Einflüsse und Interpretationen."[31] Carla Maxwell sieht gerade in der prinzipiellen Offenheit einer Tanztechnik das Faszinierende. „Es ist immer wunderbar, zu etwas zurückzugehen, das ich von José gelernt habe, aber es ist ebenso schön, die Freiheit zu haben, meine eigene Phrase im Raum zu kreieren."[32] Maxwells, Leeders und Jooss' Ansatz ist gemeinsam, dass ihre Arbeit mit Bewegungsprinzipien nicht nur eine einzige Ausführungsart der körperlichen Bewegung erlaubt. Jooss und Leeder wollten vielmehr erfassen, welche Möglichkeiten an Bewegungen einem Tänzer zur Verfügung stehen. „Die Prinzipien und Theorien von Rudolf von Laban", so Leeder, „bildeten die Basis zu dieser Entwicklung und gab uns jungen Tänzern das Material, eine Schulung zu entwickeln, die, obschon im Grunde genommen zentral-europäisch, alle Vorurteile gegenüber andern Tanzstilen und -zielen aufgegeben hat und auf größtmögliche Spannweite von Ausdruck in gehaltvoller Komposition und Ausführung zielt."[33]

Demnach gilt besonders für die Jooss-Leeder-Methode, dass sie sich dem Vergessen von Bewegungsmustern immer wieder bewusst ausgesetzt hat. Die Diskussion um die Begriffe Technik, System oder Methode bringt anhand der Jooss-Leeder-Methode also den Aspekt des Vergessens ins

---

30 Müller, Grete: „Demonstration über die Sigurd-Leeder Methode", in: Gesellschaft für Tanzforschung e.V. (Hg.), *Tanzforschung Jahrbuch,* Band 5, Wilhelmshaven: Noetzel 1994, S. 109-114, hier S. 113-114.
31 Maxwell, Carla/Weber, Lilo: „Schön, dass es kein Richtig oder Falsch gibt. Carla Maxwell über ihre Arbeit mit der Limón Dance Company, die im Rahmen des Festivals *Steps* auftritt", in: *Neue Zürcher Zeitung* vom 17.4.2010.
32 Ebd.
33 Leeder, Sigurd: „Leeders Gedanken zum modernen Tanz (Vortrag, London 1952)", in: Müller, *Sigurd Leeder* (2001), S. 12-14, hier S. 14.

Spiel. Anstatt sich ausschließlich auf diejenigen motorischen Inhalte zu konzentrieren, die innerhalb der Jooss-Leeder-Methode oder jeder anderen Tanztechnik erinnert werden, könnte man auch das Vergessen fokussieren, welches ausdrücklicher Teil einer Körpertechnik sein kann, die sich als Methode versteht und fortgeschrieben und entwickelt werden will. Im Lichte des Vergessens lässt sich denn auch die Jooss-Leeder-Methode betrachten. Jooss sprach von dem Übersehen des tragenden Stammes, Müller von einer Methode als einem lebendigen, beweglichen Organismus, der sich stetig weiterentwickeln müsse und Lutz Förster wendet sich gegen kodifizierte Schrittmuster innerhalb eines Tanzunterrichts. Kurt Jooss bedachte das Vergessen als einen Teil jeder Tanztradition: „Die Tanzkunst, so meinte er, könne man sich wie einen Strom vorstellen, in den große und kleine Flüsse münden. Für einen Moment könne man deutlich das Wasser erkennen, dass ein Fluss in den Hauptstrom einbringe. Dann sehe man es nicht mehr. Das alte Wasser vermenge sich mit dem neuen, wodurch sich die Qualität des Wassers insgesamt verändere."[34]

Das Vergessen motorischer Bewegungsmuster kann demnach ein Aspekt der Entwicklung einer Tanztechnik sein. Konkrete Unterrichtsinhalte von Kurt Jooss und Sigurd Leeder lassen sich nur noch indirekt rekonstruieren. Einige wenige Zeitzeugen können dazu noch Auskunft geben. Viele von Jooss' und Leeders Übungen und Bewegungsmustern sind ebenso wie ein großer Teil ihres choreographischen Schaffens vergessen. Zwar ist einiges davon in der Kinetographie Labans notiert, wie z.B. Leeders Etüden[35] oder Jooss' vier erhaltene Ballette, aber nur ausgewählte Experten sind in der Lage, diese zu entschlüsseln. Man muss das Vergessen bei der Betrachtung der Jooss-Leeder-Methode also in ihre Charakterisierung integrieren und mit Paul Ricoeur sagen, „daß das Vergessen so eng mit dem Gedächtnis vermengt sein kann, daß es für eine seiner Bedingungen gehalten wer-

---

34 Patricia Stöckemann zitiert in dieser Passage Kurt Jooss in einem Gespräch mit Bella Lewitzky, Isa Partsch-Bergsohn und Harold Bergsohn. Vgl. P. Stöckemann: *Etwas ganz Neues muß nun entstehen*, S. 404.

35 „Unsere Etüden sind fast alle in der Kinetographie Labans notiert, die meisten von Sigurd Leeder persönlich", beschreibt Grete Müller die Dokumentation der Sigurd-Leeder-Methode. Vgl. Müller, Grete: „Demonstration über die Sigurd-Leeder Methode", in: Gesellschaft für Tanzforschung, *Tanzforschung Jahrbuch* (1994), S. 112.

den kann"³⁶. Zu unterscheiden ist dabei zwischen einem endgültigen Vergessen, wie es in keiner Körpertechnik beabsichtigt wird, und einem Vergessen, welches ermöglicht, Bewegung nicht als Gewohnheit zu erhalten, sondern in einem schöpferischen Akt wiederzuerkennen.

Wichtiger als das Erinnern von motorischer Information ist für die Jooss-Leeder-Methode das Durchdringen der Bewegungen mittels expliziten Wissens, welches in Form von Bewegungsprinzipien und Themenbereichen existiert. So wird besonders an dieser Methode des zeitgenössischen Tanzes deutlich, dass sich die Vorstellung auf die Bewegungsausführung richten kann und damit die Erinnerung die Wahrnehmung von Bewegungen ergänzt und führt. Es sei aber trotzdem bereits hier darauf hingewiesen, dass sich motorische Informationen in Form von Übungen, als Bewegungsphrasen und auch als komponierte Bewegungen erhalten haben und weitergegeben wurden. Ich werde darauf im Zusammenhang mit dem motorischen Gedächtnis näher eingehen.

QUELLEN

Für jeden an der Jooss-Leeder-Methode interessierten Tänzer und Tanzwissenschaftler bieten sich die Werke von Rudolf von Laban als ein grundlegender Zugang an. Sie sind die theoretische Grundlage, auf der die praktische Bewegungsschule von Jooss und Leeder beruht. Die beiden wichtigsten Texte, die die Jooss-Leeder-Methode fokussieren, sind Jane Winearls *Modern Dance. The Jooss-Leeder Method* und Jean Cébrons kurzer Text *Das Wesen der Bewegung*, der im Untertitel allerdings *Studienmaterial nach der Theorie von Rudolf von Laban* heißt und somit weder auf Jooss noch auf Leeder, sondern auf Rudolf von Laban Bezug nimmt. Cébron macht damit einmal mehr deutlich, dass sich die Jooss-Leeder-Methode aus der Forschung Labans entwickelt hat.

Jane Winearls erwähnt Jooss zwar im Titel ihres Buches, weist im Vorwort aber darauf hin, dass die in ihm ausformulierten fünf Kapitel zu Bewegungsprinzipien, Technik, Dynamik, Richtung und Design sowie Improvisation und Komposition die Grundlagen sind, nach denen an der Sigurd-Leeder-Schule unterrichtet wird. Immerhin ist der Name von Kurt

---

36 Ricoeur, Paul: *Gedächtnis, Geschichte, Vergessen*, München: Fink 2004, S. 652.

Jooss bei Winearls aber in der Bezeichnung der Methode vorhanden. Grete Müller hingegen verzichtet auf die Nennung von Jooss in ihrem Werk zu Sigurd Leeder und bezeichnet die Tanztechnik Leeders dort als die ‚Sigurd-Leeder-Methode'. Dies ignoriert, wie Patricia Stöckemann kritisiert, die Geschichte der Methode und Jooss' entscheidende Beteiligung an deren Entwicklung sowie einen wichtigen Teil von Leeders Biographie.[37] Müller skizziert Leeders Tanztechnik in einem Kapitel ihres Buches, indem sie die Grundzüge von Körperwellen, Fluss und Impuls, Führung, Neigungen, Kontraktion und Shift erläutert[38], alles Begriffe, die sowohl bei Winearls als auch in dem Text von Cébron auftauchen.

Was Jooss in seinem Unterricht lehrte, lassen diese Texte nur entfernt vermuten. Auf die Frage nach den Inhalten von Jooss' Unterrichtsstunden kann allein auf die Auskunft von ehemaligen Schülern wie Christine Eckerle, Sophie Fürstenau oder Ulrich Roehm zurückgegriffen werden. Die Veröffentlichungen von Michael Diekamp und Anna Markard geben einen vagen Eindruck davon, wie Jooss lehrte, aber keine Auskunft über das ‚Was'. Hans Züllig kann als einer der Pädagogen gesehen werden, der weiter im Sinne von Jooss unterrichtete. Von seinem Unterricht existieren Filmaufnahmen im Tanzarchiv der *Folkwang Universität der Künste*, die ihn im Unterricht mit dem *Cloudgate Dance Theatre* aus Taiwan zeigen. Einen besonderen Hinweis verdient die Arbeit von Eckard Brakel, der seine Erinnerungen an Jooss' Bewegungsansatz seit 1990 systematisierte und mit einer Ausbildungsklasse gefilmt hat. Diese Filmaufnahmen sowie Unterrichtseinheiten dienten mir als eine zusätzliche Informationsquelle, aus der sich Rückschlüsse auf die Körperarbeit von Jooss ziehen ließen. Als ich erfahren wollte, welche Inhalte Gegenstand von Jooss' Unterricht waren, nahm ich Unterrichtsstunden in Brakels Tanzschule in Hannover. Dadurch konnte ich ein lebendiges Bild von dem Bewegungsvokabular gewinnen, welches eine Rolle in Jooss' Unterricht gespielt haben mag. Es ist allerdings davon auszugehen, dass dieses Vokabular durch Brakel verändert, variiert und weiterentwickelt wurde.

Während sich konkrete Unterrichtsinhalte von Kurt Jooss nur schemenhaft und indirekt abzeichnen, lässt sich die Entwicklungslinie Sigurd Leeders besser verfolgen. Dank der Texte von Jane Winearls, Jean Cébron

---

37 Stöckemann, Patricia: „Was vom andern lebt", in: *tanzdrama* 3 (2002), S. 42-44.
38 G. Müller: *Sigurd Leeder*, S. 28 ff.

und Grete Müller, vor allem aber durch Filmaufzeichnungen von Jean Cébrons Unterricht, die im Archiv der *Folkwang Universität der Künste* vorhanden sind. Allerdings muss man auch hier erwähnen, dass Jean Cébron seinen Unterricht selbst entwickelt hat. Er erwähnte Jooss und Leeder zwar immer als Ausgangspunkt seiner Technik, was aber in seinen Unterrichtsstunden stattfand, stellte seine eigene Umsetzung des Bewegungsansatzes von Jooss und Leeder dar. Rückschlüsse auf den Einfluss besonders von Sigurd Leeder sind trotzdem naheliegend.

Der jüngste Beitrag, der die Jooss-Leeder-Methode thematisiert und damit schriftlich an sie erinnert, stammt von dem Autorenteam Wiebke Dröge, Claudia Fleischle-Braun und Patricia Stöckemann und stellt sie als Jooss-Leeder-Technik in dem Sammelband *Tanztechniken 2010. Tanzplan Deutschland* vor.[39] Der Text beantwortet die Forschungsfragen des *Tanzplans* anhand des konkreten Unterrichtsbeispiels von Barbara Passow und hat das Buch von Jane Winearls *Modern Dance. The Jooss-Leeder Method* sowie Patricia Stöckemanns Biographie über Kurt Jooss als zentrale Bezugstexte. Während Patricia Stöckemann und Claudia Fleischle-Braun den historischen Kontext skizzieren, stellt Fleischle-Braun in einem weiteren Schritt Körpernutzung und Bewegungsmerkmale der Jooss-Leeder-Technik vor. Wiebke Dröge bearbeitet schließlich das Themenfeld ‚Didaktik und Methodik' und bezieht sich dabei ausdrücklich auf das Unterrichtsbeispiel von Barbara Passow. Der Text leistet einen begrüßenswerten Beitrag dazu, die Jooss-Leeder-Technik bzw. -Methode wieder in den aktuellen Diskurs um Tanz und seine Techniken einzubringen. Durch Barbara Passows künstlerische und private Verbindung zu dem Jooss-Schüler Michael Diekamp ist anzunehmen, dass sich in Passows Unterricht viele grundsätzliche Ideen von Jooss fortsetzen.

Aus der Quellenlage geht hervor, dass die wichtigste ‚Quelle' der Jooss-Leeder-Methode nicht aus Texten besteht, sondern wie in jeder anderen Tanztechnik auch, in denjenigen Tanzpädagogen und Choreographen zu sehen ist, die als Wissensträger der Vergangenheit Informationen zu Körper und Bewegungen weitervermitteln. Texte können ergänzen, aber nicht er-

---

39 Dröge, Wiebke/Fleischle-Braun, Claudia/Stöckemann, Patricia: „Barbara Passow – Jooss-Leeder Technik", in: Diehl/Lampert, *Tanztechniken 2010* (2011), S. 96-132.

setzen, was zur Erinnerung einer Tanztechnik unablässig ist: Anwesenheit und Zusammenkunft.

DAS VORSTELLENDE GEDÄCHTNIS

„Wir unterrichten Tanz, der motiviert, aufrichtig und undekoriert ist."
HANS ZÜLLIG

Dieser Satz von Hans Züllig gilt noch heute als ein Kerngedanke der Tanzausbildung in Essen, die die Jooss-Leeder-Methode als eine Grundlage ihrer Ausbildung begreift.[40] Hans Züllig verkörperte für Jooss „die künstlerische und pädagogische Vision, die er mit Sigurd Leeder entwickelt hatte"[41]. Es ist daher erforderlich, einen Blick auf die Begriffe ‚Motivation', ‚Aufrichtigkeit' und ‚Schlichtheit' zu werfen, die Hans Züllig nutzt, um die Lehre in Essen zu charakterisieren. Die Begriffe lassen sich als Vorstellungen verstehen, genauer: als Wertvorstellungen, die der täglichen Arbeit im Tanzsaal zu Grunde liegen und die die Körperbildung und damit die Ausformung des motorischen Gedächtnisses auf eine gleichwertige Art und Weise ergänzen. Ihre Ausführung soll eine inhaltliche Annäherung an das humanistische Leitbild leisten, welches das vorstellende Gedächtnis der Jooss-Leeder-Methode mitbestimmt.

Wertvorstellungen

Zunächst: Von Tanz, nicht von Technik ist bei Hans Züllig die Rede. „Folkwang ist keine Schule, die eine bestimmte Technik lehrt", erklärte Pina Bausch. „Was mich mit Jooss verbindet, sind menschliche Dinge, ist seine Humanität."[42] Sowohl Hans Züllig als auch Pina Bausch umschreiben

---

40 Vgl. http://www.folkwang-uni.de/home/hochschule/ueber-folkwang/geschichte/ vom Januar 2010.
41 P. Stöckemann: *Etwas ganz Neues muß nun entstehen*, S. 392.
42 Pina Bausch zitiert nach Schlicher, Susanne: *TanzTheater. Traditionen und Freiheiten. Pina Bausch, Gerhard Bohner, Reinhild Hoffmann, Susanne Linke*, Reinbek bei Hamburg: Rowohlt 1987, S. 95.

das Essener Ausbildungsprofil mit einer inneren Haltung. „Alles andere ist auswechselbar", so Lutz Förster[43]. Dies trägt vor allem dem Gedanken Rechnung, dass die Jooss-Leeder-Methode mit bestimmten Wertvorstellungen verknüpft ist.

Zur Motivation: Die in der Tradition von Jooss und Leeder stehenden Tänzer und Choreographen haben über Generationen immer wieder dieselbe Frage gestellt: Warum bewegen wir uns überhaupt? Für Kurt Jooss war die Antwort eindeutig: „Dem Tänzer und Choreographen entsteht damit die Aufgabe, in strenger Selbstkritik und kompromissloser Disziplin stets die echte, die wesentliche Bewegung für einen bestimmten Inhalt zu finden und damit zu komponieren."[44] Die Verbindung von Inhalt und Form ist für Jooss eine Notwendigkeit und auch Hans Züllig erklärt, „dass man, während man komponiert, nie vergessen darf, für was, was man will"[45]. Diesen Aussagen schließt sich auch Sigurd Leeder an: „Eine Ausdrucksabsicht muss hinter jeder Bewegung, die der Tänzer ausführt, stehen. Die Bewegung muss von seiner Vorstellungskraft angeregt werden."[46] Diese Idee wird auch durch Schüler, die bei Jooss und Leeder studierten, weiterverfolgt. Birgit Cullberg zum Beispiel, die in England bei Jooss Unterricht nahm, versteht die Motivation einer Bewegung ebenfalls als eine notwendige Voraussetzung.

„Eine Bewegung muss motiviert sein. Es genügt nicht, wenn sie eine technische Fertigkeit vorführt oder einen schönen Körper und eine schöne Linie hervorhebt. Ein Mensch tanzt und deshalb müssen die Bewegungen einen Bezug zu dem inneren Leben und den Erfahrungen des Menschen aufweisen. Die Bewegungen müssen or-

---

43 Lutz Förster zitiert nach Boxberger, Edith/Wittmann, Gabriele: „Folkwang Hochschule Essen", in: Tanzplan Deutschland (Hg.), *Tanzplan Deutschland Jahresheft 2008*, S. 24-26, hier S. 24.
44 Kurt Jooss zitiert nach Stöckemann, Patricia: *Etwas ganz Neues muß nun entstehen*, S. 364.
45 Hans Züllig zitiert nach Schlicher, Susanne: *TanzTheater*, S. 105.
46 Sigurd Leeder zitiert nach Pellaton, Ursula: „Von vitaler Bedeutung ist der innere Beweggrund. Zum 100. Geburtstag von Sigurd Leeder", in: *tanzdrama* 5 (2002), S. 6-9, hier S. 7.

ganisch aus einer Idee – sei sie lyrisch, dramatisch oder musikalisch – hervorgehen."[47]

Zur Aufrichtigkeit: Unsere Wahrheit, unsere Welt, unsere Realität – diese Themen beschäftigen die Tänzer aus dem Umfeld der Jooss-Leeder-Methode. ‚Eine gewisse Ehrlichkeit' ist es denn auch, die Pina Bausch laut eigener Aussage von Kurt Jooss übernahm.[48] Jooss stellt seine Tänzer als Menschen in Alltagskleidung auf die Bühne und behandelt in seinen Stücken humane und soziale Themen, ein Produktionsstil, der im Tanztheater der siebziger Jahre seine Fortsetzung findet. Jooss, so Anna Markard, ging in seinem Bemühen, „Menschen charakteristisch und individuell darzustellen, vom Studium des Alltagsverhaltens aus"[49]. Weder die Sprache des klassischen Balletts noch die hoch individualisierte Sprache des Ausdruckstanzes ist sein Bewegungsvokabular, sondern eine Synthese aus klassischen, modernen und alltäglichen Bewegungen, die eine Verbindung von innerer und muskulärer Bewegung offenlegen. „Jede Bewegung in *Der Grüne Tisch* hat eine Bedeutung, ist dramatisch, hat eine dramatische Quelle und basiert auf dem intensiven Studium [...] der Beziehung von Körperbewegung und innerer Bewegung – Emotion", beschreibt Jooss sein berühmtes Stück[50]. Gemeinsam ist den Choreographen Kurt Jooss und Pina Bausch die Behandlung von unbequemen Themen, Themen, die schockieren und berühren. Echte Menschen stehen bei ihnen auf der Bühne, keine idealisierten Typen, aber auch keine abstrakten Wesen. Ganz zu Beginn ihrer Laufbahn als Choreographin in Wuppertal äußert Pina Bausch:

„Ich mache Theater für Leute von heute, [...] für Menschen wie du und ich. Ich finde, dass wir uns alle sehr ähnlich sind: wir alle müssen essen, schlafen, wir alle

---

47 Birgit Cullberg zitiert nach Näslund, Erik: „Eine Bewegung muß motiviert sein", in: *tanzdrama* 2 (1998), S. 20-26, hier S. 21.
48 Pina Bausch zitiert nach Schmidt, Jochen: *Tanzen gegen die Angst*, S. 30.
49 Markard, Anna: „Fusssprachen. Zu einem wichtigen Aspekt der Choreographie von Kurt Jooss", in: Gunhild Oberzaucher-Schüller (Hg.), *Ausdruckstanz. Eine mitteleuropäische Bewegung der ersten Hälfte des 20. Jahrhunderts*, Wilhelmshaven: Noetzel 1992, S. 133-142, hier S. 134.
50 Kurt Jooss zitiert nach Stöckemann, Patricia: *Etwas ganz Neues muß nun entstehen*, S. 164.

brauchen Küchen und Betten und wir alle haben die gleichen Bedürfnisse und Probleme. Das interessiert mich."[51]

Sowohl in Pina Bauschs als auch in Kurt Jooss' Choreographien tritt ein starker Sinn für Realität zu Tage, ein Anliegen, Gegebenheiten des Alltags einen künstlerischen Ausdruck zu verleihen.

Zur Schlichtheit (Undekoriert): Kurt Jooss' eigene Erklärung für die Langlebigkeit seines berühmtesten Balletts lautet: „Es gibt keine Ornamente."[52] So ist es auch „die geniale Einfachheit der Linie", die Jochen Schmidt diesem berühmten Stück neben seinem humanen und sozialen Engagement attestierte[53]. Schlichtheit zeigt sich vor allem in der Verwendung des Raums. Ein Gefühl kann nicht schlicht sein. Lediglich sein Ausdruck im Raum, die Raumform, in der es ‚wohnt', kann danach streben, so einfach wie möglich zu bleiben. In diesem Sinne ist Schlichtheit auf die Raumform zu beziehen und als Versuch zu verstehen, nicht vom Eigentlichen abzulenken. Jooss selbst umschrieb seinen Stil als ‚Essentialismus', was für ihn bedeutete, dass jedes Thema im Tanz die „Wahl der wesentlichen, wahrhaftigen Bewegung verlangt"[54].

Die zentrale Idee von Jooss war, so Eckard Brakel, eine Sprache für den Tanz zu entwickeln, die gleich einer Geschichte etwas erzählen kann. Daher wurde in Jooss' Kompositionsstunden auch immer danach gefragt, was eine Bewegung ausdrücken solle. Wohl auch aus Jooss' Anspruch heraus, nur das absolut Notwendige als Bewegung zu formulieren, sind alle vier erhaltenen Jooss-Ballette – *Der Grüne Tisch* (1932), *Großstadt* (1932), *Pavane auf den Tod einer Infantin* (1929) und *Ein Ball in Alt-Wien* (1932) – Tanzstücke, die extrem komprimiert daherkommen. Mit ca. 35 Minuten ist *Der Grüne Tisch* dabei noch das längste Stück. *Ball in Alt-Wien* und *Groß-*

---

51 Bausch, Pina/Gleede, Edmund: „...ich empfinde Menschen sehr stark. Edmund Gleede sprach mit der Wuppertaler Ballettchefin Pina Bausch", in: Horst Koegler, *Ballett 1975. Chronik und Bilanz des Ballettjahres*, Seelze-Velber bei Hannover: Friedrich 1976, S. 27-31, hier S. 30.

52 Kurt Jooss zitiert nach Stöckemann, Patricia: *Etwas ganz Neues muß nun entstehen*, S. 164.

53 Jochen Schmidt zitiert nach Markard, Anna und Hermann, *Jooss* (1985), S. 10.

54 Jooss, Kurt: „Gedanken zu Stilfragen im Tanz", in: Folkwang-Offizin der Folkwangschule (1958), keine Seitenangabe.

stadt hingegen dauern nur ca. 12 bzw. 15 Minuten. Das Drama der Infantin schließlich fasst Jooss in nur fünf Minuten zusammen.[55]

Motivation, Aufrichtigkeit und Schlichtheit umreißen diejenigen Wertvorstellungen, die von den Vertretern der Jooss-Leeder-Methode genannt und verfolgt werden und die die physischen Leistungsanforderungen ihrer Tanzpraxis durchdringen.

Dass die Vorstellungskraft des Tänzers nicht nur die choreographische Arbeit, sondern bereits die Bewegungsausführung der Tänzer im Training durchdringen muss, wird an dem folgenden Zitat deutlich. Darin beschreibt Ann Hutchinson Guest, wie Sigurd Leeder seinen Unterricht begann:

„Ein Lichtstrahl fällt auf Deine rechte Schulter. Sie reagiert. Wird mit Energie aufgeladen, wird lebendig. Der rechte Arm hebt sich ein wenig, so daß der Strahl nun den rechten Ellbogen berührt; laß ihn reagieren. Nun springt der Lichtstrahl an Dir hoch bis auf die Brustmitte. Wenn sich das Licht ausbreitet und den ganzen Körper überflutet, wird dieser lebendig, aktiv, bereit, sich zu bewegen. Laß die Bewegung zu, laß sie ihren eigenen Weg nehmen. Das ist gut!"[56]

Jede Übung, so Ann Hutchinson Guest, wurde bei Leeder mit einer „interessanten bildlichen Vorstellung verknüpft"[57]. Neben Wertvorstellungen spielen also geistige Bilder in Leeders Unterricht eine Rolle. Man könnte auch sagen: Erinnerungen, subjektive Bilder des Gedächtnisses werden mit der äußeren Formung des Körpers in Beziehung zueinandergesetzt. Der Zusammenhang von innerer Vorstellung und Motorik des Körpers ist für Leeder für das tägliche Tanztraining von höchster Wichtigkeit. Leeder spricht von der Korrespondenz zwischen den räumlichen Beziehungen von Körperteilen zueinander (der Platzierung des Rumpfes, bei der im Idealfall Kopf, Schultern, Brustkorb und Hüfte ausbalanciert sind) und dem inneren Zu-

---

55 Diese Angaben wurden mir vom Deutschen Tanzarchiv Köln zur Verfügung gestellt und durch Anna und Hermann Markard verifiziert. Vgl. dazu auch Dahlhaus, Carl (Hg.): *Pipers Enzyklopädie des Musiktheaters. Oper, Operette, Musical, Ballett*, München/Zürich: Piper 1989.
56 Hutchinson Guest, Ann: „Bilder für den Tanz. Die Lehrmethode von Sigurd Leeder", S. 15.
57 Ebd., S. 17.

stand, dem „inneren Bild"[58]. Das äußere Erscheinungsbild eines Tänzers wird laut Leeder nicht nur durch den anatomischen Aspekt der Körperhaltung, sondern auch durch die innere Haltung eines Tänzers bestimmt. Leeder will durch die Aktivierung der subjektiven Vorstellung erreichen, dass jede Übung nicht als Wiederholung oder Nachahmung, sondern als eigene Schöpfung des Ausführenden erfahren werden kann.

Die Aktivierung geistiger Bilder, also die Erinnerung an eigene Erlebnisse, bleibt darüber hinaus ein wichtiger Motor für die künstlerische Arbeit an eigenen Choreographien. Leeder verarbeitet seine Eindrücke, wie z.B. die sich überschlagenden Wogen des Pazifiks in seiner Etüde *Caido*. Erinnerungen an ein Naturschauspiel schlagen sich in seiner Choreographie nieder und drücken zum einen Gesetze der Schwerkraft in Fällen und Schwüngen des Körpers aus, zum anderen Erinnerungen an eine lebensnahe Erfahrung.[59]

Weniger persönlich als vielmehr vom Einzelnen unabhängig sind die Prinzipien und die Lehre zu Bewegung und Raum, die den theoretischen Rahmen der Jooss-Leeder-Methode darstellen. Auch sie sind Teil des vorstellenden Gedächtnisses, allerdings nicht auf der Ebene von Wertvorstellungen und auch nicht auf der Ebene von subjektiven Erinnerungen, sondern auf der Ebene der Analyse, die das Erleben von Bewegung ergänzt und mit ihr korrespondiert.

Prinzipien

Die Jooss-Leeder-Methode beruht auf Bewegungsprinzipien. In ihnen lässt sich eine gemeinsame Grundlage des Unterrichts der Jooss-Leeder-Pädagogen sehen. Jane Winearls nennt vier Bewegungsprinzipien, an denen sich die Jooss-Leeder-Methode orientiert: Spannung und Entspannung, Gewicht und Kraft, die drei grundlegenden Rhythmen in der Bewegung und Fluss und Führung. Auch Jean Cébrons Text führt diese Prinzipien zu Beginn an, beschreibt die Rhythmen in der Bewegung aber in einem Unterkapitel zur Eukinetik als die grundlegenden Akzente einer Bewegung.

---

58 Leeder, Sigurd: „Lecture Demonstration, gehalten von Leeder Anfang der 50-er Jahre in London", in: Müller, *Sigurd Leeder* (2001), S. 17-26, hier S. 24.
59 Vgl. dazu G. Müller: *Sigurd Leeder*, S. 28.

Tension and Relaxation[60] – Spannung und Entspannung – das erste grundlegende Prinzip der Jooss-Leeder-Methode, wird laut Winearls z.B. in der Atmung erfahren. Jean Cébron begleitete einige der Übungen seiner Unterrichtsstunden mit dem Ansagen von Ein- und Ausatmung während der Bewegungsausführung und verdeutlichte damit, dass das Prinzip von Spannung und Entspannung in der Atmung erfahren werden kann und in der Bewegung zum Ausdruck kommen muss. Auch Lutz Förster fordert die Studierenden in seinen Unterrichtsstunden dazu auf, den Moment zu finden, in dem sich der Körper entspannen kann. Hierin lässt sich eine Parallele zu der Limón-Technik von Jose Limón erkennen. Diese gründet auf dem Kontrast von *fall* und *recovery*, wobei der Körper oder einzelne Gliedmaßen fallen gelassen und anschließend durch den Einsatz von Muskelkraft wieder aufgerichtet werden. Die Bewegung unterliegt dadurch einem ständigen Wechsel von Spannung und Entspannung und ist in dieser Hinsicht der Theorie Labans und der Bewegungsschule von Jooss und Leeder vergleichbar, die ganz auf dem Kontrast von Spannung und Entspannung aufgebaut sind. „Das klare Unterscheidungsvermögen zwischen ‚Entspannung' und ‚Spannung' als Ausgangszustände des Körpers für diese oder jene Bewegung ist für die Tänzererziehung von immenser Wichtigkeit, weil die Fähigkeit zu entspannen die Basis für die Anmut in der Bewegung ist", schreibt Jooss zu diesem Prinzip[61].

Jane Winearls macht darüber hinaus deutlich, dass der unterschiedliche Einsatz von Spannung und Entspannung zu einem visuellen Eindruck führt, je nachdem, ob Spannung bzw. Entspannung nach innen oder nach außen gerichtet wird. Die nach außen gerichtete Spannung führt als Expansion zu dem Eindruck von Leichtigkeit, wie etwa bei dem Ausführen eines *relevé* im klassischen Ballett, die nach innen gerichtete Spannung als Kontraktion führt zu einem Eindruck von Stärke und Kraft, wie z.B. bei einem Stoß oder einem Druck in die Körpermitte, die beides typische Bewegungsqualitäten von *Le Sacre du printemps* von Pina Bausch sind. Umgekehrt führt die nach innen gerichtete Entspannung zu dem Eindruck von Schwere und die nach außen gerichtete Entspannung zu dem Eindruck von Weichheit.

---

60 Vgl. dazu Winearls, Jane: *Modern Dance. The Jooss-Leeder Method*, London: Black 1968, S. 18 f.

61 Kurt Jooss zitiert nach Stöckemann, Patricia: *Etwas ganz Neues muß nun entstehen*, S. 232.

Ein weiteres Prinzip ist nötig, um die Rolle der Schwerkraft einzubeziehen, die eine Bewegung entweder unterstützt oder der sie widersteht. *Weight and Strength*[62] bezeichnet bei Jane Winearls folglich das zweite Bewegungsprinzip der Jooss-Leeder-Methode, bei dem der Körper der Schwerkraft entweder nachgibt oder dieser mittels Muskelkraft widersteht. Es ist eng mit dem Prinzip von Spannung und Entspannung verbunden. Auch Cébron weist zu Beginn seines Textes darauf hin, man müsse Gewicht als unterstützenden Faktor und Kraft als widerstehenden Faktor erfahren.[63] Die Schwerkraft zieht den Körper zur Erde, die Muskelkraft des Körpers widersteht. Bewegung ist fortwährend diesem Wechselprozess ausgesetzt. Die Tanz-Kinesiologie bezieht sich ebenfalls auf dieses Prinzip: „It helps to think of gravity and muscular force as two opponents in tug of war to move the body. Gravity is pulling in one direction and the muscles are pulling in the opposite direction."[64] Dies beginnt bereits bei den ersten grundlegenden Übungen des Unterrichts, etwa den *pliés*, bei denen das Nachgeben in den Knien als „Gefühl der Schwere"[65] gespürt werden soll. Ebenso wie Spannung und Entspannung führt der Einsatz von Körpergewicht und Körperkraft zu einem visuellen Ergebnis, das davon abhängt, ob dem Gewicht viel oder wenig Unterstützung zukommt, bzw. ob die Körperkraft der Schwerkraft gering oder stark widersteht. Viel Widerstand der körpereigenen Energie gegenüber der auf den Körper wirkenden Schwerkraft wird zu einem Eindruck von Kraft führen, wie z.B. bei einem Sprung, wenig Widerstand zu einem Eindruck von Leichtigkeit. Umgekehrt wird viel Unterstützung des körpereigenen Gewichts zu dem Eindruck von Schwere führen, wie z.B. bei allen Arten von Fällen, während wenig Unterstützung den Eindruck von Weichheit nach sich zieht. Bewegungen können dabei unter unterschiedlichen Aspekten betrachtet werden und daraus resultierend einen unterschiedlichen Eindruck hervorrufen, je nachdem, ob man seine Aufmerksamkeit auf die in ihr wirkende Spannung bzw. Entspannung richtet oder sich auf den Einsatz von Gewicht bzw. Kraft konzentriert. Ein langsames *plié* ist schwer in Bezug auf die sich nach unten entwickelnde

---

62 Vgl. dazu J. Winearls: *Modern Dance. The Jooss-Leeder Method*, S. 21.
63 Vgl. Cébron, Jean: „Das Wesen der Bewegung", in: Dietrich, *Eine Choreographie entsteht* (1990), S. 74 f.
64 S.S. Fitt: *Dance Kinesiology*, S. 114.
65 G. Müller: *Sigurd Leeder*, S. 28.

Entspannung und weich in Bezug auf die Unterstützung des Körpergewichts, die im *plié* nur gering erfolgt.

Als drittes Prinzip führt Winearls das der drei grundlegenden Rhythmen an.[66] Diese sind danach zu definieren, ob sie ihren Akzent am Anfang, in der Mitte oder am Ende einer Bewegung haben. Die Bewegungen, die einen Akzent am Anfang der Bewegung haben, werden im Englischen *initial*, diejenigen, die einen Akzent am Ende der Bewegung haben, werden *terminal* genannt. Als dritte rhythmische Erscheinungsform – *transitional* – klassifiziert Winearls die Bewegungen, die ihren Akzent in der Mitte haben. Cébron sieht im *transitional accent* allerdings eine Kombination von *terminal* und *initial*, indem sich im *transitional accent* die Spannung sammelt (*terminal*) und wieder frei wird (*initial*).[67] Auch die Akzente führen laut Cébron zu einem Eindruck: *initial* zu einem impulsiven und *terminal* zu einem zielbewussten. Winearls stimmt in dieser Charakterisierung mit Cébron überein. Cébron bezeichnet darüber hinaus den *initial accent* auch als femininen Akzent und den *terminal accent* als maskulinen Akzent. Die Bezeichnungen ‚feminin' und ‚maskulin' sowie die Bestimmung der Akzente als Bewegungen, die impulsiver bzw. zielbewusster Natur sind, lässt ebenso wie die Bestimmung der Eigenschaften von Spannung/Entspannung und Gewicht/Kraft erkennen, dass in der Jooss-Leeder-Methode die Beziehung zwischen Bewegung und Ausdruck eine große Rolle spielt. Mit der Bewegung werden Eigenschaften assoziiert, die neben der Bestimmung der Bewegung nach den Merkmalen Zeit und Raum in die Bewegungsausführung einfließen. Das heißt: Das vorstellende Gedächtnis der Tänzer hat bei der Bewegungsausführung neben analytischen Aspekten der Bewegung immer auch qualitative zu seiner Verfügung, die sich mit Vorstellungen des alltäglichen Lebens verbinden lassen. Jeder hat eine gewisse Vorstellung von ‚weich', ‚schwer', ‚impulsiv' oder ‚zielbewusst', weil es Eigenschaften sind, die sich nicht nur in der tänzerischen Bewegung, sondern in alltäglichen Prozessen des lebendigen Daseins finden. Es ist zwar ein Unterschied, ob man sich das Gewicht des Körpers nur vorstellt oder es wirklich einsetzt, aber allein die Vorstellung des Körpers als ein den Prinzipien der Schwerkraft nachgebendes oder widerstehendes Medium, dessen Qualitäten

---

66   J. Winearls: *Modern Dance. The Jooss-Leeder Method*, S. 22.
67   Vgl. Cébron, Jean: „Das Wesen der Bewegung", in: Dietrich, *Eine Choreographie entsteht* (1990), S. 78.

sich als ‚leicht' oder ‚kraftvoll' beschreiben lassen, wird einen gewissen Einfluss auf die Bewegungsausführung erreichen. Eben darin besteht der Zweck der Vorstellung der Bewegungsprinzipien: Sie sollen die Wahrnehmung des Körpers durchdringen.

Als letztes und viertes Prinzip führt Winearls schließlich das Prinzip von Fluss und Führung an. Cébron bezeichnet dieses Prinzip als den Unterschied zwischen verhaltenem Fluss, bei dem die Bewegung geführt wird, und freiem Fluss, bei dem die Bewegung nicht ohne weiteres gestoppt werden kann, z.b. in der Mitte einer Drehung. Auch während des Fallens der Extremitäten oder des ganzen Körpers befindet man sich in einem freien Fluss von Bewegung, weil diese nicht plötzlich angehalten werden kann. Winearls sieht in diesem Prinzip außerdem die Berücksichtigung von externen Kräften, die bei jeder Bewegungsausführung eine Rolle spielen, wie z.B. bei dem Gehen auf Eis oder Torf. Der Bewegungsfluss muss sich an diese externen Kräfte anpassen. Das vierte Prinzip lässt sich also sowohl von der Bewegungsausführung her als auch von den äußeren Faktoren, die eine Bewegung beeinflussen, verstehen.

Die Prinzipien der Jooss Leeder-Methode sind demnach als ein Aspekt des vorstellenden Gedächtnisses zu verstehen, das der Bewegung zugrunde liegt. Das motorische Gedächtnis soll sich aufgrund dieser Prinzipien ausbilden und sich neue Bewegungsmuster und -abfolgen anhand der sinnlich erfahrenen Bewegungsprinzipien aneignen. Es soll nicht durch ein festgelegtes Vokabular bestimmt sein, sondern den Zugang zu unterschiedlichen Tanzstilen ermöglichen. Im Gebrauch der Bewegungsprinzipien wird die Relevanz der Vorstellung innerhalb der Jooss-Leeder-Methode besonders deutlich.

Eukinetik und Choreutik

„This technique has two sides", erklärt Jean Cébron die Jooss-Leeder-Methode. „One is the choreutics, which are the directions in space, and the other is the eukinetics, which are the movement qualities."[68] Die Jooss-Leeder-Methode setzt sich, Jean Cébron folgend, aus den beiden Themenbereichen Eukinetik und Choreutik zusammen. Sie sind wie die Bewe-

---

68 ETÜDEN FÜR DEN MODERNEN UNTERRICHT (D 1990, Choreographie: Jean Cébron, DVD aus dem Tanzarchiv der *Folkwang Universität der Künste*).

gungsprinzipien auch als ein Aspekt der Vorstellung zu verstehen, die die Bewegungsausführung begleitet.

Die Eukinetik, wie sie in der Jooss-Leeder-Methode verstanden wird, hängt eng mit Rudolf von Labans Antriebslehre zusammen. „Eukinetik", so Leeder, „ist ein zusammengesetzter Begriff aus dem Griechischen. Die erste Silbe EU bedeutet ‚gut', die zweite kommt von KINEO und heisst ‚bewegen'."[69] Die Eukinetik beschreibt die Art und Weise, wie eine Bewegung ausgeführt werden soll, und ist mit dem vagen Begriff des Ausdrucks assoziiert. Kurt Jooss und Sigurd Leeder interessieren an der Eukinetik vor allem die Beziehung zwischen der Dynamik einer Bewegung und einer emotionalen Stimmung, die sich damit verbinden lässt. Für sie sollen Erlebnisse und Empfindungen in der Tanzbewegung sichtbar werden und die Eukinetik dient ihnen als Werkzeug dazu. Die Beziehung zwischen Emotionen und Ausdruck durch die Bewegung kommt vor allem in der choreographischen Arbeit, also in dem kompositorischen Verfahren von Tanzbewegungen, zur Geltung und hängt maßgeblich vom Thema der Choreographie ab, vor allem aber von dem Kontext, in dem jede Bewegung steht. Hier zeigt sich die enge Bindung von Tanztraining und Aufführungspraxis und der Anspruch der Jooss-Leeder-Methode, ihre Unterrichtsinhalte auf der Bühne zur Anwendung zu bringen. Entsprechend lässt sich auch Barbara Passows Hinweis verstehen: „Ich weise schon im Training darauf hin, dass die Bühne das Ziel ist, der Schritt über die Technik hinaus zum Tanz."[70] Zunächst sollen die Tanzstudierenden in den Unterrichtsstunden aber lernen, wie sie überhaupt zu einer dynamischen Vielfalt in der Bewegung gelangen können. Grete Müller charakterisiert die Eukinetik als „das praktische Studium des Bewegungsausdrucks im Bereich des Tanzes anhand dynamisch-rhythmischer Analyse"[71]. Gegenstand der Eukinetik ist demnach die sinnlich erfahrene Analyse von Tanzbewegungen, indem diese

---

69 Leeder, Sigurd: „Lecture Demonstration, gehalten von Leeder Anfang der 50-er Jahre in London", in: Müller, *Sigurd Leeder* (2001), S. 24-25.

70 Passow, Barbara/Boxberger, Edith: „Respekt und Risiko. Barbara Passow im Gespräch mit Edith Boxberger", in: Diehl/Lampert, *Tanztechniken 2010* (2011), S. 101.

71 Müller, Grete: „Demonstration über die Sigurd-Leeder Methode", in: Gesellschaft für Tanzforschung, *Tanzforschung Jahrbuch* (1994), S. 112.

auf Kraft, Zeit und Raum hin bestimmt und mit dem Körper umgesetzt werden.

Besonders auf dem Feld der Eukinetik der Jooss-Leeder-Methode sind Unterschiede zu der Antriebslehre von Laban zu erkennen. Sie stellt aber dennoch die Umsetzung von Labans theoretischen Ausführungen in die tänzerische Praxis dar, bei Leeder z.B. in Form seiner Bewegungsetüden. Für seine Antriebslehre definierte Rudolf von Laban vier Faktoren: Gewicht, Fluss, Zeit und Raum, in denen jeweils zwei Pole unterschieden werden, den gegen sie ankämpfenden und den sich ihnen hingebenden Pol. Es ergeben sich die Paare leicht/kraftvoll, frei/gebunden, hinauszögernd/ plötzlich und direkt/flexibel.[72] In der Jooss-Leeder-Methode werden diese vier Paare um eines reduziert, indem nur Energie, Zeit und Modus einer Bewegung bestimmt werden. Die Bezeichnung ‚Fluss' entfällt hier und wird als eigenes Prinzip gefasst. Die Energie einer Bewegung gleicht Labans Faktor des Gewichts, aber Jooss und Leeder zogen den Begriff der ‚Energie' dem des Gewichts vor und kennzeichneten die Energie einer Bewegung analog zur Musikterminologie mit ‚piano' und ‚forte', nicht wie Laban mit ‚leicht' und ‚kraftvoll'. ‚Zeit' wird in der Jooss-Leeder-Methode vereinfachend nur mit langsam oder schnell beschrieben. Die Bezeichnung ‚Modus' einer Bewegung, die bei Jooss und Leeder bestimmt, ob die Bewegung im Zentrum oder in der Peripherie des Körpers geschieht, lehnt sich an Labans Faktor des Raums an und meint den auf den Körper bezogenen Raum, also wo eine Bewegung im Körper stattfindet. Bei Laban wiederum bezeichnet der Antriebsfaktor ‚Raum' nicht, wohin man sich im Raum bewegt, sondern wie, also direkt oder flexibel. Auch Jooss und Leeder nannten den Faktor ‚Modus' anfangs ‚Raum'. Sie verzichteten aber im Laufe der Entwicklung ihrer Theorie auf diese missverständliche Bezeichnung und ersetzten sie durch die Bezeichnung ‚Modus' = Ursprung einer Bewegung, um eine klare Unterscheidung zu der Raumlehre zu treffen. Die Bezeichnung ‚Modus' entspricht in gewisser Weise dem Faktor Raum in Labans Antriebslehre, hält aber, anders als die Antriebslehre Labans, den Gedanken an den Raum aus der Eukinetik heraus. Dies geschieht, um die dynamischen Qualitäten einer Bewegung unabhängig vom Raum verstehen zu können. Jooss und Leeder waren der Ansicht, der räumliche Aspekt der Bewegung könnte innerhalb der choreutischen Lehre getrennt analysiert

---

72 Vgl. R.v. Laban: *Der moderne Ausdruckstanz in der Erziehung*, S. 71 ff.

werden. So ergeben sich aus den drei Parametern Energie, Zeit und Modus, wie bei Laban auch, insgesamt acht Bewegungsqualitäten, mit denen sich alle Bewegungen klassifizieren lassen: ‚Gleiten', ‚Schlottern', ‚Druck' und ‚Stoß' als zentrale und ‚Schweben', ‚Flattern', ‚Schlag' und ‚Zug' als periphere Bewegungsqualitäten. Zentralität und Peripherität stellen, verbunden mit den Komponenten Zeit und Kraft, laut Grete Müller, die Hauptgebiete der Eukinetik dar.[73]

In den zentralen Bewegungsqualitäten sah Leeder „die Welt jeglicher Leidenschaften. Bewegungen, die diese Gefühlsgruppe widerspiegeln, beginnen technisch gesehen im Zentrum des Körpers."[74] Die peripheren Bewegungen hingegen drücken, Leeder folgend, eher die leichteren, ideellen Vorstellungen aus, da sie von den Enden unserer Gliedmaßen geführt werden.[75]

Die Rolle des Todes in Jooss' *Grünem Tisch* wurde von Jean Cébron oft als Beispiel benutzt, um die unterschiedlichen Bewegungsqualitäten der Eukinetik an einer choreographierten Tanzphrase zu zeigen.[76] Besonders bemerkenswert an der choreographischen Arbeit von Kurt Jooss, aber auch an den Etüden, wie sie Jean Cébron entwarf, war, dass verschiedene Bewegungsqualitäten mit verschiedenen Teilen des Körpers gleichzeitig umgesetzt wurden, z.B. ein Schlagen oder Stoßen in den Beinen und ein Schweben in den Armen. In seinem Unterricht legte Jean Cébron seine besondere Aufmerksamkeit darauf, wie die unterschiedlichen Bewegungsqualitäten ineinander übergehen und dass in einer Bewegung, welche vordergründig nur aus einer Aktion besteht, zuweilen mehrere Bewegungsqualitäten wirksam sein können.

Cébron benutzt in einer Unterrichtsstunde ein einfaches Beispiel, um den Zusammenhang zwischen den verschiedenen Bewegungsqualitäten zu demonstrieren: Bei dem Einschlagen eines Nagels mit einem Hammer müsse man sich entspannen, bevor man den eigentlichen Schlag ausführen kön-

---

73 Müller, Grete: „Demonstration über die Sigurd-Leeder Methode", in: Gesellschaft für Tanzforschung, *Tanzforschung Jahrbuch* (1994), S. 113.

74 Leeder, Sigurd: „Lecture Demonstration, gehalten von Leeder Anfang der 50-er Jahre in London", in: Müller, *Sigurd Leeder* (2001), S. 25.

75 Ebd., S. 25.

76 JEAN CÉBRON, UNTERRICHT (204B) (D [o.J.], Choreographie: Jean Cébron, DVD aus dem Tanzarchiv der *Folkwang Universität der Künste*).

ne. Was vordergründig nach einer Bewegung aussieht, setzt sich also aus zwei Bewegungsqualitäten zusammen. „You must be relaxed, to have the strength", erklärt Jean Cébron den Zusammenhang zwischen den beiden Bewegungsqualitäten ‚Stoß' und ‚Schlottern'[77]. Der kraftvollen Bewegungsqualität ‚Stoß', die zentral, forte und schnell ist, geht die Bewegungsqualität ‚Schlottern' voraus, die durch die Merkmale zentral, piano und schnell charakterisiert wird. Dieses Zusammenspiel lässt sich an einfachen Bewegungsaktionen des Lebens demonstrieren, wie z.b. an Cébrons Beispiel von Nagel und Hammer, es wird in der Jooss-Leeder-Methode aber natürlich im Umgang mit der tänzerischen Bewegung analysiert und umgesetzt. Jean Cébron konnte an jeder Bewegung einer Choreographie oder seines Unterrichts eine genaue Analyse der eukinetischen und choreutischen Elemente durchführen. Cébrons Beispiel von Nagel und Hammer bringt neben dem Themenbereich der Eukinetik auch wieder das Bewegungsprinzip ‚Spannung/Entspannung' ein und lässt deutlich werden, wie wichtig die Verkörperung dieses Prinzips in der Tanzpraxis ist, da es jeder Bewegungsausführung zu Grunde liegt.

Das zweite große Themengebiet der Jooss-Leeder-Methode, die Choreutik, entstand aus der Arbeit Labans mit seinen Bewegungschören, in denen eine große Anzahl von Tänzern sich im Raum bewegte. Sigurd Leeder beschreibt die Choreutik als „das Studium der Form in der Bewegung"[78] und weist auf den griechischen Ursprung des Wortes hin. „Wörtlich übersetzt heisst es harmonische Tanzform (KHOREIA = tanzen)."[79] Die Choreutik beruht auf der Systematisierung von Raumrichtungen. Laban entdeckte, dass sich ihre Gesetze auch auf eine einzelne Person oder Teile des Körpers anwenden lassen. Zu unterscheiden sind dabei der Raum, aus dem man nicht heraustreten kann – die Bewegungssphäre des Körpers – und der Raum, der außerhalb der Reichweite der Extremitäten liegt – der ‚weitere' Raum oder *outer space*. Sobald man in den Raum hineingeht, begibt man sich also in den weiteren Raum, bleibt man auf der Stelle, bewegt man sich innerhalb der Bewegungssphäre.

---

77 Ebd.
78 Leeder, Sigurd: „Lecture Demonstration, gehalten von Leeder Anfang der 50-er Jahre in London", in: Müller, *Sigurd Leeder* (2001), S. 20.
79 Ebd.

„Stabilität und Labilität sind die beiden großen choreutischen Hauptgebiete", charakterisiert Grete Müller die Choreutik weiter[80]. Laut Müller wurden die Tanzstudierenden in Leeders Ausbildungsklassen schrittweise von der Stabilität zur Halblabilität und schließlich zur reinen Labilität geführt. Da das klassische Ballett die ganze Bandbreite stabiler Raumbeherrschung ausnutzt, fällt es besonders dem modernen Tanztraining zu, die labilen Bewegungsformen auszuschöpfen und in Bewegungsabläufen zu üben. Unter labilen Bewegungen lassen sich mit Jean Cébron diejenigen Bewegungen verstehen, deren Achse „nicht mit der Vertikalen identisch ist, also von der Schwerkraftlinie abweicht"[81]. Die stabilen Bewegungen haben ihre Achse im Gegensatz dazu auf der Schwerkraftlinie, wie z.B. eine klassische *pirouette*.

Das choreutische System von Richtungen lässt sich durch die drei Dimensionen bestimmen. Diese bestehen aus jeweils zwei Hauptrichtungen. Die erste Dimension besteht aus der ‚Richtung eins' = hoch und der ‚Richtung zwei' = tief. Sie wird auch als Vertikale oder als Schwerkraftlinie bezeichnet. Die zweite Dimension besteht aus der ‚Richtung drei' = eng und der ‚Richtung vier' = weit. Cébron gibt ihr den Namen ‚Laterale' oder ‚Horizontale'. Die dritte Dimension schließlich ist die sagittale Dimension, die sich aus der ‚Richtung fünf' = rückwärts und der ‚Richtung sechs' = vorwärts ergibt. Aus der Kombination der drei Dimensionen ergeben sich drei grundlegende Raumebenen: die Frontalebene (*flat plane*), die Tiefen- oder Sagittalebene (*steep plane*) und die Horizontal- oder Transversalebene (*floating plane*).[82]

Es ist aber eigentlich der Gebrauch der Diagonalen, der die Choreutik der Jooss-Leeder-Methode besonders kennzeichnet. Aus den drei Raumebenen ergeben sich für jede Ebene zwei Diagonalen: die *flat diagonals*, die *steep diagonals* und die *floating diagonals*.[83] Erst mit dem Gebrauch der Raumdiagonalen, die sich außerhalb der drei grundlegenden Raumebenen *flat*, *steep* und *floating* befinden, wird aber die volle Dreidimensionalität in

---

80 Müller, Grete: „Demonstration über die Sigurd-Leeder Methode", in: Gesellschaft für Tanzforschung, *Tanzforschung Jahrbuch* (1994), S. 112.
81 Cébron, Jean: „Das Wesen der Bewegung", in: Dietrich, *Eine Choreographie entsteht* (1990), S. 96.
82 Vgl. ebd., S. 89.
83 Vgl. ebd., S. 90.

der Bewegungsausführung erreicht. Viele Übungen in Jean Cébrons, Hans Zülligs, Eckard Brakels und Lutz Försters Unterricht beziehen diese Raumdiagonalen ein und bewirken dadurch eine hohe Dreidimensionalität in der Bewegungsausführung.

Laban macht insgesamt zehn Diagonalen aus: sechs Diagonalen, die sich aus der Frontal-, der Tiefen- und der Horizontalfläche ergeben (sogenannte ‚Diametralen'), und vier Raumdiagonalen, die Jean Cébron als ‚Polardiagonalen' bezeichnet und die sich zwischen den sechs Diagonalen der drei Flächen befinden. Diese Polar- oder Raumdiagonalen befinden sich, wie die Diametralen auch, außerhalb der vertikalen Schwerkraftlinie. In ihnen sind „alle drei Dimensionen proportional gleichwertig enthalten"[84]. Die Bezeichnung ‚Polardiagonalen' entnimmt Cébron einem Geometriebuch und ersetzt damit Labans Bezeichnung der Raumdiagonalen. Jane Winearls beschreibt ihren Ausdruck als „infinite as they lie outside the ordinary limitations of the three dimensions"[85]. Eben jene drei Dimensionen, hoch/tief, eng/weit und vor/rück, sind die Hauptrichtungen des klassischen Balletts, wie sie z.B. bei der Ausführung eines klassischen *tendus* nach vorn, zur Seite oder nach rück genutzt werden. Das Bewegungsvokabular von Jooss und Leeder hingegen bezieht die von Laban definierten Raumdiagonalen ein und erweitert damit die Bewegungssphäre des Körpers um jene Richtungen, die im klassischen Ballett keine ausdrückliche Beachtung finden.

Aus dieser erweiterten Konzeption des Raumes und seinen Linien entwarf Laban das Kristallmodell des Ikosaeders, welches aus zwanzig gleichseitigen Dreiecken besteht. Dieses Modell wurde von Leeder gedanklich und praktisch genutzt, um die größtmögliche Labilität, die in der Bewegung erreicht werden kann, zu verdeutlichen, z.B. indem er eine labile Körperposition (choreutische Neigung) in einem riesigen Ikosaedermodell praktizieren ließ.[86]

Auch im Zusammenhang mit den Gesetzen der Choreutik richten Jooss und Leeder ihren Blick immer auf die Beziehung zwischen der Raumrichtung und einer sich daraus ergebenden Bedeutung. Die Beziehungen zwi-

---

84 Leeder, Sigurd: „Lecture Demonstration, gehalten von Leeder Anfang der 50-er Jahre in London", in: Müller, *Sigurd Leeder* (2001), S. 23.
85 J. Winearls: *Modern Dance. The Jooss-Leeder Method*, S. 110.
86 Grete Müllers Band zeigt Leeder während der Demonstration einer choreutischen Neigung. Vgl. Müller, *Sigurd Leeder* (2001), S 43.

schen Richtungen einerseits und dem, was sie zum Ausdruck bringen können andererseits, entdeckt Jooss auch anhand anderer Kunstformen, wie z.B. der Architektur. So merkt er zur Architektur der Gotik in einem Vortrag an: „Zu steigen oder zu fallen bedeutet ihm [dem gotischen Menschen] Hoffnung oder Furcht, die Vertikale bestimmt sein Denken – und sein Bauen."[87] So wie sich in den Bauwerken der Gotik die christliche Ideenwelt widerspiegelt, so lassen sich aus räumlichen Positionsveränderungen des Körpers während der Bewegung Bedeutungen erschließen. „Das zentrale Erlebnis im neuen Tanz bildet die Erfahrung des innigen Zusammenhangs der körperlichen Geste, überhaupt jeder äußeren Bewegung, mit einem Inneren, mit der Gemütsbewegung", merkt Jooss dazu an[88] und fasst damit zusammen, wozu sowohl die Eukinetik als auch die Choreutik in der Jooss-Leeder-Methode dienen sollen. Jooss' Tochter Anna Markard äußert sich ebenfalls zu dem Zusammenhang der Dimensionen mit menschlichen Gefühlsäußerungen:

„Das Verständnis von den kontrastierenden dimensionalen und diagonalen Richtungen stimuliert die räumliche Vorstellung. Beobachtungen zeigen, daß es auch eine untrennbare Beziehung zwischen menschlicher Emotion und der Richtung spontaner Bewegungsäußerung gibt. Eine bestimmte Emotion wird immer eine bestimmte Richtung oder einen bestimmten Raumweg bevorzugen."[89]

Leeder brachte z.B. die gerade Linie mit dem Eindruck, Größe zu erwecken, in Verbindung oder assoziierte mit direkten Bewegungen u.a. einen aggressiven Charakter.[90]

Jean Cébron gibt während einer Lecture Demonstration auch zu dem Ausdrucksgehalt von Richtungen ein Beispiel: Wenn man nach oben schaue und dabei ins *plié* sinke oder wenn man umgekehrt ins *plié* sinke

---

87 Jooss, Kurt: „Gedanken zu Stilfragen im Tanz", in: Folkwang-Offizin der Folkwangschule (1958), keine Seitenangabe.
88 Ebd.
89 Markard, Anna: „Jooss the teacher. His Pedagogical Aims and the Development of the Choreographical Principles of Harmony", in: *Choreography and Dance* III 3 (1993), S. 45-51, hier S. 50.
90 Leeder, Sigurd: „Lecture Demonstration, gehalten von Leeder Anfang der 50-er Jahre in London", in: Müller, *Sigurd Leeder* (2001), S. 21.

und den Blick dabei nach unten richte, werde sich der Ausdruck der Bewegung verändern. „If I leave the [direction] one, or if I go to the [direction] two, it has to do with the idea of the movement."[91] Es spielt, so Cébron, eine Rolle, ob man z.B. nach rück geht oder ob man sich von vorn wegbewegt. „I leave the direction six. I go backwards but most important is the leaving. It is like a farewell."[92] Der Begriff ‚Abschied' wird von Cébron hier gebraucht und macht deutlich, dass die Bewegung im Raum die Umsetzung einer Ausdrucksabsicht ist.

In einer anderen Lecture Demonstration, die 1990 in der alten Aula der *Folkwang Hochschule* in Essen stattfand, erläutert Jean Cébron das Verhältnis von Emotion und Raumrichtung erneut an einem Beispiel aus dem *Grünen Tisch* von Kurt Jooss: „The old soldier is with the young soldier in the room. The death goes behind the old soldier as a shadow and takes diagonal steps. [...] Jooss used the diagonal to express the awkward things that for us is death."[93] Cébron fährt fort, all die Raumdiagonalen in der Rolle des Todes aufzuzeigen, die von den Raumdiagonalen Gebrauch machen. „In the life one does not do that", unterstreicht Cébron dabei einige seiner Beispiele und macht damit deutlich, dass der Gebrauch der Dimensionen und der Diagonalen in der Choreographie von Jooss durch das Thema der Bewegung motiviert ist.

Wie Cébron auch, macht Jane Winearls die Bedeutung der drei Dimensionen für die Übersetzung in Gefühlszustände deutlich. Die Richtung ‚Hoch' kann mit Freude, ‚Tief' mit Verzweiflung, ‚Weit' mit Freundlichkeit, ‚Eng' mit Bescheidenheit, ‚Vor' mit Willkommen und ‚Rück' mit Widerwille in Verbindung gebracht werden. An anderer Stelle verbindet Winearls den Gebrauch der ersten Dimension mit dem Gegensatzpaar von Freigabe und Hörigkeit (*Release and Bondage*), die zweite Dimension mit dem von Zweifel und Vertrauen (*Doubt over Trust*) und die dritte Dimension mit dem von Antipathie und Sympathie (*Antipathy and Sympathy*).[94] Leeder assoziierte in seiner Lecture Demonstration in den 50-er Jahren in London ‚Hoch' mit Sehnsucht, ‚Tief' mit Kraft, ‚Eng' mit Furcht, ‚Weit' mit Selbst-

---

91 LUCAS HOVING UNTERRICHT (204A) (USA [o.J.], Choreographie: Jean Cébron, DVD aus dem Tanzarchiv der *Folkwang Universität der Künste*).
92 Ebd.
93 ETÜDEN FÜR DEN MODERNEN UNTERRICHT.
94 J. Winearls: *Modern Dance. The Jooss-Leeder Method*, S. 97 und S. 102.

vertrauen, ‚Vorwärts' mit Sympathie und ‚Rückwärts' mit Antipathie.[95] Diese Zuordnungen sind nicht als starre Zuordnungen von Richtungen zu Gefühlszuständen zu verstehen. Schon die Differenz der jeweiligen Zuordnungen zeigt das. Sie sind abhängig von dem Kontext, in dem sie Gebrauch finden. Trotzdem verweisen sie auf das expressive Potential, das den Dimensionen innerhalb der Jooss-Leeder-Methode eingeräumt wird.

Anna Markard verfasste 1992 einen Aufsatz unter dem Titel *Fussprachen*, dessen Thema die Jooss'schen Schrittformen sind.[96] Mit ‚Fusssprachen' meinte Markard den Fußsatz, „der die verschiedenen Übertragungsformen der Gehschritte oder Gangarten artikuliert"[97]. Die Schrittformen, die Jooss in seinen Choreographien nutzte und die laut Michael Diekamp auch eine große Rolle in seinem Unterricht spielten,[98] können als ein weiteres Beispiel für die Beziehung zwischen Dimensionen des Raumes und einer ihnen zugeschriebenen Bedeutung dienen. Jooss, so Markard, nutzte unter anderem das Mittel des Schrittmotivs, um die unterschiedlichen Charaktere in seinen Choreographien zu portraitieren. So stellen die unvermutet aufeinanderfolgenden Vorwärts- und Rückwärtsschritte des Kriegsgewinnlers in Jooss' *Grünem Tisch* seine Neugierde, seine Habgier und seine Feigheit zugleich dar. Ganz anders gebrauchte Jooss den Raum hingegen, um die alte Mutter darzustellen. Ihr Weg entlang der Bühnenrampe besteht aus einem schleppenden, dann einem zögernd-gespannten und schließlich einem fließenden Gang, bevor es schließlich zu der schicksalhaften Begegnung mit dem Tod kommt. An diesen und anderen Beispielen aus Jooss' Balletten *Großstadt, Ein Ball in Alt-Wien* und *Pavane auf den Tod einer Infantin* beschreibt Anna Markard, dass die Wege im Raum in Jooss' Balletten eng mit ihrer dramatischen Intention im Zusammenhang stehen.

---

95 Vgl. Leeder, Sigurd: „Lecture Demonstration, gehalten von Leeder Anfang der 50-er Jahre in London", in: Müller, *Sigurd Leeder* (2001), S. 22-23.
96 Markard, Anna: „Fusssprachen. Zu einem wichtigen Aspekt der Choreographie von Kurt Jooss", in: Oberzaucher-Schüller, *Ausdruckstanz* (1992).
97 Ebd., S. 133.
98 Vgl. Diekamp, Michael: „Kurt Jooss: Seine Pädagogik und tänzerische Schulung", in: Gesellschaft für Tanzforschung, *Tanzforschung Jahrbuch* (1994), S. 131.

Die vorangehenden Ausführungen zu Eukinetik und Choreutik zeigen den intendierten Zusammenhang von Emotion und Bewegung deutlich. Er spielt für die Jooss-Leeder-Methode eine zentrale Rolle. Die Beziehung zwischen Eukinetik bzw. Choreutik und dem emotionalen Gehalt einer Bewegung kommt aber erst in der Choreographie zur vollen Entfaltung, da hier der alles entscheidende Kontext für die Bewegungsausführung vorliegt. Wie Leeder sagte, ändert sich der Sinn einer Bewegung, „wenn wir deren Beziehung zu anderen Bewegungen in Betracht ziehen"[99]. Vorausgehende und nachfolgende Bewegungen sind für die Sinngebung also entscheidend, nicht die Bewegung an sich. Ein Bewusstsein für den kommunikativen Gehalt einer Bewegung entsteht aber bereits im Unterricht der Jooss-Leeder-Methode. In der Jooss-Leeder-Methode wird trotzdem kein Bewegungssinn vermittelt, sondern es werden die Haupteigenschaften von Bewegungen in Bezug auf Raum und Dynamik erfahren.

Zusammenfassend gesagt: Das vorstellende Gedächtnis der Jooss-Leeder-Methode lässt sich durch Wertvorstellungen, Prinzipien und die Theorie von Eukinetik und Choreutik kennzeichnen. Besonders hervorzuheben ist die Beziehung zwischen Bewegung und Emotion, wie von allen Tanzschaffenden der Jooss-Leeder-Methode betont wird. Die Welt der Emotionen ist aber keine andere als die des Gedächtnisses, denn als Intensitäten sind Emotionen Gebilde der Zeiterfahrung, die vom Gedächtnis registriert werden. Daher lässt sich im Hinblick auf das Thema dieser Arbeit auch allgemeiner formulieren: Es geht in der Jooss-Leeder-Methode darum, Zusammenhänge zwischen Körperbewegung und geistigen Manifestationen herzustellen, zwischen körperlicher Bewegung und Erinnerung.

DAS MOTORISCHE GEDÄCHTNIS

Im Folgenden wird von ‚Tanztechnik' die Rede sein. Dass der Begriff für die Jooss-Leeder-Methode Widersprüche mit sich bringt, wurde im Vorangehenden thematisiert. Ich fasse die folgenden Ausführungen dennoch unter den Begriff einer ‚Tanztechnik', um eine Parallele zu anderen Tanztechniken ziehen zu können und den Anschluss an die praktische und wissen-

---

99 Leeder, Sigurd: „Über die Prinzipien der technischen Erziehung", in: Müller, *Sigurd Leeder* (2001), S. 16.

schaftliche Forschung zu gewährleisten, in der von Tanz- und Körpertechniken die Rede ist.[100] Des Weiteren verstehen auch Anna Markard, Reinhild Hoffmann und Ann Hutchinson Guest den Jooss-Leeder-Ansatz als Technik, weil er erstens klar definiert sei, zweitens in Bewegungsfolgen gelernt werden müsse und drittens seine Mittel beherrsche.[101] Es ist festzustellen, dass in den Unterrichtsklassen, in denen die Jooss-Leeder-Methode gelehrt wird, Übungen des Körpers gezeigt und ausgeführt werden, die sich als Körpertechnik verstehen lassen und die die Inhalte des impliziten Gedächtnisses mitprägen. Die Prinzipien, die diesem Gedächtnis zu Grunde liegen, wurden in dem vorherigen Abschnitt dargestellt und werden auf unterschiedliche Weise umgesetzt. Trotzdem kann von einem motorischen Gedächtnis der Jooss-Leeder-Methode gesprochen werden, welches sich durch die Generationen von Tänzern, die mit ihr in Kontakt traten, fortgesetzt hat. Sogar Leeder selbst sprach zuweilen von einer Tanztechnik, die allerdings „von den Gesetzen der Ästhetik"[102] geleitet sein müsse, um nicht unter einem rein körperlichen Aspekt zu stehen.

Jooss stellte in seinem Exposé über den Aufbau einer deutschen Tanzakademie eine kurze Liste der Themen auf, die Gegenstand des modernen Tanzunterrichtes zu sein hätten. Er beschrieb den modernen Tanz als „dynamische Technik, Spannung und Lösung, Impuls und Schwung, stabile und labile Raumbeherrschung (Choreutik), praktische Lehre und Technik des Bewegungsausdrucks (Eukinetik)"[103]. Im Zusammenhang mit der Entstehungsgeschichte des *Grünen Tischs* macht Jooss eine Anmerkung, die die Rolle des motorischen Gedächtnisses des Körpers weiter erhellt.

„Dann war da natürlich noch die ganze Arbeit mit Eukinetik und Choreutik. Wir wußten, welcher Rhythmus kommen mußte. Das heißt, wir wußten es nicht verstan-

---

100 Diehl/Lampert, *Tanztechniken 2010* (2011).

101 Stöckemann, Patricia: „Tanztechniken und Lebenswege – Der deutsche Ausdruckstanz im Gespräch. Interviews mit Ann Hutchinson Guest, Anna Markard und Reinhild Hoffmann", in: Diehl/Lampert, *Tanztechniken 2010* (2011), S. 158 und S. 160.

102 Leeder, Sigurd: „Über die Prinzipien der technischen Erziehung", in: Müller, *Sigurd Leeder* (2001), S. 16.

103 Jooss, Kurt: „Exposé. Über den Aufbau einer deutschen Tanzakademie", in: Markard, Anna und Hermann, *Jooss* (1985), S. 152.

desmäßig, aber wir hatten eine Reihe von Jahren praktisch damit gearbeitet und so steckte es in unseren Knochen, unseren Muskeln und Nerven. Deshalb kam alles so klar heraus – in räumlicher und rhythmischer Hinsicht. Ich denke, das ist der Grund. Sonst wüßte ich keine Erklärung. Selbst dann weiß ich nicht recht, wie das Stück zustande kam."[104]

Die tägliche Tanzpraxis, die im motorischen Gedächtnis des Köpers Erinnerungsspuren hinterlässt, ermöglicht es demnach, den künstlerischen Ideen eine Form zu geben. Geht man von der Annahme eines existierenden motorischen Gedächtnisses innerhalb der Jooss-Leeder-Methode aus, so stellt sich damit die Frage, welches motorische Gedächtnis damit gemeint sein kann. Was ‚steckte' in den Muskeln und Knochen von Jooss und Leeder, das sie in ihrer Arbeit erworben und in jahrzehntelanger Arbeit weitergegeben haben? Wie lässt sich dieses motorische Gedächtnis in Abgrenzung zu anderen Tanztechniken näher kennzeichnen? Was sind dessen grundlegende Merkmale?

Ich möchte im Folgenden wichtige Merkmale der Jooss-Leeder-Technik anhand des Unterrichts von drei unterschiedlichen Tanzpädagogen benennen und konzentriere mich dazu auf Ausschnitte aus deren Unterricht. Diese Ausschnitte vermögen den Unterricht der jeweiligen Pädagogen nicht vollständig wiederzugeben. Das Ziel dieses Vorgehens besteht darin, charakteristische Merkmale der Körperarbeit der Jooss-Leeder-Technik an Beispielen herauszuarbeiten und sie damit von anderen Tanztechniken abzusetzen. Die Pädagogen, die ich dazu heranziehe, sind Hans Züllig, Jean Cébron und Eckard Brakel. Ich konzentriere mich in meinen Betrachtungen auf jeweils einen Aspekt ihrer tanztechnischen Arbeit. Für Hans Züllig beschreibe ich ein typisches Stangen-Exercice, für Jean Cébron eine Auswahl seiner Übungen am Boden. Den unterschiedlichen Umgang mit der Körpermitte beleuchte ich mit dem System, welches Eckard Brakel entwickelt hat. Das heißt nicht, dass die jeweiligen Pädagogen nur diesen einen Aspekt in ihren Unterrichtsstunden behandelt hätten. Ganz im Gegenteil spielten alle bisher beschriebenen Aspekte – und darüber hinaus noch weitere – der Jooss-Leeder-Technik eine Rolle in ihren Unterrichtseinheiten, wobei die Schwerpunktsetzung variierte.

---

104 Jooss, Kurt/Huxley, Michael in: „Der grüne Tisch – Ein Totentanz. Michael Huxley im Gespräch mit Kurt Jooss", S. 6.

Einleitend lässt sich beobachten, dass zahlreiche Pädagogen, deren Unterricht auf der Jooss-Leeder-Methode basiert, Übungen an der Stange in ihren Unterricht integrieren. Sowohl bei Jooss als auch bei Leeder waren Stangenübungen Bestandteil ihrer Stunden, was sich bei Hans Züllig, Jean Cébron, Viviene Bridson, Eckard Brakel und Lutz Förster fortsetzte. Ebenso stellt Barbara Passow ein Stangen-Exercice vor, welches allerdings nicht Bestandteil der vom *Tanzplan* dokumentierten Unterrichtsstunde ist, sondern als ‚Extra Übung' auf der DVD 2 präsentiert wird. Das Exercice an der Stange wurde vom klassischen Ballett übernommen und hat den Vorteil, dass es dem Körper einen leicht zu greifenden Halt und eine Stütze bietet, besonders dann, wenn die Beine nacheinander trainiert werden sollen, ebenso bei der Ausübung von Balancen, Streckübungen, Schwüngen oder Fällen. Außer in der Jooss-Leeder-Methode hat es aber auch bei Doris Humphrey oder Lucas Hoving – beides Pädagogen, die dem Umfeld der Limón-Technik zuzurechnen sind – Übungen an der Stange gegeben.[105] Auch die amerikanische Choreographin und Tänzerin Jennifer Muller zeigt auf der DVD 1 des Sammelbandes *Tanztechniken 2010. Tanzplan Deutschland* Übungen an der Stange. Trotzdem bleibt ein Stangen-Exercice im modernen Tanz besonders im heutigen Kontext eines zeitgenössischen Tanztrainings eher eine Ausnahme. An der Verwendung eines Stangen-Exercice im modernen Tanztraining lässt sich erkennen, dass Jooss und Leeder das klassische Ballett als „Referenz-System"[106] nutzten, indem sie die Stange als ‚Symbol' des klassischen Balletts nicht aus ihrem Unterricht ausschlossen, sondern in ihre moderne Technik integrierten. Darüber hinaus können Übungen, wie *pliés* oder *tendus* unter unterschiedlichen Aspekten aufgefasst werden, obwohl sie formal einander gleichen und dieselbe Bezeichnung haben. Für Jooss war das Vermögen, zwischen klassischer und moderner Technik unterscheiden zu können, eine wichtige Fähigkeit und die Integration klassischer Elemente in den Unterricht, wie er von vielen Jooss-Leeder Pädagogen durchgeführt wird, drückt weniger eine Synthese von klassischem und modernem Tanz aus, als vielmehr die Bereitschaft zum

---

105 Stodelle, Ernestine: *Doris Humphrey und ihre Tanztechnik. Ein Arbeitsbuch*, Frankfurt: Fricke 1986, S. 187 ff.
106 Dröge, Wiebke/Fleischle-Braun, Claudia/Stöckemann, Patricia: „Barbara Passow – Jooss-Leeder Technik", in: Diehl/Lampert, *Tanztechniken 2010* (2011), S. 113.

Austausch. Michael Diekamp betonte in seinem Vortrag zur Pädagogik von Jooss folglich: „Er war offen zu allen Seiten"[107] und es scheint eher diese Offenheit zu sein, die sich in der Verwendung eines Stangen-Exercice äußert. Die eigentliche Synthese, so Diekamp in Bezug auf die Jooss-Leeder-Technik, finde aber keinesfalls in der Technik selbst statt, sondern wenn man überhaupt von Synthese sprechen könne, dann in den Tänzern, die über beide Techniken verfügen.[108] Jooss' eigene Einschätzung des klassischen Balletts unterstreicht, wie unterschiedlich er den klassischen Tanz im Vergleich zum modernen Tanz begriff: „Überwundene Erdenschwere, perfekte Beherrschung des Gleichgewichts, Stabilität, spielerisch leichte Vitalität, stets frontale Erscheinung und aufrechte Haltung mit stark ausgedrehten Beinen", lautet seine Charakterisierung[109]. In Umkehrung dazu lässt sich dann auch eingrenzen, worin der ausgleichende Aspekt des Trainings der Jooss-Leeder-Methode liegt: in der Betonung des körpereigenen Gewichts, in dem Wechselspiel zwischen Gleichgewicht und Dysbalance, in der Verwendung von labilen Positionen und Bewegungen, in dem Einbezug aller Dimensionen und Diagonalen, in der vielseitigen Verwendung des Rumpfes sowie der Verwendung paralleler Fußpositionen. Dieses den klassischen Tanz ergänzende Trainingskonzept beginnt bereits mit den Übungen an der Stange.

Bevor ich auf das Stangen-Exercice von Hans Züllig eingehe, seien kurz einige Grundzüge eines klassischen Trainings skizziert, um damit eine Vergleichsmöglichkeit zum Stangen-Training der Jooss-Leeder-Methode zu schaffen. Dazu beziehe ich mich auf ein Standardwerk des klassischen Balletts, *Die Grundlagen des klassischen Tanzes* von Agrippina Waganowa.

Das Training im klassischen Ballett beginnt mit den *pliés*. Waganova schreibt, es sei notwendig, „das Knie im demi-plié wie auch im grand-plié nach außen zu zwingen"[110]. Durch die auswärtsgedrehten Füße und Hüftgelenke soll im klassischen Tanz ein maximales *en dehors* und damit eine ge-

---

107 Diekamp, Michael: „Kurt Jooss: Seine Pädagogik und tänzerische Schulung", in: Gesellschaft für Tanzforschung, *Tanzforschung Jahrbuch* (1994), S. 127.
108 Ebd., S. 130.
109 Jooss, Kurt: „Gedanken zu Stilfragen im Tanz", in: Folkwang-Offizin der Folkwangschule (1958), keine Seitenangabe.
110 A.J. Waganowa: *Die Grundlagen des klassischen Tanzes*, S. 23.

rade Linie der auswärtsgestellten Fußinnenkanten erreicht werden. Im klassischen Ballett folgen auf die *pliés* z.b. *battement tendus, battement fondus* und *frappés, rond de jambes, battement battus* und *petits battements, développés* und *grand battements jetés balancés*.[111] Alle Beinbewegungen werden dabei mit auswärts rotierten Hüftgelenken und auswärts gestellten Füßen ausgeführt. Das Training des klassischen Balletts konzentriert sich damit vor allem auf Bein- und Armbewegungen, während der Rumpf ruhig gehalten wird. Der Körper soll dabei nicht schwanken oder unwillkürliche Bewegungen machen. Seine Ausdruckskraft gewinnt der klassische Tanz vor allem durch die Bewegung der Beine und der Arme, die unabhängig vom Rumpf arbeiten. Sowohl Bein- als auch Armbewegungen werden dabei durch ihre Positionen definiert. Für die Arme definiert Waganowa drei Positionen: vor dem Körper eingerundet, zur Seite gerundet und über den Kopf erhoben. Für die Beine gibt Waganowa die Richtungen ‚vor', ‚seit' und ‚rück' an. Eine Neutralstellung des Beckens, „einen beherrschten Körper und gestreckte Beine"[112] sind grundlegende Pfeiler der klassischen Tanztechnik, die sich auf Waganowas Schule stützt. Sie sieht im Ausstrecken des Beines „die Grundlage des ganzen Tanzes"[113]. Dazu gehört auch das Tanzen auf der halben Spitze, welches die Fläche des Körpers, die einen Kontakt zum Boden hat, reduziert und im Spitzentanz der Frauen schließlich ihren Höhepunkt findet.

Exercice an der Stange – Hans Züllig

Die ersten Übungen an der Stange, wie sie Hans Züllig lehrte, lehnten sich deutlich an das Vokabular und das Bewegungsmaterial des klassischen Balletts an.[114] Alle Übungen wurden zunächst *en dehors* ausgeführt, waren aber durch einen einfachen Aufbau gekennzeichnet. Das Exercice begann z.B. häufig mit zwei *demi-pliés* und zwei *grand pliés* zur Stange. Es folgten *tendus*, Fußübungen, *jetés*, *pikés* und *frappés*. Das Tempo war dabei immer mäßig und jede Bewegung wurde einzeln und nach ‚vor', ‚seit' und ‚rück'

---

111 Ebd., S. 163 ff.
112 Ebd., S. 17.
113 Ebd., S. 32.
114 HANS ZÜLLIG. TRAINING. TANZTHEATER WUPPERTAL. PARIS, SOMMER 1991 (F 1991, DVD aus dem Tanzarchiv der *Folkwang Universität der Künste*).

ausgeführt. Wie im klassischen Ballett auch, wurden alle Übungen zu beiden Seiten der Stange probiert. Sehr deutlich an dem ersten Teil der Stange war, dass Hans Züllig das klassische System als Referenz-System nutzte und dessen Grundlagen in seinen Unterricht integrierte. Allerdings begleitete er alle Übungen mit Hinweisen wie ‚Lösen' oder ‚Großzügig' und so konnten die Übungen in einem ausgewogenen Verhältnis von Spannung und Lösung ausgeführt werden, wie es typisch für die Jooss-Leeder-Technik ist. Erst bei seinen Passé-Übungen, bei denen das Bein von einem klassischen *passé* in eine Gegenbewegung von Knie und Schultern geführt wurde, kamen Elemente der Jooss-Leeder-Technik dazu, die sich vom Bewegungsvokabular des klassischen Balletts absetzen.[115] Bereits in diesem ersten Teil der Stange, der analog zum klassischen Ballett die Standfestigkeit des Körpers und die Flexibilität der Beine schulen sollte, waren auch Übungen zu Fallbewegungen (*outside falls*) integriert, die sich an das Fall-Recovery-Prinzip der Limón-Technik annähern lassen und typisch für die Jooss-Leeder-Technik sind. Bis einschließlich den *grand battements* an der Stange lehnte sich das Training an das Stangen-Exercice des klassischen Balletts an und der Schwerpunkt lag auf dem Trainieren der Beine in symmetrischer Auswärtsstellung der beiden Hüftgelenke. Die Arme beschränkten sich bis zu diesem Punkt auf die von Waganova definierten drei Positionen.

Erst mit der Einnahme einer parallelen Fußstellung begann der Teil der Stange, der im eigentlichen Sinn ‚modern' war, also Körperpositionen und Bewegungsabläufe probierte, die nicht Bestandteil des klassischen Trainings sind und die vor allem den Rumpf mit in die Bewegungen einbezogen. Eine täglich praktizierte Übung von Hans Züllig, die ich kurz beschreiben möchte, bestand aus drei Bewegungen: aus einer Vorbeuge in den Hüftgelenken bei gestreckter Wirbelsäule, aus der Kippung des Beckens nach hinten mit einer Einrundung des Oberkörpers und schließlich aus dem Aufrichten und Strecken von Becken und Beinen mit Beibehaltung einer Beugung in der Brustwirbelsäule, wobei der Blick nach unten gerichtet blieb. Diese Bewegungen wurden miteinander verbunden und in sehr langsamem Tempo wiederholt und zu beiden Seiten der Stange ausgeführt.

---

115 Gegenbewegungen werden von Jean Cébron in dem Abschnitt *Rotation und Twist* unter dem Kapitel *Choreutik* behandelt. Vgl. Cébron, Jean: „Das Wesen der Bewegung", in: Dietrich, *Eine Choreographie entsteht* (1990), S. 97.

Die in dieser Übung enthaltene Beugung der Wirbelsäule, eine sogenannte ‚Körperkurve', ist eine zentrale Form des körperlich memorierten Wissens der Jooss-Leeder-Methode. Dabei wird die Wirbelsäule eingerundet, indem das Zentrum des Körpers nach rückwärts zieht. Schultern und Hüfte bleiben dabei übereinander. Jean Cébron differenziert hier noch weiter zwischen „Curving-, Contraction- und Sinking-Torso-Movement"[116]. Die Betonung einer Körperkurve liegt auf dem Gefühl des Einrundens, die der Kontraktion auf dem des Zusammenziehens. Die sinkende Kurve schließlich wird nicht aktiv, wie die ersten beiden, sondern passiv hergestellt. Cébron macht darüber hinaus deutlich, dass die Bewegungen ‚Curving', ‚Contraction' und ‚Sinking' in alle Richtungen ausführbar sind und auch im Brustkorb oder den Extremitäten stattfinden können. Bei der Körperkurve erzeugt das nach innen gezogene Zentrum mit rückwärts rotierendem Becken den runden Rücken, der z.B. für *Le Sacre du printemps* eine der wichtigsten Körperhaltungen ist. Der Blick des Tänzers ist dabei nach unten gerichtet und der Fokus liegt auf der Körpermitte.

Sacreprobe am 7.12.2010 in Wuppertal

Bei der heutigen Probe zu Sacre beginnen wir mit dem Kreis. Es ist der einzige Moment des Stückes, in dem alle Tänzer synchrone Bewegungen ausführen, Männer wie Frauen. Es ist auch eine der wenigen Stellen im Stück, bei der das Verhältnis von schneller und langsamer Bewegung zu Gunsten der langsamen Bewegung überwiegt. Auf ein schnelles Einrunden des Körpers auf eine Zählzeit folgt ein langsames Aufrichten auf die darauf folgenden drei Zählzeiten. Die moderate Geschwindigkeit dieses Teils ist einer der Gründe, warum der Kreis über viele Jahre hinweg der erste Teil der Choreographie ist, den wir gemeinsam probieren. Ein weiterer Grund liegt im Modus der Bewegung, die im Kreis erforderlich ist. Der runde Rücken und damit das Zusammenziehen des Körpers vom Zentrum aus, das in der gesamten Choreographie leitmotivisch vorkommt, lässt sich hier noch vergleichsweise einfach ausführen. Die Bewegung geht im Kreis fast ausschließlich vom Zentrum des Körpers aus. Jean Cébron unterscheidet die zentralen von den peripheren Bewegungsqualitäten. Die zentralen Bewegungsqualitäten haben ihren Ursprung in oder nahe dem Zentrum des Kör-

---

116 Ebd., S. 93.

pers, während der Ursprung peripherer Bewegungsqualitäten in den Extremitäten liegt. Darüber hinaus unterscheidet Cébron bei den zentralen Bewegungen zwischen ‚central in' und ‚central out', also Bewegungen die zum Zentrum führen oder von ihm weg. Sowohl ‚central in' als auch ‚central out' sind im Kreis vorhandene Bewegungsqualitäten. Stehend oder liegend zieht sich der Körper in starken Akzenten zu einer Kurve zusammen. Mit der Körperfront zur Kreismitte wird das Zentrum nach vorne geschoben, während das Gewicht auf dem hinteren Fuß bleibt. Periphere Bewegungsqualitäten kommen dagegen im Kreis wenig zum Einsatz. Die Arme liegen eng am Körper auf den Oberschenkeln auf. Im Kreis konzentriere ich mich ganz auf mein Zentrum, das den Körper zusammenzieht, auf den Boden wirft und ihn nach einem Fall aus der Schwerkraftlinie heraus wieder dahin zurückbringt.

Die oben beschriebene Übung wurde von Hans Züllig in vielfacher Weise variiert und u.a. auch von Lutz Förster aufgegriffen und weiterentwickelt. Hans Züllig verband die beschriebenen Bewegungen z.B. mit einer Körperwelle, die ein Beispiel für die Mobilisierung von Rücken, Schultern, Brustkorb und Hüften ist, jenen Körperpartien, die im klassischen Ballett unbeweglich gehalten werden. Bei einer sogenannten Körperwelle wird eine Wellenbewegung vom Kreuz ausgehend durch den gesamten Rumpf geschickt.

Im weiteren Verlauf des Stangen-Exercice von Hans Züllig folgten Schwünge mit dem Oberkörper (*sinking-torso-movement*), die mit Stoß- oder Druckbewegungen in die Brustwirbelsäule verbunden waren. Übergreifend lässt sich hier feststellen, dass bei allen Pädagogen der Jooss-Leeder-Technik Schwungbewegungen in vielerlei Variationen Bestandteil der Unterrichtsstunden sind. Im Schwung wird das Prinzip des Fallens und des Steigens umgesetzt und die Prinzipien von Gewicht und Kraft sowie von Spannung und Entspannung kommen zur Anwendung. Schwünge können dabei aktiv oder passiv ausgeführt sein. Jean Cébron nennt in seinem Eukinetikkapitel den Pendelschwung „die Wurzel aller Schwünge"[117], von dem aus sich der Kreisschwung, Schöpfen und Streuen, der Achterschwung und der Umkehrschwung als Variationen ableiten lassen. Hans Zülligs Schwungübungen waren dadurch gekennzeichnet, dass sie aus wenigen Be-

---

117 Ebd., S. 83.

standteilen zusammengesetzt waren, aber alle wichtigen eukinetischen und choreutischen Aspekte des Schwunges berührten.

Zum Komplex der Rundung des Rumpfes gehört in der Jooss-Leeder-Technik besonders die Einrundung des oberen Rückens auf der Höhe des Brustbeins bei nach vorne gerichtetem Blick. Diese Druckbewegung wurde bei Hans Züllig z.b. an einen Oberkörperschwung angefügt, wodurch die Bewegungsqualitäten Schlottern, Gleiten und Druck nacheinander ausgeführt wurden. Anders als Jean Cébron arbeitete Hans Züllig aber nicht ausdrücklich mit dem Vokabular von Choreutik und Eukinetik, wenngleich sich auch alle Bewegungsqualitäten und Raumformen der Jooss-Leeder-Technik bei ihm finden lassen.

Bestandteil von Hans Zülligs Stange waren darüber hinaus Gegenbewegungen von Schultern und Hüften in paralleler Fußstellung, wie sie bereits im ersten Teil der Stange vorkamen.

Ein besonderer und typischer Themenbereich der Jooss-Leeder-Technik sind die Rond-de-jambe-Formen, die sich vom klassischen Ballett ableiten lassen, anders als im klassischen Ballett aber den Rumpf und die Hüfte mit in die Bewegung einbeziehen. Im klassischen Ballett bezeichnet das *rond de jambe* eine Halbkreisbewegung des Beines von ‚vor' über ‚seit' nach ‚rück', mit nach außen rotierten Hüftgelenken. Das Becken wird dabei ruhig gehalten. Bei Hans Züllig wurde das *rond de jambe* nicht vorn angesetzt, sondern auf einer der vier vom Körper ausgehenden Raumdiagonalen. Das Brustbein wurde dabei im weiteren Verlauf ebenfalls in die Raumdiagonale angehoben, während die Hüfte erst abgesenkt und dann angehoben wurde. Auf dieses typische *renversé* der Jooss-Leeder-Technik gehe ich noch einmal im Zusammenhang mit der Arbeit Eckard Brakels ein. Dieses Absenken und Anheben der Hüfte in Auswärtsstellung in Verbindung mit einer halbkreisförmigen Bewegung des Beines ist eine ganz typische choreutische Figur der Jooss-Leeder-Technik und war die Grundlage für viele Drehungen, die Hans Züllig in der Mitte als ‚labile Drehungen' probieren ließ. Unter labilen Drehungen sind Drehungen zu verstehen, bei denen nicht alle Körperschwerpunkte auf der Bewegungsachse liegen. Brust und Becken weichen dabei gegeneinander von der Achse ab und es entsteht der Eindruck von Flexibilität, Labilität und Asymmetrie. Diese komplizierte Bewegungsform wurde von Hans Züllig meistens am Ende des Stangen-Exercice geübt, bevor die Stangen zur Seite geräumt wurden und Übungen in der Mitte und durch den Raum begannen.

Das von Michael Diekamp so bezeichnete ‚Missverständnis', die Jooss-Leeder-Technik sei eine Synthese aus klassischer und moderner Technik, geht, wie sich am Beispiel von Hans Zülligs Exercice zeigt, darauf zurück, dass Übungen des klassischen Balletts in die moderne Technik von Jooss und Leeder integriert wurden. Hans Zülligs Stangen-Exercice zeigt aber auch, dass hier an vielen abweichenden Aspekten gearbeitet wurde. Diese lassen sich folgendermaßen zusammenfassen: Wie im klassischen Ballett wird in der Jooss-Leeder-Technik die Standfestigkeit des Körpers und die Auswärtsstellung der Beine trainiert. Die Grundlagen des klassischen Balletts werden nicht abgelehnt, sondern es wird sich an sie angelehnt. Als zusätzliche, grundlegende Themenbereiche sind für die Eukinetik besonders der Einsatz zentraler Bewegungen und Schwünge wichtig, für die Choreutik die Mobilisierung des gesamten Rumpfes durch Rundungen, Gegenbewegungen, flexible Neigungen und Kippungen im Hüftbereich. Die Parallelstellung der Füße spielt ebenfalls eine wichtige Rolle. Durch den Einbezug der Raumdiagonalen in die Übungen wird die labile Raumbeherrschung vorbereitet.

Auf Hans Zülligs Stangen Exercice folgten im weiteren Verlauf seiner Unterrichtsstunden Übungen im Stand, durch den Raum und durch die Diagonalen. Ebenso wie an der Stange wurden in der Mitte zunächst einfache Übungen in Auswärtsstellung der Füße und mit einer symmetrischen Beckenstellung probiert, bevor die stabile Positionierung des Körpers durch Schwünge, Gegenbewegungen, labile Drehungen oder moderne *renversés* aufgegeben wurde. Alle Übungen in der Mitte waren durch die Übungen an der Stange vorbereitet und wiederholten und variierten sie.

Übungen auf dem Boden – Jean Cébron

In Leeders Bodenstunden ging es laut Grete Müller darum, eine „freundschaftliche Beziehung zum Boden zu schaffen"[118]. Es ging nicht nur um muskuläre Übungen, sondern darum, „den Boden zu suchen"[119]. Während die klassische Tanztechnik in der Regel mit den fünf Grundpositionen der Füße beginnt und das Studium der Bewegung der Beine in den Mittelpunkt stellt, so bietet ein Boden-Exercice die Möglichkeit an, sich mit abwei-

---

118   G. Müller: *Sigurd Leeder*, S. 30.
119   Ebd.

chenden, aber zuweilen auch ergänzenden Aspekten zu beschäftigen. Die Kontaktfläche des Körpers ist bei Übungen am Boden größer und so kann der Boden als ein Element erfahren werden, das nicht nur als Standfläche der Beine dient, sondern vor allem als eine Ebene der Unterstützung, an die das Gewicht aller Körperteile abgegeben werden kann.

Der Pädagoge, der sich innerhalb der Jooss-Leeder-Technik, in Folge von Sigurd Leeder, am intensivsten mit Übungen auf dem Boden beschäftigt hat, ist zweifellos Jean Cébron.[120] Manchmal bestand die Hälfte seiner zweistündigen Trainingseinheiten aus Bewegungsabfolgen, die im Liegen oder Sitzen ausgeführt wurden. Die Übungen am Boden hatten vor allem den Zweck, an der Isolation einzelner Körperteile zu arbeiten und ganz bestimmte Aspekte der Bewegungsausführung zu fokussieren. Im weiteren Verlauf seiner Stunden wurden nach dem Boden-Exercice Übungen im Stand, an der Stange und im Raum durchgeführt. In Cébrons Etüden und in seinen Choreographien, wie er sie mit seinen Meisterklassen einstudierte, lassen sich alle charakteristischen Merkmale der Jooss-Leeder-Technik erkennen. Jean Cébron arbeitete, anders als Hans Züllig, ausdrücklich mit dem Vokabular von Eukinetik und Choreutik, indem er den Bewegungen die entsprechenden Bezeichnungen gab. Ich möchte im Folgenden einige von Jean Cébrons Übungen am Boden beschreiben und das Charakteristische an ihnen herausstellen.

Jean Cébron begann seinen Unterricht z.B. mit einer Übung im Liegen, in der die angewinkelten Beine in einer Gegenbewegung zu den Schultern nach rechts oder nach links abgesenkt wurden. Anschließend wurde ein Knie angehoben und die Fußsohlen zueinander gebracht, während beide Knie nach außen fielen. Auf diese Weise wurde der Körper nicht in eine Position gezwungen, sondern die Schwerkraft konnte auf einzelne Gliedmaßen wirken und diese sanken von alleine. Das grundlegende Gesetz der Schwerkraft, „die alles zum Erdmittelpunkt zieht"[121], wurde so schon ganz zu Beginn des Unterrichts am eigenen Körper erfahren.

In den darauf folgenden Sitzpositionen wurden besonders das Körperzentrum und das Brustbein aktiviert, indem sie angehoben und abgesenkt wurden. Dabei sagte Jean Cébron oft die Begriffe *tension* und *relaxation* zu

---

120   ETÜDEN FÜR DEN MODERNEN UNTERRICHT.
121   Cébron, Jean: „Das Wesen der Bewegung", in: Dietrich, *Eine Choreographie entsteht* (1990), S. 73.

den dazugehörigen Bewegungen an, um deutlich zu machen, dass hier ein Prinzip mit isolierten Teilen des Körpers umgesetzt wird. Das Benennen einzelner Körperteile wie *neck* und *chest*, die nacheinander abgesenkt wurden, war Bestandteil von Cébrons Unterrichtsmethodik und führte dazu, jeden einzelnen Teil des Körpers bewusst wahrzunehmen. Alle Übungen wurden in Korrespondenz mit der Musik ausgeführt und sind ein Beispiel für die musikalisch-rhythmische Gliederung von Bewegungsabläufen, die bei allen Pädagogen der Jooss-Leeder-Technik zu finden ist. Von Cébron häufig gebrauchte Begriffe während des Boden-Exercice waren *suspend*, was das Hochziehen des Körpergewichts meinte, *extend*, womit das Ausstrecken der Extremitäten bezeichnet wurde, *curve* als Bezeichnung der Einrundung des Rumpfes und, wie bereits erwähnt, das Gegensatzpaar *tension* und *relaxation*. „Pull up the weight", forderte Cébron die Studierenden während der Übungen immer wieder auf[122] und meinte damit das Aufrichten des unteren Rückenbereiches. Hier lässt sich eine Parallele zu der Verwendung des unteren Rückens im klassischen Ballett erkennen, denn auch dort wird die Wirbelsäule aufrecht gehalten und durch Muskelkraft nach oben gezogen. Im Unterschied zum klassischen Ballett kann die Spannung des Rückens auf dem Boden sitzend aber unabhängig von der Beinarbeit erfahren werden und führt damit zu einem Körperzentrum, das unabhängig von den Beinen gebraucht werden kann. Dem Körperzentrum unterhalb des Bauchnabels widmete Cébron eine Vielzahl von Übungen und er benannte dieses Zentrum in seinem Unterricht oft und berührte es, um zu zeigen, dass in der Jooss-Leeder-Technik eine große Zahl von Bewegungen von diesem Körperzentrum aus starten. Die maximale Ausnutzung der Bewegungsmöglichkeiten des Rumpfes stellt ein grundlegendes Merkmal der Jooss-Leeder-Technik dar. Dies wird an dem Boden-Exercice, wie es Jean Cébron lehrte, deutlich.

In einer anderen Übung im Sitzen wurde der Kopf in leichten Federungen, sogenannten *bounces*, in die Raumdiagonalen fallen gelassen. Cébron begleitete diese Übung auch mit dem Ansagen von *weight* und machte damit deutlich, dass die Studierenden schon bei isolierten Bewegungen das körpereigene Gewicht spüren und nutzen sollten. Nach und nach wurden bei dieser Übung erst der obere und schließlich der untere Rücken mit einbezogen. So wurde nicht nur der Oberkörper isoliert, sondern in einem wei-

---

122 ETÜDEN FÜR DEN MODERNEN UNTERRICHT.

teren Schritt unter Einbezug der Raumdiagonalen maximal mobilisiert. Cébrons Ansagen von *light* und *heavy* machten darüber hinaus deutlich, welcher dynamischen Vorstellung die jeweilige Bewegung folgen sollte.

Neben Übungen im Sitzen, die z.B. reine Fußübungen waren, gab es Übungen auf dem Rücken oder auf dem Bauch liegend, die die Rücken- bzw. Bauchmuskulatur stärken sollten. Selbst bei diesen muskulären Übungen achtete Cébron aber darauf, dass immer ein eukinetischer oder ein choreutischer Aspekt in der Bewegungsausführung angesprochen wurden und die Übungen somit nicht in die Nähe von Gymnastik gerieten. Das wurde auch durch ihre musikalische Rhythmisierung vermieden.

Besonders kennzeichnend für Cébrons Boden-Exercice waren auch Schöpf- und Streubewegungen der Arme, in denen er darauf achtete, dass die Bewegung des Armes vom Ellbogen aus geführt wurde. Die Schöpf- und Streubewegungen der Arme sind ein charakteristisches Gestaltungsmittel der Arme innerhalb der Jooss-Leeder-Technik und wurden bei Cébron auch im Stehen und an der Stange geübt. Die gleichen Armbewegungen wurden dabei entweder in gebundenem Fluss oder in freiem Fluss ausgeführt und setzten damit ein weiteres wichtiges Bewegungsprinzip der Jooss-Leeder-Technik um. Besonders mit den Armen setzte Cébron alle acht Bewegungsqualitäten der Eukinetik um. Die Schöpf- und Streubewegungen der Arme sollten auch demonstrieren, dass die Arme vom Ellbogen aus bewegt werden können, während jedes Gelenk der Arme dabei gespürt wird. Cébron wies oft darauf hin, dass eine zentrale Bewegung nicht notwendigerweise im Körperzentrum stattfinden müsse, sondern dass unterschiedliche Teile des Körpers als Zentrum verstanden werden können. In diesem Sinne sind Schöpfen und Streuen der Arme zentrale Bewegungen, da sie vom Ellbogen aus, also mit dem zentralen Gelenk des Armes, ausgeführt werden. Zu der Formung der Arme gehörte bei Cébron auch eine Anzahl von Übungen im Sitzen, die an der Artikulation der Finger, der Hände oder des ganzen Armes arbeiteten. Wichtig war auch bei diesen Übungen die Isolation der Gelenke bis in die Gelenke der einzelnen Finger hinein. Cébron benutzte darin die in der Choreutik definierten Bewegungsformen: gerade Linien, Ellipsen, Kreise oder S-Formen. Zum Beispiel zeichneten die Finger kreisförmige Wege in den Raum, während sie sich nacheinander öffneten und wieder schlossen. Mit den Armen wurden auch unterschiedliche Führungen probiert. So wurden die Arme von der Innenseite, der Außenseite, der Daumenseite oder der kleinen Fingerseite bewegt und füllten damit die ganze Bandbreite von zur Verfügung stehenden Möglichkeiten von Führungen in den Armen aus. In der vielseitigen Bewegungsgestaltung der Extremitäten, insbesondere der Arme, ist ein weiteres wichtiges Merkmal der Jooss-Leeder-Technik zu sehen. Man kann davon ausgehen, dass sich die phantasievolle Nutzung der Arme, wie sie für das Tanztheater Wuppertal von Pina Bausch kennzeichnend ist, aus diesem durch die Jooss-Leeder-Technik aufgedeckten Reichtum an Möglichkeiten entwickelt hat.

Probennotiz

Es gibt eine Bewegung in Sacre, die mich besonders fasziniert. Sie besteht aus einem rond de jambe, das in der vorderen Raumdiagonale beginnt und in der hinteren Raumdiagonale endet. Der Rumpf ist dabei durch Anheben und Absenken der Hüfte beteiligt und das Standbein bleibt in einem demiplié. Die Arme werden gleichzeitig mit der Beinbewegung des Spielbeins nacheinander erst von ihrer Außenseite nach oben geführt, bevor die Fingerspitzen die Führung übernehmen und die Arme wieder nach unten ziehen. Wie alle Bewegungen, konnte Pina Bausch diese Bewegung sehr beeindruckend vormachen.

Alle von Jean Cébron angeleiteten Übungen fanden in einem fortwährenden Wechselspiel von Spannung und Entspannung statt. Während jeder Übung gab es eine kurze Ruhephase, in der der Körper oder ein einzelner Körperteil sich entspannen konnte. „Pull the foot and relax, pull the foot and point", wies Cébron die Studierenden z.B. an[123]. Erneut lässt sich in dem von Cébron angeleiteten Wechsel von Ruhe und Aktivität die Umsetzung der vorab geschilderten Bewegungsprinzipien erkennen.

Diesem winzigen Ausschnitt aus dem großen Repertoire, über das Jean Cébron in vielfältiger Art und Weise verfügte, kann man wichtige Merkmale der Jooss-Leeder-Technik entnehmen: Der Boden wird nicht nur als etwas begriffen, dem der Tänzer widersteht, sondern als etwas, dem er sich hingibt. Ein Hauptaugenmerk liegt darin, den Rumpfbereich besonders auszubilden und ihn unabhängig von den Beinen wahrzunehmen. Alle Teile des Körpers werden isoliert und die Bewegungsprinzipien sowie die eukinetischen und die choreutischen Aspekte mit ihnen umgesetzt. Der Ein-

---

123 ETÜDEN FÜR DEN MODERNEN UNTERRICHT.

satz der Muskeln geschieht dadurch immer unter Einbezug der eukinetischen und choreutischen Gesetze. Mit Cébron lässt sich also sagen, dass die Muskeln in der Jooss-Leeder-Technik „antworten"[124], indem sie mit Vorstellungen gekoppelt sind, statt einfach zu funktionieren. Besonders der Ausformung der Arme kommt in der Jooss-Leeder-Technik Aufmerksamkeit zu, woraus sich auch der Bewegungsstil des Tanztheaters von Pina Bausch entwickelt hat, bei dem der Gebrauch des Oberkörpers und der Arme dominieren.

Wie zentral der Gebrauch des Rumpfes innerhalb der Jooss-Leeder-Technik ist, wird auch bei einem weiteren Pädagogen deutlich, der eng mit Kurt Jooss in Zusammenhang gebracht werden kann: Eckard Brakel.

Hohe und tiefe Hüfte – Eckard Brakel

Jooss selbst sagte, dass dem klassischen Tanz die zentralen Bewegungen fehlen.[125] Damit ist gemeint, dass die Körpermitte im klassischen Tanz weitgehend unbeweglich gehalten wird. Der Jooss-Leeder-Technik fällt in besonderem Ausmaß die Aufgabe zu, mit Bewegungen zu arbeiten, die ihren Ursprung in oder nahe dem Körperzentrum haben. Leeder, so Ann Hutchinson Guest, arbeitete „in stärkerem Maße mit dem Oberkörper, dem Wechsel von en dedans und en dehors, der Kombination von Arm- und Beinschwüngen, mit Wellenbewegungen durch den ganzen Körper, in die die ganze Wirbelsäule einbezogen war und mit zusammenhängenden Bewegungssequenzen"[126]. Auch für Jooss' Tanzklassen war, so Eckard Brakel, der unterschiedliche Umgang mit der Körpermitte entscheidend. Während das Becken im klassischen Ballett aufrecht und stabil gehalten wird, ging es bei Jooss darum, „zu einem anderen Umgang mit dem Körperzent-

---

124 Vgl. Cébron, Jean: „Das Wesen der Bewegung", in: Dietrich, *Eine Choreographie entsteht* (1990), S. 73.
125 Kurt Jooss zitiert nach Stöckemann, Patricia: *Etwas ganz Neues muß nun entstehen*, S. 236.
126 Hutchinson Guest, Ann: „Bilder für den Tanz. Die Lehrmethode von Sigurd Leeder", S. 17.

rum zu gelangen"[127]. Jooss formuliert die allgemeine Regel, „dass alle Bewegungen von vitalem Charakter und alle mit emotionalem Hintergrund eher ‚zentral' sind, während die ‚periphere' Bewegung einen kühlen und mehr intellektuellen oder konventionellen, manchmal vielleicht edlen Ausdruck hat."[128] Auch Michael Diekamp meint: „Wenn du den Rumpf ausschließt, schließt du genau die Körperpartien aus, die besonders eng in Wechselwirkung mit unserer Emotionalität stehen."[129] Die emotionale Wucht von *Le Sacre du printemps,* die sich zum einen auf den Zuschauer überträgt und zum anderen für die Tänzer in der konkreten Ausführung der Bewegungen fühlbar ist, liegt auf der motorischen Ebene des Körpers also darin begründet, dass das Bewegungsmaterial aus vielen zentralen Bewegungen besteht, die in sehr schneller Abfolge ausgeführt werden.

Ein Beispiel für die Mobilisierung des Körperzentrums, das auf dem Jooss'schen Bewegungsvokabular beruht, ist die Kategorie der ‚hohen' und der ‚tiefen' Hüfte.[130] Eckard Brakel hat sein Tanztraining ganz auf diesem Ansatz aufgebaut. Mit der Kategorie ‚hohe' und ‚tiefe' Hüfte ist ein Anheben bzw. Absenken einer der beiden Beckenschaufeln gemeint, so dass eine asymmetrische Position der beiden Hüftgelenke zueinander entsteht. Die Bezeichnung bezieht sich dabei immer auf die Beckenseite des Spielbeins, die im Verhältnis zum Standbein angehoben oder abgesenkt wird. Diese Position des Beckens steht im Gegensatz zur symmetrischen Stellung des Beckens im klassischen Ballett, bei der sich z.B. in allen fünf Grundpositionen der Füße beide Beckenknochen auf einer Horizontalen und damit im symmetrischen Verhältnis zueinander befinden. Gleich den Grundpositionen des klassischen Balletts wird das Anheben bzw. Absenken der Hüfte ebenfalls in der Außenrotation beider Hüftgelenke *en dehors* ausgeführt,

---

127 Gespräche mit Eckard Brakel sowie Unterrichtseinheiten, die sich an Jooss' Bewegungsvokabular anlehnten, fanden von 2010 bis 2011 in der *Tanz Akademie Brakel* in Hannover statt.

128 Kurt Jooss zitiert nach Stöckemann, Patricia: *Etwas ganz Neues muß nun entstehen,* S. 232.

129 Rüschstroer, Birgit: „Ein Interview mit Michael Diekamp", in: Gesellschaft für Tanzforschung e.V. (Hg.), *Tanzforschung Jahrbuch,* Band 6, Wilhelmshaven: Noetzel 1995, S. 62-70, hier S. 64.

130 Ich entnehme diese Kategorien dem von Eckard Brakel entwickelten Ordnungsprinzip *Deutscher Moderner Tanz.*

um eine größere Bewegungsfreiheit der Hüftregion zu ermöglichen. Die asymmetrische Beckenposition hat dabei einen Einfluss auf die gesamte Haltung des Rumpfes. Anders als die Richtungen im klassischen Ballet, die z.b. beim *tendu* nach vorn, zur Seite und nach rück ausgeführt werden, werden die Übungen mit ‚hoher' und ‚tiefer' Hüfte aber auf den vom Körperzentrum ausgehenden Diagonalen ausgeführt. Zum Beispiel wird ein *tendu* mit ‚tiefer' Hüfte nicht nach vorn, sondern nach vorn links, vorn rechts, rück rechts oder rück links ausgeführt. Der Körper gewinnt dadurch an räumlicher Tiefe, da hier neben den sechs Hauptrichtungen hoch/tief, eng/breit und vor/rück auch die Diagonalen genutzt werden, die die Dreidimensionalität des Körpers betonen. Das gestreckte Bein befindet sich bei einem so ausgeführten *tendu* auf einer der bereits beschriebenen ‚Polardiagonalen'[131], jenen Diagonalen also, die zu den zehn von Laban definierten Diagonalen der Bewegungssphäre gehören. Vom Körperzentrum ausgehend ergibt sich theoretisch für jede Diagonale die Möglichkeit, die Hüfte des Spielbeins anzuheben oder abzusenken. Man kommt auf diese Weise zu acht unterschiedlichen Positionen, die im Bewegungsvokabular des klassischen Balletts nicht vorkommen, weder in der Richtung des Spielbeins noch in der Position des Beckens. Angegeben werden dabei zunächst die Richtung des Spielbeins: vor oder rück, dann seine Position im Verhältnis zum Standbein aus der Perspektive des Zuschauers heraus: geschlossen oder offen und schließlich die Position der Hüfte: tief oder hoch.

Sacreprobe am 9.12.2010 in Wuppertal

Die erste Männerdiagonale: ein Sprung nach oben in stabiler Körperhaltung auf der Schwerkraftlinie, eine Körperwelle mit zwei Schritten vor und dann wieder zwei Schritten zurück, ein kleiner Sprung in stabiler Körperhaltung, dann drei Positionen mit einer flexiblen Neigung oder auch tiefer/hoher Hüfte, zum Schluss eine schnelle Drehung aus einer flexiblen Neigung heraus in eine stabile Drehung. Der ganze Bewegungsablauf dauert vier Sekunden und wird auf acht Zählzeiten gezählt. Heute haben wir in der Probe eine halbe Stunde mit diesen vier Sekunden verbracht. Wie ist

---

131 Vgl. Cébron, Jean: „Das Wesen der Bewegung", in: Dietrich, *Eine Choreographie entsteht* (1990), S. 90.

die Aufstellung? Wo steht jeder? Wie sind die Positionen des Körpers? Wie sind die Zählzeiten?

Eckard Brakel baute seinen Unterricht fast vollständig auf dem An- bzw. Absenken der Hüfte auf und trainierte die einzelnen Bewegungen erst an der Stange, bevor er sie anschließend im Raum zu größeren Bewegungssequenzen zusammensetzte. Es ergibt sich eine große Anzahl von Bewegungsmöglichkeiten und räumlichen Bezügen, die von denjenigen des klassischen Balletts abweichen, sich aber dennoch wie die Bewegungen des klassischen Balletts systematisieren lassen. Brakel hat diese Systematisierung durchgeführt und damit umgesetzt, was Jooss und Leeder nicht ausdrücklich beabsichtigten oder betrieben haben: ein Ordnungssystem deutscher moderner Tanztechnik.

Dem Konzept der Stabilität und Kontrolle des Körpers im klassischen Ballett steht mit dem Bewegungsansatz der ‚hohen' und ‚tiefen' Hüfte das der Labilität entgegen, indem eine Seite des Beckens der Schwerkraft nachgibt, während die andere Seite der Schwerkraft widersteht. Auf der Ebene des Körperzentrums setzt Jooss und in seiner Folge Brakel mit den Kategorien der ‚hohen' und ‚tiefen' Hüfte Labans Beobachtungen zur Asymmetrie sowie zur Labilität um. „Wir empfinden es", so Lisa Ullmann in Labans Werk *Der moderne Ausdruckstanz in der Erziehung*, „als Befreiung, wenn die Bewegungen unserer Körpers von dem verhältnismäßig ausbalancierten Zustand innerhalb des Dimensionsystems abweichen. Wenn wir erregt sind, wird unser Körpergleichgewicht labiler, wir haben eine größere Bereitschaft zur Veränderung, und an die Stelle unserer symmetrischen Haltung tritt eine asymmetrische."[132] Während der Körper im klassischen Ballett auf der Schwerkraftlinie bleibt, wie etwa bei einer *pirouette*, verlässt die labile Körperposition der ‚hohen' oder ‚tiefen' Hüfte diese Linie und der Körper befindet sich damit in einem Bereich zwischen Freiheit und Absturz. Er fällt aus der Schwerkraftlinie heraus in die Diagonalen der drei Dimensionen oder des Raumes hinein.

Die labile Position des Körpers, die z.B. im Anheben oder Absenken der Hüfte sichtbar wird, ist eine tanztechnische Figur, die sowohl bei Jooss

---

132 Ullmann, Lisa: „Einige Hinweise für das Studium von Tanz und Bewegung", in: Laban, *Der moderne Ausdruckstanz in der Erziehung* (1981), S. 123-148, hier S. 140.

als auch bei Leeder und in deren Folge in dem Unterricht von Jean Cébron, Hans Züllig, Eckard Brakel und Lutz Förster gelehrt wurde. Die labile Position mit einer abgesenkten Hüfte des nach hinten gekreuzten Spielbeins wurde z.b. in dem Unterricht von Hans Züllig an der Stange trainiert und von Lutz Förster in seinem Unterricht übernommen und variiert. Als Umkehrung dieser typischen Figur der Jooss-Leeder-Technik lässt sich das moderne *renversé* verstehen, bei dem die Hüfte des nach hinten gekreuzten Spielbeins nicht abgesenkt, sondern angehoben wird. Das Brustbein hebt sich dabei nach rechts bzw. links vor-hoch, zur gleichen Seite wie das nach rückwärts gekreuzte Spielbein. Gleichfalls befinden sich die beiden Hüftgelenke dabei nicht auf einer Horizontalen und der Körper nimmt eine labile, spiralförmige Stellung ein. Das *renversé* als Neigen des Körpers während einer Drehung existiert auch im klassischen Ballett, entsteht aber im Unterschied zu einem modernen *renversé* mehr aus der Rückneigung der Wirbelsäule und nicht aus dem Anheben der Spielbeinhüfte.[133] Das *renversé* und die labile Drehung mit rückwärts tief geschlossenem Bein sind aber nur zwei Beispiele für eine große Anzahl an möglichen labilen Drehungen, die sich aus dem Abweichen des Körperzentrums von der Schwerkraftlinie ergeben. Sie stehen in Kontrast zu dem Eindruck der Balance und Standfestigkeit, die im klassischen Ballett maßgeblich trainiert und vermittelt werden. Während die vollkommene Körperbeherrschung das Ideal des klassischen Tanzes darstellt, geht es bei der Jooss-Leeder-Technik darum, den Körper immer wieder loszulassen, indem er den Gesetzen der Schwerkraft überantwortet und wieder abgerungen wird.

AUF DEN SPUREN VON KURT JOOSS UND SIGURD LEEDER

Vor dem Hintergrund der vorangehenden Beschreibungen der methodischen und tanztechnischen Komponenten der Jooss-Leeder-Tradition ist zu fragen: Wo sind ihre Spuren in der Choreographie *Sacre* zu finden?

Eine naheliegende Verbindung besteht in der persönlichen Beziehung der Choreographin Pina Bausch zu wichtigen Vertretern der Jooss-Leeder-Methode. Pina Bausch war Studentin und Mitarbeiterin von Kurt Jooss, sie

---

133 A.J. Waganowa: *Die Grundlagen des klassischen Tanzes*, 157 ff.

arbeitete mit Jean Cébron im *Folkwang Tanzstudio* und tanzte in seinen Choreographien. In ihrer ersten Spielzeit als Chefin des Wuppertaler Tanztheaters setzte Pina Bausch 1974 den *Grünen Tisch* von Kurt Jooss auf den Spielplan. Im gleichen Jahr bringt das Wuppertaler Tanzensemble auch Jooss' Choreographie *Großstadt* zur Aufführung. Hans Züllig und Jean Cébron waren viele Jahre als Trainingsleiter des Tanztheaters beschäftigt. Auf diese Weise konnten motorische Informationen und geistige Vorstellungen der Jooss-Leeder-Methode zum Bestandteil kreativen Schaffens werden und darin fortbestehen. Der Fortbestand von Bewegungsabläufen einerseits, und einer inneren Haltung dem Tanz gegenüber andererseits, wurde vor allem durch den persönlichen Kontakt zueinander und damit durch das kommunikative Gedächtnis gewährleistet.

Pina Bausch ‚schrieb' *Sacre* laut eigener Aussage mit ihrem eigenen Körper. Dass sie damit auch am Gedächtnis der Jooss-Leeder-Technik teilnahm, wird z.B. an einem Filmdokument deutlich. Die Ausstellung *Tänzer.Sein. Körperlichkeit im Tanz* des Deutschen Tanzarchivs Köln, die vom 1.10.2010 bis zum 21.8.2011 in Köln stattfand, präsentierte eine zweiminütige Super-8-Filmaufnahme von Pina Bausch während eines Sommer-Workshops, der 1970 in Frankfurt am Main stattfand. Das aus Privatbesitz stammende einzigartige Video zeigt die Tänzerin und Choreographin bei der Demonstration von sechs Übungen an der Stange. In diesen Übungen sind alle im Vorangehenden beschriebenen Elemente der Jooss-Leeder-Technik zu finden. Die Aufnahme kann als ein weiteres Beispiel dafür gelten, dass neben dem Gedächtnis der Vorstellung auch ein mit dem Tanzkörper memoriertes Gedächtnis existiert, welches Ausbildung, Training und künstlerisches Schaffen durchdringt und formt.

Pina Bausch beginnt dort mit *grand pliés* in der ersten Position, die mit Druckbewegungen ins Brustbein und verschiedenen Armführungen verbunden werden. Auf eine schnell ausgeführte Einwärtsdrehung der Füße im *grand plié* folgt eine Körperwelle, bevor Pina Bausch ihre Wirbelsäule während der Streckung der Beine lang nach vorne zieht und sie dann vom unteren Rücken aus in eine neutrale Standposition hochrollt. Es folgen weitere *grand pliés* in der zweiten Position, die mit Druckbewegungen ins Brustbein verbunden werden. Eine dritte Übung beginnt mit einer tiefen Körperkurve mit angezogenem Spielbein zur Stange und setzt sich fort, indem das Becken nach vorn verlagert wird und Pina Bauschs Körper die Form eines langen Bogens annimmt. Die Übung demonstriert vor allem den unterschiedlichen Gebrauch des Beckens im modernen Training und enthält Elemente aus Hans Zülligs Stangen-Exercice. Pina Bausch variiert die Abfolge dieser Elemente allerdings und fügt ihnen einen Kreisschwung des rechten Arms hinzu. Das Absenken und Anheben der Hüfte mit einem Bein *a la seconde* demonstriert die Labilität auf der Ebene des Körperzentrums, wie es Jooss und Brakel lehrten. Auch die in der fünften Übung gezeigte gekippte Attitüde, bei der die Hüfte des Spielbeins erst abgesenkt und dann angehoben wird, wurde bei Jooss, Brakel, Züllig und Förster gelehrt. Pina Bausch fällt aus dieser Position in eine große, parallele Schrittstellung der Füße, bevor sie noch einmal schnell Elemente der dritten Übung wiederholt und schließlich in der ersten Position endet. Die letzte Übung zeigt Pina Bausch beim wiederholten Ausführen eines *grand battements* nach vorn, an das eine Stoßbewegung ins Brustbein angehängt wird, während der Ellbogen gleichzeitig einen kreisförmigen Weg beschreibt. Nicht in der Ausstellung gezeigte Filmmitschnitte des Workshops zeigen Pina Bausch beim Unterrichten eines Bewegungsmaterials, das deutliche Übereinstimmungen mit Bewegungssequenzen aus *Sacre* aufweist. An den Ausschnitten wird deutlich, dass unter Anleitung einer Lehrperson – in diesem Fall Pina Bausch selbst – bereits im Unterricht ein motorisches Gedächtnis entwickelt wird, auf das in bevorstehenden Proben und Aufführungen zurückgegriffen werden kann. Das Filmdokument veranschaulicht außerdem, dass sich Pina Bausch zum einen auf das Gedächtnis der Jooss-Leeder-Technik bezog, zum anderen dieses Gedächtnis variierte und es schließlich mit anderen Tänzern teilte.

Die Choreographie *Le Sacre du printemps* ist durch das kollektive Gedächtnis einer Gruppe geprägt, ein Gedächtnis, das motorisch und ‚geistig' eingrenzbar ist. Grundsätzlich gesagt ist der zentrale Bewegungsansatz ein wichtiges Merkmal der Jooss-Leeder-Technik. Dahinter steht die Idee, den Körper nicht nur von den Beinen und damit von der Peripherie des Körpers, sondern von seinem Zentrum aus in Bewegung zu versetzen. Der Körper wird damit von innen heraus erschüttert, wie die vielen Stoß- und Druckbewegungen in *Sacre* deutlich zeigen. Ebenso werden die Schwerkraft und mit dieser das Fallenlassen des Körpers betont. Themenkreise, die schon bei Kurt Jooss und Sigurd Leeder behandelt wurden, setzten sich so in Pina Bauschs Werk fort. Der Einsatz zentraler Bewegungen im Oberkörper sind Bewegungsqualitäten, die intensiv in den Stunden von Hans Züllig und Jean Cébron geübt worden sind. Erhellend ist in diesem Zusammenhang auch ein Blick auf Eckard Brakel und sein System ‚Deutscher Moderner Tanz', das aus Jooss' Bewegungsideen entwickelt wurde. In Brakels Training sind Bewegungen wiederzuerkennen, die in der Choreographie von Pina Bausch in ähnlicher Weise Verwendung finden und die mit dem Bewegungsansatz von Kurt Jooss in Verbindung stehen dürften. Auch Pina Bausch sprach in ihren Proben über die Hüfte und deren Einsatz in der Bewegung. Zahlreiche Bewegungen in *Sacre* haben ihren Ansatz im Körperzentrum und nutzen das Anheben und Absenken der Hüfte, wie Jooss, Brakel und andere Pädagogen es lehrten. Es gibt einige schnelle *fouettés* im Männerteil, die mit ‚tiefer' Hüfte ausgeführt werden, und auch die modernen Rond-de-jambe-Formen, die in *Sacre* verwendet werden, tauchen in dem Training, das Eckard Brakel, Hans Züllig oder Jean Cébron unterrichteten, auf. Zum Beispiel lässt sich die erste Männerdiagonale, die aus einem schnellen Anheben und Absenken der Hüfte in drei unterschiedlichen Positionen besteht, aus dem Bewegungsmaterial ableiten, das Eckard Brakel in seinen Unterrichtsstunden an der Stange und in der Mitte trainierte. Auch auf der Ebene der peripheren Bewegungen, insbesondere der Bewegungen der Arme, hält die Jooss-Leeder-Methode viele Vorschläge bereit, die Pina Bausch in *Sacre* aufgriff, verarbeitete und variierte. So ist z.B. der Einfluss der Arbeit von Jean Cébron auf die Bewegungen der Arme erkennbar. Die weit ausgreifenden und vielfältigen Armbewegungen von Pina Bausch nahmen ihren Anfang in der Tanztechnik, wie sie von Jean Cébron, Kurt Jooss oder Hans Züllig vertreten wurde.

Die Vorstellungen, die Hans Züllig für das Ausbildungskonzept der *Folkwang Hochschule* formulierte, wirkten auch in Pina Bauschs Arbeit weiter. Selbst wenn die Choreographin mit dem Benennen von Motivationen sparsam war, formulierte sie den emotionalen Zustand, in dem eine Szene oder eine Bewegung stattfand, deutlich. Das geschah manchmal auf Umwegen, aber es reichte für die Tänzer aus, sich nicht nur mit dem motorischen, sondern auch mit dem vorstellenden Gedächtnis auf die Situation einzulassen. „Ihr seid ja am schönsten, wenn ihr ihr selbst bleibt", sagt sie zu den Jugendlichen nach einer Probe von *Kontakthof*[134] und sie sagte das oft auch zu den Tänzern ihrer Kompanie, eine Bemerkung, die sich dem Begriff der ‚Aufrichtigkeit' nähert, vielleicht auch Henri Bergsons Charak-

---

134 TANZTRÄUME. JUGENDLICHE TANZEN KONTAKTHOF VON PINA BAUSCH (D 2010, R: Anne Linsel/Rainer Hoffmann).

terisierung der Dauer, in der das Oberflächen-Ich mit dem inneren Ich zusammenfällt. Für Sigurd Leeder sollten durch die Bewegungen eines Tänzers „die Harmonisierung seiner Persönlichkeit sowie Anwendung und Entfaltung seiner Vorstellungskraft und seiner schöpferischen Kräfte"[135] zum Ausdruck kommen. All diese Formulierungen meinen in ihrem Kern das Gleiche. In den Proben hatte Pina Bausch ein feines Gespür dafür, was notwendig und was überflüssig war. „Sie hatte", so Barbara Passow, „ein sehr stark ausgebildetes Gespür für Authentizität."[136] Das betraf nicht nur die Persönlichkeit der Tänzer, sondern es betraf auch ihren Umgang mit der Bewegung. Dass Pina Bausch die Prinzipien von Jooss und Leeder kannte und auch ihre Lehre der Eukinetik und Choreutik, zeigt die facettenreiche Gestaltung von Raum und Bewegung in der Choreographie *Sacre* deutlich. Dem Leitgedanken von Jooss folgend, den erdverketteten Menschen zu zeigen, ließ Pina Bausch ihre Tänzer in *Sacre* auf Erde tanzen. Sie spitzte damit eine innere Einstellung dem Tanz gegenüber zu, die im Tanz nicht nur das Schwerelose, sondern auch das Bodenständige sucht.

Diese Beziehungen beeinträchtigen nicht die Originalität der Choreographie *Le Sacre du printemps*, sondern bekunden die im Tanz wirksamen Gedächtnisformen an einem konkreten Beispiel. Pina Bauschs Inszenierung wird darüber hinaus durch weitere Komponenten der Bewegungs- und Raumgestaltung mitbestimmt. Die Komposition der Bewegungen und ihre komplexe Gestaltung im Raum, Emotionalität, Dramaturgie und Opferthematik des Stücks, das Verhältnis von Bewegung und Musik oder das Bühnenbild sind einige Aspekte, die den schöpferischen Umgang von Pina Bausch mit den ihr zur Verfügung stehenden Mitteln zeigen. Pina Bausch trug außerdem durch die Besetzung eines Stückes wie *Sacre* mit ganz unterschiedlichen Tänzererscheinungen dazu bei, dass nicht die Einheitlichkeit, sondern die Vielseitigkeit von Tänzern hervorgehoben wurde und beeinflusste damit das Erscheinungsbild von Tänzern auf der Bühne maßgeblich. Sie selbst betonte, sie sei nicht die Schülerin von jemandem. „Ich bin ich", antwortete sie auf die Frage danach, ob sie sich als eine Schülerin von

---

135 Leeder, Sigurd: „Lecture Demonstration, gehalten von Leeder Anfang der 50-er Jahre in London", in: Müller, *Sigurd Leeder* (2001), S. 17.
136 Passow, Barbara/Boxberger, Edith: „Respekt und Risiko. Barbara Passow im Gespräch mit Edith Boxberger", in: Diehl/Lampert, *Tanztechniken 2010* (2011), S. 100.

Kurt Jooss betrachte[137], und in der Tat ist die Liste der Choreographen und Pädagogen, mit denen die Künstlerin gearbeitet hat, lang. Nicht nur ihre Zeit an der *Folkwangschule*, sondern auch ihr Aufenthalt an der *Juilliard School* in New York und ihr Engagement beim *New American Ballet* und beim Ballet der *Metropolitan Opera* haben, wie die Choreographin selbst sagte, wichtige Einflüsse auf sie ausgeübt.[138] Beifügend sei darauf hingewiesen, dass die Choreographie *Le Sacre du printemps* eines unter anderen Tanzstücken aus dem umfangreichen Werk von Pina Bausch darstellt und dass die Choreographin in anderen Arbeiten nahezu vollständig auf ein motorisches Gedächtnis im Sinne einer eintrainierten Tanztechnik verzichtete.

Dennoch ist resümierend festzustellen, dass in den Bewegungsabläufen dieser Choreographie Vorstellungen, Haltungen und Emotionen des Jooss-Leeder-Kollektivs eingelagert sind. Das Stück *Le Sacre du printemps* ist eine Choreographie, die aus der Quelle eines motorischen Gedächtnisses schöpft, das von Generation zu Generation weitergereicht wurde, indem man sich im Tanzsaal traf, sich erinnerte und miteinander tanzte. Dadurch werden Erinnerungen nicht nur als Vorstellungen, sondern auch als Bewegungsabläufe erhalten und überführen die Vergangenheit in eine mit den Sinnen erfahrbare Gegenwart.

FAZIT

Anhand der Jooss-Leeder-Methode wurden das körperliche Wissen und die geistigen Vorstellungen dieser Körpertechnik aufgezeigt. Auf der Ebene der Vorstellungen sind für die Jooss-Leeder-Methode ihr historischer Kontext, ihre enge Bindung an die Aufführungspraxis, ihr theoretischer Hintergrund in Form von Prinzipien und Lehre und die mit ihr verbundenen Wertvorstellungen relevant. Darüber hinaus existieren Erinnerungen an einige Choreographien, die zentrale Leitbilder für diejenigen Tänzer sind, die mit der Jooss-Leeder-Methode arbeiten. Wichtig ist auch die persönliche

---

137 Bausch, Pina/Gleede, Edmund: „…ich empfinde Menschen sehr stark. Edmund Gleede sprach mit der Wuppertaler Ballettchefin Pina Bausch", S. 30.
138 Vgl. ebd., S. 30. Pina Bausch bezeichnet Antony Tudor, José Limón, Paul Taylor, Jean Cébron, Lucas Hoving, La Meri, Paul Sanasardo und Hans Züllig als Persönlichkeiten, die sie genauso stark beeinflusst haben wie Kurt Jooss.

Beziehung ihrer Vertreter zueinander, ein Aspekt, der bei der Betrachtung von Tanztechniken im Allgemeinen zu wenig bedacht wird. So wenig sich Körpertechniken vom Körper lösen lassen, so wenig sind sie ohne das Gedenken an diejenigen zu verstehen, von denen sie gelernt wurden. Mit Tanztechniken sind Erinnerungen an Menschen verbunden – wie sie ihre Technik lehrten, wie sie darüber sprachen und wie sie sich in ihnen bewegten. Zusammenfassend lassen sich diese Aspekte als geistige Bilder verstehen, die die Bewegungsausführung begleiten und die motorischen Inhalte mitbestimmen. So lässt sich an der Jooss-Leeder-Methode veranschaulichen, dass Tanztechnik nicht unabhängig gedacht werden kann, sondern stets in Beziehung zu anderen Bereichen steht.

Die Jooss-Leeder-Methode zeigt ebenfalls, dass ein Aspekt einer Tanztechnik darin bestehen kann, motorische Informationen zu vergessen. Wichtiger als das Behalten von Schrittfolgen ist, dass sich Vorstellungen bewahren. Von der Jooss-Leeder-Methode aus lässt sich ableiten, dass motorische Muster vergessen werden müssen, damit die Vorstellungen zu Bewegungen lebendig bleiben können. So lässt sich verstehen, dass es in der Jooss-Leeder-Methode immer auch um das Gedächtnis der Vorstellung geht, um ein Gedächtnis des Geistes, das das Gedächtnis des Körpers ergänzt. Dieses Gedächtnis kann als intellektuelle Durchdringung von Bewegung daherkommen, wie am Beispiel von Eukinetik und Choreutik gezeigt wurde, oder als Emotion, die mit der Bewegung in Beziehung steht, was ein besonderer Ansatz der Jooss-Leeder-Methode ist. In beiden Fällen bedeutet es eine Aktivität des Bewusstseins, die jede Bewegung zu jeder Zeit von der Gewohnheit unterscheidet. Dem schöpferischen Aspekt des Gedächtnisses, wie er von Henri Bergson hervorgehoben wird, begegnet man besonders in der Jooss-Leeder-Methode, weil sie nicht darauf beharrt, sich nur zu wiederholen.

Motorische Abläufe der Jooss-Leeder-Methode lassen sich dennoch näher benennen. Sie bestehen vor allem aus dem Gebrauch des Oberkörpers durch Einrundungen, Gegenbewegungen und Neigungen. Das intensive Training zentraler Bewegungen, die statt der Standfestigkeit des Körpers seine Labilität, seine Flexibilität und seine Möglichkeiten zur asymmetrischen Raumgestaltung ausloten, führt zu einem Bewegungsduktus, der in engem Zusammenhang mit der Emotionalität steht, da diese immer das Zentrum des Körpers einbezieht. Andererseits besteht in der Jooss-Leeder-Methode eine hohe Sensibilität für die Gestaltung von peripheren Bewegungen, besonders mittels der Arme. Nirgends wird diese Gestaltungskraft deutlicher als in dem Tanztheater von Pina Bausch, in deren Choreographien neben den zentralen Bewegungen zahlreiche Armbewegungen zu finden sind, die in den Trainingsstunden von Hans Züllig und Jean Cébron in vereinfachter Form praktiziert wurden.

Weder Hans Züllig, noch Jean Cébron oder Eckard Brakel sprachen in ihren Unterrichtsstunden direkt über Emotionalität. Sie unterrichteten Tanz. Die emotionale Erfahrung, welche vom Gedächtnis der Vorstellung registriert wird, so lässt sich daraus schließen, geht mit den Bewegungen des Körpers einher. ‚Geistige Bilder' werden nicht ‚umgesetzt', sondern erscheinen während der Körperbewegung. So lässt sich in den mit den Körpersinnen erfahrenen Eindrücken das Gedächtnis des Tanzes markieren, welches nicht erst denkt und dann fühlt, sondern in dem Denken und Fühlen, Körper und Geist und Wahrnehmung, Empfindung und Erinnerung in jedem Moment in einer Beziehung der Gleichzeitigkeit zueinander stehen.

Zusammenfassend kann gesagt werden, dass an der Jooss-Leeder-Methode das ganze Spektrum von im Tanz wirksamen Gedächtnisformen deutlich gemacht werden kann. In motorischen Bewegungsabläufen ist das kollektive Gedächtnis des deutschen Ausdruckstanzes eingelagert. Durch das kommunikative Gedächtnis wurde die Jooss-Leeder Methode von Person zu Person übertragen. Als formende Körpertechnik ist sie eine Form kultureller Erinnerung. Sie wird in motorischen Bewegungsabläufen geübt und von Vorstellungen begleitet. Der intellektuelle Aspekt des Gedächtnisses kommt in ihrer Theorie zum Tragen, der intuitive Aspekt in Emotionen, die die Bewegungen motivieren. Als nicht-kodifizierte Körpertechnik wird sie dem schöpferischen Charakter des Gedächtnisses gerecht, indem sie Tänzer dazu herausfordert, Tanztechnik nicht festzulegen, sondern in der individuellen Ausführung immer wieder zu erneuern.

Zusammenfassung und Ausblick

In der Auseinandersetzung mit unterschiedlichen Theoriefeldern wurde deutlich, dass es keine Wahrnehmung ohne Gedächtnis gibt. In diesem Punkt stimmen Gehirnforschung, Philosophie und Soziologie bzw. Kulturwissenschaft überein. Gedächtnis und Wahrnehmung können im tatsächlichen Prozess des Erinnerns nicht getrennt gedacht werden. Für den Tanz wurde in dieser Arbeit herausgearbeitet, dass er Anteil an Gedächtnisformen nimmt.

Die Betrachtung des natürlichen Gedächtnisses im Tanz führte zu den komplementären Gedächtnisformen ‚implizit/explizit', ‚motorisch/vorstellend' und ‚kulturell/kommunikativ'. Während die ersten beiden Paare das Gedächtnis auf der Ebene des Individuums markieren und viele Gemeinsamkeiten aufweisen, erklärt das Begriffspaar ‚kulturell/kommunikativ' das Gedächtnis auf der Ebene des Kollektivs. Die Gehirnforschung nimmt unter dem Begriff ‚Gedächtnis' einen biologischen Prozess in den Blick, die Philosophie eine Fähigkeit des Geistes. Die Kulturwissenschaften wiederum beschreiben die Entwicklung des Gedächtnisses als einen sozialen Bildungsprozess. Gehirnforschung und Bergsons Philosophie widersprechen sich dabei in ihrer Einschätzung, ob das Gedächtnis Ursache des Gehirns ist oder nicht, Bergsons Philosophie und die Soziologie Halbwachs' darin, ob das Gedächtnis ein individuelles oder ein soziales Phänomen beschreibt. Die Studie zeigte, dass die verschiedenen Disziplinen Beiträge zu unterschiedlichen Aspekten des Gedächtnisses liefern und dass Gedächtnis nur interdisziplinär reflektiert werden kann.

Die Übertragung von Forschungsergebnissen der unterschiedlichen Theoriefelder auf den Tanz macht deutlich, dass sich die verschiedenen Disziplinen nicht widersprechen müssen, sondern einander vielmehr an den

Grenzen ihrer Betrachtung ablösen können. Die Hirnforschung bestimmt Korrelate von geistiger Aktivität und damit physikalische Tatsachen. Das subjektive Erleben wird dabei nicht miterfasst. Genau an diesem Punkt kann die Philosophie Bergsons ansetzen und Gedächtnisprozesse auf der Ebene des Subjekts fassbar machen. Was in Bergsons Philosophie nicht diskutiert wird, kann ergänzend die Soziologie erläutern: Tanz trägt zur Stabilität kultureller Erinnerung bei und bezieht sich immer auch auf das Gedächtnis eines Kollektivs. Im Folgenden werden die wichtigen Ergebnisse dieser Arbeit zusammenfassend dargestellt.

Die Gehirnforschung beschäftigt sich mit zwei grundlegenden Fragen: Wo geschieht Erinnerung? Wie wird Erinnerung erhalten? Die Antworten, die sie bereitstellen kann, betreffen die Funktionsweise des Gedächtnisses auf der physiologischen Ebene.

Vor allem betont die Gehirnforschung den Gedanken, dass jegliche Aktivität des Gedächtnisses die Beteiligung einer ganzen Reihe von Gehirnarealen erfordert. Gerade der Tanz kann hier als ein Handlungsmodell dienen, das implizite und explizite Gedächtnisleistungen gleichermaßen einfordert und miteinander verbindet. Die Bezeichnungen ‚implizit‘ und ‚explizit‘ sind dabei methodisch begründete Reduktionen, die im Rahmen neurowissenschaftlicher und neuropsychologischer Methodik fruchtbar sind. Ob dahinter wirklich distinkte Gedächtnismechanismen stehen, wird kontrovers diskutiert. Der Tanz spricht eher gegen eine solche Trennschärfe, zeigt er doch deutlich, dass implizite und explizite Gedächtnisleistungen miteinander verschränkt sind. Dennoch kann die Gehirnforschung den Unterschied von impliziten und expliziten Gedächtnisleistungen anhand von neurophysiologischen und neurobiologischen Befunden nachweisen.

Aus der Sicht des Tanzenden bleiben implizite, nicht-deklarative und prozessuale Gedächtnisinhalte wenn nicht stabil, so doch in einer sich stetig verändernden Form abrufbar. Gleichzeitig müssen sie immer wieder neu konstruiert werden und lassen sich nicht anders als durch das Tanzen selbst erinnern. Der Tanz, so ist festzustellen, fordert und fördert eine andere Art der Erinnerung, die die Vergangenheit nicht konserviert, sondern aus der Gegenwart heraus wiederbelebt, indem der Tanzende einmal gemachte Erfahrungen erneut durchlebt. Akzeptiert man, im Tanz von ‚Inhalten‘ zu sprechen, so demonstriert der Tanz, dass dort Körperbewegungen, Bewegungsabfolgen und ganze Choreographien ‚offen‘ bleiben. Sie sind nicht gespeichert, sondern ihre Informationen bleiben flexibel und erscheinen dort, wo sie ausgeführt werden. Der Sachverhalt der Plastizität des Gehirns, wie er insbesondere in der zellbiologischen Gehirnforschung aufgezeigt worden ist, führt zu einer aufschlussreichen Neubewertung von Erinnerungen, denn er besagt, dass Erinnerungen formbar sind und ihren Charakter verändern können. Erinnerung muss vor dem Hintergrund der Forschungsergebnisse der Neurowissenschaft als ein aktiver und vor allem konstruktiver Prozess betrachtet werden. Tanz demonstriert, dass Erinnerung immer formend zurückgeholt wird und dort ist, wo sie erscheint: im Tanzen selbst.

Die Frage nach der physiologischen Funktionsweise des Gedächtnisses lässt sich vor allem auf der impliziten Ebene beantworten. Anatomische Voraussetzungen und zusammengesetzte ‚Inhalte' scheinen hier zumindest überschaubar. Gerade auf dieser Ebene verfügen Tänzer über ein großes Reservoir an Bewegungswissen, das in Zukunft zu weiteren aufschlussreichen Ergebnissen zum impliziten Gedächtnis führen könnte, vor allem, weil es nicht auf die visuelle Wahrnehmung beschränkt bleibt. Das implizite Gedächtnis im Tanz entsteht durch die Wiederholung von Bewegungen, um Bewegungsmuster ohne Verzögerung zur Verfügung zu haben. Dabei verändert sich die Gehirnstruktur und die Art und Weise, wie Tänzer Bewegung wahrnehmen, sie verstehen und zeitliche Vorstellungen zu ihr bilden.

Eine für den Tanz relevante Erkenntnis der Gehirnforschung besteht darin, dass die motorischen Areale des Gehirns wesentlich an kognitiven Leistungen beteiligt sind. Umgekehrt ist die kognitive Durchdringung von Bewegung ein wichtiger Leitfaden für die Tanzausbildung und die Tanzpraxis. Diese Ergebnisse lassen ein hierarchisches Modell der Bewegungsausführung als überflüssig erscheinen, das davon ausgeht, dass man zuerst denkt und sich dann bewegt. Der menschlichen Bewegung muss ein gleichberechtigter Stellenwert gegenüber kognitiven Leistungen eingeräumt werden und sie beginnt bereits auf der Ebene der unbewussten Wahrnehmung, wie am Beispiel des Spiegelmechanismus bei Nervenzellen deutlich wird.

Dem expliziten Gedächtnis steht die Gehirnforschung mit vielen Fragen gegenüber. Auch für das explizite Gedächtnis gilt die Wiederholung als konstituierend, aber ihm ist das Bewusstsein beigegeben. Wie auch die Fallbeispiele dieser Arbeit zeigen, ist das explizite Gedächtnis im Tanz an der Ausführung von Tanzbewegungen maßgeblich beteiligt. Seine anatomischen Grundlagen scheinen dabei ungleich komplizierter, ebenso wie die Erinnerungen, für die es zuständig ist und die unlösbar mit dem Bewusstsein und dem subjektivem Erleben verknüpft sind – jenen Bereichen also, die die Gehirnforschung nicht fassen kann. Der Hinweis auf eine ‚Erklärungslücke' macht deutlich, dass sich die Gehirnforschung mit ihren Erklärungsmodellen weiterhin auf der Suche nach dem Bewusstsein befindet. Die Lücke, die zwischen dem subjektiven Erleben und den beobachtbaren biologischen Prozessen im Gehirn besteht, kann sie nicht schließen. Trotzdem beantwortet sie die Frage nach dem Gedächtnis vor allem mit dem Verweis auf seine Orte. Ihr zufolge werden Erinnerungen im Gehirn bewahrt und lassen sich als ein Zusammenspiel multipler Schaltkreise und als Veränderungen in der Stärke synaptischer Verbindungen sehen.

Eben diese Festlegung des Gedächtnisses auf einen Ort ist es, der eine philosophische Perspektive, wie sie anhand von Henri Bergsons Philosophie herausgearbeitet wurde, widersteht. Bergsons Philosophie sucht nicht nach einem Ort, an dem sich das Gedächtnis befindet, sondern versteht Gedächtnis als Wahrnehmung von Veränderung. Vor dem Hintergrund von Bergsons Philosophie wurde gezeigt, dass Bewusstsein im Tanz im Wesentlichen Gedächtnis ist. Bergson ist als Bewegungsphilosoph zu verstehen und seine Philosophie wurde in dieser Untersuchung für das Verstehen von Gedächtnisprozessen im Tanz für die subjektive Ebene der Wahrnehmung fruchtbar gemacht. Tanz lässt sich in Anlehnung an Bergson als eine Kunstform verstehen, die zwei grundlegende Züge des Gedächtnisses in der menschlichen Bewegung zum Ausdruck bringt: zum einen die dynamische, nicht umkehrbare Vorwärtsbewegung der Zeit, zum anderen die Allgegenwart der Vergangenheit. Diese beiden Charakterzüge des Zeiterlebens kommen im Tanz ausschließlich auf dem Schauplatz des menschlichen Körpers zum Ausdruck. Die Erfahrung von Dauer tritt im Tanz nicht nur als eine Erfahrung des Gedächtnisses auf, sondern sie wird in Bewegungen des Körpers durchlebt.

Gedächtnis im Tanz zeichnet sich demnach dadurch aus, dass es Handlung und Gedächtnisaktivität gleichzeitig ist. Daher lässt sich im Tanz weder von der planenden Herrschaft des Verstandes noch vom Denken des Körpers sprechen, sondern vielmehr von einem Gedächtnis in Handlung. In Tanz ist die Erfahrung von Dauer und damit die von Gedächtnis zu sehen, die Bewegung als Handlung begreift und gleichzeitig als zeitlichen Prozess.

Unter Bezugnahme auf Bergsons Philosophie wurde deutlich, dass sich motorisches und vorstellendes Gedächtnis in einem beständigen Austausch miteinander befinden. Gedächtnis im Tanz ist aus der Perspektive Bergsons vor allem durch den Gedanken der Koexistenz von Motorik und Vorstellung bestimmt. Tanz ist, mit Bergson gedacht, die Erfahrung eines körpergebundenen Zeitbewusstseins, in der sich ein Dualismus zwischen Körper und Geist auflöst.

Die herausragende Bedeutung von Bergsons Philosophie besteht darin, den Einfluss der Zeit und somit des Gedächtnisses als einen schöpferischen Prozess zu zeigen. Bergson beschreibt Bewegungen des Körpers auch als „werdendes Handeln"[1] und mag man dieser Wortwendung auch nicht vollends folgen wollen, so bringt sie doch den Gedanken der Schöpfung und damit der Zukunft ins Spiel, der für die zeitliche Ebene im Tanz von immenser Bedeutung ist. Denn so wie die Vergangenheit in der Bewegung im Tanz anwesend ist, so stößt uns die Bewegung doch auch unaufhörlich in die Richtung der Zukunft. Der Körper stellt dabei die letzte Ebene des Gedächtnisses dar, die die Vergangenheit fortwährend in die Zukunft überführt. Ebenda liegt die Faszination leibhaftig aufgeführten Tanzes, nicht in der Wiederholung, sondern in der Einmaligkeit und der Erkenntnis, dass jeder Tanz etwas wirklich Neues in den Moment einbringt, der sofort wieder Vergangenheit sein wird. So lässt sich der Gedanke von Freiheit, der Bergsons Denken durchzieht, besonders im Tanz erkennen. Das bedeutet, dass über den körperlich-funktionalen Aspekt von Körperbewegung hinaus ihre ästhetische Erfahrung das besondere Kennzeichen von Tanz ist.

Schließlich ist das Erleben von Tanz – sowohl vom Tänzer als auch vom Zuschauer aus gedacht – nicht anders zu erfahren als ein Ergreifen von innen her, bei dem man nicht vollends versteht, sondern in der Bewegung entsteht – ein Gedanke, der sich mit Bergsons Begriff der ‚Intuition' fassen lässt. Nur begrenzt lassen sich Körperbewegungen im Tanz verstehen oder vorhersehen, vielmehr sind wir aufgefordert, in sie einzutauchen und uns mit ihnen zu vollziehen. Diesen Gedanken drückt Bergson in einem treffenden Vergleich aus, in dem er die Beziehung zwischen Musik und Gefühl beschreibt: „In Wirklichkeit trägt sie [die Musik] die Gefühle nicht in uns hinein; vielmehr trägt sie uns in sie hinein, wie man vorübergehende Spaziergänger in einen Tanz hineinzieht."[2] Und im vorhergehenden Absatz heißt es: „Ob die Musik nun Lust oder Trauer, Mitleid oder Mitfreude aus-

---

1   H. Bergson: *Schöpferische Entwicklung*, S. 255.
2   H. Bergson: *Die beiden Quellen der Moral und der Religion,* Jena: Diederichs 1933, S. 35-36.

drückt, wir sind in jedem Augenblick das, was sie ausdrückt."[3] Auch Pina Bausch sagte in den Proben zu *Le Sacre du printemps* oft zu uns Tänzern: „Ihr seid die Musik!" Das Verhältnis von Erinnerung und Bewegung im Tanz ist demnach nicht als das von Ursache und Wirkung zu denken, sondern als eines, bei dem das eine das andere hervorbringt.

Sigurd Leeder wies darauf hin, dass Tänzer vor allem Teil einer Gruppe sind.[4] Der Einfluss des Kollektivs spielt im Tanz eine bedeutsame Rolle für die Gedächtnisbildung, wie die Beschreibungen von Proben und Aufführungen in dieser Arbeit belegen. Gedächtnis im Tanz wird vor allem im Kollektiv gebildet. Auch das tägliche Training findet in der Gruppe statt und hat zum Ziel, Informationen vom Einzelnen auf die Gemeinschaft zu übertragen. Das Gedächtnis im Tanz ‚wächst' aus der soziologischen Perspektive in den Tänzer hinein. Die Frage nach der Bildung von Gedächtnis lässt sich weder mit der Gehirnforschung noch mit der Philosophie Bergsons befriedigend beantworten, sondern erhellender mit Erklärungsmodellen der Soziologie und in ihrer Folge denen der Kulturwissenschaft. Mit Maurice Halbwachs' Konzept des ‚kollektiven Gedächtnisses', welches Ort, Raum und Gruppe für die Existenz von Erinnerungen verantwortlich macht, ist die Stabilität von Gedächtnisinhalten im Tanz zu erklären. Mit Bezug auf Halbwachs wurde gezeigt, dass das kollektive Gedächtnis im Tanz in Körperbewegungen eingelagert ist. Im Tanz werden Bewegungen und Positionen des Körpers gelehrt, Punkte im Raum bestimmt und Traditionen einer Tanzkultur aufrechterhalten. Tanz nimmt an dem Gedächtnis einer Kultur teil, vermittelt es weiter und produziert es neu. Durch Bewegungen wird nicht nur eine subjektive Erfahrung gemacht, sondern Lehrer oder Choreographen werden miterinnert und es wird ein Bezug zu dem Denken und Fühlen einer Gruppe hergestellt. Vor allem in Bewegungen und Positionen des Körpers ist dieses kollektive Gedächtnis eingelagert und wird von Generation zu Generation weitervermittelt. Auf diese Weise wird im Tanz dafür gesorgt, Erinnerungen lebendig zu halten, sie vor dem Erlöschen zu schützen und Geschichte für ein neues Kollektiv wirksam werden zu lassen. Tanztechniken und Choreographien sind kollektive Gedächtnisformen und tragen zur Aufrechterhaltung kulturell geformter Erinnerung bei.

---

3   Ebd., S. 35.
4   Leeder, Sigurd: „Lecture Demonstration, gehalten von Leeder Anfang der 50-er Jahre in London", in: Müller, *Sigurd Leeder* (2001), S. 19.

Das von einer Kultur geprägte Gedächtnis des Einzelnen erstarrt im Tanz dabei nicht zu einer ‚Dingwelt', sondern der Tänzer holt es in sich hinein, praktiziert es mit dem Körper und hält in der Bewegung neben einer kulturell geformten Erinnerung die Vergangenheit seines menschlichen Gegenübers in der eigenen Bewegung lebendig. Im Tanz wird kulturelles Wissen nicht in Form künstlicher Gedächtnismedien, wie Bild oder Schrift, fixiert und damit in ein Außen verlagert, sondern es wird ‚verinnert'. Das kulturelle Gedächtnis ist im Tanz von innen heraus erlebbar und findet in Form von Tanzbewegungen statt. Vor allem der bewegte Körper ist im Tanz das Medium, das ein praktisches Tanzwissen bleibend bildet, abruft und mitteilt. Die Funktion des Gedächtnisses, Beziehungen zu stiften, prägt auch die Beziehung von Tänzern und Choreographen zueinander. Sie tauschen ihr Gedächtnis fortwährend untereinander aus und konstruieren es aus seinen Spuren neu. Daher sind die Metaphern für das Gedächtnis von Tänzern, wie z.B. die des Archivs, nicht falsch, jedoch unzureichend, denn sie geben dem Gedächtnis im Tanz einen Ort, den es nicht hat. Der Tänzer ist nicht sein eigenes Archiv, sondern eher seine eigene Spur, die er immer wieder bewandern kann. Aber auch das ist nur eine Metapher. Besser als durch die Archiv-Metapher kommt darin jedoch zum Ausdruck, dass das Gedächtnis im Tanz eine Kombination aus Bewegungen des Körpers und Erinnerungen des Geistes ist, die nicht nur vom Individuum bewandert werden, sondern auch zwischen Tänzern hin- und herwandern und von Generation zu Generation mit dem natürlichen Gedächtnis weitergereicht werden. So ist das Wissen im Tanz einzigartig, denn für die Übertragung impliziten Wissens gibt es keine anderen wirklich effizienteren Übertragungskanäle als die persönliche Zusammenkunft und den Austausch von Bewegungen im Tanzsaal. Archive des praktischen Tanzwissens sind unvollständig, weil Bewegungswissen nicht vollständig archivierbar ist. Die Herausforderung an den Tanz liegt daher auch nicht in der Bewahrung durch Festschreibung, sondern in der Bewahrung durch die Vermittlung, wobei nicht nur geformte, sondern auch persönliche Erinnerungen den Vermittlungsprozess prägen. Der Erwerb kulturell geprägter Bewegung vollzieht sich im Tanz durch die zwischenmenschliche Kommunikation und wird durch das natürliche Gedächtnis des Körpers bewahrt. Vor dem Hintergrund einer kulturwissenschaftlichen Perspektive ist Tanz ein besonderes Beispiel dafür, dass sich kommunikatives und kulturelles Gedächtnis durchdringen und aufeinander einwirken. Die Bildung von Gedächtnis im Tanz lässt sich am effizientesten mit Modellen der Soziologie und der Kulturwissenschaft erklären, die Gedächtnis vor allem als einen Wachstumsprozess verstehen, der sich nicht von unten nach oben, sondern von außen nach innen vollzieht.

Gedächtnisformen wurden auch anhand der Jooss-Leeder-Methode beschrieben – historisch, theoretisch und praktisch. Für die Jooss-Leeder-Methode ist dargestellt worden, wie das Gedächtnis von Tänzern trainiert wird, welche Wege der Vermittlung es nimmt und wie sich seine Inhalte beschreiben lassen. Das Kapitel verstand sich dabei als ein Beitrag zu einer an der Tanzpraxis orientierten Tanzforschung zur Bilanzierung und Bestandsaufnahme von Tanzwissen. Dieses Tanzwissen besteht aus Vorstellungen einerseits und Bewegungsmustern andererseits, wobei von Tanztechnik zu Tanztechnik jeweils unterschiedliche Schwerpunktsetzungen existieren. Die Vorstellungskraft – und damit das Gedächtnis – kann aber übergreifend als charakteristische Eigenschaft von Bewegungen im Tanz verstanden werden.

Die Darstellung der Jooss-Leeder-Methode zeigte an einem konkreten Beispiel, inwieweit die kognitive Durchdringung von Bewegungen dem Tänzer ein Werkzeug für die Ausführung und Gestaltung von Tanz an die Hand gibt. Das Zeigen ist eine der wichtigsten Gedächtnistechniken im Tanz. Leeder war jedoch ebenso der Ansicht, dass das Demonstrieren allein nicht ausreiche. Gerade darin sahen Jooss und Leeder das Defizit der Tanzausbildung ihrer Zeit. Das Geschehen, so Leeder, muss verstanden werden und eben dafür entwickelten Jooss und Leeder ihre an der Tanzpraxis orientierte Lehre der Eukinetik und Choreutik.[5]

Die Jooss-Leeder-Methode stellt die Frage nach dem Sinn von Körperbewegungen. Das bedeutet nichts anderes, als der Bewegung geistig nachzugehen und dadurch die Erinnerung wachzurufen. Ein ganz anderes Konzept von Tanz ist selbstverständlich denkbar. Während die Ästhetik von Tanzkünstlern, wie etwa Merce Cunningham oder William Forsythe, sich im Wesentlichen auf den Aufführungsrahmen der Tanzaufführung konzentriert und damit vor allem bewegte Körper im Raum präsentiert, besteht der Ansatz des Tanztheaters darin, neben Prozessen der Wahrnehmung das Individualgedächtnis anzustoßen und gesellschaftliche und emotionale Asso-

---

5 Vgl. Leeder, Sigurd: „Lecture Demonstration, gehalten von Leeder Anfang der 50-er Jahre in London", in: Müller, *Sigurd Leeder* (2001), S. 24.

ziationen zu wecken. Statt auf den Sinn von Körperbewegungen kann man den Fokus auf die Wahrnehmung der Sinne richten, an denen die Erinnerung gleichfalls beteiligt ist. Beide Konzepte können auch nebeneinanderbestehen oder ineinandergreifen. Entscheidend ist vor allem in der Tanzausbildung, einseitige Vorgaben zu vermeiden. Kurt Jooss gibt das überzeugende Beispiel dafür, indem er zu seinen von 1959 bis 1962 veranstalteten Sommerkursen an der *Folkwangschule* viele Tanzkünstler einlud, die eine ganz andere Auffassung als seine eigene vertraten.[6] Damit ist Jooss schon in den 1960er Jahren mit der Bestandsaufnahme von Tanztechniken beschäftigt – eine Unternehmung, die heute durch die Forschungsprojekte vom *Tanzplan Deutschland* ihre Fortsetzung gefunden hat.

Anhand der Jooss-Leeder-Methode wurde deutlich, dass sich Gedächtnis im Tanz dadurch auszeichnet, dass es Anteil an komplementären Gedächtnisformen nimmt und physiologische, individuelle und kollektive Phänomene in Körperbewegungen zum Ausdruck bringt. Die Auseinandersetzung mit der Jooss-Leeder-Methode zeigte ebenfalls, dass Tanz zwar die Vergangenheit enthält, aber dennoch die Zukunft offenlassen kann. Indem die Jooss-Leeder-Technik einer Festlegung zu einer kodifizierten Tanztechnik widerstanden hat, ist sie demzufolge nicht als festgeschriebene Tanztechnik zu verstehen, sondern als eine Methode der Tanzausbildung, die immer wieder neue Zugänge für den gestaltenden Umgang mit menschlicher Bewegung sucht und schafft. Die beiden Seiten des Gedächtnisses – die Allgegenwart der Vergangenheit und die vorwärtsdrängende Dynamik der Zeit – werden in der Jooss-Leeder-Technik damit berücksichtigt. An der Jooss-Leeder-Methode lässt sich beobachten, dass der Tanz sein Wissen zwar erhalten, aber dem Gedächtnis auch seine Beweglichkeit lassen will, die sich immer im Spannungsfeld von Erinnern und Vergessen bewegt. Dem schöpferischen Charakter des Gedächtnisses wird die Jooss-Leeder-Methode insofern gerecht. An der Jooss-Leeder-Methode lassen sich die in der Studie dargestellten Wesenszüge von Gedächtnis im Tanz als individuelles und als soziales Phänomen ablesen: die Verbindung von explizitem und implizitem Gedächtnis, die Beziehung zwischen Vorstellung und Motorik und das Verhältnis zwischen Individuum und Gruppe.

Ziel dieser Arbeit war es zu zeigen, dass das Gedächtnis im Tanz nicht durch seine Verortung charakterisiert wird, sondern durch seine Bezie-

---

6 P. Stöckemann: *Etwas ganz Neues muß nun entstehen*, S. 366-367.

hungserfahrung. Die Antwort auf die gestellte Ausgangsfrage, wie sich das Wesen des Gedächtnisses im Tanz beschreiben ließe, lautet daher, dass das Gedächtnis im Tanz keinen Ort bezeichnet, sondern eine Beziehung. Diese Beziehung wird zwischen den zwei grundlegenden Gedächtnisformen, zwischen Individuum und Kollektiv und zwischen Zeit und Raum gelegt. Henri Bergson gebrauchte zur Beschreibung des Gedächtnisses die Metapher des Stromkreises, die vor allem verdeutlicht, dass die Aufgabe des Gedächtnisses darin besteht, zwischen den unterschiedlichen Gedächtnis- und Zeitformen zu zirkulieren. Eine zeitliche Aufeinanderfolge von Körper und Geist oder umgekehrt, von Geist und Körper, gibt es im Tanz nicht, sondern nur die Gleichzeitigkeit von Bewegungen des Körpers und der Aktivität des Bewusstseins. Dem Gedächtnis fällt dabei die Aufgabe zu, zwischen Bewegungsmustern und Bewusstseinszuständen zu wandern und sie in ein Verhältnis zueinander zu bringen. Im Gedächtnis kann ein Phänomen gesehen werden, das Beziehungen zwischen wesenhaft verschiedenen Realitäten herstellt. Im Tanz zeigt sich die Beziehung zwischen Körper und Geist, Wahrnehmung und Erinnerung sowie Motorik und Vorstellung. In der Analyse der unterschiedlichen Gedächtnisformen im Tanz wurde herausgearbeitet, dass das Wesensmerkmal von Tanz in seinem Bezug zum Gedächtnis in der Durchdringung komplementärer Gedächtnisformen besteht. Tanz ist als eine Gedächtniskunst zu verstehen, die funktional-motorische und ästhetisch-geistige Gedächtnisaktivität gleichzeitig hervorbringt.

Gibt es, so lautet eine abschließende Frage, trotz aller Unterschiede innerhalb einer vielfältigen Tanzkultur etwas, was allen Tänzen gemeinsam ist?

Der Tanz ist eine natürliche Gedächtniskunst, die sich keines anderen Mediums bedient als dem des Körpers. Das natürliche Gedächtnis lässt zu, dass vorhandene Informationen nicht gelöscht werden müssen, um neuen Informationen Platz zu machen. Vielmehr werden alte Informationen um neue ergänzt und verfeinert oder sie werden ganz verändert. Das natürliche Gedächtnis, welches funktionale und ästhetische Prozesse gleichermaßen in Gang bringt, kann lernen. Ein künstliches Gedächtnis kann ‚nur' speichern. Was der Tanzende im Tanz zusammenfügt, ist die Ansammlung einer Vielzahl von motorischen und geistigen Manifestationen. Während der Bewegung kumulieren die zahllosen Stunden, die Tänzer mit dem Erlernen und Behalten von Bewegungen verbracht haben. Trotzdem bleibt jede Aufführung etwas Einmaliges. Wie das Gedächtnismedium des Bildes stellt uns der Tanz „eine Ansammlung von Beziehungen vor Augen"[7], in der nicht nur Beziehungen im Raum, sondern auch der Zeit hervorgebracht werden. Es wäre demnach verkürzt, Erinnerungen als etwas von der Gegenwart Abgetrenntes zu betrachten. Besonders der Tanz vermag das zu demonstrieren, indem die Vergangenheit in Bewegungen des Körpers anwesend ist.

Das Gedächtnis des Tanzes ist kein Gedächtnis, das sich ins Außen entfaltet wie das Gedächtnis der Schrift, sondern sich in sukzessiven Momenten des Tanzens aktualisiert und präsentiert. Der Ort von Gedächtnis im Tanz bleibt dabei im Unbestimmbaren. Bei externen Gedächtnismedien lässt sich lokalisieren, wo die Erinnerung ist, z.b. auf der Oberfläche eines Bildes, einer Schallplatte oder eines Blattes Papier. Erinnerte Bewegung lässt sich auch im naturwissenschaftlichen Diskurs nicht genau lokalisieren. Sie ist vielmehr ein Zusammenspiel zwischen perzeptiven, kognitiven und motorischen Prozessen. Die künstlichen Gedächtnisse geben uns einen Ort, das natürliche Gedächtnis von Tänzern konfrontiert uns mit der Erkenntnis, dass das Gedächtnis nicht einen Ort besetzt, sondern unterschiedliche Orte vernetzt und vor allem durch seine Prozesshaftigkeit und durch sein Vermögen, Beziehungen zu stiften, bestimmt wird.

Das Gedächtnis des Tanzes ist daher ein Gedächtnis in Bewegung. Als ‚lebendiges' Gedächtnis konserviert es keine Informationen, sondern produziert sie immer wieder neu. Während die Bewegung in der praktischen Handlung einem Zweck folgt, richtet sich die Aufmerksamkeit von Tänzern auf die Prozesshaftigkeit von Bewegung. Sie ist nicht auf ein Objekt außerhalb ihrer selbst gerichtet, sondern das Objekt der Aufmerksamkeit ist der eigene Körper und seine Bewegungen – eine Aufmerksamkeit, die mit körperlichen Empfindungen und Erinnerungen gekoppelt ist. Die Lebensdauer des Körpers ist begrenzt, doch innerhalb dieser kann der Körper nicht gelöscht oder überschrieben, vergessen oder versteckt werden. Er bleibt präsent und verfügbar.

Vor dem Hintergrund der Ergebnisse dieser Arbeit lässt sich in allen Tänzen Kontinuität, Schöpfung und bewegliche Ansicht entdecken, vor allem aber die Koexistenz von Vorstellung und Motorik, bei der das Zeitempfinden zwischen Vergangenheit, Gegenwart und Zukunft oszilliert. Diese Schwingung wird im Tanz als Bewegung des Körpers beobachtbar. Tanz zieht nicht nur eine Verbindung zwischen den Zeiten, sondern auch zwi-

---

7   D. Draaisma: *Die Metaphernmaschine*, S. 27.

schen Introspektion und Beobachtung, zwischen psychisch-physiologischen Strukturen und einem visuellen Ergebnis im Raum. Sich zu erinnern bedeutet in Bewegung zu sein, und somit ist es das Tanzen, in dem das Wesen von Gedächtnis zum Ausdruck kommt.

Nach der Aufführung von Sacre in Monaco am 19.12.2010

Beim Verlassen des Theaters komme ich an einem Monitor vorbei, auf dem die Bühne zu sehen ist. Die Aufführung ist seit einer halben Stunde zu Ende und die Bühnenarbeiter sind bereits damit beschäftigt, die Erde zurück in die Container zu schaufeln. Dick vermummt bewege ich mich auf den Ausgang des Theaters zu. Ich überlege, noch kurz in den Zuschauerraum zu gehen, um einen letzten Blick auf dieses Schauspiel nach dem Schauspiel zu werfen. Ich entscheide mich dagegen und wende mich ab. Die Aufführung ist vorbei, ein Gefühl von Zufriedenheit bleibt, andererseits auch ein Gefühl des Abschieds. Für die Dauer einer halben Stunde gab es nichts Wichtigeres, nichts Lustvolleres, nichts Erschöpfenderes als die Handvoll von Bewegungen, aus denen das Stück besteht. Es wird mir im Gedächtnis bleiben.

Dank

Mein Dank gilt zuerst meinen beiden Betreuerinnen Prof. Dr. Gabriele Klein von der *Universität Hamburg* und Prof. Dr. Petra Maria Meyer von der *Muthesius Kunsthochschule Kiel*. Sie haben mich während des Schreibens der Dissertation durch Anregungen, Hinweise und Vorschläge unterstützt und gaben wichtige Impulse für das Zustandekommen der Arbeit. Die Teilnehmer des Doktorandenkolloquiums vom *Fachbereich Bewegungswissenschaft*, das in Abständen in der *Villa Heilbuth* in Hamburg stattfand, haben durch Rückfragen und konstruktive Kritik zum Vorankommen der Arbeit beigetragen. Für das Korrekturlesen des neurowissenschaftlichen Kapitels danke ich Dr. Andrea Sydow, Dr. Rainer Heller und Dr. Hans Kolbe. Letzterem gilt mein ganz besonderer Dank, da seine ausführliche Kommentierung einer Rohfassung dieses Kapitels eine wertvolle Hilfestellung gab, um dieses zu verfeinern. Roman Arndt verdanke ich den Zugang zu unveröffentlichten Text-Quellen im *Tanzarchiv der Folkwang Universität der Künste Essen*, Thomas Thorausch vom *Deutschen Tanzarchiv Köln* erteilte mir Auskünfte zu dem Werk von Kurt Jooss und ermöglichte mir das Sichten eines seltenen Filmdokuments. Karin und Siegfried Brinkmann danke ich für die Hilfe beim Korrektorat und für ihre begleitende Unterstützung, Kathrin Brinkmann für die Kommentierung einiger zentraler Abschnitte. Sascha Bragard danke ich für das Lesen und Korrigieren einer allerersten Fassung der Arbeit. Melanie Haller war bei Formalien während des Promotionsverfahrens behilflich. Auch wenn die vielen Tänzer vom *Tanztheater Wuppertal Pina Bausch* nicht direkt an dem Prozess des Schreibens beteiligt waren, so sind sie doch eine nicht versiegende Quelle der Inspiration gewesen, die mich zu jedem Zeitpunkt des Schreibens begleitet und ermutigt hat, das Wagnis einzugehen, über Tanz zu schreiben.

Mein Dank gilt daher auf besondere Weise auch ihnen. Dass mir eine schriftliche Auseinandersetzung mit der von Kurt Jooss und Sigurd Leeder begründeten Tanztradition möglich war, verdanke ich meinen Lehrern Malou Airaudo, Eckard Brakel, Jean Cébron, Lutz Förster, Hans Pop und Hans Züllig, die mir das Wesentliche dieser Tanztradition lebendig vermittelten. Pina Bausch fühle ich mich in gleicher Weise verbunden. Ihr Wirken und ihr Werk hat viel zu dem Entstehen dieser Arbeit beigetragen.

Anhang

Literaturverzeichnis

Altenmüller, Eckart: „Musik hören – Musik entsteht im Kopf", in: Andreas Sentker/Frank Wigger (Hg.), *Schaltstelle Gehirn. Denken, Erkennen, Handeln*, Heidelberg: Spektrum 2009, S. 83-106.

Assmann, Aleida: *Erinnerungsräume. Formen und Wandlungen des Gedächtnisses*, München: Beck 1999.

Assmann, Aleida/Assmann, Jan: „Das Gestern im Heute. Medien und soziales Gedächtnis", in: Klaus Mertens/Siegfried J. Schmidt/Siegfried Weischenberg (Hg.), *Die Wirklichkeit der Medien. Eine Einführung in die Kommunikationswissenschaft*, Opladen: Westdeutscher Verlag 1994, S. 114-140.

Assmann, Aleida: „Drei Formen von Gedächtnis", in: Peter Rautmann/ Nicolas Schalz (Hg.), *Zukunft und Erinnerung. Perspektiven von Kunst und Musik an der Jahrtausendwende*, Bremen: Hausschild 2002, S. 15-26.

Assmann, Jan: *Das kulturelle Gedächtnis. Schrift, Erinnerung und politische Identität in frühen Hochkulturen*, München: Beck 1992.

Assmann, Jan: *Religion und kulturelles Gedächtnis*, München: Beck 2000.

Assmann, Jan: „Kollektives Gedächtnis und kulturelle Identität", in: Jan Assman/Tonio Hölscher (Hg.), *Kultur und Gedächtnis*, Frankfurt am Main: Suhrkamp 1988, S. 9-19.

Atkinson, Richard C./Shiffrin, Richard M.: „The control of short-term memory", in: *Scientific American* 225 (1971), S. 82-90.

Barthes, Roland: *Die helle Kammer*, Frankfurt am Main: Suhrkamp 1985.

Bausch, Philippine: Ein- und Ausdrehung der Füße im Laienunterricht. Unveröffentlichte Hausarbeit, Tanzarchiv des Instituts für Zeitgenössischen Tanz der *Folkwang Universität der Künste* (ohne Jahr), S. 1-7.

Bausch, Pina/Gleede, Edmund: „...ich empfinde Menschen sehr stark. Edmund Gleede sprach mit der Wuppertaler Ballettchefin Pina Bausch", in: Horst Koegler, *Ballett 1975. Chronik und Bilanz des Ballettjahres*, Seelze-Velber bei Hannover: Friedrich 1976, S. 27-31.

Baxmann, Inge: *Körperwissen als Kulturgeschichte. Die Archives Internationales de la Danse (1931-1952)*, München: Kieser 2008.

Benjamin, Walter: *Medienästhetische Schriften*, Frankfurt am Main: Suhrkamp 2002, S. 33.

Benjamin, Walter: „Über einige Motive bei Baudelaire", in: Ders.: *Abhandlungen. Gesammelte Schriften*, Band I 2, Frankfurt am Main: Suhrkamp 1991, S. 603-653.

Berger, Christiane: *Körper denken in Bewegung. Zur Wahrnehmung tänzerischen Sinns bei William Forsythe und Saburo Teshigawara*, Bielefeld: transcript 2006.

Bergson, Henri: *Denken und schöpferisches Werden*, Hamburg: Europäische Verlagsanstalt/Rotbuch Verlag 1993.

Bergson, Henri: *Die beiden Quellen der Moral und der Religion*, Jena: Diederichs 1933.

Bergson, Henri: *L'évolution créatrice*, Paris: Félix Alcan 1908.

Bergson, Henri: *Materie und Gedächtnis. Eine Abhandlung über die Beziehung zwischen Körper und Geist*, Hamburg: Meiner 1991.

Bergson, Henri: *Matière et Mémoire. Essai sur la relation du corps a l'esprit*, Paris: Librairie Félix Alcan 1921.

Bergson, Henri: *Schöpferische Entwicklung*, Coron: Zürich 1927.

Bergson, Henri: *Zeit und Freiheit*, Hamburg: Europäische Verlagsanstalt 1994.

Bergson, Henri: „Das Mögliche und das Wirkliche", in: Ders., *Denken und schöpferisches Werden*, Hamburg: Europäische Verlagsanstalt/Rotbuch Verlag 1993, S. 110-126.

Bischof, Margrit/Rosiny, Claudia (Hg.): *Konzepte der Tanzkultur. Wissen und Wege der Tanzforschung*, Bielefeld: transcript 2010.

Bläsing, Bettina/Puttke, Martin/Schack, Thomas: *The Neurocognition of Dance. Mind, Movement and Motor Skills*, East Sussex: Psychology Press 2010.

Bläsing, Bettina: „Pirouetten im Gedächtnis des Tänzers", in: *Zeitschrift für Tanzmedizin* 1 (2009), S. 5-8.

Boenisch, Peter M.: „Tanz als Körper-Zeichen: Zur Methodik der Theater-Tanz-Semiotik", in: Gabriele Brandstetter/Gabriele Klein (Hg.), *Methoden der Tanzwissenschaft. Modellanalysen zu Pina Bauschs „Le Sacre du Printemps"*, Bielefeld: transcript 2007, S. 29-45.

Böhme, Hartmut/Huschka, Sabine: „Prolog", in: Sabine Huschka (Hg.), *Wissenskultur Tanz. Historische und zeitgenössische Vermittlungsakte zwischen Praktiken und Diskursen*, Bielefeld: transcript 2009, S. 7-22.

Boxberger, Edith/Wittmann, Gabriele: „Folkwang Hochschule Essen", in: Tanzplan Deutschland (Hg.), *Tanzplan Deutschland Jahresheft 2008*, S. 24-26.

Brandstetter, Gabriele: *Tanz-Lektüren. Körperbilder und Raumfiguren der Avantgarde*, Frankfurt am Main: Fischer 1995.

Brandstetter, Gabriele/Klein, Gabriele: „Bewegung in Übertragung. Methodische Überlegungen am Beispiel von Le Sacre du Printemps, in: Dies. (Hg.), *Methoden der Tanzwissenschaft. Modellanalysen zu Pina Bauschs „Le Sacre du Printemps"*, Bielefeld: transcript 2007, S. 9-26.

Brandstetter, Gabriele: „Tanzt die Orange. Literatur und Tanz in der Moderne", in: Kunsthalle in Emden/Haus der Kunst München (Hg.), *Tanz in der Moderne. Von Matisse bis Schlemmer*, Köln: Wienand 1996, S. 277-286.

Breuer, Reinhard: „Was ich von ‚ich' weiß", in: *Spektrum der Wissenschaft Spezial: Bewusstsein* 1 (2004), S. 3.

Bull, Deborah: „Muscle Memory is a Myth", in: *ballettanz* 08/09 (2005), S. 40-43.

Calvo-Merino, Beatriz/Glaser, Daniel E./Grèzes, Julie/Passingham, Richard E./Haggard, Patrick: „Action observation and acquired motor skills. An fMRI study with expert dancers", in: *Cerebral Cortex* 15 (2005), S. 1243-1249.

Carlson, Carolyn: „The teacher. Carolyn Carlson und das Atelier de Paris", in: *ballettanz* 2 (2009), S. 62.

Caspersen, Dana: „Der Körper denkt: Form, Sehen, Disziplin und Tanzen", in: Gerald Siegmund (Hg.), *William Forsythe. Denken in Bewegung*, Berlin: Henschel 2004, S. 107-116.

Cassirer, Ernst: *Philosophie der symbolischen Formen. Band 3: Phänomenologie der Erkenntnis*, Darmstadt: Wissenschaftliche Buchgesellschaft 1975.

Cébron, Jean: „Das Wesen der Bewegung. Studienmaterial nach der Theorie von Rudolf von Laban", in: Urs Dietrich (Hg.), *Eine Choreographie entsteht. Das kalte Gloria. Mit einem Beitrag von Jean Cébron*, Essen: Die Blaue Eule 1990, S. 73-98.

Chalmers, David J.: *The conscious mind. In Search of a Fundamental Theory*, New York: Oxford University 1997.

Chalmers, David J.: „Das Rätsel des bewußten Erlebens", in: *Spektrum der Wissenschaft Digest: Rätsel Gehirn* 2 (2001), S. 12-19.

Cicero, Marcus Tullius: *De oratore. Über den Redner*, Stuttgart: Reclam 1976.

Cross, Emily S./Hamilton, Antonia F./Grafton, Scott T.: „Building a motor simulation de novo: Observation of dance by dancers", in: *Neuroimage* 31 (2006), S. 1257-1267.

Dahlhaus, Carl (Hg.): *Pipers Enzyklopädie des Musiktheaters. Oper, Operette, Musical, Ballett*, München/Zürich: Piper 1989.

Damasio, Antonio: *Der Spinoza-Effekt*, München: List 2003.

Damasio, Antonio: *Self Comes to Mind: Constructing the Conscious Brain*, London: Heinemann 2010.

Deleuze, Gilles: *Das Bewegungs-Bild*, Frankfurt am Main: Suhrkamp, 1983.

Deleuze, Gilles: *Proust und die Zeichen*, Berlin: Merve 1993.

Derrida, Jacques: *Dem Archiv verschrieben. Eine Freudsche Impression*, Berlin: Brinkmann und Bose 1997.

Diehl, Ingo/Lampert, Friederike: „Einleitung", in: Dies. (Hg.), *Tanztechniken 2010. Tanzplan Deutschland*, Leipzig: Henschel 2011, S. 10-23.

Diehl, Ingo/Lampert, Friederike: „Leitfaden für die Analyse und Moderation", in: Dies.: *Tanztechniken 2010. Tanzplan Deutschland*, Leipzig: Henschel 2011, S. 24-27.

Diekamp, Michael: „Kurt Jooss: Seine Pädagogik und tänzerische Schulung", in: Gesellschaft für Tanzforschung e.V. (Hg.), *Tanzforschung Jahrbuch*, Band 5, Wilhelmshaven: Noetzel 1994, S. 127-132.

Dömling, Wolfgang: *Strawinsky*, Reinbek bei Hamburg: Rowohlt 1990.

Dörr, Evelyn: *Rudolf Laban. Ein Portrait*, Norderstedt: Books on Demand 2005.

Dörr, Evelyn: „Kristall-Denken. Über den geistig-philosophischen Hintergrund des choreographischen Werks von Rudolf von Laban", in: *tanzdrama* 4 (1999), S. 14-17.
Draaisma, Douwe: *Die Metaphernmaschine. Eine Geschichte des Gedächtnisses*, Darmstadt: Primus 1999.
Dröge, Wiebke/Fleischle-Braun, Claudia/Stöckemann, Patricia: „Barbara Passow – Jooss-Leeder Technik", in: Ingo Diehl/Friederike Lampert (Hg.), *Tanztechniken 2010. Tanzplan Deutschland*, Leipzig: Henschel 2011, S. 96-132.
Elger, Christian/Friederici, Angela D./Koch, Christof/Luhmann, Heiko/ Malsburg, Christoph von der/Menzel, Randolf/Monyer, Hannah/Rösler, Frank/Roth, Gerhard/Scheich, Henning/Singer, Wolf: „Das Manifest. Gegenwart und Zukunft der Gehirnforschung", in: Carsten Könneker (Hg.), *Wer erklärt den Menschen? Hirnforscher, Psychologen und Philosophen im Dialog*, Frankfurt am Main: Fischer 2006, S. 77-84.
Endicott, Ann Joe: *Ich bin eine anständige Frau*, Frankfurt am Main: Suhrkamp 1999.
Erll, Astrid: *Gedächtnisromane. Literatur über den Ersten Weltkrieg als Medium englischer und deutscher Erinnerungskulturen in den 1920er Jahren*, Trier: Wissenschaftlicher Verlag 2003.
Erll, Astrid: *Kollektives Gedächtnis und Erinnerungskulturen. Eine Einführung*, Stuttgart/Weimar: Metzler 2005.
Erll, Astrid: „Kollektives Gedächtnis und Erinnerungskulturen", in: Ansgar Nünning/Vera Nünning (Hg.), *Konzepte der Kulturwissenschaften*, Stuttgart/Weimar: Metzler 2003, S. 156-185.
Fenger, Josephine: „Vorwort", in: Johannes Birringer/Josephine Fenger (Hg.), *Tanz im Kopf. Dance and Cognition*, Jahrbuch Tanzforschung, Band 15, Münster: Lit 2005, S. 3-14.
Fischer, Miriam: *Denken in Körpern. Grundlegung einer Philosophie des Tanzes*, Freiburg/München: Alber 2010.
Fitt, Sally Sevey: *Dance Kinesiology*, New York: Schirmer 1988.
Fleischle-Braun, Claudia/Stöckemann, Patricia: „Historischer Kontext", in: Ingo Diehl/Friederike Lampert (Hg.), *Tanztechniken 2010. Tanzplan Deutschland*, Leipzig: Henschel 2011, S. 108-113.
Flick, Uwe: *Qualitative Forschung. Theorie, Methoden, Anwendung in Psychologie und Sozialwissenschaften*, Reinbek bei Hamburg: Rowohlt 1995.

Flick, Uwe/Kardorff, Ernst von/Steinke, Ines: „Was ist qualitative Forschung? Einleitung und Überblick", in: Uwe Flick/Ernst von Kardorff/ Ines Steinke (Hg.), *Qualitative Forschung. Ein Handbuch*, Reinbek bei Hamburg: Rowohlt 2000, S. 13-29.

Förster, Lutz/Stöckemann, Patricia: „Das Prinzip des Lernens begreifen. Gespräch mit Professor Lutz Förster über Tradition und Gegenwart der Tanzabteilung an der Folkwang Hochschule", in: *Ausgangspunkt Folkwang. Zur Geschichte des modernen Tanzes in Nordrhein-Westfalen*, Duisburg: L'Atelier 1993, S. 28-30.

Forsythe, William/Haffner, Nik: „Bewegung beobachten. Ein Interview mit William Forsythe", in: William Forsythe, *Improvisation Technologies. A Tool for the Analytical Dance Eye*, CD-Rom und Beiheft, Ostfildern: Cantz 1999, S. 16-27.

Forsythe, William/Odenthal, Johannes: „Ein Gespräch mit William Forsythe, geführt anläßlich der Premiere ‚As a garden in this Setting' Dezember 1993", in: *ballett international/tanz aktuell* 2 (1994), S. 33-37.

Forsythe, William/Hirsch, Nikolaus: „Planing the unpredictable. William Forsythe talks to architect Nikolaus Hirsch about the temporarity of body, space and dance", in: *ballettanz Jahrbuch* (2004), S. 20-25.

Frank, Manfred: „Der Mensch bleibt sich ein Rätsel", in: *DIE ZEIT* vom 27.8.2009, S. 52-53.

Franke, Elk: „Form der Bewegung – Bewegung als Form. Zum Wissen von Bewegungswissen", in: Sabine Huschka (Hg.), *Wissenskultur Tanz. Historische und zeitgenössische Vermittlungsakte zwischen Praktiken und Diskursen*, Bielefeld: transcript 2009, S. 117-131.

Gadamer, Hans-Georg: „Über die Festlichkeit des Theaters", in: Ders., *Ästhetik und Poetik I. Kunst als Aussage*, Tübingen: Mohr 1954, S. 296-304.

Gazzaniga, Michael S./Ivry, Richard/Mangun, George R: *Cognitive Neuroscience. The Biology of the Mind*, New York/London: Norton 2009, S. 312-363.

Gehlen, Arnold: *Die Seele im technischen Zeitalter. Sozialpsychologische Probleme in der industriellen Gesellschaft*, Hamburg: Rowohlt 1957.

Gibson, Jerome James: *The ecological approach to visual perception*, Boston: Houghton Mifflin 1979.

Gray, Jeffrey Alan: „Mit den Ohren sehen", in: *Spektrum der Wissenschaft Spezial: Bewusstsein* 1 (2004), S. 62-69.

Greenfield, Susan: „Das Ich und seine Geschichte", in: Andreas Sentker/ Frank Wigger (Hg.), *Rätsel Ich. Gehirn, Gefühl, Bewusstsein*, Berlin/Heidelberg: Spektrum 2007, S. 65-88.

Grinder, John/Bandler, Richard: *Therapie in Trance. Neurolinguistisches Programmieren (NLP) und die Struktur hypnotischer Kommunikation*, Stuttgart: Klett-Cotta 1984.

Haffner, Nik (2004): „Zeit erkennen", in: Gerald Siegmund (Hg.), *William Forsythe. Denken in Bewegung*, Berlin: Henschel 2004, S. 133-144.

Hagendoorn, Ivar: „Einige methodologische Bemerkungen zu einer künftigen Neurokritik des Tanzes", in: Johannes Birringer/Josephine Fenger (Hg.), *Tanz im Kopf. Dance and Cognition*, Jahrbuch Tanzforschung, Band 15, Münster: Lit 2005, S. 233-240.

Halbwachs, Maurice: *Das Gedächtnis und seine sozialen Bedingungen*, Berlin/Neuwied: Luchterhand 1966.

Halbwachs, Maurice: *Das kollektive Gedächtnis*, Stuttgart: Enke 1967.

Halbwachs, Maurice: *Les cadres sociaux de la mémoire*, Paris: Presses Universitaires de France 1952.

Haverkamp, Anselm/Lachmann, Renate: „Text als Mnemotechnik – Panorama einer Diskussion", in: Dies., *Gedächtniskunst. Raum – Bild – Schrift. Studien zur Mnemotechnik*, Frankfurt am Main: Suhrkamp 1999, S. 7-15.

Haverkamp, Anselm: „Auswendigkeit. Das Gedächtnis der Rhetorik", in: Anselm Haverkamp/Renate Lachmann (Hg.), *Gedächtniskunst. Raum – Bild – Schrift. Studien zur Mnemotechnik*, Frankfurt am Main: Suhrkamp 1991, S.25-52.

Hebb, Donald O.: *The organization of behavior*, New York: Wiley 1949.

Hering, Ewald: *Über das Gedächtnis als eine allgemeine Funktion der organisierten Materie*, Leipzig: Akademische Verlagsgesellschaft 1921.

Hoffmann, Reinhild/Servos, Norbert: „Lust am Chaos – Spiel mit der Ordnung", in: *tanzjournal* 5 (2008), S. 26-29.

Honer, Anne: „Lebensweltanalyse in der Ethnographie", in: Uwe Flick/Ernst von Kardorff/Ines Steinke (Hg.), *Qualitative Forschung. Ein Handbuch*, Reinbek bei Hamburg: Rowohlt 2000, S. 194-204.

Horkheimer, Max: „Zu Bergsons Metaphysik der Zeit", in: Ders., *Kritische Theorie*, Frankfurt am Main: Suhrkamp 1968, S. 188.

Huschka, Sabine: „Claudia Jeschke und Rainer Krenstetter im Gespräch mit Sabine Huschka: Tanzen als Museum auf Zeit", in: Sabine Huschka (Hg.), *Wissenskultur Tanz. Historische und zeitgenössische Vermittlungsakte zwischen Praktiken und Diskursen*, Bielefeld: transcript 2009, S. 159-172.

Husemann, Pirkko: *Choreographie als kritische Praxis. Arbeitsweisen bei Xavier Le Roy und Thomas Lehmen*, Bielefeld: transcript 2009.

Hutchinson Guest, Ann: „Bilder für den Tanz. Die Lehrmethode von Sigurd Leeder", in: *ballett international* 10 (1985), S. 14-21.

Iser, Wolfgang: *Der Akt des Lesens. Theorie ästhetischer Wirkung*, München: Fink 1976.

Janich, Peter: *Kein neues Menschenbild. Zur Sprache der Hirnforschung*, Frankfurt am Main: Suhrkamp 2009.

Jeschke, Claudia: „Der bewegliche Blick. Aspekte der Tanzforschung", in: Renate Möhrmann (Hg.), *Theaterwissenschaft heute*, Berlin: Reimer 1990, S. 149-164.

Jeschke, Claudia: „Der weise Pakt mit dem Tod. Kurt Jooss' Ballett *Der Grüne Tisch*", in: *tanzdrama* 3 (2002), S. 5-9.

Jeschke, Claudia: „Re-Konstruktionen: Denkfiguren und Tanzfiguren: Nijinskys Faune. Erfahrungen im Umgang mit tänzerischer Kompetenz", in: Sabine Gehm/Pirkko Husemann/Katharina von Wilcke (Hg.), *Wissen in Bewegung. Perspektiven der künstlerischen und wissenschaftlichen Forschung im Tanz*, Bielefeld: transcript 2007, S. 181-192.

Jola, Corinne: „Begriffskonfusion. Körperkonzepte im Tanz und in der kognitiven Neurowissenschaft", in: *tanzjournal* 5 (2006), S. 31-35.

Jooss, Kurt/Huxley, Michael: „Der grüne Tisch – Ein Totentanz. Michael Huxley im Gespräch mit Kurt Jooss", in: *ballett international* 8/9 (1982), S.4-7.

Jooss, Kurt: „Exposé. Über den Aufbau einer deutschen Tanzakademie", in: Markard, Anna und Hermann, *Jooss. Dokumentation von Anna und Hermann Markard*, Köln: Ballett-Bühnen-Verlag Rolf Garske 1985, S. 150-155.

Jooss, Kurt: „Gedanken über Stilfragen im Tanz. Vortrag gehalten am 23. September 1957", Schrift 5, Essen: Folkwang-Offizin der Folkwangschule für Gestaltung 1958, ohne Seitenangabe.

Jourdain, Robert: *Das wohltemperierte Gehirn. Wie Musik im Kopf entsteht und wirkt*, Heidelberg/Berlin: Spektrum Akademischer Verlag, 2001.

Kandel, Eric R./Pittenger, Christopher: „The past, the future and the biology of memory storage", in: *Philosophical Transaction of the Royal Society B: Biological Sciences* 354 (1999), S. 2027-2052.

Kandel, Eric R./Squire, Larry R.: „Vom Geist zum Molekül", in: Andreas Sentker/Frank Wigger (Hg.), *Rätsel Ich. Gehirn, Gefühl, Bewusstsein*, Berlin/Heidelberg: Spektrum 2007, S. 181- 205.

Kandel, Eric R.: „The Biology of Memory: A Forty-Year Perspective", in: *The Journal of Neuroscience* 29 (2009), S. 12748-12756.

Kardorff, Ernst von: „Zur Verwendung qualitativer Forschung", in: Uwe Flick/Ernst von Kardorff/Ines Steinke (Hg.), *Qualitative Forschung. Ein Handbuch*, Reinbek bei Hamburg: Rowohlt 2000, S. 615-622.

Kavanagh, Julie: *Nurejew. Die Biographie*, Berlin: Propyläen 2007.

Klages, Ludwig: *Vom Wesen des Rhythmus*, Kampen auf Sylt: Kampmann 1934.

Klaus, Georg/Buhr, Manfred (Hg.), *Philosophisches Wörterbuch*, Leipzig: VEB Bibliographisches Institut 1969.

Klein, Gabriele: *Electronic Vibration. Pop Kultur Theorie*, Frankfurt am Main: Rogner und Bernhard bei Zweitausendeins 1999.

Klein, Gabriele: *FrauenKörperTanz. Eine Zivilisationsgeschichte des Tanzes*, Weinheim/Berlin: Quadriga 1994.

Klein, Gabriele: „Das Flüchtige. Politische Aspekte einer tanztheoretischen Figur", in: Sabine Huschka (Hg.), *Wissenskultur Tanz. Historische und zeitgenössische Vermittlungsakte zwischen Praktiken und Diskursen*, Bielefeld: transcript 2009, S. 199-209.

Klein, Gabriele: „Tanz als Aufführung des Sozialen. Zum Verhältnis von Gesellschaftsordnung und tänzerischer Praxis", in: Margrit Bischof/Claudia Rosiny (Hg.), *Konzepte der Tanzkultur. Wissen und Wege der Tanzforschung*, Bielefeld: transcript 2010, S. 125-144.

Klein, Gabriele: „Tanz in der Wissensgesellschaft", in: Sabine Gehm/Pirkko Husemann/Katharina von Wilcke (Hg.), *Wissen in Bewegung. Perspektiven der künstlerischen und wissenschaftlichen Forschung im Tanz*, Bielefeld: transcript 2007, S. 25-36.

Klippel Heike: *Gedächtnis & Kino*, Frankfurt am Main: Stroemfeld 1997.

Koch, Christof/Greenfield, Susan: „Wie geschieht Bewusstsein?", in: *Spektrum der Wissenschaft* 1 (2008), S. 42-49.

Koch, Christof: „Das Rätsel des Bewusstseins", in: Andreas Sentker/Frank Wigger (Hg.), *Rätsel Ich. Gehirn, Gefühl, Bewusstsein*, Berlin/Heidelberg: Spektrum 2007, S. 35-55.

Kott, Jan: *Das Gedächtnis des Körpers*, Berlin: Alexander 1990.

Laban, Rudolf von: *Der moderne Ausdruckstanz*, Wilhelmshaven: Heinrichshofen's 1975.

Laban, Rudolf von: *Die Welt des Tänzers. Fünf Gedankenreigen*, Stuttgart: Seifert 1920.

Laban, Rudolf von: *Ein Leben für den Tanz*, Stuttgart: Haupt 1989.

Lampert, Friederike: *Tanzimprovisation. Geschichte – Theorie – Verfahren – Vermittlung*, Bielefeld: transcript 2007.

Leeder, Sigurd: „Lecture Demonstration, gehalten von Leeder Anfang der 50-er Jahre in London", in: Grete Müller, *Sigurd Leeder. Tänzer, Pädagoge und Choreograf. Leben und Werk*, Herisau: Appenzeller 2001, S. 17-26.

Leeder, Sigurd: „Über die Prinzipien der technischen Erziehung", in: Grete Müller, *Sigurd Leeder. Tänzer, Pädagoge und Choreograf. Leben und Werk*, Herisau: Appenzeller 2001, S. 16.

Leeder, Sigurd: „Leeders Gedanken zum modernen Tanz (Vortrag, London 1952)", in: Grete Müller, *Sigurd Leeder. Tänzer, Pädagoge und Choreograf. Leben und Werk*, Herisau: Appenzeller 2001, S. 12-14.

Lehmann, Hans-Thies: *Postdramatisches Theater*, Frankfurt am Main: Verlag der Autoren 1999.

Lenzen, Manuela: „Tanzen ist Denken", in: *Psychologie Heute* 12 (2010), S. 40-44.

Levine, Joseph: „Materialism and qualia: the explanatory gap", in: *Pacific Philosophical Quarterly* 64 (1983), S. 354-361.

Lingnau, Angelika/Gesierich, Benno/Caramazza Alfonso: „Asymmetric fMRI adaptation reveals no evidence for mirror neurons in humans", in: *Proceedings of the National Academic Sciences of the United States of America* 106 (2009), S. 9925-30.

Linke, Susanne/Stöckemann, Patricia: „Aus dem Alltäglichen schöpfen. Susanne Linke im Gespräch mit Patricia Stöckemann", in: *tanzjounal* 4 (2004), S. 26-39.

Markard, Anna: „Jooss the teacher. His Pedagogical Aims and the Development of the Choreographical Principles of Harmony", in: *Choreography and Dance III* 3 (1993), S. 45-51.

Markard, Anna: „Fusssprachen. Zu einem wichtigen Aspekt der Choreographie von Kurt Jooss", in: Gunhild Oberzaucher-Schüller (Hg.), *Ausdruckstanz. Eine mitteleuropäische Bewegung der ersten Hälfte des 20. Jahrhunderts*, Wilhelmshaven: Noetzel 1992, S. 133-142.

Markowitsch, Hans-Joachim: „Autobiographisches Gedächtnis aus neurowissenschaftlicher Sicht", in: *BIOS. Zeitschrift für Biographieforschung, Oral History und Lebensverlaufsanalysen* 15 (2002), S. 187-201.

Matussek, Peter: „Erinnerung und Gedächtnis", in: Hartmut Böhme/Peter Matussek/Lothar Müller, *Orientierung Kulturwissenschaft. Was sie kann, was sie will*, Reinbek bei Hamburg: Rowohlt 2000, S. 147-164.

Mauss, Marcel: „Die Techniken des Körpers", in: Ders., *Soziologie und Anthropologie II*, München/Wien: Hanser 1975, S. 199-220.

Maxwell, Carla/Weber, Lilo: „Schön, dass es kein Richtig oder Falsch gibt. Carla Maxwell über ihre Arbeit mit der Limón Dance Company, die im Rahmen des Festivals ‚Steps' auftritt", in: *Neue Zürcher Zeitung* vom 17.4.2010.

McManus, Thomas: „Enemy von innen", in: Gerald Siegmund (Hg.), *William Forsythe. Denken in Bewegung*, Berlin: Henschel 2004, S. 81-88.

Meyer, Petra Maria: *Gedächtniskultur des Hörens. Medientransformation von Beckett über Cage bis Mayröcker*, Düsseldorf: Parerga 1997.

Meyer, Petra Maria: *Intermedialität des Theaters. Entwurf einer Semiotik der Überraschung*, Düsseldorf: Parerga 2001.

Meyer, Petra Maria: „Agierende Vergangenheit im Traum. Andrej Tarkowskijs Zerkalo/Der Spiegel mit Henri Bergson bedacht", in: Heide Heinz/Christoph Weismüller (Hg.), *Psychoanalyse – und wie anders? Texte-Gaben zum 70. Geburtstag von Rudolf Heinz*, Düsseldorf: Peras 2009, S. 103-139.

Meyer, Petra Maria: „Intensität der Zeit in John Cages Textkompositionen", in: Günther Heeg und Anno Mungen (Hg.), *Stillstand und Bewegung. Intermediale Studien zur Theatralität von Text, Bild und Musik*, München: ePodium 2004, S. 227-237.

Meyer, Petra Maria: „Medialisierung und Mediatisierung des Körpers. Leiblichkeit und mediale Praxis bei Valie Export und Nan Hoover", in: Petra Maria Meyer (Hg.), *Performance im medialen Wandel*, München: Fink 2006, S. 223-257.

Moutoussis, Konstantinos/Zeki, Semir: „The relationship between cortical activation and perception investigated with invisible stimuli", in: *Proceedings of the National Academic Sciences of the United States of America* 99 (2002), S. 9527-9532.

Müller, Grete: *Sigurd Leeder. Tänzer, Pädagoge und Choreograf. Leben und Werk*, Herisau: Appenzeller 2001.

Müller, Grete: „Demonstration über die Sigurd-Leeder Methode", in: Gesellschaft für Tanzforschung e.V. (Hg.), *Tanzforschung Jahrbuch*, Band 5, Wilhelmshaven: Noetzel 1994, S. 109-114.

Näslund, Erik: „Eine Bewegung muß motiviert sein", in: *tanzdrama* 2 (1998), S. 20-26.

Negri, Gioia/Rumiati, Raffaella/ Zadini, Antonietta/Ukmar, Maja/Mahon, Bradford/Caramazza, Alfonso: „What is the role of motor simulation in action and object recognition? Evidence from apraxia", in: *Cognitive Neuropsychology* 24 (2007), S. 795-816.

Neuweiler, Gerhard: „Was unterscheidet Menschen von Primaten? Die motorische Intelligenz", in: Györgi Ligeti/Gerhard Neuweiler/Reinhard Meyer-Kalkus (Hg.), *Motorische Intelligenz. Zwischen Musik und Naturwissenschaft*, Berlin: Wagenbach 2007, S. 9-37.

Odenthal, Johannes: „Erinnern und Vergessen", in: *ballettanz* 08/9 (2005), S. 28-31.

Olivier, Norbert/Rockmann, Ulrike: *Grundlagen der Bewegungswissenschaft und -lehre*, Schorndorf: Hofmann 2003.

Orgs, Guido: „Der Zuschauer tanzt mit – Hirnprozesse bei der Beobachtung menschlicher Bewegung", in: *tamed. Zeitschrift für Tanzmedizin* 01 (2010), S. 4-7.

Pacherie, Élisabeth: „Mehr als Bewusstsein", in: *Spektrum der Wissenschaft Spezial: Bewusstsein* 1 (2004), S. 6-11.

Passow, Barbara/Boxberger, Edith: „Respekt und Risiko. Barbara Passow im Gespräch mit Edith Boxberger", in: Ingo Diehl/Friederike Lampert (Hg.), *Tanztechniken 2010. Tanzplan Deutschland*, Leipzig: Henschel 2011, S. 100-102.

Pellaton, Ursula: „Von vitaler Bedeutung ist der innere Beweggrund. Zum 100. Geburtstag von Sigurd Leeder", in: *tanzdrama* 5 (2002), S. 6-9.

Peterson Kendall, Florence/Kendall McCreary, Elisabeth/Geise Provance, Patricia: *Muskeln. Funktionen und Tests*, München/Jena: Urban & Fischer 1985.

Pflug, Günther: *Henri Bergson. Quellen und Konsequenzen einer induktiven Metaphysik*, Berlin: Gruyter 1959.

Prigogine, Ilya/Pahaut, Serge: „Die Zeit wiederentdecken", in: Michel Baudson (Hg.), *Zeit – Die vierte Dimension in der Kunst*, Weinheim: Acta humaniora 1985, S. 23-33.

Purves, Dale/Augustine, George J./Fitzpatrick, David/Katz, Lawrence C./ LaMantia, Anthony-Samuel/McNamara, James O./Williams S. Mark: *Neuroscience*, Sunderland: Sinauer 2008.

Ricoeur, Paul: *Gedächtnis, Geschichte, Vergessen*, München: Fink 2004.

Rizzi, Antony: „Die Bühne als der Ort, an dem ich mit mir im Reinen bin", in: Gerald Siegmund (Hg.), *William Forsythe. Denken in Bewegung*, Berlin: Henschel 2004, S. 89-94.

Rizzolatti, Giacomo/Sinigaglia, Corrado: *Empathie und Spiegelneurone. Die biologische Basis des Mitgefühls*, Frankfurt am Main: Suhrkamp 2008.

Rizzolatti, Giacomo et al.: „Premotor cortex and the recognition of motor actions", in: *Cognitive Brain Research* 3 (1996), S. 131-141.

Rölli, Marc: „Die zwei Gedächtnisse des Henri Bergson", in: Christian Lotz/Thomas R. Wolf/Walter Ch. Zimmerli (Hg.), *Erinnerung. Philosophische Positionen und Perspektiven*, München: Fink 2004, S. 61-78.

Roth, Gerhard: „Nachwort: Denken und Handeln", in: Andreas Sentker/ Frank Wigger (Hg.), *Schaltstelle Gehirn. Denken, Erkennen, Handeln*, Heidelberg: Spektrum 2009, S. 262-272.

Rüschstroer, Birgit: „Ein Interview mit Michael Diekamp", in: Gesellschaft für Tanzforschung e.V. (Hg.), *Tanzforschung Jahrbuch*, Band 6, Wilhelmshaven: Noetzel 1995, S. 62-70.

Sandkühler, Hans Jörg (Hg.): *Europäische Enzyklopädie zu Philosophie und Wissenschaften*, Band 2, Hamburg: Meiner 1990.

Sandkühler, Hans Jörg (Hg.): *Europäische Enzyklopädie zu Philosophie und Wissenschaften*, Band 4, Hamburg: Meiner 1990.

Schack, Thomas/Hackfort, Dieter: „Action-Theory Approach to Applied Sport Psychology", in: Gershon Tenenbaum/Robert C. Ecklund (Hg.), *Handbook of Sport Psychology*, New Jersey: Wiley 2007, S. 332-351.

Schacter, Daniel L.: *Wir sind Erinnerung. Gedächtnis und Persönlichkeit*, Hamburg: Rowohlt 2001.

Schaik van, Eva: „Das kinetische Gedächtnis", in: *Theaterschrift 8: Das Gedächtnis*, Brüssel: Colophon 1994, S. 170-194.

Schlicher, Susanne: *TanzTheater. Traditionen und Freiheiten. Pina Bausch, Gerhard Bohner, Reinhild Hoffmann, Susanne Linke*, Reinbek bei Hamburg: Rowohlt 1987.

Schmidt, Jochen: *Pina Bausch. Tanzen gegen die Angst*, München: Econ 1999.

Schünke, Michael/Schulte, Erik/Schumacher, Udo/Voll, Markus/Wesker, Karl: *Prometheus. Kopf und Neuroanatomie*, Stuttgart/New York: Thieme 2006.

Scoville, William B./Milner, Brenda: „Loss of recent memory after bilateral hippocampal lesions", in: *Journal of Neurology, Neurosurgery & Psychiatry* 20 (1957), S. 11-21.

Siefer, Werner: „Die Zellen des Anstoßes", in: *DIE ZEIT* vom 16.12.2010, S. 37-38.

Siegmund, Gerald: *Abwesenheit. Eine performative Ästhetik des Tanzes. William Forsythe, Jérôme Bel, Xavier Le Roy, Meg Stuart*, Bielefeld: transcript 2006.

Siegmund, Gerald: *Theater als Gedächtnis. Semiotische und psychoanalytische Untersuchungen zur Funktion des Dramas*, Tübingen: Narr 1996.

Siegmund, Gerald: „Archive der Erfahrung, Archive des Fremden. Zum Körpergedächtnis des Tanzes", in: Margrit Bischof/Claudia Rosiny (Hg.), *Konzepte der Tanzkultur. Wissen und Wege der Tanzforschung*, Bielefeld: transcript 2010, S. 171-179.

Siegmund, Gerald: „William Forsythe: Räume eröffnen, in denen das Denken sich ereignen kann", in: Ders. (Hg.), *William Forsythe. Denken in Bewegung*, Berlin: Henschel 2004, S. 9-72.

Singer, Wolf: *Der Beobachter im Gehirn*, Frankfurt am Main: Suhrkamp 2002.

Singer, Wolf: „Keine Wahrnehmung ohne Gedächtnis", in: *Theaterschrift 8: Das Gedächtnis*, Brüssel: Colophon 1994, S. 20-42.

Steinke, Ines: „Gütekriterien qualitativer Forschung", in: Uwe Flick/Ernst von Kardorff/Ines Steinke (Hg.), *Qualitative Forschung. Ein Handbuch*, Reinbek bei Hamburg: Rowohlt 2000, S. 319-331.

Stöckemann, Patricia: *Etwas ganz Neues muß nun entstehen. Kurt Jooss und das Tanztheater*, München: Kieser 2001.

Stöckemann, Patricia: „Tanztechniken und Lebenswege – Der deutsche Ausdruckstanz im Gespräch. Interviews mit Ann Hutchinson Guest, Anna Markard und Reinhild Hoffmann, Katharine Sehnert", in: Ingo Diehl/Friederike Lampert (Hg.), *Tanztechniken 2010. Tanzplan Deutschland*, Leipzig: Henschel 2011, S. 156-167.

Stöckemann, Patricia: „Was vom andern lebt", in: *tanzdrama* 3 (2002), S. 42-44.

Stodelle, Ernestine: *Doris Humphrey und ihre Tanztechnik. Ein Arbeitsbuch*, Frankfurt: Fricke 1986.

Tanaka, Min: „Mein Tanz will Fragen stellen", in: Michael Haerdter/Sumie Kawai (Hg.), *Die Rebellion des Körpers. Butho. Ein Tanz aus Japan*, Berlin: Alexander 1998, S. 77-84.

Tassin, Jean-Pol: „Moleküle des Bewusstseins", in: *Spektrum der Wissenschaft Spezial: Bewusstsein* 1 (2004), S. 76-81.

Teshigawara, Saburo/Siegmund, Gerald: „Der unsichtbare Moment: Ein Gespräch mit Saburo Teshigawara", in: *Theaterschrift 8: Das Gedächtnis*, Brüssel: Colophon 1994, S. 196-212.

Thier, Peter: „Die funktionelle Architektur des präfrontalen Kortex", in: Hans-Otto Karnath/Peter Thier (Hg.), *Neuropsychologie*, Heidelberg: Springer 2006, S. 471-478.

Tsien, Joe Z.: „Der Gedächtniskode", in: *Spektrum der Wissenschaft* 10 (2007), S. 46-53.

Tulving, Endel/Markowitsch, Hans-Joachim: „Episodic and declarative memory. Role of the hippocampus", in: *Hippocampus* 8 (1998), S. 198-204.

Tulving, Endel: „Episodic and semantic memory", in: Endel Tulving/ Wayne Donaldson (Hg.), *Organization of memory*, New York: Academic Press 1972, S. 381-403.

Ullmann, Lisa: „Einige Hinweise für das Studium von Tanz und Bewegung", in: Rudolf von Laban, *Der moderne Ausdruckstanz in der Erziehung* (1981), S. 123-148.

Urgesi, Cosimo/Aglioti, Salvatore M./Skrap, Miran/Fabbro, Franco: „The Spiritual Brain: Selective Cortical Lesions Modulate Human Self-Transcendence", in: *Neuron* 65 (2010), S. 309-319.

Vogeley, Kai/Newen, Albert: „Ich denke was, was du nicht denkst", in: Carsten Könneker (Hg.), *Wer erklärt den Menschen? Hirnforscher, Psychologen und Philosophen im Dialog*, Frankfurt am Main: Fischer 2006, S. 59-74.

Völckers, Hortensia: „Vorwort", in: Ingo Diehl/Friederike Lampert (Hg.), *Tanztechniken 2010. Tanzplan Deutschland*, Leipzig: Henschel 2011, S. 8-9.

Waganowa, Agrippina Jakowlewna: *Die Grundlagen des klassischen Tanzes*, Wilhelmshaven: Heinrichshoven's 1981.

Warburg, Aby: *Der Bilderatlas Mnemosyne*, Herausgegeben von Martin Warnke unter Mitarbeit von Claudia Brink, Berlin: Akademie 2008.

Wesemann, Arnd: „Es ist gar nicht so traurig, dass der Tanz so vergänglich ist. Die deutschen Tanzarchive", in: *ballettanz* 08/09 (2005), S. 52-55.

Wigman, Mary: *Die Sprache des Tanzes*, Stuttgart: Battenberg 1963.

Winearls, Jane: *Modern Dance. The Jooss-Leeder Method*, London: Black 1968.

Yates, Frances Amelia: *Gedächtnis und Erinnern. Mnemonik von Aristoteles bis Shakespeare*, Berlin/Weinheim: Acta humaniora 1990.

INTERNETVERÖFFENTLICHUNGEN

Bausch, Pina: „Etwas finden, was keiner Frage bedarf", http://www.inamori-f.or.jp/laureates/k23_c_pina/img/wks_g.pdf/ vom 12.11.2007, S. 1-18.

Cherkaoui, Sidi Larbi/Staude, Sylvia: „Interview mit Sidi Larbi Cherkaoui. Ich glaube an den Körper", in: http://www.fr-online.de/kultur/interview-mit-sidi-larbi-cherkaoui--ich-glaube-an-den-koerper-,1472786,-3278708,item,2.html vom 23.1.2009.

Kadel, Nadja: „Die Musik sehen, den Tanz hören", http://www.tanznetz.de/tanzszene.phtml?page=showthread&aid=123&tid=7490/ vom 23.4.2006.

Meyer, Petra Maria: „Körpergedächtnis als Gegengedächtnis. Unter Berücksichtigung der Dauer im Tanz", http://mbody.metaspace.de/#/referenten_meyer vom 6.12.2008.

Züllig, Hans: http://www.folkwang-uni.de/home/hochschule/ueber-folkwang/geschichte/ vom Januar 2010.

FILME/VIDEOS

BILDER AUS STÜCKEN DER PINA BAUSCH (D 1990, R: Kay Kirchmann).
DEUTSCHER MODERNER TANZ (D [o.J.], R: Eckard Brakel).
ETÜDEN FÜR DEN MODERNEN UNTERRICHT (D 1990, Choreographie: Jean Cébron, DVD aus dem Tanzarchiv der *Folkwang Universität der Künste*).
HANS ZÜLLIG. TRAINING. TANZTHEATER WUPPERTAL. PARIS, SOMMER 1991 (F 1991, DVD aus dem Tanzarchiv der *Folkwang Universität der Künste*).
JEAN CÉBRON, UNTERRICHT (204B) (D [o.J.], Choreographie: Jean Cébron, DVD aus dem Tanzarchiv der *Folkwang Universität der Künste*).
JEAN CÉBRON, UNTERRICHT (204B) (D [o.J.], DVD aus dem Tanzarchiv der *Folkwang Universität der Künste*).
KONTAKTHOF – WITH LADIES AND GENTLEMEN OVER 65 – A PIECE BY PINA BAUSCH (F 2007, R: Peter Przygodda).
LUCAS HOVING UNTERRICHT (204A) (USA [o.J.], Choreographie: Jean Cébron, DVD aus dem Tanzarchiv der *Folkwang Universität der Künste*).
ORPHEUS UND EURYDIKE (F 2008, R: Vincent Bataillon).
PINA BAUSCH LEITET EINEN SOMMERWORKSHOP IN FRANKFURT AM MAIN (D 1970, *Deutsches Tanzarchiv Köln*).
PINA. TANZT, TANZT, SONST SIND WIR VERLOREN (D 2011, R: Wim Wenders).
REMEMBERING CHOREOGRAPHER PINA BAUSCH, http://www.youtube.com/watch?v=C3FJfwS0ykw vom 11.4.2010.
TANZTRÄUME. JUGENDLICHE TANZEN KONTAKTHOF VON PINA BAUSCH (D 2010, R: Anne Linsel/Rainer Hoffmann).
WILLEMSENS WOCHE (D 1998, ZDF).

TanzScripte

MARGRIT BISCHOF, CLAUDIA ROSINY (HG.)
Konzepte der Tanzkultur
Wissen und Wege der Tanzforschung

2010, 234 Seiten, kart., zahlr. Abb., 24,80 €,
ISBN 978-3-8376-1440-4

GABRIELE BRANDSTETTER, GABRIELE KLEIN (HG.)
Methoden der Tanzwissenschaft
Modellanalysen zu Pina Bauschs
»Le Sacre du Printemps«

2007, 302 Seiten, kart., zahlr. z.T. farb. Abb.,
inkl. Begleit-DVD, 28,80 €,
ISBN 978-3-89942-558-1

SABINE GEHM, PIRKKO HUSEMANN,
KATHARINA VON WILCKE (HG.)
Wissen in Bewegung
Perspektiven der künstlerischen und
wissenschaftlichen Forschung im Tanz

2007, 360 Seiten, kart., zahlr. farb. Abb., 14,80 €,
ISBN 978-3-89942-808-7

Leseproben, weitere Informationen und Bestellmöglichkeiten
finden Sie unter www.transcript-verlag.de

TanzScripte

YVONNE HARDT, MARTIN STERN (HG.)
Choreographie und Institution
Zeitgenössischer Tanz zwischen Ästhetik, Produktion und Vermittlung

2011, 316 Seiten, kart., 32,80 €,
ISBN 978-3-8376-1923-2

GABRIELE KLEIN, GITTA BARTHEL, ESTHER WAGNER
Choreografischer Baukasten
(hg. von Gabriele Klein)

2011, 564 Seiten, Kasten mit Modulheften, Praxiskarten und einem Buch, zahlr. Abb., 44,80 €,
ISBN 978-3-8376-1788-7

LAURENCE LOUPPE
Poetik des zeitgenössischen Tanzes
(übersetzt aus dem Französischen von Frank Weigand)

2009, 340 Seiten, kart., 29,80 €,
ISBN 978-3-8376-1068-0

Leseproben, weitere Informationen und Bestellmöglichkeiten finden Sie unter www.transcript-verlag.de

TanzScripte

FRANCO BARRIONUEVO ANZALDI
Politischer Tango
Intellektuelle Kämpfe um Tanzkultur
im Zeichen des Peronismus
2011, 168 Seiten, kart., 23,80 €,
ISBN 978-3-8376-1794-8

CHRISTIANE BERGER
Körper denken in Bewegung
Zur Wahrnehmung tänzerischen
Sinns bei William Forsythe
und Saburo Teshigawara
2006, 180 Seiten, kart., 20,80 €,
ISBN 978-3-89942-554-3

RETO CLAVADETSCHER,
CLAUDIA ROSINY (HG.)
Zeitgenössischer Tanz
Körper – Konzepte – Kulturen.
Eine Bestandsaufnahme
2007, 140 Seiten, kart., 18,80 €,
ISBN 978-3-89942-765-3

SUSANNE FOELLMER
Valeska Gert
Fragmente einer Avantgardistin in
Tanz und Schauspiel der 1920er Jahre
2006, 302 Seiten, kart., zahlr. Abb.,
inkl. Begleit-DVD, 28,80 €,
ISBN 978-3-89942-362-4

SUSANNE FOELLMER
Am Rand der Körper
Inventuren des Unabgeschlossenen
im zeitgenössischen Tanz
2009, 476 Seiten, kart., zahlr. Abb., 39,80 €,
ISBN 978-3-8376-1089-5

SABINE HUSCHKA (HG.)
Wissenskultur Tanz
Historische und zeitgenössische
Vermittlungsakte zwischen Praktiken
und Diskursen
2009, 246 Seiten, kart.,
zahlr. z.T. farb. Abb., 26,80 €,
ISBN 978-3-8376-1053-6

PIRKKO HUSEMANN
Choreographie als kritische Praxis
Arbeitsweisen bei Xavier Le Roy
und Thomas Lehmen
2009, 280 Seiten, kart., zahlr. Abb., 28,80 €,
ISBN 978-3-89942-973-2

ANNAMIRA JOCHIM
Meg Stuart
Bild in Bewegung und Choreographie
2008, 240 Seiten, kart., zahlr. Abb., 28,80 €,
ISBN 978-3-8376-1014-7

GABRIELE KLEIN (HG.)
Tango in Translation
Tanz zwischen Medien, Kulturen,
Kunst und Politik
2009, 306 Seiten, kart., 28,80 €,
ISBN 978-3-8376-1204-2

FRIEDERIKE LAMPERT
Tanzimprovisation
Geschichte – Theorie –
Verfahren – Vermittlung
2007, 222 Seiten, kart., 24,80 €,
ISBN 978-3-89942-743-1

GERALD SIEGMUND
Abwesenheit
Eine performative Ästhetik
des Tanzes.
William Forsythe, Jérôme Bel,
Xavier Le Roy, Meg Stuart
2006, 504 Seiten, kart., 32,80 €,
ISBN 978-3-89942-478-2

ARND WESEMANN
IMMER FESTE TANZEN
ein feierabend!
2008, 96 Seiten, kart., 9,80 €,
ISBN 978-3-89942-911-4

**Leseproben, weitere Informationen und Bestellmöglichkeiten
finden Sie unter www.transcript-verlag.de**